अष्टावक्र महागीता भाग 2

दुख का मूल

ओशो द्वारा अष्टावक्र-संहिता के 298 सूत्रों में से
35 से 65 सूत्रों पर प्रश्नोत्तर सहित दिए गए
दस प्रवचनों का संकलन

प्रकाशक

फ्यूजन बुक्स
X-30, ओखला इंडस्ट्रियल एरिया, फेज-II
नई दिल्ली-110020
फोन : 011-41611861, 40712100
फैक्स : 011-41611866
ई-मेल : sales@dpb.in
वेबसाइट : www.dpb.in
संस्करण : 2024

मुद्रक :- **आदर्श प्रिंटर्स**

Dukh Ka Mool
Originally published in Hindi "Ashtavakra Mahageeta', Chapter 11-20

For more information: www.osho.com
A comprehensive multilingual web site featuring Osho's meditations, books and tapes and online tour of the meditation resort at Osho Commune International.

Dukh Ka Mool

अनुक्रम

प्रवचन : 11

दुख का मूल द्वैत है

जनक उवाच।

ज्ञानं ज्ञेयं तथा ज्ञाता त्रितयं नास्ति वास्तवम्।
अज्ञानाद्भाति यत्रेदं सोऽहमस्मि निरंजनः।।35।।
द्वैतमूलमहो दुःखं नान्यत्तस्यास्ति भेषजम्।
दृश्यमेतन्मृषा सर्वमेकोऽहं चिद्रसोऽमलः।।36।।
बोधमात्रोऽहमज्ञानादुपाधिः कल्पितो मया।
एवं विमृश्यतो नित्य निर्विकल्पे स्थितिर्मम।।37।।
न मे बंधोऽस्ति मोक्षो वा भ्रांतिः शांता निराश्रया।
अहो मयि स्थितं विश्वं वस्तुतो न मयि स्थितम्।।38।।
सशरीरमिदं विश्वं न किंचिदिति निश्चितम्।
शुद्ध चिन्मात्र आत्मा च तत्कस्मिन् कल्पनाधुना।।39।।
शरीरं स्वर्गनरकौ बंधमोक्षौ भयं तथा।
कल्पनामात्रमेवैतत किं मे कार्यं चिदात्मनः।।40।।

जनक ने कहा : ज्ञान, ज्ञेय और ज्ञाता, ये तीनों यथार्थ नहीं हैं। जिसमें ये तीनों भासते हैं, मैं वही निरंजन हूं।

'ज्ञानं ज्ञेयं तथा ज्ञाता त्रितयं नास्ति वास्तवम्।'

जो भी दिखाई पड़ रहा है, जिसे दिखाई पड़ रहा है, और इन दोनों के बीच जो संबंध है—ज्ञान का या दर्शन का—जनक कहते हैं, आज मैं जागा, और मैंने देखा, यह सब स्वप्न है। जो जागा है और जिसने इन तीनों को देखा, स्वप्न की भांति तिरोहित होते, वही केवल सत्य है।

तो तुम साक्षी को द्रष्टा मत समझ लेना। भाषाकोश में तो साक्षी का अर्थ द्रष्टा ही लिखा है; लेकिन साक्षी द्रष्टा से भी गहरा है। द्रष्टा में साक्षी की पहली झलक मिलती है। साक्षी में द्रष्टा का पूरा भाव, पूरा फूल खिलता है। द्रष्टा तो अभी भी बंटा है। द्रष्टा है तो दृश्य भी होगा। और दृश्य और द्रष्टा हैं, तो दोनों के बीच का संबंध, दर्शन, ज्ञान भी होगा। तो अभी तो खंड हैं।

जहां-जहां खंड हैं, वहां-वहां स्वप्न हैं; क्योंकि अस्तित्व अखंड है। जहां-जहां हम बांट लेते हैं, सीमाएं बनाते हैं, वे सारी सीमाएं व्यावहारिक हैं, पारमार्थिक नहीं।

अपने पड़ोसी के मकान से अलग करने को तुम एक रेखा खींच लेते, एक दीवाल खड़ी कर देते, बागुड़ लगा देते, लेकिन पृथ्वी बंटती नहीं। हिंदुस्तान पाकिस्तान को अलग करने के लिए तुम नक्शे पर सीमा खींच देते; लेकिन सीमा नक्शे पर ही होती है, पृथ्वी अखंड है।

तुम्हारे आंगन का आकाश और तुम्हारे पड़ोसी के आंगन का आकाश अलग-अलग नहीं है। तुम्हारे आंगन को बांटने वाली दीवाल आकाश को नहीं बांटती। जहां-जहां हमने बांटा है, वहां जरूरत है, इसलिए बांटा है। उपयोगिता है बांटने की, सत्य नहीं है बांटने में। सत्य तो अनबंटा है।

और जो गहरे से गहरा विभाजन है हमारे भीतर, वह है देखने वाले का, दिखाई पड़ने वाले का। जिस दिन यह विभाजन भी गिर जाता है, तो आखिरी राजनीति गिरी, आखिरी नक्शे गिरे, आखिरी सीमाएं गिरीं। तब जो शेष रह जाता है अखंड, उसे क्या कहें? वह द्रष्टा नहीं कहा जा सकता अब, क्योंकि दृश्य तो खो गया। दृश्य के बिना द्रष्टा कैसा? इस द्रष्टा को जो हो रहा है, वह दर्शन नहीं कहा जा सकता, क्योंकि दर्शन तो बिना दृश्य के न हो सकेगा। तो द्रष्टा, दर्शन और दृश्य तो एक साथ ही बंधे हैं; तीनों होंगे तो साथ होंगे, तीनों जाएंगे तो साथ जाएंगे।

तुमने देखा! कोई भी स्वप्न जाता है तो पूरा, होता है तो पूरा। तुम ऐसा नहीं कर सकते कि स्वप्न में से थोड़ा सा हिस्सा बचा लूं, या कि कर सकते हो?

रात तुमने एक स्वप्न देखा कि तुम सम्राट हो गए, बड़ा सिंहासन है, राजमहल है, बड़ा फौज-फांटा है। सुबह जाग कर क्या तुम ऐसा कर सकते हो कि सपने में से कुछ बचा लो। तुम कहो, जाए सब, यह सिंहासन बचा लूं; जाए सब, कम से कम पत्नी तो बचा लूं; जाए सब, कम से कम अपना मुकुट तो बचा लूं। नहीं, या तो सपना पूरा रहता या पूरा जाता। अगर तुम जागे, तो यह संभव नहीं है कि तुम सपने का खंड बचा लो।

द्रष्टा, दृश्य, दर्शन, एक ही स्वप्न के तीन अंग हैं। जब पूरा स्वप्न गिरता है और जागरण होता है, तो जो शेष रह जाता है, उसे तो तुमने स्वप्न में जाना ही नहीं था, वह तो स्वप्न में सम्मिलित ही नहीं हुआ था; वह तो स्वप्न से पार ही था, सदा पार था। वह अतीत था। वह स्वप्न का अतिक्रमण किए था। स्वप्न में जिसे तुमने जाना था, वह सब खो जाएगा—समग्ररूपेण सब खो जाएगा!

इसलिए तुमने परमात्मा की जो भी धारणा बना रखी है, जब तुम्हें परमात्मा का अनुभव होगा, तो तुम चकित होओगे, तुम्हारी कोई धारणा काम न आएगी; तुम्हारी सब धारणाएं खो जाएंगी। जो तुम जानोगे, उसे स्वप्न में सोए-सोए जानने का कोई उपाय नहीं; धारणा बनाने का भी कोई उपाय नहीं।

इसलिए तो कहते हैं, परमात्मा की तरफ जिसे जाना हो उसे सब धारणाएं छोड़ देनी चाहिए। उसे सब सिद्धांत कचरे-घर में डाल देना चाहिए। उसे शब्दों को नमस्कार कर लेना चाहिए; विदा दे देनी चाहिए कि तुमने खूब काम किया संसार में, उपयोगी थे तुम, लेकिन पारमार्थिक नहीं हो।

इसे भी समझ लें सूत्र के भीतर प्रवेश करने के पहले।

व्यावहारिक सत्य पारमार्थिक सत्य नहीं है। व्यावहारिक सत्य की उपयोगिता है, वास्तविकता नहीं। पारमार्थिक सत्य की कोई उपयोगिता नहीं है, सिर्फ वास्तविकता है।

अगर तुम पूछो कि परमात्मा का उपयोग क्या है, तो कठिनाई हो जाएगी। क्या उपयोग हो सकता है परमात्मा का? क्या करोगे परमात्मा से? न तो पेट भरेगा, न प्यास बुझेगी। करोगे क्या परमात्मा का? कौन से लोभ की तृप्ति होगी? कौन सी वासना भरेगी? कौन सी तृष्णा पूरी होगी? परमात्मा का कोई उपयोग नहीं। परमात्मा के कारण तुम महत्वपूर्ण न हो जाओगे। परमात्मा के कारण तुम शक्तिशाली न हो जाओगे। परमात्मा के कारण इस संसार में तुम्हारी प्रतिष्ठा न बढ़ जाएगी। परमात्मा का कोई भी तो उपयोग नहीं है। इसलिए तो जो लोग उपयोग के दीवाने हैं, वे परमात्मा की तरफ नहीं जाते। परमात्मा का आनंद है, उपयोग बिलकुल नहीं।

मेरे पास लोग आते हैं, वे पूछते हैं: 'ध्यान करेंगे तो लाभ क्या होगा?' लाभ! तुम बात ही अजीब सी कर रहे हो। तो तुम समझे ही नहीं, कि ध्यान तो वही करता है जिसने लाभ-लोभ छोड़ा; जिसके मन में अब लाभ व्यर्थ हुआ, जिसने बहुत लाभ करके देख लिए और पाया कि लाभ कुछ भी नहीं होता। धन मिल जाता है, निर्धनता नहीं कटती। पद मिल जाता है, दीनता नहीं मिटती। सम्मान-सत्कार मिल जाता है, भीतर सब खाली का खाली रह जाता है। नाम जगत भर में फैल जाता

है, भीतर सिर्फ दुर्गंध उठती है, कोई सुगंध नहीं उठती है, कोई फूल नहीं खिलते। भीतर कांटे ही कांटे, पीड़ा और चुभन, संताप और असंतोष, चिंता ही चिंता घनी होती चली जाती है। भीतर तो चिता सज रही है, बाहर महल खड़े हो जाते हैं। बाहर जीवन का फैलाव बढ़ता जाता है, भीतर मौत रोज करीब आती चली जाती है।

जिसको यह दिखाई पड़ा कि लाभ में कुछ लाभ नहीं, वही ध्यान करता है। लेकिन कुछ लोग हैं, जो सोचते हैं शायद ध्यान में भी लाभ हो, तो चलो ध्यान करें। वे पूछते हैं: ध्यान में लाभ क्या? इससे क्या फायदा होगा? सुख-समृद्धि आएगी? पद-प्रतिष्ठा मिलेगी? धन-वैभव मिलेगा? हार, जीत में परिणत हो जाएगी? यह जीवन का विषाद, यह जीवन की पराजय, यह जीवन में जो खाली-खालीपन है—यह बदलेगा? हम भरे-भरे हो जाएंगे?

वे प्रश्न ही गलत पूछते हैं। अभी उनका संसार चुका नहीं। वे जरा जल्दी आ गए। अभी फल पका नहीं। अभी मौसम नहीं आया। अभी उनके दिन नहीं आए।

ध्यान तो वही करता है, या ध्यान की तरफ वही चल सकता है, जिसे एक बात दिखाई पड़ गई कि इस संसार में मिलता तो बहुत कुछ और मिलता कुछ भी नहीं। सब मिल जाता है और सब खाली रह जाता है। जिसे यह विरोधाभास दिखाई पड़ गया, फिर वह यह न पूछेगा कि ध्यान में लाभ क्या है? क्योंकि लाभ होता है व्यावहारिक बातों में। ध्यान पारमार्थिक है।

आनंद है ध्यान में, लाभ बिलकुल नहीं। तुम ध्यान को तिजोड़ी में न रख सकोगे। ध्यान से बैंक-बैलेंस न बना सकोगे। ध्यान से सुरक्षा, सिक्योरिटी न बनेगी।

ध्यान तो तुम्हें छोड़ देगा अज्ञात में। ध्यान में तो तुम्हारी जो सुरक्षा थी वह भी चली जाएगी। ध्यान तो तुम्हें छोड़ देगा अपरिचित लोक में। उस अभियान पर भेज देगा, जहां तुम धीरे-धीरे गलोगे, पिघलोगे, बह जाओगे। ध्यान से लाभ कैसे होगा? ध्यान से तो हानि होगी—और हानि यह कि तुम न बचोगे। ध्यान तो मृत्यु है। लेकिन तब, जब तुम मर जाते हो—शरीर से ही नहीं, शरीर से तो तुम बहुत बार मरे हो; उस मरने से कोई मरता नहीं; वह मरना तो वस्त्र बदलने जैसा है। पुराने वस्त्रों की जगह नये वस्त्र मिल जाते हैं, बूढ़ा बच्चा होकर आ जाता है। उस मरने से कोई कभी मरा नहीं। मरे तो हैं कुछ थोड़े से लोग—कोई अष्टावक्र, कोई बुद्ध, कोई महावीर—वे मरे। उनकी मृत्यु पूरी है; फिर वे वापस नहीं लौटते।

ध्यान मृत्यु है। ध्यान में तुम तो मरोगे, तुम तो मिटोगे, तुम्हारी तो छाया भी न रह जाएगी। तुम्हारी तो छाया भी अपवित्र करती है। तुम तो रंचमात्र न बचोगे, तुम ही न बचोगे, तुम्हारे लाभ का कहां सवाल?

तुम स्वयं एक व्यावहारिक सत्य हो। तुम सिर्फ एक मान्यता हो, तुम हो नहीं।

तुम सिर्फ एक धारणा हो, तुम्हारा कोई अस्तित्व नहीं है। तुम्हारी धारणा तो बिखर जाएगी। सब धारणाएं बिखर जाएंगी तुम्हारे बिखरते ही। क्योंकि जब मालिक ही न रहा, तो जो सब साज-सामान इकट्ठा कर लिया था, वह सब बिखर जाएगा। जब संगीतज्ञ ही न रहा, तो वीणा क्या बजेगी? कहते हैं: 'न रहा बांस न बजेगी बांसुरी।' तुम ही गए तो बांस ही गया, अब बांसुरी का कोई उपाय न रहा। तब जो शेष रह जाएगा, वही समाधि है—वह है पारमार्थिक!

पारमार्थिक का अर्थ है: जो है! परम आनंदमय! परम विभामय! बरसेगा आशीष, अमृत का अनुभव होगा; लेकिन लाभ! कुछ भी नहीं। व्यावहारिक अर्थों में कोई लाभ नहीं। उससे तुम किसी तरह की संपदा निर्मित न कर पाओगे।

वही व्यक्ति ध्यान की तरफ आना शुरू होता है, जिसे संसार स्वप्नवत हो गया; जो इस संसार में से अब कुछ भी नहीं बचाना चाहता; जो कहता है यह पूरा सपना है, जाए पूरा; अब तो मैं उसे जानना चाहता हूं जो सपना नहीं है।

ये सूत्र उसी खोजी के लिए हैं।

जनक ने कहा: 'ज्ञान, ज्ञेय और ज्ञाता, ये तीनों यथार्थ नहीं हैं। जिसमें ये तीनों भासते हैं, मैं वही निरंजन हूं।'

जिसके ऊपर यह सपना चलता संसार का...। रात तुम सोते हो, तुम सपना देखते हो। सपना सत्य नहीं है, लेकिन जिसके ऊपर सपने की तरंगें चलती हैं, वह तो निश्चित सच है। सपना जब खो जाएगा तब भी सुबह तुम तो रहोगे। तुम कहोगे, रात सपना देखा, बड़ा झूठा सपना था। एक बात तय है, जो देखा, वह तो झूठ था, लेकिन जिसके ऊपर बहा, उसे तो झूठ नहीं कह सकते। अगर देखने वाला भी झूठ हो, तब तो सपना बन ही नहीं सकता। सपने के बनने के लिए भी कम से कम एक तो सत्य चाहिए—वह सत्य है तुम्हारा होना। और सुबह जाग कर जब तुम पाते हो कि सपना झूठा था, तो तुम जरा खयाल करना: जिसने सपने को देखा, और जो सपने में भरमाया, जो सपने का द्रष्टा बना था, वह भी झूठा था।

रात तुमने सपना देखा कि एक सांप, बड़ा सांप चला आ रहा है, फुफकारें मारता तुम्हारी ओर। जिसने देखा सपने में, वह कंप गया, वह घबड़ा गया। वह पसीने-पसीने हो भागने लगा। पहाड़-पर्वत पार करने लगा, और सांप पीछा कर रहा है। और तुम भागते हो, और उसकी फुफकार तुम्हें सुनाई पड़ रही है। वह जब तुम सुबह जागोगे, तो सांप तो झूठा हो गया। और जिसने सांप को देखा था, जो देख कर भागा था, जो भाग-भाग कर घबड़ाया, पसीने से लथपथ होकर गिर पडा था—क्या वह सच था? वह भी झूठ हो गया। सपना भी झूठ हो गया, सपने का द्रष्टा भी झूठ हो गया। लेकिन फिर भी इन दोनों के पार कोई है, जिस पर दोनों

घटे। नहीं तो सुबह याद कौन करेगा? यह किसको आती याद? यह कौन कहता सुबह कि सपना झूठ था?

खयाल रखना, दृष्य तो झूठ था ही; वह जो द्रष्टा था सपने में, वह भी झूठ था, क्योंकि वह झूठ के मोह में आ गया था। झूठ से जो प्रभावित हो जाए, वह भी झूठ। झूठ से जो आतंकित हो जाए, वह भी झूठ।

सत्य कहीं झूठ से प्रभावित हुआ है? झूठे से जो भयभीत हो जाए, वह भी झूठ। झूठ को जो मान ले कि सच है, वह भी झूठ। झूठ को मानने में ही हम झूठ हो जाते हैं। दोनों गए।

जैसे सुबह जागता कोई, ऐसे ही एक दिन अंतिम जागरण आता—ध्यान का, समाधि का, साक्षी का। उस दिन तुम पाते हो, सब झूठ था। तब तुम यह नहीं कहते कि पत्नी ही झूठ थी—पति भी झूठ था। तब तुम यह नहीं कहते कि धन झूठ था; वह जो धन को इकट्ठा कर रहा था, वह भी झूठ था। तब तुम यह नहीं कहते सिर्फ कि मेरे बाहर जो झूठ था वही झूठ था; तब तुम जानते हो कि तुम्हारे भीतर भी बहुत कुछ था, जो झूठ था। और जो अब बचा है, वह तो न तुम्हारे बाहर था और न भीतर था; वह तो बाहर-भीतर दोनों के पार था।

आत्मा भीतर नहीं है। बाहर शरीर दिखाई पड़ रहा है, भीतर मन है। आत्मा न बाहर है न भीतर है। आत्मा तो आकाश जैसी है। सब उसमें घट रहा।

यह जो सूत्र है: 'जिसमें ये तीनों भासते हैं, मैं वही निरंजन हूं।'

और 'निरंजन' कहते हैं जनक। निरंजन का अर्थ होता है: निर्दोष। ऐसी निर्दोषता जिसे खंडित करने का कोई उपाय नहीं। ऐसा क्वांरापन जो कभी व्यभिचारित नहीं होता।

निरंजन का अर्थ होता है: ऐसी पवित्रता, जिसके अपवित्र होने की कोई संभावना नहीं है, कोई उपाय ही नहीं है। जो अपवित्र हो जाए, वह निरंजन नहीं। जो सपने में दब जाए और सपने में खो जाए, वह निरंजन नहीं जो झूठ से आंदोलित हो जाए, वह निरंजन नहीं। जो झूठ से इतना प्रभावित हो जाए कि झूठ के पीछे दौड़ने लगे, वह निरंजन नहीं। निरंजन तो सदा पवित्र, शांत, आकाश जैसा निर्मल!

आकाश में देखा, कितने धूल के बवंडर उठते हैं, काले बादल छाते हैं; आते हैं, चले जाते हैं—आकाश का निरंजनपन शेष रहता है। न तो धूल के बादल आकाश को गंदा कर पाते, न काले बादल आकाश को गंदा कर पाते। सब कुछ होता रहता है, लेकिन आकाश की निर्दोषता शाश्वत है; उस पर कोई खंडन नहीं होता। ऐसी दशा को कहते हैं निरंजन।

फिर से दोहरा दूं: तुमने जो अब तक जाना है, उसमें से कुछ भी सच नहीं है; तुमने अब तक जो माना है, उसमें से कुछ भी सच नहीं है। तुम्हारा सब असत्य है, क्योंकि अभी तो तुम ही असत्य हो। असत्य असत्य का मेल होता है। सत्य असत्य का कोई मेल नहीं होता। उन्हें मिश्रित नहीं किया जा सकता।

अभी तक तुमने जो भी जाना है, वह सभी असत्य है। तुमने वेद पढ़े, कुरान पढ़ी, बाइबिल पढ़ी, गीता पढ़ी—तुमने जो पढ़ लिया, वह वहां लिखा नहीं। तुमने वही पढ़ लिया जो तुम अपनी अज्ञान की दशा में पढ़ सकते हो। तुमने बहुत से संयम साधे, मगर तुम्हारे सब संयम झूठ को ही साधने में सहयोगी होते है। क्योंकि तुम ही अभी झूठ हो, तुम संयम कैसे साधोगे? तुम्हारा संयम भी एक सपना ही होगा। तुमने तप भी किए, दान भी दिए, तुमने उपवास भी किए, तुमने पूजा-प्रार्थना भी की, लेकिन सब व्यर्थ गई, सब पानी में बह गई। क्योंकि मौलिक बात, आधारभूत बात तुम्हें खयाल में नहीं आई।

कल मैं बच्चों का एक गीत पढ़ रहा था:

नदी घाट से बांझ लदे
चले शहर को पांच गधे
पहला बोला—मैं राजा!
कहा दूसरे ने—जा जा!
बोला तीसरा—बंद करो झगड़ा!
क्योंकि तीसरा था तगड़ा।
चौथे ने प्रस्ताव किया,
चालाकी से काम लिया,
लड़ने से पहले सुन लो,
मुझको निर्णायक चुन लो।
आया ताव पांचवें को,
शुरू किया: रेंको-रेंको।
खूब चली फिर दुलत्ती,
कुचल गई पत्ती-पत्ती।
मालिक आया तभी सधे,
बदले बिलकुल नहीं गधे।

मालिक को देख कर सध भी गए, शांत भी खड़े हो गए—बदले बिलकुल नहीं गधे! लेकिन कहीं मालिक को देख कर सध कर खड़े हो जाने से, सधे हो जाने से कहीं गधे बदले?

तो कुछ गधे हैं जो बाजार में तुम्हें मिलेंगे, कुछ गधे तुम्हें आश्रमों में मिलेंगे—'सधे-बधे गधे, मगर बदले बिलकुल नहीं गधे।' कोई धन के पीछे पागल है, कोई धन छोड़ने के पीछे पागल है—लेकिन धन का प्रभाव दोनों पर है। धन से छूट होती नहीं दिखती। धन छूट जाता है, तो भी धन से छूट होती नहीं दिखती। कोई स्त्रियों के पीछे दीवाना है, कोई स्त्रियों से घबड़ा कर भाग गया है। फर्क कहां? दिशा बदल गई, मूढ़ता नहीं बदली।

'बदले बिलकुल नहीं गधे!'

घबड़ाहट है कि कहीं स्त्री न छू जाए, कि कहीं स्त्री दिखाई न पड़ जाए! यह घबड़ाहट कैसी? अगर तुम्हें दिखाई पड़ गया कि सब सपना है, तो घबड़ाहट कैसी? सुबह जाग कर अगर कोई कहे कि रात देखा कि सब सपना है—इस कमरे में सांप ही सांप थे, कि सिंह दहाड़ते थे, सब सपना है। लेकिन सुबह हम उससे कहें कि चलो कमरे के भीतर, वह कहे कि मैं नहीं जाता; सब सपना है, बाकी मैं जाता नहीं, क्यों जाएं? अगर तुम्हें दिखाई पड़ गया कि सपना है, तो अब क्या घबड़ाहट? अब तो कमरे के भीतर आ जाओ। नहीं, वह कहता है, सब सपना है, सब समझ में आ गया, मगर जाएं क्यों कमरे के भीतर? कमरे के भीतर हम नहीं जाएंगे, हमने कमरे का त्याग कर दिया है।

जनक जैसा ज्ञानी बहुत मुश्किल से मिलेगा। क्योंकि जनक ज्ञान को उपलब्ध हुए, और महल छोड़ा नहीं। यह परम ज्ञानी की दशा है। क्योंकि जब जान ही लिया, तो छोड़ने को कुछ न बचा। जनक ज्ञान को उपलब्ध हो गए, रत्ती भर भी बदलाहट न की। क्योंकि बदलाहट कहां करें? सपना तो गया। अब जो जैसा है, है।

अगर ज्ञान के बाद त्याग की चेष्टा चले, तो समझना ज्ञान अभी घटा नहीं। मूढ़ों के सिवाय त्याग कभी कोई करता ही नहीं। ज्ञानी क्यों त्याग करेगा? ज्ञानी का तो बोध-मात्र पर्याप्त है। उसे तो दिखाई पड़ गया कि यह सब मायाजाल है, बस ठीक है! वह उससे आंदोलित नहीं होता न पक्ष में, न विपक्ष में। उस पर इसकी छाया नहीं पड़ती—न तो आकर्षण की, न विकर्षण की।

ज्ञान को उपलब्ध व्यक्ति न तो रागी होता न विरागी। ज्ञान को उपलब्ध व्यक्ति न भोगी हो सकता, न रागी, न त्यागी। क्योंकि भोगी और योगी होने के लिए, भोगी और त्यागी होने के लिए, सपना चाहिए वही। दोनों का सपना एक है। दोनों की मान्यता एक है। एक कहता है धन में सब है, और एक कहता है धन मिट्टी है।

मैंने सुना है, महाराष्ट्र की एक प्राचीन कथा है: रांका और बांका पति-पत्नी थे। रांका पति था, बांका उसकी पत्नी का नाम था। थी भी वह बांकी औरत। रांका बड़ा त्यागी था। उसने सब छोड़ दिया था। वह भीख भी नहीं मांगता था। वह रोज

जाकर जंगल से लकड़ी काट लाता और बेच देता, जो बचता, उससे भोजन कर लेता। सांझ अगर कुछ बच जाता, तो उसको बांट देता। रात फिर भिखमंगे होकर सो जाते। सुबह फिर लकड़ी काटने चला जाता।

एक दिन ऐसा हुआ कि वह बीमार था और तीन दिन तक लकड़ी काटने न जा सका। तो तीन दिन घर में चूल्हा न जला। चौथे दिन कमजोर तो था, लेकिन जाना पड़ा। पत्नी भी साथ गई सहारा देने को। लकड़ियां काटीं। रांका अपने सिर पर लकड़ियों का गट्ठा लिए चलने लगा। पीछे-पीछे उसकी पत्नी चलने लगी। राह के किनारे अभी-अभी कोई घुड़सवार निकला है, घोड़े के पदचाप बने हैं, और धूल अभी तक उड़ रही है। और देखा उन्होंने कि किनारे एक अशर्फियों से भरी थैली पड़ी है, शायद घुड़सवार की गिर गई है। रांका आगे है। उसके मन में सोच उठा कि मैं तो हूं त्यागी, मैंने तो विजय पा ली, मेरे लिए तो धन मिट्टी है; नगर पत्नी तो पत्नी है, कहीं उसका मन न आ जाए, लोभ न आ जाए; कहीं सोचने न लगे रख लो, कभी दुर्दिन में काम आ जाएगी; अब तीन दिन भूखे रहना पडा, एक पैसा पास न था। ...ऐसा सोच कर उसने जल्दी से अशर्फियों से भरी थैली पास के एक गड्ढे में सरका कर उसके ऊपर मिट्टी डाल दी। वह मिट्टी डाल कर चुक ही रहा था कि पत्नी आ गई। उसने पूछा, क्या करते हो?

तो रांका ने कसम खाई थी झूठ कभी न बोलने की, बड़ी मुश्किल में पड़ गया। कहे, तो डर लगा कि यह पत्नी झंझट न करने लगे; और कहे कि रख लो, हर्ज क्या है, भाग्य ने दी है, भगवान ने दी है, रख लो—कहीं ऐसा न कहने लगे! स्त्री का भरोसा क्या! साधु-संन्यासी स्त्री से सदा डरे रहे। मगर झूठ भी न बोल सका, क्योंकि कमस खा ली थी। तो उसने मजबूरी में कहा कि सुन, मुझे क्षमा कर, और कोई और बात मत उठाना, सत्य कहे देता हूं: यहां थैली पड़ी थी, यह सोच कर कि तेरा लोभ न जग जाए, मैं तो खैर लोभ का त्याग कर चुका, मगर तेरा क्या भरोसा! स्त्री यानी स्त्री। स्त्री का कहीं मोक्ष होता है! जब तक वह पुरुष न हो जाए, तब तक मोक्ष नहीं कहते धर्मशास्त्र—सब धर्मशास्त्र पुरुषों ने लिखे हैं; वहां भी बड़ी राजनीति है—तो तू स्त्री है, कमजोर हृदय की है, रागात्मक तेरी प्रवृत्ति है। तू कहीं उलझ न जाए, इसलिए तेरे को ध्यान में रख कर मैंने ये अशर्फियां मिट्टी में ढक दी हैं और ऊपर से मिट्टी डाल रहा हूं।

रांका की बात सुन कर बांका खूब हंसने लगी। उसे नाम इसीलिए तो बांका मिला। वह कहने लगी, यह भी खूब रही! मिट्टी पर मिट्टी डालते तुम्हें शर्म नहीं आती? और जरूर तुम्हारे भीतर कहीं लोभ बाकी है। जो तुम मुझ में सोचते हो,

वह तुम्हारे भीतर कहीं छिपा होगा। जो तुम मुझ पर आरोपित करते हो, वह कहीं तुम्हारे भीतर दबा पड़ा होगा। तुम्हें अभी सोना, सोना दिखाई पड़ता है? तुम्हें अभी भी सोने और मिट्टी में फर्क मालूम होता है?

वह तो रोने लगी, वह तो कहने लगी कि मैं तो सोचती थी कि तुम त्यागी हो गए! यह क्या हुआ, अभी तक धोखा ही चला! तुम मिट्टी पर मिट्टी डाल रहे हो!

यह बांका समझती जनक का सूत्र। जनक परम ज्ञान को उपलब्ध हो गए और कुछ भी न छोड़ा!

भोग और त्याग दोनों ही अज्ञानी के हैं। वे एक ही सिक्के के दो पहलू हैं।

मेरे पास एक संन्यासी एक दफा मिलने आए। जो उनको साथ ले आए थे मेरे पास तक, उन्होंने कहा कि योगीजी बड़े महात्मा हैं, बड़े पहुंचे हुए हैं। रुपये-पैसे को हाथ भी नहीं लगाते! कोई रुपया-पैसा सामने कर दे, तो इधर मुंह फेर लेते हैं। और इसलिए तो मैं इनके साथ चलता हूं, क्योंकि टिकिट लेनी, टैक्सी का भाड़ा चुकाना, तो पैसे मैं रखता हूं।

मैंने पूछा, 'तुम्हारा नाम क्या है?'

कहा, 'भोगीलाल भाई।'

योगी-भोगी का खूब मेल मिला! 'पैसे वस्तुतः किसके हैं?'

'मेरे तो नहीं है,' भोगीलाल भाई ने कहा, 'क्योंकि मुझे कौन देता है! देते तो लोग स्वामी जी को हैं, रखता मैं हूं। हैं तो स्वामी जी के, अगर सच पूछें तो; क्योंकि मैं कौन हूं, मेरी स्थिति क्या! मैं तो साधारण आदमी हूं। चढ़ाते उनको हैं, सम्हालता मैं हूं। बाकी वे छूते नहीं। वे खड़े योगी हैं।'

योगी और भोगी एक ही सिक्के के दो पहलू हैं। जहां तुम योगीलाल भाई को पाओगे वहीं भोगीलाल भाई को भी पाओगे। उन दोनों का एक-दूसरे के बिना चल भी नहीं सकता। असंभव है, क्योंकि सिक्का कहीं एक पहलू का हुआ है? उसमें दोनों पहलू ही चाहिए।

वीतराग पुरुष तो वही है, जिसकी न तो पकड़ अब भोग की है और न योग की है। जिसने जान लिया कि सब सपना है, अब भागना कहां है? न भोगना है, न भागना है। अब तो जो हो उसे देखते रहना है। अब तो साक्षी-भाव में जीना है। ऐसा हो तो ठीक, वैसा हो तो ठीक। महल हो तो ठीक, झोपड़ी हो तो ठीक। कुछ हो तो ठीक, कुछ न हो तो ठीक।

वीतराग चित्त की दशा भोग और त्याग के पार की दशा है। क्योंकि भोग भी एक सपना है और त्याग भी एक सपना है। दोनों से जो जाग गया, वही साक्षी है।

लेकिन हमारे सोचने के ढंग होते हैं, हमारे सोचने की बंधी हुई व्यवस्थाएं

होती हैं। हमने जीवन भर धन को बहुत मूल्य दिया, फिर एक दिन हमें दिखाई पड़ा कि धन व्यर्थ है, तो भी हमारे जीवन भर का ढांचा इतनी आसानी से तो नहीं बदलता। तब हम विपरीत ढंग से धन को मूल्य देने लगते हैं। हम कहते हैं, धन व्यर्थ है, हम धन को देखेंगे भी नहीं। पुरानी आदत जारी रही।

मैंने सुना कि मुल्ला नसरुद्दीन एक बार नास्तिक हो गया! और मुसलमान साधारणतः नास्तिक होते नहीं, इतनी हिम्मत मुसलमान जुटा ही नहीं पाते। नास्तिक तो हो गया, लेकिन पुरानी आदत तो नहीं छूटी। मुझे मिलने आया तो मैंने पूछा कि मुल्ला, मैंने सुना, तुम नास्तिक हो गए! चलो अच्छा किया, कुछ तो हुए। अब तुम्हारा सिद्धांत क्या है?

उसने कहा, 'मेरा सिद्धांत बिलकुल साफ है। मैंने टांग रखा है अपनी दीवाल पर कि कोई ईश्वर नहीं है, और पैगंबर मुहम्मद उसके पैगंबर हैं।'

कोई ईश्वर नहीं है, और मुहम्मद उसके पैगंबर हैं! वह पुरानी आदत कि एक ही अल्लाह, और एक ही पैगंबर मुहम्मद! उसमें से आधा तो बदला, इतनी तो हिम्मत जुटाई कि कोई ईश्वर नहीं है, लेकिन पुरानी आदत! अब ईश्वर नहीं है तो भी मुहम्मद तो पैगंबर हैं ही।

हमारी आदतें ऐसी ही चलती हैं। बड़ी सूक्ष्म हैं।

एक मित्र मुल्ला नसरुद्दीन को मिल गया होटल में। तो उसने कहा, यार, एक-एक पैग हो जाए तो कैसा रहे? मुल्ला ने कहा, नहीं भाई, शुक्रिया, बहुत-बहुत धन्यवाद! नहीं, इसलिए कि एक तो मेरे धर्म में शराब पीने की मनाही है। दूसरे जब मेरी पत्नी मरने को थी, तो मैंने उसके सामने कसम खा ली है कि कभी शराब न पीऊंगा। और तीसरे अभी-अभी मैं घर से पी कर चला आ रहा हूं।

आदमी बिना देखे, बिना द्रष्टा बने, कसमें खाता, व्रत ले लेता, त्याग कर देता, संकल्प बना लेता—उससे क्या होगा? उसके सोचने के ढंग तो नहीं बदलते। उसके सोचने की मौलिक प्रक्रिया तो नहीं बदलती। वह पुराने ही ढांचे में नये सिक्के ढालने लगता है; लेकिन नये सिक्कों पर मोहरें तो पुरानी ही होती हैं, हस्ताक्षर तो पुराने ही होते हैं।

तुम अगर ऐसे ऊपर-ऊपर बदलने में लगे रहे, तो कभी न बदलोगे; यह तुम बदलने का धोखा दे रहे हो। बदलाहट तो आमूल होती है, जड़मूल से होती है। बदलाहट तो एक झंझावात है, एक क्रांति है, जिसमें तुम्हारा सब उखड़ जाता; जिसमें तुम्हारे देखने, सोचने, विचारने की प्रक्रियाएं समाप्त हो जाती हैं। अभिनव का जन्म होता है। अतीत से तुम्हारा समस्त संबंध विच्छेद हो जाता है। उसमें से कुछ भी तुम बचा कर नहीं लाते—किसी भी बहाने से बचा कर नहीं लाते।

धन में रस था, तो तुम त्यागी बन सकते हो; लेकिन तुम्हारा रस धन में ही रहेगा। यह हो सकता है, फिर तुम लोगों को समझाओ कि बचो कामिनी-कांचन से! कामिनी-कांचन में बड़ा खतरा है! लेकिन तुम चर्चा कामिनी-कांचन की ही करोगे।

कभी-कभी शास्त्रों को देख कर बड़ी हैरानी होती है। ऋषि-मुनि निरंतर कामिनी-कांचन की बात करते रहते हैं—बचो कामिनी-कांचन से! ऐसा लगता है, अभी भी डरे हुए हैं, और शायद दूसरों को समझाने के बहाने अपने को समझा रहे हैं। यह बात ही क्या है? ठीक है, समझाने के लिए एकाध बार कह दी, तो ठीक है, मगर यह चौबीस घंटे का राग, कि बचो कामिनी-कांचन से। ऐसा लगता है, पीछे अचेतन में अभी भी कामिनी-कांचन काम कर रहे हैं। अभी भी डरे हुए हैं। अभी भी लगता है, भय है। अभी भी लगता है, अगर यह बात बार-बार न दोहराई, तो खतरा है कि कहीं फिर न पड़ जाएं उसी जाल में। तो यह आत्म-सम्मोहन का प्रयोग कर रहे हैं, वे बार-बार दोहरा रहे हैं।

फ्रांस में सम्मोहक हुआः इमाइल कुए। वह अपने शिष्यों को कहता था कि बस एक ही बात को रोज सुबह-शाम दोहराओ कि मैं रोज अच्छा हो रहा हूं, स्वस्थ हो रहा हूं—तुम हो जाओगे। ये सारे लोग इमाइल कुए के अनुयायी मालूम होते हैं। तुम दोहराते रहो कि कामिनी-कांचन पाप है, कामिनी-कांचन पाप है। लेकिन तुमने खयाल किया? तुम उसी चीज को पाप कहते हो, जिसमें तुम्हारा रस भी होता है। सच तो यह है कि अगर चीजें पाप न हों तो उनमें रस ही खो जाता है। जिस चीज को पाप बना दो, उसमें रस आने लगता है। कहो कि पाप है तो आकर्षण पैदा होता है। तुम छोटे से बच्चे को कहो कि वहां मत जाना—बस सारी दुनिया बेकार हुई, अब वहीं जाने में रस मालूम होता है।

ईसाई कथा है कि परमात्मा ने जब बनाया आदम और हव्वा को, तो उसने कहा कि देखो और सब फल तो खाना इस बगीचे के, सिर्फ यह जो बीच में एक वृक्ष लगा है, यह ज्ञान का वृक्ष है, इसका फल मत खाना। फिर मुश्किल हो गई। मुश्किल खुद परमात्मा ने पैदा करवा दी। इतना बड़ा विराट जंगल था, कि अगर आदम-हव्वा को खुद पर छोड़ दिया होता, तो शायद अभी तक भी वे खोज न पाए होते उस वृक्ष को। अनंत! मगर वह परमात्मा का कहना, और तख्ती लगा देना कि यहां इस फल को मत खाना, बस वही बना उत्तेजना का कारण। फिर सारा बगीचा व्यर्थ हो गया। फिर रात सपना भी आदम और हव्वा यही देखते रहे होंगे कि कब, कैसे! आखिर परमात्मा ने मना क्यों किया? जरूर कुछ राज होगा। और तभी तो वह सांप उनको, शैतान उनको भटका सका। उसने कहा कि अरे पागलो! परमात्मा

खुद इसका फल खाता है! तुम खाओगे, तुम भी परमात्मा जैसे हो जाओगे। इसलिए तो रोका—ईर्ष्यावश!

अब अगर दुबारा परमात्मा संसार बनाए तो उससे मैं कहना चाहूंगा कि अब की बार तुम यह कह देना कि इस सांप को मत खाना, बस। आदम-हव्वा सांप को खा जाते, अगर परमात्मा ने कहा होता कि सांप को मत खाना, और सब खाना! शैतान को खा जाते, अगर तख्ती लगा दी होती कि शैतान को छोड़ना, बाकी सब खा जाना। मगर वह तख्ती लगाई थी ज्ञान के वृक्ष पर।

निषेध आमंत्रण बन जाता है। निषेध बड़ा निमंत्रण बन जाता है। कहो, 'नहीं'—और प्राणों में कोई छटपटाहट होती है कि करके रहो, देखो, जरूर कुछ होगा। कामिनी-कांचन को संतपुरुष निरंतर भजते हैं कि पाप, बचो, घबड़ाओ! तो सुनने वालों को लगता है कि जरूर कुछ राज होगा, जब महापुरुष इतनी ज्यादा चर्चा करते हैं!

मेरे देखे, अगर दुनिया में धन और काम की निंदा बंद हो जाए, तो धन और काम का जितना प्रभाव है, वह अति शून्य हो जाए, उसका कोई मूल्य न रह जाए। उपयोगिताएं हैं ये। न तो इनको इकट्ठा करने में कोई सार है और न इनको त्यागने में कोई सार है।

तुम जरा सोचो तो अगर जिस चीज को इकट्ठा करने से कुछ नहीं मिलता, उसको छोड़ने से कैसे मिल जाएगा? इकट्ठा करने से संसार नहीं मिलता और छोड़ने से परमात्मा मिल जाएगा? तो त्यागी तो भोगी से भी ज्यादा भ्रांत मालूम होता है। भोगी तो इतना ही कह रहा है कि अगर हम धन इकट्ठा कर लेंगे तो संसार मिल जाएगा। त्यागी इससे भी बड़े भ्रम में है—वह कह रहा है, धन अगर छोड़ देंगे तो परमात्मा मिल जाएगा। लेकिन लगता ऐसा है कि धन से ही सब मिलता है—चाहे संसार, चाहे परमात्मा!

जनक ने कुछ छोड़ा नहीं, और वे महात्याग को उपलब्ध हुए। इस क्रांति के सूत्र को समझो।

'अहो! दुख का मूल द्वैत है, उसकी औषधि कोई नहीं। यह सब दृश्य झूठ है, मैं एक अद्वैत शुद्ध चैतन्य-रस हूं।'

यह सूत्र महाक्रांतिकारी है।

'दुख का मूल द्वैत है।'

चीजों को खंडित करके देखना दुख का मूल है। मैं अलग हूं अस्तित्व से, ऐसा मानना दुख का मूल है। जैसे ही तुम मान लो, जान लो—'तुम अलग नहीं हो'—दुख विसर्जित हो जाता है।

अहंकार दुख है। अहंकार का अर्थ है : हम भिन्न हैं, हम अलग हैं। मैं अकेला हूं, और सारे संसार से मुझे लड़ना है। जीत मुझ पर निर्भर होगी, सारा संसार दुश्मन है। यह सारा अस्तित्व मेरे विरोध में है, मुझे मिटाने को तत्पर है।

तो बड़ी प्रतिस्पर्धा है, बड़ी प्रतियोगिता है। ऐसा व्यक्ति रोज-रोज दुख में पड़ता चला जाएगा। क्योंकि वह जिससे लड़ रहा है, उससे हम अलग नहीं हैं। यह तो ऐसे हुआ कि सागर की एक लहर सागर से लड़ने लगे। तो कष्ट में पड़ जाएगी, पागल हो जाएगी; जल्दी ही तुम उसे किसी मनोवैज्ञानिक के कोच पर लेटा हुआ पाओगे इलाज करवाते। जल्दी ही किसी पागलखाने में कैद पाओगे, अगर कोई लहर सागर से लड़ने लगे।

लहर सागर से कैसे लड़ेगी? लहर तो सागर ही है। सागर ही लहराया है लहर में। हम उस अरूप के रूप हैं। हम उस एक के भिन्न-भिन्न आकार हैं। हम उस अनंत की ही लहरें हैं, तरंगें हैं। हम में वही तरंगायित हुआ है। वही तुम्हारे भीतर सुन रहा है, वही मेरे भीतर बोल रहा है। वही तुम्हारी आंखों से देख रहा है, वही तुम्हारे कानों से सुन रहा है। वही यहां बैठा है। वही बरस रहा बाहर, वही वृक्षों में हरा-भरा है। एक ही है!

जनक कहते हैं, जिसने दो माना, वह भ्रांति में पड़ा, वह दुख में पड़ा। क्योंकि दो मानते ही हिंसा शुरू हो जाती है, संघर्ष शुरू हो जाता है, लड़ाई शुरू हो जाती है। फिर विश्राम कहां!

जिसने एक जाना, फिर लड़ना किससे है? तुम्हारे शत्रु में भी वही है, और जब मौत आए तुम्हारे द्वार, तो मौत में भी वही आएगा; उसके अतिरिक्त कोई है ही नहीं। तुम्हारी बीमारी में भी वही है, स्वास्थ्य में भी वही है। जवानी में, बुढ़ापे में भी वही है। सफलता और विफलता में भी वही है। अनेक-अनेक रूपों में वही आता—बस वही आता है, कोई और आने को नहीं है!

ऐसी जिसकी प्रतीति गहन हो जाए, फिर उसे दुख कहां?

द्वैतमूलमहो दुःखं नान्यत्तस्यास्ति भेषजम्।
दृश्यमेतन्मृषा सर्वं एकोऽहं चिद्रसोऽमलः।।

'दुख का मूल द्वैत, उसकी औषधि कोई नहीं।'

अमरीका के एक बहुत विचारशील व्यक्ति ने, फ्रेंकलिन जोन्स ने एक किताब लिखी है। किताब का नाम है : नो रेमेडी। औषधि कोई नहीं! इस सूत्र की व्याख्या है पूरी किताब। शायद इस सूत्र का फ्रेंकलिन जोन्स को कोई पता भी नहीं है। लेकिन बस इस एक छोटे से सूत्र की व्याख्या है : औषधि कोई नहीं—तस्य भेषजम् अन्यत् अस्ति—बस! कोई औषधि नहीं।

इससे तुम थोड़े चौंकोगे भी, घबड़ाओगे भी। क्योंकि तुम बीमार हो और औषधि की तलाश कर रहे हो। तुम उलझे हो और कोई सुलझाव चाहते हो। तुम परेशानी में हो, तुम कोई हल खोज रहे हो। तुम्हारे पास बड़ी समस्याएं हैं, तुम समाधान की तलाश कर रहे हो। इसलिए तुम मेरे पास आ गए हो। और अष्टावक्र की इस गीता में जनक का उदघोष है कि औषधि कोई नहीं।

इसे समझना। यह बड़ा महत्वपूर्ण है। इससे महत्वपूर्ण कोई बात खोजनी मुश्किल है। और इसे तुमने समझ लिया तो औषधि मिल गई। औषधि कोई नहीं, यह समझ में आ गया, तो औषधि मिल गई।

जनक यह कह रहे हैं कि बीमारी झूठी है। अब झूठी बीमारी का कोई इलाज होता है? झूठी बीमारी का इलाज करोगे तो और मुश्किल में पड़ोगे। झूठी बीमारी के लिए अगर दवाइयां लेने लगोगे, तो बीमारी तो झूठ थी; लेकिन दवाइयां नई बीमारियां पैदा कर देंगी। इसलिए पहले ठीक-ठीक निर्णय कर लेना जरूरी है कि बीमारी सच है या झूठ?

एक आदमी के संबंध में मैंने सुना, वह बड़ा परेशान था। उसे एक वहम हो गया कि रात उसने एक सपना देखा—वह मुंह खोल कर सोता था, बचपन से उसकी खराब आदत पड़ गई थी—रात उसने सपना देखा कि मुंह उसका खुला है, और एक सांप उसमें घुस गया। घबड़ाहट में नींद तो खुल गई, लेकिन जब उसकी नींद खुली, तब भी सपना ऐसा प्रगाढ़ था कि उसने बराबर सांप की पूंछ सरकते देखी—अंतिम पूंछ। वह चीखा भी, चिल्लाया भी, लेकिन तब तक वह कंठ के अंदर उतर गया। अब उसके बड़े इलाज किए गए, एक्सरे लिए गए, दवाइयां दी गयीं। डाक्टर कहें उससे कि कोई सांप नहीं है, क्योंकि एक्सरे में आता नहीं। वह कहे, हम तुम्हारी मानें कि अपनी? वह पेट में चलता है!

अब तुम थोड़ा सोचो उस आदमी को, अगर तुम भी ऐसा विचार करो तो चलने लगेगा। विचार की बड़ी क्षमता है। कल्पना की बड़ी शक्ति है। उसकी कल्पना प्रगाढ़ हो गई। वह बैठ न सके, पेट में दर्द हो; कहीं सांप यहां सरक रहा है, कहीं वहां सरक रहा है! और उसका जीवन बेचैनी से भर गया। वह रात सो न सके। काम-धाम सब बंद हो गया। चिकित्सकों के पास जाए, वे कहें कि सांप हो भीतर तो हम इलाज करें, कुछ है ही नहीं।

संयोग की बात, वह एक सम्मोहनविद के पास गया। उसने कहा कि सांप है। कौन कहता है नहीं है? कहने वाले गलत। एक्सरे गलत होगा। लेकिन सांप है।

उसकी बात सुनते ही वह आदमी आश्वस्त हुआ, उसने कहा कि गुरु मिले! आप की ही तलाश कर रहा था। मानते ही नहीं लोग। अब मैं मरा जा रहा हूं...।

और उसकी तकलीफ तो सच थी, चाहे सांप झूठ हो। इसे थोड़ा समझ लेना। उसकी तकलीफ तो सच थी; चाहे सांप झूठ हो। सांप झूठ हो या सच हो, इससे क्या फर्क पड़ता है? उसकी तकलीफ तो सच थी। वह दुबला हो गया, सूख कर हड्डी-हड्डी हो गया। उसकी एक ही घबड़ाहट, एक ही बेचैनी, कि इस सांप से कैसे छुटकारा होगा। सब अस्तव्यस्त उसका जीवन हो गया।

लेकिन उस सम्मोहनविद ने कहा, हम हल कर लेंगे। उसने इंतजाम किया। उसने उसकी संडास में एक सांप रखवा दिया। जब वह सुबह जाए मल-विसर्जन को, तो घर के लोगों को कहा कि सांप छोड़ देना। बस बाकी मैं निपटा लूंगा।

जब वह मल-विसर्जन को गया, तो सांप उसने सरकता देखा। नीचे देखा, तो भागा, खुश होकर बाहर आया। उसने कहा कि देखो, लाओ तुम्हारे एक्सरे! वह डाक्टरों के पास गया, उसने कहा कि देखो, सांप था, निकल गया!

उसी दिन से वह ठीक हो गया।

'कोई औषधि नहीं' का अर्थ यह होता है कि बीमारी झूठ है। इस झूठ बीमारी को झूठ जान लेने में ही छुटकारा है। अगर बीमारी सच होती तो इलाज हो सकता था। अगर तुम परमात्मा से दूर हो गए होते तो मिलने की कोई व्यवस्था हो सकती थी। तुम दूर हुए नहीं, और तुम सोचते हो कि दूर हो गए। अगर तुमने अपनी आत्मा से संबंध छोड़ दिया होता तो कोई रास्ता बना लेते, कोई सेतु बनता, विज्ञान कोई उपाय खोज लेता कि फिर से कैसे जुड़ा जाए। लेकिन तुम कभी आत्मा से अलग हुए नहीं। तुम जुड़े हो। अगर मछली सागर के बाहर चली गई होती तो हम सागर में वापस फेंक देते। मछली सागर में है—और चीख-पुकार मचा रही है और तड़प रही है और कहती है कि मुझे सागर में वापस भेजो। मैं तड़प रही हूं इस रेत पर, मेरे प्राण जल रहे हैं।

तो क्या करोगे? एक ही उपाय है कि हम मछली को जगाएं कि सागर तेरे चारों तरफ है, तू कभी छूटी नहीं सागर से।

अगर तुम्हें यह बात खयाल में आ जाए, तो परमात्मा को पाने के जितने उपाय हैं, वे झूठी बीमारी को मिटाने की औषधियां हैं। इसलिए मैं कहता हूं, यह वचन महाक्रांतिकारी है। यह वचन यह कह रहा है कि तुम परमात्मा हो, तुम्हें होना नहीं है। तुम्हें उपाय नहीं करना है परमात्मा होने का। सब उपाय व्यर्थ हैं। और जितने तुम उपाय, अनुष्ठान करोगे, उतने ही तुम भटकते रहोगे।

अनुष्ठान बंधन है—इस सूत्र का ठीक-ठीक अर्थ होगा: योग में मत भटकना; उपाय में मत लगना। उपाय तुम्हें दूर ले जाएगा। क्योंकि तुम जिसे खोज रहे हो, उसे कभी खोया नहीं है। अभी मौजूद है। यहीं मौजूद है। इसी क्षण तुम परमात्मा हो। बेशर्त तुम परमात्मा हो! परमात्मा होना तुम्हारा स्वभाव है।

विवेकानंद कहा करते थे, एक सिंहनी गर्भवती थी। वह छलांग लगाती थी एक टीले पर से। छलांग के झटके में उसका बच्चा गर्भ से गिर गया, गर्भपात हो गया। वह तो छलांग लगा कर चली भी गई, लेकिन नीचे से भेड़ों का एक झुंड निकलता था, वह बच्चा भेड़ों में गिर गया। वह बच्चा बच गया। वह भेड़ों में बड़ा हुआ। वह भेड़ों जैसा ही रिरियाता, मिमियाता। वह भेड़ों के बीच ही सरक-सरक कर, घिसट-घिसट कर चलता। उसने भेड़-चाल सीख ली। और कोई उपाय भी न था, क्योंकि बच्चे तो अनुकरण से सीखते हैं। जिनको उसने अपने आस-पास देखा, उन्हीं से उसने अपने जीवन का अर्थ भी समझा, यही मैं हूं। और तो और, आदमी भी कुछ नहीं करता, वह तो सिंह-शावक था, वह तो क्या करता? उसने यही जाना कि मैं भेड़ हूं। अपने को तो सीधा देखने का कोई उपाय नहीं था; दूसरों को देखता था अपने चारों तरफ वैसी ही उसकी मान्यता बन गई, कि मैं भेड़ हूं। वह भेड़ों जैसा डरता। और भेड़ें भी उससे राजी हो गईं; उन्हीं में बड़ा हुआ, तो भेड़ों ने कभी उसकी चिंता नहीं ली। भेड़ें भी उसे भेड़ ही मानतीं।

ऐसे वर्षों बीत गए। वह सिंह बहुत बड़ा हो गया, वह भेड़ों से बहुत ऊपर उठ गया। उसका बड़ा विराट शरीर, लेकिन फिर भी वह चलता भेड़ों के झुंड में। और जरा सी घबड़ाहट की हालत होती, तो भेड़ें भागतीं, वह भी भागता। उसने कभी जाना ही नहीं कि वह सिंह है। था तो सिंह, लेकिन भूल गया। सिंह से 'न होने' का तो कोई उपाय न था, लेकिन विस्मृति हो गई।

फिर एक दिन ऐसा हुआ कि एक बूढ़े सिंह ने हमला किया भेड़ों के उस झुंड पर। वह बूढ़ा सिंह तो चौंक गया, वह तो विश्वास ही न कर सका कि एक जवान सिंह, सुंदर, बलशाली, भेड़ों के बीच घसर-पसर भागा जा रहा है, और भेड़ें उससे घबड़ा नहीं रहीं। और इस बूढ़े सिंह को देख कर सब भागे, बेतहाशा भागे, रोते-चिल्लाते भागे। इस बूढ़े सिंह को भूख लगी थी, लेकिन भूख भूल गई। इसे तो यह चमत्कार समझ में न आया कि यह हो क्या रहा है? ऐसा तो कभी न सुना, न आंखों देखा। न कानों सुना, न आंखों देखा; यह हुआ क्या?

वह भागा। उसने भेड़ों की तो फिकर छोड़ दी, वह सिंह को पकड़ने भागा। बामुश्किल पकड़ पाया: क्योंकि था तो वह भी सिंह; भागता तो सिंह की चाल से था, समझा अपने को भेड़ था। और यह बूढ़ा सिंह था, वह जवान सिंह था।

बामुश्किल से पकड़ पाया। जब पकड़ लिया, तो वह रिरियाने लगा, मिमियाने लगा। सिंह ने कहा, अबे चुप! एक सीमा होती है किसी बात की। यह तू कर क्या रहा है? यह तू धोखा किसको दे रहा है?

वह तो घिसट कर भागने लगा। वह तो कहने लगा, क्षमा करो महाराज, मुझे जाने दो! लेकिन वह बूढ़ा सिंह माना नहीं, उसे घसीट कर ले गया नदी के किनारे। नदी के शांत जल में, उसने कहा, जरा झांक कर देख। दोनों ने झांका। उस युवा सिंह ने देखा कि मेरा चेहरा और इस बूढ़े सिंह का चेहरा तो बिलकुल एक जैसा है। बस एक क्षण में क्रांति घट गई। 'कोई औषधि नहीं!' हुंकार निकाल गया, गर्जना निकल गई, पहाड़ कंप गए आस-पास के! कुछ कहने की जरूरत न रही। कुछ उसे बूढ़े सिंह ने कहा भी नहीं—सदगुरु रहा होगा! दिखा दिया, दर्शन करा दिया। जैसे ही पानी में झलक देखी—हम तो दोनों एक जैसे हैं—बात भूल गई। वह जो वर्षों तक भेड़ की धारणा थी, वह एक क्षण में टूट गई। उदघोषणा करनी न पड़ी, उदघोषणा हो गई। हुंकार निकल गया। क्रांति घट गई।

ऐसा ही ठीक अष्टावक्र और जनक के बीच हुआ। अष्टावक्र यानी बूढ़ा सिंह। जनक यानी जवान सिंह। पकड़े गए! अष्टावक्र के सत्संग में झलक दिखाई पड़ी। अष्टावक्र की घोषणा में अपने स्वभाव की पहचान हुई।

अब तुम पूछो कि अगर कोई सिंह भेड़ों में खो गया हो, तो उसे वापस सिंह बनाने की औषधि क्या है? औषधि कोई नहीं—नो रेमेडी! उसे कितने ही इंजेक्शन लगाओ, कितना ही वेटेनरी डाक्टर के पास ले जाओ, दवाइयां पिलवाओ—उससे कुछ लाभ न होगा। तुम्हारी दवाइयां, तुम्हारे इंजेक्शन, तुम्हारा वेटेनरी डाक्टर के पास ले जाना, उसे और कमजोर करता जाएगा। तुम्हारी दवाइयां और उसे भ्रांति से भर देंगी कि हूं तो मैं भेड़ ही, देखो इतने उपाय किए जा रहे हैं मुझे सिंह बनाने के, फिर भी कुछ हो नहीं रहा। मैं सिंह तो हो नहीं पा रहा हूं। और अगर मैं सिंह ही था, तो उपाय क्यों किए जाते? जरूर मैं भेड़ हूं, जबरदस्ती ये लोग सिंह बनाने की चेष्टा कर रहे हैं।

फिर अगर समझा-बुझा कर किसी तरह, तुम इसको यह भी भरोसा दिलवा दो कि तू रट रोज, सुबह ध्यान कर बैठ कर कि मैं सिंह हूं, मैं सिंह हूं, ऐसा रोज रट—अहं ब्रह्मास्मि—धीरे-धीरे हो जाएगा। रोज दोहरा कि मैं सिंह होता जा रहा हूं। जैसा कुए कहता है कि रोज मैं स्वस्थ होता जा रहा हूं, सुंदर होता जा रहा हूं। ऐसा अगर यह सिंह वर्षों तक भी कहता रहे, और वर्षों कहने के बाद मान भी ले, तो भी क्या यह सिंह हो जाएगा? यह मान्यता ही रहेगी। यह विचार की पतली पर्त ही रहेगी। मगर उस बूढ़े सिंह ने ठीक किया। उसने इसे कुछ मंत्र नहीं दिया, जप-

तप नहीं दिया। घसीट कर ले गया, एक स्थिति पैदा की, जिसमें इसे अपने स्वभाव की झलक मिल गई।

सदगुरु के सत्संग का इतना ही अर्थ होता है कि वह तुम्हें घसीट कर वहां ले जाए, जहां तुम उसके चेहरे और अपने चेहरे को मिला कर देख पाओ; जहां तुम उसके भीतर के अंतरतम को, अपने अंतरतम के साथ मिला कर देख पाओ। गर्जना हो जाती है, एक क्षण में हो जाती है।

सत्संग का अर्थ ही यही है कि किसी ऐसे व्यक्ति के पास बैठना, उठना, जिसे अपने स्वरूप का बोध हो गया है; शायद उसके पास बैठते-बैठते संक्रामक हो जाए बात; शायद उसकी मौजूदगी में, उसकी आंखों में, उसके इशारों में तुम्हारे भीतर सोया हुआ सिंह जाग जाए।

औषधि कोई भी नहीं, उपाय कोई भी नहीं, विधि कोई भी नहीं।

'तस्य भेषजम् अन्यत् अस्ति।'

न कोई औषधि है, क्योंकि यह सब दृश्य झूठ है। उस सिंह का भेड़ होना झूठ था। वह सारा दृश्य झूठ था। माना था, इसलिए सच मालूम हो रहा था। जिस क्षण जाना, उसी क्षण झूठ हो गया। वह स्वप्नवत था।

'मैं एक अद्वैत शुद्ध चैतन्य-रस हूं।'

सुनो इस शब्द को: 'मैं एक अद्वैत शुद्ध चैतन्य-रस हूं।'

'अहो द्वैतमूलम् यत् दुःखम्'

—सभी दुख द्वैत से पैदा होते हैं।

'तस्य भेषजम् अन्यत् अस्ति'

—इस दुख से छुटकारे के लिए कोई औषधि नहीं है।

'सतत् सर्वम् दृश्यम् मृषा'

—क्योंकि सब झूठ है, सब स्वप्नवत है।

'अहं एकः अमलः चिद्रसः'

—मैं एक शुद्ध चैतन्य-रस हूं।

यह गर्जना तुम्हारे भीतर उठेगी। इसे तुम पुनरुक्त मत करना। तुम सिर्फ समझना। तुम सिर्फ आंख खोल कर देखना, कान खोल कर सुनना।

अष्टावक्र की गीता में कोई विधि नहीं है—यही उसकी महिमा है। उसमें कोई उपाय नहीं बताया है कि कैसे परमात्मा तक पहुंचो। उसमें तो इतना ही कहा है कि तुमने कभी परमात्मा को खोया नहीं। बस जागो! खोलो आंख, और पहचानो अपने स्वरूप को!

'मैं शुद्ध बोध हूं। मुझसे अज्ञान के कारण उपाधि की कल्पना की गई है। इस प्रकार नित्य विचार करते हुए मैं निर्विकल्प में स्थित हूं।'

जिस क्षण तुम्हें दिखाई पड़ना शुरू हो जाएगा कि स्थिति क्या है, उस क्षण तुम छोड़ोगे नहीं, कुछ त्यागने को न बचेगा, सारा स्वप्न खो जाएगा, तुम सिर्फ एक अहोभाव से भरे रह जाओगे। अगर तुमने सोच-विचार करके, तर्क से, चिंतन-मनन से अपने को राजी कर लिया कि नहीं, यह सब स्वप्न है—तो इससे कुछ हल न होगा। यह तुम्हारी बौद्धिक धारणा नहीं होनी चाहिए, यह तुम्हारा अस्तित्वगत अनुभव होना चाहिए।

मैंने सुना है, मुल्ला नसरुद्दीन से उसकी एक पड़ोसी महिला ने कहा, पांच वर्ष पूर्व मेरा पति आलू खरीदने गया था, परंतु आज तक लौटा नहीं, बताइए मैं क्या करूं? मुल्ला ने खूब सोचा, सिर मारा, आंखें बंद कीं, बड़ा ध्यान लगाया—फिर बोला : ऐसा है, मेरी सलाह मानिए, आप गोभी पका लीजिए। पांच साल हो गए, पति आलू लेने गया था, नहीं लौटा, जाने दीजिए; आप गोभी पका लें, या और कोई सब्जी पका लें।

महिला कुछ पूछ रही है, मुल्ला कुछ उत्तर दे रहा है।

तुम जब किसी से पूछते हो कि मैं दुखी हूं, क्या करूं? तो अष्टावक्र को छोड़ कर जो भी उत्तर दिए गए हैं, वे बस ऐसे हैं कि गोभी पका लीजिए। कोई न कोई उपाय बताया जाता है कि यह उपाय कर लो, इस उपाय से सब ठीक हो जाएगा। उपाय से भ्रांति कटती नहीं।

समझने की कोशिश करें। एक आदमी हिंसक है। वह सुनता है, हिंसा बुरी है, हिंसा पाप! उसके मन में भी भाव उठता है अहिंसक होने का। क्योंकि हिंसा पाप ही नहीं है, हिंसक को दुख भी देती है। जो दूसरे को दुख देना चाहता है, देने के पहले अपने को दुख दे लेता है। जो दूसरे को दुख देता है, वह देने के बाद भी उस दुख को भोगता रहता है। यह असंभव है कि दूसरे को हम दुख दें और खुद दुखी न हो जाएं। जो हम देंगे, उसे हमें अपने हृदय में पालना पड़ेगा। और जो हमने दिया है, उसकी पश्चात्ताप की छाया हमें काटती रहेगी।

तो जो आदमी हिंसक है, वह धीरे-धीरे अनुभव कर लेता है कि हिंसा है तो बुरी, लेकिन करूं क्या? अहिंसक कैसे बनूं? वह पूछता है, अहिंसक कैसे बनूं? फिर उसे अहिंसक बनने की विधि बताने वाले लोग हैं। वह हिंसक आदमी उन विधियों का पालन भी करने लगता है, लेकिन उन विधियों के पालन करने से उसकी हिंसा थोड़े ही मिटती है! वह उन विधियों के पालन करने में ही हिंसक हो जाता है। वह दूसरों के साथ हिंसा बंद कर देता है, अपने साथ शुरू कर देता है। उसकी हिंसक वृत्ति कैसे जाएगी? कल तक वह दूसरों के साथ हिंसा कर रहा था, अब अपने साथ करता है।

मैंने सुना है, एक आदमी बहुत हिंसक था। उसने अपनी पत्नी को धक्का दे दिया, वह कुएं में गिर कर मर गई। उसे बड़ा दुख हुआ। किसी तरह अदालत से तो बच गया, सिद्ध न हो सका; लेकिन उसके प्राणों में बड़ा झंझावात हो गया। उसने कहा, अब बहुत हो गया। गांव में एक जैन मुनि आए थे, वह उनके पास गया। उसने कहा कि महाराज, मुझे मुक्त करो, आप जैन मुनि हैं और अहिंसक! और अहिंसा आपका परम धर्म! मैं हिंसक हूं। मुझे किसी तरह मुक्त करो।

मुनि ने कहा कि तुम मुनि-दीक्षा ले लो। उसने कहा, मैं अभी तैयार हूं, इसी वक्त!

हिंसक आदमी! क्रोधी आदमी कोई भी चीज शीघ्रता से कर लेता है। जो किसी की हत्या कर दे शीघ्रता से, वह अपनी भी हत्या कर ले शीघ्रता से, कुछ अड़चन नहीं है।

मुनि ने कहा, बहुत लोग आते हैं, लेकिन तुम जैसा संकल्पवान...! वह संकल्प नहीं था, वह तो सिर्फ हिंसक आदमी की वृत्ति है, वह क्षण में कर गुजरता है। फिर पछताता रहे चाहे जिंदगी भर, लेकिन उसकी मूर्च्छा इतनी प्रगाढ़ होती है कि वह कुछ भी करना चाहे तो क्षण में कर लेता है। और चुनौती दे दी। मुनि ने कहा कि तुम फिर मुनि हो जाओ। उसने कहा मैं अभी तैयार हूं। इधर मुनि सोच ही रहे थे कि कपड़े गिरा कर वह नग्न खड़ा हो गया। उसने कहा, कि दें दीक्षा।

मुनि ने कहा, बहुत देखे लोग, तुम बड़े तपस्वी हो! बड़े तुम्हारे पुण्यों का फल है।

वे मुनि हो गए! मुनि ने उनको नाम 'शांतिनाथ' दे दिया। अब वे ऐसे अशांतिनाथ थे, मगर मुनि ने नाम शांतिनाथ दे दिया इसी आशा में कि चलो अब ये...। उनकी बड़ी ख्याति हो गई, क्योंकि उन्होंने सब मुनियों को प्रतियोगिता में पछाड़ दिया। कोई दो दिन का उपवास करे, तो वे चार दिन का करें कोई चार घंटे सोए, तो वे दो घंटे सोएं। कोई छाया में बैठे तो वे धूप में खड़े रहें। पुराने हिंसक! हिंसा का सारा का सारा ढंग अपने पर ही लौटा लिया। हिंसा खुद पर लौटने लगी, आत्महिंसा हो गई। उन्होंने सब को मात कर दिया। वे तो धीरे-धीरे बड़े ख्यातिलब्ध हो गए। दिल्ली पहुंच गए। दूर-दूर से लोग उनके दर्शन करने को आने लगे।

एक पुराने मित्र उनके दर्शन करने को आए। उन्होंने सुना कि वे जो अशांतिनाथ थे, शांतिनाथ हो गए। चलो दर्शन कर आएं, क्रांति हुई। ऐसा मुश्किल है कि शांति हो जाए उनके जीवन में। वहां जाकर पहुंचे तो वे अकड़े बैठे थे। सब चला गया था, सब छोड़ दिया था—लेकिन अकड़! और सब छोड़ने की अकड़ और आंखों में वही हिंसा थी और वही क्रोध था और वही आग जल रही थी! शरीर

दुर्बल हो गया था, शरीर सूख गया था! खूब तपश्चर्या की थी, लेकिन भीतर की आग शुद्ध होकर जल रही थी। देख तो लिया मित्र को, पहचान भी गए, लेकिन अब इतने महातपस्वी, एक साधारण आदमी को कैसे पहचानें! मित्र ने भी देख लिया, पहचान भी गया कि उन्होंने भी पहचान लिया है, लेकिन वे पहचान नहीं रहे हैं, इधर-उधर देखते, देखते ही नहीं उसकी तरफ।

आखिर उस मित्र ने पूछा कि महाराज! बड़ी दूर से दर्शन को आया हूं, आपका नाम क्या है? उन्होंने कहा, 'शांतिनाथ! अखबार नहीं पढ़ते? रेडियो नहीं सुनते? टेलीविजन नहीं देखते? सारी दुनिया जानती है। कहां से आ रहे हो?'

उसने कहा, 'महाराज गांव का गंवार हूं, कुछ ज्यादा जानता-करता नहीं, पढ़ा-लिखा भी ज्यादा नहीं हूं।'

फिर थोड़ी देर ऐसी और बात चलती रही, उस आदमी ने फिर पूछा कि महाराज, नाम भूल गया आपका! महाराज तो भनभना गए। कहा, कह दिया एक दफे कि शांतिनाथ, समझ में नहीं आया? बहरे हो?

वह आदमी बोला कि नहीं महाराज, जरा बुद्धि मेरी कमजोर है।

मगर शांतिनाथ का असली रूप प्रकट होने लगा। वह फिर थोड़ी देर बैठा रहा और उसने फिर पूछा कि महाराज, नाम भूल गया। तो वह जो उन्होंने पिच्छी रख छोड़ी थी—जैन मुनि रखते हैं पिच्छी-उठा कर उसके सिर पर दे मारी बोले, हजार दफे समझा दिया तू ऐसे नहीं समझेगा! शांतिनाथ...!

उसने कहा, 'महाराज बिलकुल समझ गया, अब कभी नहीं भूलेगा। इतना ही हम जानना चाहते थे कि कुछ फर्क हुआ कि नहीं हुआ? आप बिलकुल वही हैं।'

फर्क इतना आसान नहीं। अगर ऊपर-ऊपर से विधि और व्यवस्थाएं की जाएं तो फर्क होता ही नहीं; दिखाई पड़ता है।

इसलिए मैं इस सूत्र को महाक्रांति का सूत्र कहता हूं। तुम औषधियों में मत पड़ना। जागो! जागने के उपाय करने की जरूरत नहीं है। जागने के उपाय करना, सोने की तरकीबें खोजना है। जागना है तो अभी और यहीं। या तो अभी या कभी नहीं। कल पर मत छोड़ो। विधि का तो मतलब यह होता है: कल पर छोड़ दिया, स्थगित कर दिया। सुन ली बात, ठीक है, अब साधेंगे; जन्म-जन्म लगते हैं, तब कहीं मिलता है।

यही तो तरकीब है।

जनक का वचन है: अहो! दुख का मूल द्वैत है! उसकी औषधि कोई नहीं। क्योंकि मूलतः तुम दो नहीं हुए हो, इसलिए औषधि की कोई जरूरत नहीं है। टूटे

नहीं, इसलिए जोड़ने की कोई आवश्यकता नहीं है। तुम जुड़े ही हो। सिर्फ देखो, जागो, पहचानो। अलग हो कैसे सकते हो जीवन से? अस्तित्व से भिन्न हो कैसे सकते हो? श्वास-श्वास जुड़ी है।

तुम कभी देखते नहीं, जीवन का जोड़ कैसा रसपूर्ण है। रस बह रहा है सबके भीतर; एक-दूसरे में बदलता जा रहा है। जो श्वास अभी मेरे भीतर है, क्षण भर बाद तुम्हारे भीतर हो जाती है। फिर भी तुम नहीं देखते। क्षण भर पहले मैं कहता था, मेरी श्वास, क्षण भर बाद तुम्हारी हो गई। तो हम और तुम बहुत अलग नहीं हो सकते। क्षण भर पहले जो तुम्हारी श्वास थी, अब मेरी हो गई, तो हम और तुम बहुत अलग नहीं हो सकते। यह श्वास का धागा जोड़े हुए है। मैं अगर कहूं कि मैं तो अपनी ही श्वास से जीऊंगा, हर किसी की ऐसी बासी और उधार श्वास नहीं लूंगा—तो मर जाऊंगा। मैं कहूं कि न हम दूसरों के जूते पहनते न दूसरों के कपड़े, दूसरों की श्वास कैसे ले सकते हैं—तो यह सारी हवा दूसरों की श्वास है। यह हजारों नासापुटों में जा रही, आ रही। और ध्यान रखना, आदमियों की ही नहीं है इसमें सम्मिलित; पशु, पक्षी, गधे, घोड़े, सब; वृक्ष भी श्वास ले रहे, छोड़ रहे। हम सब जुड़े हैं। देखो तुम, प्राण का यह सागर, उसमें हम सब जुड़े हैं।

अभी नाशपाती का फल लगा, या आम लगा, या सेव लगा, वृक्ष पर लगा, इसे तुम खा जाओ—जो रसधार नाशपाती में बहती थी, चौबीस घंटे भर बाद तुम्हारा खून हो जाएगी, तुम्हारी हड्डी बनने लगेगी, तुम्हारी मज्जा हो जाएगी, तुम्हारा मस्तिष्क बन जाएगी। फिर एक दिन तुम मरोगे, फिर तुम खाद बन जाओगे; फिर कोई वृक्ष तुममें से रस ले लेगा, फिर फल बन जाएगा। तुम जब वृक्ष से एक नाशपाती को तोड़ कर ला रहे हो, तो ऐसा मत सोचना, सिर्फ नाशपाती है, तुम्हारे बापदादे उसमें हो सकते हैं। क्योंकि सभी जमीन में गिर जाते हैं, फिर जमीन में मिल जाते हैं, सब खाद बन जाते हैं, फिर फल बनते हैं। वृक्ष आदमियों में उतरते रहते हैं, आदमी वृक्षों में उतरते रहते हैं। एक वर्तुल है। एक वर्तुल घूम रहा है। जो चांद-तारों में है वह तुम्हारे शरीर में आ जाता है; जो तुम्हारे शरीर में है, वह चांद-तारों में चला जाता है।

हम सब जुड़े हैं। हम पृथक नहीं हैं। हम पृथक हो नहीं सकते। हम सब परस्पर निर्भर हैं। न तो कोई परतंत्र है और न कोई स्वतंत्र है। हमारे जीवन की स्थिति को ठीक नाम अगर देना हो तो वह है 'परस्पर-तंत्रता'। इंटरडिपेंडेंस!

हम एक-दूसरे से जुड़े हैं। जैसे लहरें जुड़ी हैं, ऐसे हम जुड़े हैं। इस जोड़ के प्रति जागो!

'औषधि कोई भी नहीं है।'

और औषधियां बड़ी उलझन लाती हैं। कामवासना से थक गए, परेशान हो गए, तो ब्रह्मचर्य की औषधि मिल जाती है, कि चलो ब्रह्मचर्य साधो। फिर तुम ब्रह्मचर्य थोपने लगते हो। फिर जबरदस्ती थोपा हुआ ब्रह्मचर्य और नई उलझनें लाता है। फिर तुम्हारा चित्त और भी काम-विकार से ग्रस्त हो जाता है। जिसे तुमने बाहर से रोक दिया, फिर वह भीतर चलने लगता है, घाव बन जाता है। इन घावों से सावधान रहना। ये घाव बना-बना कर ही तुम रुग्ण और बीमार हो गए हो।

जीवन को सहज स्वीकार करो। जीवन जैसा है, उससे अन्यथा होने की चेष्टा भी मत करो। जीवन जैसा है, ऐसा ही परमात्मा ने चाहा है। तुम इस चाह में अपने को विसर्जित कर दो। तुम कह दो: 'तेरी मर्जी पूरी हो!' तुम अपनी मर्जी बीच में मत लाओ। तुम कहो: जो तू दिखाएगा, देखेंगे। जैसा तू चलाएगा, चलेंगे। जहां तू पहुंचाएगा, पहुंचेंगे। तू डुबाएगा मंझधार में, तो वही हमारा किनारा! पहुंचा देगा तो पहुंच जाएंगे; नहीं पहुंचाएगा, तो भी पहुंच गए—क्योंकि हम तेरे ऊपर छोड़ते हैं!

समर्पण की यह दशा, तुम्हें एकदम निर्भार कर जाएगी। इसको अष्टावक्र ने कहा है: चित्त की आंतरिक स्थिति में विश्राम! चैतन्य में विश्राम! फिर कहीं जाना नहीं, कुछ होना नहीं, कुछ बनना नहीं। ये सब अहंकार के ही खेल हैं। तुम कहते हो, यह बन कर रहूंगा...! किसी को सिकंदर बनना है, किसी को बुद्ध बनना है, किसी को महावीर बनना है—लेकिन बनने का पागलपन है! तुम हो ही, इससे बेहतर कुछ हो नहीं सकता। पूर्ण तुममें विराजमान है। तुम लाख उपाय करो, तो तुम पूर्ण से नीचे नहीं गिर सकते, क्योंकि पूर्ण तुम्हारा स्वभाव है। तुम कितने ही पाप करो, इससे कोई फर्क नहीं पड़ता; तुम्हारी पूर्णता अकलुषित रह जाती है। तुम निरंजन हो। तुम्हारे अशुद्ध होने का कोई उपाय नहीं है। इस सत्य में अपने को समर्पित कर देते ही, क्षण भर में क्रांति घटित हो जाती है।

'अहो! दुख का मूल द्वैत है। उसकी औषधि कोई नहीं। यह सब दृश्य झूठ है। मैं एक अद्वैत शुद्ध चैतन्य-रस हूं।'

उस रस को पहचानो। वही रस सब में बह रहा है—कहीं वृक्षों में हरा हो कर, कहीं पक्षियों में गुनगुनाहट हो कर! वही रस मुझसे बोल रहा है, वही रस तुम में सुनने चला आया है। हम उस एक ही महत रस की तरंगें हैं। फिर कहां जाना, फिर क्या होना? फिर न कोई भविष्य है, न कोई लक्ष्य; न जीवन में फिर कोई प्रयोजन है। फिर जीवन तो एक महोत्सव है। यह प्रतिपल चल रहा नृत्य, इसमें सम्मिलित हो जाओ। इससे झगड़ो मत। इसमें व्यर्थ तनाव मत खड़े करो। छोड़ दो अपने को इस बहाव में—यह गंगा जा रही है सागर!

मैंने सुना है, एक सम्राट आता था, उसने राह में एक भिखारी को देखा चलते, गठरी रखे सिर पर। दया आ गई। कह दिया भिखारी को कि तू भी आकर बैठ जा रथ में। कहां जाना है, उतार देंगे।

भिखारी पहले तो बहुत सकुचाया, सम्राट का रथ, स्वर्ण-रथ! लेकिन इनकार करना भी कठिन था; सम्राटों की बात इनकार नहीं की जाती। चढ़ गया रथ पर, सिकुड़ कर बैठ गया; लेकिन पोटली सिर पर रखे था, सो रखे ही रहा। सम्राट ने कहा, अरे पागल! अब पोटली तो नीचे रख दे। उसने कहा कि नहीं मालिक, मुझको बिठाया, यही क्या कम है! अब और पोटली का बोझ भी आपके रथ पर रखूं? नहीं, नहीं!

अब तुम जब खुद ही चढ़ बैठे हो रथ पर तो पोटली तुम सिर पर रखो कि नीचे रखो, क्या फर्क पड़ता है? वजन तो रथ पर ही है।

यह जो विराट का रथ चल रहा है, इसमें तुम नाहक ही पोटली सिर पर रखे बैठे हो। तुम कहते हो कि नहीं महाराज, आपने बिठा लिया, इतना ही बहुत! पोटली भी आप पर रखें—नहीं, नहीं।

लेकिन तुम हर क्षण परमात्मा में ही हो। सारा बोझ उसका है। तुम नाहक बीच में यह पोटली बांधे बैठे हो। यह पोटली है अहंकार की। यह पोटली है भ्रांति की। यह पोटली है द्वैत की, द्वंद्व की यह पोटली है संघर्ष की। इसे रखो, करो समर्पण, और बह चलो! बहाव धर्म है। समर्पण धर्म की संक्रांति है।

'मैं शुद्ध बोध हूं, मुझसे अज्ञान के कारण उपाधि की कल्पना की गई है। इस प्रकार नित्य विचार करते हुए मैं निर्विकल्प में स्थित हूं।'

संस्कृत में जो शब्द है 'विमर्श', उसका ठीक अर्थ विचार नहीं होता।

अहम् बोध मात्रः।

मैं केवल बोध-मात्र हूं, होश-मात्र हूं, होश मेरा स्वभाव है। शेष सब स्वप्नवत है।

मया अज्ञानात् उपाधि कल्पितः।

और शेष सब मेरी कल्पना के कारण पैदा हुआ है।

एवम् नित्यम् विमर्श्यतः मम स्थिति निर्विकल्पे।

और मेरा विमर्श...।

'विमर्श' शब्द समझने जैसा है। अंग्रेजी में एक शब्द है 'रिफ्लैक्शन', वह ठीक अर्थ है विमर्श का। विचार का तो अर्थ होता है, तुम्हें पता नहीं, और तुम सोचते हो। तुम कहते हो, हम विचार करते हैं। विमर्श का अर्थ होता है, जैसे दर्पण में प्रतिबिंब बनता है। दर्पण सोचता थोड़े ही है! जब तुम सामने आए, तो सोचता

थोड़े ही है, कि देखें कौन है, आदमी है कि औरत? सुंदर है कि असुंदर? फिर वैसा ही रूप बता दें। न, दर्शन दर्पण में सिर्फ प्रकट होता है, तुम्हारी छवि बन जाती है। रिफ्लैक्शन, विमर्श!

जनक कहते हैं: इस प्रकार नित्य विमर्श करते हुए, इस प्रकार नित्य क्षण-क्षण इस शाश्वत एकता को देखते हुए, यह हृदय के दर्पण में बनते प्रतिबिंब को निहारते हुए, मैं निर्विकल्प चित्त-दशा में स्थित हूं। शुद्ध बोध हूं। जो हुआ, सब मेरी कल्पना से हुआ। जो हुआ, सब मेरी कल्पना का खेल है।

कल्पना मनुष्य की शक्ति है। पूरब के शास्त्र कहते हैं कि कल्पना परमात्मा की शक्ति है। कल्पना का ही दूसरा नाम माया। माया अर्थात परमात्मा ने कल्पना की है। परमात्मा की ही कल्पना का परिणाम है यह विराट विश्व। और आदमी जो कल्पना करता है, उसका परिणाम है हम सबकी छोटी-छोटी दुनियाएं। हर आदमी अपनी-अपनी दुनिया में रहता है—अपनी-अपनी दुनिया में बंद।

तुम ऐसा मत सोचना कि हम सब एक ही दुनिया में रहते हैं! जितने आदमी हैं यहां, उतनी दुनियाएं एक साथ। इसलिए तो दो आदमी मिलते हैं, तो टकराहट होती है। दो दुनियाएं टक्कर खाती हैं। कठिन हो जाता है। अकेले-अकेले सब ठीक चलता है; दूसरे के साथ जुड़े कि अड़चन हुई। क्योंकि दो दुनियाएं, दो ढंग, दो विचार की शैलियां, एक-दूसरे के साथ संघर्ष करने लगती हैं। हमारी कल्पना ही हमारी दुनिया बन जाती है।

कल्पना की शक्ति बड़ी है। कल्पना का अर्थ है, जो हम सोचते हैं, वैसा होने लगता है। जो हम सोचते हैं, उसके परिणाम बनने लगते हैं; उसके चित्र उभरने लगते हैं।

ठीक कल्पना वैसी है जैसी स्वप्न की शक्ति है। रात कुछ भी तो नहीं होता, परदा भी नहीं होता। रात सपने में तुम्हीं अभिनेता होते हो, तुम्हीं दिग्दर्शक होते हो, तुम्हीं कथाकार, तुम्हीं मंच, तुम्हीं दर्शक—सभी कुछ तुम्हीं होते हो। फिर भी एक पूरा खेल बन जाता है। थोड़ा सोचो!

मैं एक महिला को देखने गया था, वह नौ महीने से बेहोश है, कोमा में है। और डाक्टर कहते हैं, वह कोई तीन-चार साल भी रह सकती है इस अवस्था में। उसका बेटा भी वहां मौजूद था। वह मुझसे पूछने लगा कि एक बात मुझे आपसे पूछनी है—मैं सभी से पूछता हूं, कोई उत्तर नहीं देता—अगर मेरी मां सपना देख रही हो तो नौ महीने तक उसको पता ही न चला होगा कि यह सपना है। बात तो उसने बड़ी गहरी पूछी। यह महिला जो नौ महीने से बेहोश है, वह बेटा पूछता है कि अगर यह सपना देख रही होगी, तो हम तो रोज सुबह उठ आते हैं तो पता चल

जाता है कि अरे, सपना था; यह तो उठती नहीं। यह नौ महीने से सपना चल रहा होगा, तो देख ही रही होगी सपना और मान रही होगी कि सच है। नौ महीने में इसको एक क्षण भी खयाल नहीं आया होगा कि यह सपना है। बात तो ठीक है।

सच तो यह है कि जब हम आंख खोल लेते हैं, तब भी सपना बंद नहीं होता; सपना तो भीतर चलता ही जाता है। इसलिए कभी भी तुम आंख बंद करो, भीतर थोड़ा खोजो, तुम पाओगे कि सपना चल रहा है। दिवास्वप्न शुरू हो जाता है।

जैसे दिन को सूरज निकलता है, आकाश के तारे खो जाते हैं—क्या तुम सोचते हो कहीं चले जाते हैं? जाएंगे कहां? जहां हैं, वहीं हैं। सिर्फ दिन की रोशनी में ढंक जाते हैं। रात सूरज विदा हो जाता है, फिर तारे प्रकट होने लगते हैं। तारे तो वहीं के वहीं हैं, सिर्फ सूरज की रोशनी में ढंक जाते हैं; रोशनी खो जाती है, फिर प्रकट हो जाते हैं। ऐसे ही तुम्हारे सपने की धारा तो चल ही रही है। जब तुम आंख खोलते हो, तो दुनिया के काम-धाम में भूल जाते हो, भीतर धारा चलती रहती है; फिर आंख बंद की—कभी करके देख लो, आराम कुर्सी पर बैठ जाओ, आंख बंद कर लो—थोड़ी देर में तुम पाओगे : सपना चल रहा है, इलेक्शन लड़ रहे, जीत भी गए, प्रधानमंत्री हो गए। और इतना ही नहीं, प्रधानमंत्री होकर जिन-जिन को तुम्हें मारना है उनका सफाया भी कर दिया; जिन-जिन को जेल भेजना है, उनको जेल भी भेज दिया; और जिन-जिन को तुम्हें मंत्री बनाना है, उनको मंत्री भी बना लिया। तभी पत्नी आ गई चाय लेकर कि यह चाय तैयार है, चौंक कर तुम बैठ गए, अपनी चाय पीने लगे। तब तुमको समझ में आया कि अरे, कहां खो गए थे! जागे-जागे भी सपने की धारा भीतर बह रही है।

तुमने शेखचिल्ली की कहानियां पढ़ी होंगी। वे सब तुम्हारी कहानियां हैं। वे आदमी की कहानियां हैं। हम सब शेखचिल्ली हैं, जब हम कल्पना में पड़े होते हैं। जब तक कल्पना पूरी समाप्त न हो जाए, तब तक शेखचिल्लीपन समाप्त नहीं होता।

ऐसा हुआ कि पंडित जवाहरलाल नेहरू एक पागलखाने गए, देखने। उस गांव में गए थे तो पागलखाना देखने गए। अब ऐसा अक्सर होता है, जब चर्चिल ताकत में था, तो इंग्लैंड के पागलखानों में कम से कम चार-पांच आदमी बंद थे जो अपने को चर्चिल मानते थे। ऐसा नेहरू के साथ भी था। जब नेहरू यहां जिंदा थे, तो हिंदुस्तान के पागलखानों में कोई दस-बारह आदमी थे, जो अपने को पंडित नेहरू मानते थे।

उस पागलखाने में भी एक आदमी था, जो बिलकुल ठीक हो गया था, उसी दिन विदा हो रहा था। तो पागलखाने के अधिकारियों ने कहा कि पंडित नेहरू आते हैं, उन्हीं के हाथ से इसको छुटकारा दिला देंगे। वह आदमी लाया गया। पंडित

नेहरू ने पूछा कि कभी कोई ठीक भी होते हैं? उन्होंने कहा, आज ही एक आदमी आपके हाथों से विदा करने को रोक रखा है। वह आदमी आया, पंडित नेहरू ने उसे फूल भेंट किए, और कहा कि स्वागत कि तुम ठीक हो गए। उस आदमी ने देखा पंडित नेहरू की तरफ, पूछा, 'आपका नाम?'

उन्होंने कहा, मेरा नाम पंडित जवाहरलाल नेहरू है।

उसने कहा, घबड़ाओ मत अगर तीन साल रह गए यहां, तुम भी ठीक हो जाओगे। यही बीमारी मुझे भी थी। मगर इन डाक्टरों की कृपा, ठीक कर दिया।

वह आदमी, पंडित जवाहरलाल नेहरू अपने को समझता था।

तुम हंसते हो, लेकिन तुमने जो अपने को समझा है, वह इससे बहुत भिन्न नहीं है। वह जरा हिम्मतवर रहा होगा तो उसने अपने को पंडित जवाहरलाल नेहरू समझ लिया। तुम उतने हिम्मतवर नहीं हो, या किसी से कहते नहीं; मन में तो समझते ही हो। मगर हर आदमी कुछ अपने को समझ रहा है, कल्पना को पोषित कर रहा है। यह कल्पना का जाल गिर जाए तो धर्म का आविर्भाव होता है।

'मेरा बंध या मोक्ष नहीं है। आश्रय-रहित होकर, भ्रांति शांत हो गई है। आश्चर्य है कि मुझमें स्थित हुआ जगत, वास्तव में मुझमें स्थित नहीं है।'

न मे बंधोऽस्ति मोक्षो वा भ्रांतिः शांता निराश्रया।
अहो मयि स्थितं विश्वं वस्तुतो न मयि स्थितम्।

मे बंधः वा मोक्षः न अस्ति
—मेरा बंध या मोक्ष नहीं है।

सुनो! कैसी अदभुत बात जनक कह रहे हैं: 'न मेरा बंधन है, न मेरा मोक्ष है!'

तुमने यह तो सुना कि बंधन है संसार। छोड़ो बंधन! बंधन से मोक्ष की खोज करो। लेकिन सुना तुमने, जनक क्या कह रहे हैं? वे कह रहे हैं, न मेरा बंधन है, न मोक्ष!

ऐसी चित्तदशा का नाम ही मोक्ष है, जहां तुम्हें पता चलता है: न बंधन है न मोक्ष। बंधन भी कल्पित थे, तो मोक्ष भी कल्पित है।

कथा है जीसस के जीवन में कि वे एक गांव में आए, और उन्होंने एक वृक्ष के नीचे कुछ लोगों को बड़े उदास देखा, बड़े परेशान देखा, बड़े दीन, दुर्बल! उन्होंने पूछा, 'तुम्हें क्या हुआ? तुम पर कौन सी विपदा आ गई?' उन लोगों ने कहा, 'विपदा हम पर बड़ी आई। हम लोग बहुत घबड़ा गए हैं, हमने बड़े पाप किए हैं। और हम नरक से डर रहे हैं, हम थर-थर कांप रहे हैं।'

अब मुसलमानों का नरक खतरनाक तो होने ही वाला है। अगर नरक जाओ, तो हिंदुओं का चुनना, वहां थोड़ी अस्तव्यस्तता रहेगी, मुसलमानों का मत चुनना।

अगर वहां कोई चुनाव हो तो भारतीयों का चुन लेना, जर्मन या इस तरह के लोगों का नरक मत चुन लेना; क्योंकि वहां बड़ी चुस्ती है, वहां सब नियम की पाबंदी है। वहां रिश्वत भी नहीं चलेगी, कि जरा रिश्वत दे दी, और आग से जरा बच गए, कि जरा ठंडी आग में डलवा लिया अपने को। कुछ न चलेगा वहां। अब मुसलमानों का नर्क! वे तो ठीक से सताएंगे; छोड़ेंगे नहीं। वे तो बड़े धार्मिक रूप से सताएंगे।

उन्होंने कहा, हम बड़े घबड़ा गए हैं। पाप बहुत किए हैं, हम घबड़ा रहे हैं, हम कंप रहे हैं। और मरने का दिन करीब आ रहा है, दोजख में पड़ेंगे, नरक में सड़ेंगे। तो हमें चैन नहीं है।

जीसस और आगे बढ़े, एक वृक्ष के नीचे उन्होंने और लोगों को बैठे देखा। वे बड़े आशा से भरे बैठे थे। लेकिन आशा में भी भय था। और उन्होंने बड़ी तपश्चर्या की थी, उपवास किए थे, धूप में शरीर को गलाया-सताया था, सूखे, हड्डियां हो गए थे। उन्होंने पूछा, 'तुम्हें क्या हुआ? तुम पर कौन सी विपदा पड़ी?'

उन्होंने कहा, हम स्वर्ग की तैयारी कर रहे हैं। नरक का भय है तो हम स्वर्ग की तैयारी कर रहे हैं। हम पुण्य-अर्जन कर रहे हैं। मगर फिर भी डर लगता है, कहीं चूक तो न जाएंगे! सब दांव पर लगा दिया है, जीवन दांव पर लगा दिया है; लेकिन स्वर्ग लेकर रहेंगे, बहिश्त में पहुंच कर रहेंगे। मगर उसी चिंता में हम परेशान भी हैं, तनाव भी मन में बना है।

जीसस और आगे बढ़े। उन्होंने एक तीसरे वृक्ष के नीचे कुछ लोगों को बैठे देखा, जो बड़े मस्त थे। उनकी हालत बिलकुल अलग थी। न तो नरक से घबड़ाए जैसे लोग वैसे भी न थे; स्वर्ग के लोभ से भरे लोग, वैसे भी न थे। वे बड़े मस्त थे। वे गीत गुनगुना रहे थे, नाच रहे थे, आनंद-मग्न थे। उन्होंने पूछा, 'तुम्हें क्या हुआ? तुम बड़े खुश हो! तुम पर कोई विपत्ति नहीं आई?' उन्होंने कहा कि नहीं, क्योंकि हमने जान लिया कि न स्वर्ग है न नरक है। सब मन का खेल है।

दुख-सुख दोनों ही मन की धारणाएं हैं। दुख का आत्यंतिक रूप नरक है; सुख का आत्यंतिक रूप स्वर्ग है। सुख-दुख दोनों मन में हैं, स्वर्ग-नरक भी दोनों मन में हैं। ऐसा जो जान लेता है कि सभी द्वंद्व मन में हैं, वही मुक्त है।

इस मुक्ति की आखिरी घोषणा जनक करते हैं: मेरा बंध या मोक्ष नहीं है। बंधन भी झूठे हैं, तो मोक्ष कैसा? बंधन हैं ही नहीं, तो मोक्ष कैसा? दोनों असत्य हैं।

'आश्रय-रहित होकर भ्रांति शांत हो गई है।'

अब मेरा कोई आश्रय नहीं है। अब मैं किसी आशा के सहारे नहीं जी रहा। और जब आशा नहीं है तो निराशा नहीं होती।

'आश्रय-रहित होकर भ्रांति शांत हो गई है। आश्चर्य है कि मुझमें स्थित हुआ जगत वास्तव में मुझमें स्थित नहीं है।'

यह आश्चर्य की बात है कि सारा जगत है, फिर भी मैं अकलुषित, फिर भी मैं निरंजन, फिर भी मैं पार हूं!

एक बौद्ध कथा है, दो भिक्षु एक नदी से पार होते थे कि बूढ़े भिक्षु ने देखा कि एक युवती नदी पार करना चाहती है, तो वह घबड़ा गया। नदी गहरी है, शायद युवती कहे कि मेरा हाथ सम्हाल लो। वह अनजान मालूम होती है। सुंदर युवती है! वह उसके पास से निकला, युवती ने कहा भी कि मुझे नदी के पार जाना है, क्या आप मुझे सहारा देंगे? उसने कहा, मुझे क्षमा करो, मैं भिक्षु हूं, स्त्री को मैं छूता नहीं! और उसके हाथ-पैर कंप गए और वह भागा तेजी से नदी पार कर गया।

बूढ़ा आदमी! बहुत दिन का दबाया हुआ काम, भीतर फुफकार मारने लगा वह; यह खयाल ही कि स्त्री का हाथ पकड़ ले, सपनों को जन्म देने लगा। वह तो नदी पार कर गया घबड़ाहट में। सोचा, भगवान को धन्यवाद दिया कि चलो बचे, एक झंझट आती थी, एक गड्ढे में गिरने से बचे! तब पीछे लौट कर देखा तो बड़ा हैरान हो गया। हैरान भी हुआ, थोड़ा ईर्ष्या से भी भरा, थोड़ी जलन भी पैदा हुई। वह जो युवा संन्यासी पीछे आ रहा था, वह लड़की को कंधे पर बिठा कर नदी पार करवा रहा है। कंधे पर बिठा कर! हाथ पकड़ना भी एक बात थी, स्पर्श भी वर्जित है, और मैं तो बूढ़ा हूं, और यह जवान है, और यह अभी नया-नया दीक्षित हुआ है! और यह क्या पाप हो रहा है?

फिर दो मील तक दोनों चलते रहे। आश्रम पहुंचने के पहले तक बूढ़ा फिर बोला नहीं, बहुत नाराज था, आगबबूला था। नाराजगी में ईर्ष्या भी थी, नाराजगी में रस भी था, क्रोध भी था, अपने को ऊंचा और धार्मिक मानने की अस्मिता भी थी; और इसको निकृष्ट और अधार्मिक मानने का भाव भी था। सभी कुछ मिश्रित था। सीढ़ियां जब वे चढ़ने लगे आश्रम की, तब बूढ़े से न रहा गया; उसने कहा कि सुनो मुझे गुरु से जाकर कहना ही पड़ेगा, क्योंकि यह तो नियम का उल्लंघन हुआ है। और तुम युवा हो, और तुमने स्त्री को कंधे पर बिठाया, स्त्री सुंदर भी थी!

उस युवा ने कहा, आप भी आश्चर्य की बात कर रहे हैं। मैं तो उस स्त्री को नदी के किनारे उतार भी आया, क्या आप उसे अब भी अपने कंधे पर लिए हुए हैं? अब भी! आप भूले नहीं? दो मील पीछे की बात, आप अभी खींचे लिए जा रहे हैं?

ध्यान रखना, यह संसार, है तुम्हारे पास, तुम में स्थित, तुम इसमें स्थित; मगर ऐसा भी जीने का ढंग है कि न तुम संसार को छुओ, न संसार तुम्हें छू पाए। तुम ऐसे गुजर जाओ, अस्पर्शित, क्वांरे के क्वांरे। यह कालख तुम्हें लगे न। ऐसे गुजरने का ढंग है—उस ढंग का नाम ही साक्षी है।

'शरीर सहित यह जगत कुछ नहीं है—अर्थात न सत है और न असत है और आत्मा शुद्ध चैतन्य-मात्र है। ऐसा निश्चय जान कर अब किस पर कल्पना को खड़ा करें?'

अब कहां अपनी कल्पना को रोपें? सब आश्रय गिर गए। न सुख की कोई कामना है, और न दुख का कोई भय है। न कुछ होना है, न कुछ बचना है। न कहीं जाना है, न कुछ बनना है। सब आश्रय गिर गए, अब कल्पना को कहां खड़ा करें?

कुछ लोग धन पर कल्पना को खड़ा किए हुए हैं—वह उनका आश्रय है। वे हमेशा धन ही गिनते रहते हैं। वे नींद में भी रुपये गिनते रहते हैं। रुपये की खनकार ही एकमात्र संगीत है, जिसे वे संगीत मानते हैं।

कुछ लोग हैं पद के दीवाने; वह बस उनकी कुर्सी ऊपर उठती जाए, इसकी ही फिकर में लगे हैं। बड़ी से बड़ी कुर्सी पर बैठ जाएं, चाहे फांसी क्यों न लगे बड़ी कुर्सी पर, कोई हर्जा नहीं, मगर कुर्सी बड़ी होनी चाहिए। वह उनका आश्रय है।

फिर कुछ लोग हैं, जो स्वर्ग की कामना कर रहे हैं, कि स्वर्ग में बैठेंगे, यहां क्या रखा है? यहां की कुर्सियां आज मिलती हैं, कल छिन जाती हैं, यहां बैठने में क्या सार है? बैठेंगे स्वर्ग में, वहां कल्पवृक्ष के नीचे बैठ कर भोगेंगे दिल खोल कर। फिर समय का कोई बंधन नहीं, सीमा नहीं है।

मगर ये सब आश्रय हैं मन के।

'ऐसा निश्चय जान कर अब किस पर कल्पना को खड़ा करें?'

'यह शरीर, स्वर्ग, नर्क, बंध, मोक्ष और भय भी कल्पनामात्र हैं। मुझे उनसे क्या करना है? मैं तो शुद्ध चैतन्य हूं।'

खूब जागरण की घटना घटी जनक को। अष्टावक्र की मौजूदगी में विमर्श पैदा हुआ। अष्टावक्र के दर्पण में जनक ने अपना चेहरा देखा, उसे आत्मस्मृति आई। अनूठी घटना घटी।

बड़ी मुश्किल से ऐसा होता है कि ऐसा गुरु और ऐसा शिष्य मिल जाए। शिष्य तो बहुत, गुरु बहुत; लेकिन ऐसा कभी-कभी घटता है, जबकि अष्टावक्र जैसा गुरु और जनक जैसा शिष्य मिल जाए। जब ऐसी घटना घटती है, ऐसे गुरु और शिष्य का मिलन होता है, तो सत्य का विस्फोट न होगा तो क्या होगा! ऐसे शुद्ध दर्पण के सामने, ऐसा सरल चित्त व्यक्ति, विनम्र भाव से झुका हुआ खड़ा हो गया,

उसे दर्शन हो गए। हो गई सिंह-गर्जना। वह ऐसे बोलने लगा, जैसे कभी न बोला था। वह ऐसे बोलने लगा, जैसा अष्टावक्र बोलते थे; जैसे खुद तो खो गया और अष्टावक्र का ही गीत उसकी बांसुरी पर बजने लगा; जैसे अष्टावक्र ही उससे बोलने लगे।

शिष्य अगर मिटने को राजी हो तो गुरु उसके हृदय के गहरे कोने से बोलने लगता है। शिष्य अगर झुकने को राजी हो, तो गुरु बाहर नहीं रह जाता, गुरु तुम्हारे अंतरतम में प्रतिष्ठित हो जाता है।

ऐसा ही हुआ, ऐसी ही महत्वपूर्ण घटना घटी। विमर्श करो उस पर! ध्यान करो उस पर! ऐसी घटना तुम्हें भी घट सकती है—कोई कारण नहीं, कुछ कमी नहीं है; सिर्फ तुम्हारी कल्पना के जाल, और तुम्हारी विधियां, और तुम्हारी औषधियों का अंबार, तुम्हें स्वस्थ नहीं होने दे रहा है। तुम स्वस्थ हो, ऐसा विमर्श करो। तुम परमात्मा हो, ऐसा विमर्श करो। जो होना था, हो ही चुका है। जो पाना था, मिला ही है। तुम अपने घर में बैठे हो, सिर्फ कल्पना के माध्यम से तुम दूर निकल गए हो। एक क्षण-मात्र में, क्षण के भी अंश-मात्र में वापसी हो सकती है।

मुल्ला नसरुद्दीन अपने डाक्टर के पास गया था। 'डाक्टर साहब,' कहने लगा वह, 'अगर किसी दिन मैं यहां आकर पतलून की जेब से इतने नोट निकालूं कि आपके पिछले सभी बिलों का भुगतान हो जाए, तो आप क्या मानेंगे? क्या समझेंगे?'

डाक्टर ने कहा, 'यही कि तुम किसी दूसरे की पतलून पहने हुए हो।'

तुम्हें भरोसा नहीं आता। मैं कह भी रहा हूं, तो भी तुम सुनते हो, तुम कहते हो : हुआ होगा जनक को; मगर यह पतलून अपनी नहीं है। तुम तो जानते हो, अपनी पतलून में हाथ डालेंगे तो खाली है। हाथ ही तुमने नहीं डाला है। खाली का तुमने भरोसा कर लिया है, बिना खोजे।

तुम तो सदा यह देखते हो कि जहां भी आनंद है, वह किसी दूसरे के पास है; मेरे पास कहां? मुस्कुराहटें सब दूसरों की हैं; आंसू सिर्फ तुम्हारे हैं—ऐसी तुम्हारी धारणा हो गई है। दुख केवल तुम्हारे हैं, सुख सब पराए हैं। ये गीत घटते हैं किसी और को; तुम्हारे जीवन में तो सदा दुख ही दुख बरसता है। यह अमृत बरसता होगा कहीं किसी सौभाग्यशाली को। तुम्हें भरोसा नहीं आता!

मैं कहता हूं, यह पतलून तुम्हारी है, हाथ तो डालो! तुम कहते हो, 'क्या सार बार-बार हाथ डालने से? वहां कुछ भी नहीं है।' तुमने कभी हाथ डाला ही नहीं; और कुछ भी नहीं है, इस भ्रांति में तुम पड़ गए हो। एक बार अपने भीतर झांको तो!

मुल्ला नसरुद्दीन के घर एक आदमी आया हुआ था। वह पूछने लगा नसरुद्दीन से, यदि कोई बाहरी व्यक्ति आकर ऐसा जम जाए कि जाने का नाम न ले, तो आप क्या उपाय करते हैं?

बहुत देर से जमे हुए इस आदमी ने मुल्ला नसरुद्दीन से ऐसा पूछा।

'मैं तो कुछ नहीं कर पाता, किंतु मेरी पत्नी बड़ी चतुर है। ऐसे मौकों पर वह आकर, किसी न किसी बहाने मुझे अंदर बुला लेती है।' मुल्ला ने जवाब दिया।

वह आदमी दूसरा सवाल पूछने जा ही रहा था कि परदा उठा, और एक महिला अंदर आई, और बोली, आप भी गजब करते हैं! शर्मा जी के घर छह बजे चलना है और आप बैठ कर गप्पे लगा रहे हैं?

गुरु का कुल काम इतना है कि जो तुम नहीं कर पा रहे हो, वह तुम्हें चौंका दे, वह कह दे आकर कि छह बजे शर्मा जी के घर चलना है, और तुम बैठ कर गप्पें लगा रहे हो!

गुरु तुम्हें कहीं ले जाता नहीं; सिर्फ जगाता है; सिर्फ याद दिलाता है कि छोड़ो ये गप्पें, समय और मत गंवाओ, ऐसे भी बहुत गंवा चुके हो।

अष्टावक्र की मौजूदगी में याद आ गई जनक को, कि हो गईं गप्पें सब व्यर्थ। ये सब गप्पें हैं कि कोई सम्राट कि कोई भिखारी। ये सब गप्पें हैं कि कोई धनिक कि कोई अमीर। ये सब गप्पें हैं कि कोई सफल कि कोई असफल। ये बस गप्पें हैं। ये सब कल्पनाएं हैं। हम एक-दूसरे को सहारा दिए हैं, और इन कल्पनाओं में हम जीते चले जाते हैं। ये हमारे रचे हुए नाटक हैं, ये हमारे खेल हैं।

अगर किसी को सफल होना है, तो किसी को असफल होना पड़ेगा—इसलिए खेल में तो दोनों की जरूरत पड़ती है। अगर सभी सफल होना चाहें, तो खेल बंद हो जाता है। सभी असफल हो जाएं, तो खेल बंद हो जाता है। तो हमने एक खेल रच लिया है, उसमें कोई असफल होता है, कोई सफल होता है; कोई बुद्धिमान, कोई बुद्धू। हमने एक खेल रच लिया है। एक कल्पना का जाल है। हमने एक बस्ती बसा ली है।

इतना ही तुमसे कहना चाहता हूं: खूब समय हो गया, अब उठो! दर्पण तुम्हारे सामने है, थोड़ा अपने चेहरे को देखो! तुम्हें पकड़ कर नदी के किनारे ले आया हूं, जरा झांको, और सिंह-गर्जना किसी भी क्षण हो सकती है!

हरि ॐ तत्सत्!

* * *

प्रवचन : 12

प्रभु प्रसाद—परिपूर्ण प्रयत्न से

पहला प्रश्नः मेरे इस प्रश्न का उत्तर अवश्य दें, ऐसी प्रार्थना है। गुरु-दर्शन को कैसे आऊं? जब शिष्य गुरु के पास जाए तो कैसे जाए? गुरु के पास शिष्य किस तरह रहे, क्या-क्या करे और क्या-क्या न करे?

शिष्य का अर्थ होता है, जिसे सीखने की दुष्पूर आकांक्षा उत्पन्न हुई है; जिसके भीतर सीखने की प्यास जगी है। सीखने की प्यास साधारण नहीं होती; सिखाने का मन बड़ा साधारण है। सीखने की प्यास बड़ी असाधारण है।

गुरु तो कोई भी होना चाहता है, शिष्य होना दुर्लभ है। जो तुम नहीं जानते, वह भी तुम दावा करते हो जानने का, क्योंकि जानने के दावे में अहंकार की तृप्ति है। जिन बातों का तुम्हें कोई भी पता नहीं है, उनका भी तुम उत्तर देते हो; क्योंकि यह तुम कैसे मानो कि उत्तर, और तुम्हें पता नहीं! तुम ऐसी सलाहें देते हो, जिन्हें कोई माने तो गड्ढे में गिरेगा, क्योंकि तुम किसी अनुभव से सलाह नहीं दे रहे हो। तुम तो सलाह देने का मजा ले रहे हो।

देखा लोगों को, सलाह देने में कैसा मजा लेते हैं! फंस भर जाओ उनके चंगुल में, और हर कोई सलाह देने को उत्सुक है। वह तो अच्छा है कि लोग सलाह लेते नहीं। दुनिया में सबसे ज्यादा दी जानी वाली चीज सलाह है, और सबसे कम ली जाने वाली चीज भी सलाह है। कौन सुनता है? कौन लेता है? अच्छा है कि लोग लेते नहीं अन्यथा लोग पागल हो जाएं। सलाह देने वाले इतने हैं, मार्गदर्शक इतने हैं!

सीखने की इच्छा अति दुर्लभ है। क्योंकि सीखने की इच्छा का अर्थ हुआ—यह स्वीकार कि मुझे मालूम नहीं; यह स्वीकार कि मैं अज्ञानी हूं; यह

स्वीकार कि मैं समर्पित होने को तैयार हूं, कि मैं भिक्षा की झोली फैलाने को राजी हूं। बेशर्म भिक्षा की झोली फैलाने की हिम्मत से कोई शिष्य बनता है। लाग-लपेट, संकोच, शर्म, सब छोड़ कर कोई शिष्य बनता है।

शिष्य बनने का अर्थ है, कि मेरा सारा अतीत व्यर्थ था, गलत था—इसे मैं स्वीकार करता हूं।

कल एक इटालियन युवती ने संन्यास लिया, वह केवल भूली-भटकी दो-चार दिन के लिए यहां आ गई। घूमती रही पूरे देश में। गई बहुत आश्रमों में, बहुत सत्संगों में; भूली-भटकी, किसी ने बता दिया, तो यहां आ गई। आज ही उसे वापस लौटना है। वह कल बड़े हृदय से रोने लगी। और उसने कहा कि मुझे बड़ी अड़चन में डाल दिया। पूछा मैंने, क्या अड़चन है? उसने कहा, अड़चन यह है कि ये तीन दिन संकट के हो गए; न आती तो अच्छा था। क्योंकि इन तीन दिनों ने मुझे बता दिया कि अब तक जो मैं जानती थी, वह सब गलत है; और अब तक जो मैं सोचती थी ठीक है, वह बिलकुल ठीक नहीं। कुछ और ही ठीक है। अब तुमने मुझे मुश्किल में डाल दिया। और मुझे लौट कर आना पड़ेगा। अब मैं जा रही हूं—सिर्फ आने के लिए!

शिष्यत्व का जन्म हो गया!

जिस क्षण तुम्हें पता लगता है कि मेरा सारा अतीत व्यर्थ था, कूड़ा-कर्कट था...। बहुत कठिन है यह स्वीकार करना, क्योंकि अतीत यानी तुम्हारा अहंकार। जो तुमने अब तक किया, सोचा, समझा, उसी पर तो तुम्हारा अहंकार खड़ा है। वह ठीक था तो अहंकार खड़ा हो सकता है। वह सब गलत था...।

जिस क्षण तुम्हें दिखाई पड़ता है कि मेरा अतीत, सारा का सारा एक अंधेरी रात था, उस क्षण तुम शिष्य बनते हो।

यहां यह भी खयाल रख लेना: तुम यह मत सोचना कि हम शिष्य बन सकते हैं; क्योंकि अतीत में कुछ बातें गलत थीं, वह हम मानते हैं; कुछ बातें ठीक थीं, वह हम मानते हैं। ऐसा होता ही नहीं। या तो तुम गलत होते हो, या तुम ठीक होते हो। कुछ बातें ठीक और कुछ बातें गलत—ऐसा होता ही नहीं।

यह जो सत्य की खोज है, यहां समझौते नहीं चलते। सत्य कोई समझौता नहीं है। अगर तुम ठीक थे तो ठीक थे; अगर गलत थे तो गलत थे। यह भी अहंकार की तरकीब है कि अहंकार कहता है: हां, कुछ बातें हमारे जीवन में गलत रहीं, उनको ठीक कर लेंगे; ऐसे बाकी जीवन तो सब ठीक ही है।

तो तुम्हारे जीवन में क्रांति कभी न होगी, सुधार हो सकता है। और सुधार की आकांक्षा शिष्य की आकांक्षा नहीं है। शिष्य की आकांक्षा तो महाक्रांति के लिए है।

शिष्य तो कहता है कि मैं अपने पूरे अतीत से स्वयं को विच्छिन्न कर लेना चाहता हूं; मैं चाहता हूं कि फिर से मेरी शुरुआत हो, मैं चाहता हूं कि फिर क ख ग से शुरुआत हो; मैं चाहता हूं कि फिर से मेरा जन्म हो। यही शिष्य की आकांक्षा है। एक जन्म हुआ था—मां से, पिता से; अब मैं चाहता हूं सदगुरु से जन्म हो। एक जन्म था शरीर का; अब मैं अपनी आत्मा का जन्म चाहता हूं।

बड़ी हिम्मत चाहिए! यहां तक भी तुम राजी हो जाते हो...। मेरे पास लोग आते हैं, वे कहते हैं, हां, हमारे जीवन में कुछ गलत बातें हैं, लेकिन सभी गलत नहीं हैं।

इसे तुम फिर से सोच लो। अगर तुम गलत हो, तो कुछ ठीक और कुछ गलत हो नहीं सकता; सभी गलत होगा। क्योंकि जो तुमसे निकला है, जो तुम्हारी मूर्च्छा से निकला है, वह संयोगवशात ठीक मालूम पड़े, ठीक हो नहीं सकता। तुमने भला दान दिया हो, मगर तुम्हारे दान में भी लोभ होगा, अगर तुम लोभी हो। तो तुम कहोगे, लोभ तो बुरा है; लेकिन मैंने एक मंदिर बनाया, एक मस्जिद बनाई, एक गुरुद्वारा बनाया—यह तो बुरा नहीं हो सकता! लेकिन मैं तुमसे कहता हूं: मंदिर बनाओ, मस्जिद बनाओ, गुरुद्वारा बनाओ, अगर तुम लोभी हो तो तुम्हारे मंदिर में भी लोभ ही होगा। होगा परलोक का लोभ, होगा स्वर्ग पाने का लोभ—मगर लोभ ही होगा। लोभी से दान नहीं हो सकता। लोभी दान भी करता है तो वहां, उस दूसरे किनारे पर हजार गुना पाने की आकांक्षा में करता है। यह भी कोई दान रहा? सौदा हो गया। दान का मतलब होता है: हम बेशर्त देते हैं। दान का मतलब होता है: देने में मजा है, इसलिए देते हैं। देने में मजा अभी और यहीं है, इसलिए देते हैं। दान का मतलब हुआ, आगे इससे कोई संबंध नहीं; आगे हम इसके संबंध में कोई प्रतिकार नहीं चाहते, कोई पुरस्कार नहीं चाहते हैं। देने में मजा आया, इसलिए दिया है। अब देने से कोई और फल मिलना चाहिए, तो फिर लोभ आ गया।

लोभ का मतलब होता है: फल की आकांक्षा, फलाकांक्षा। दान का अर्थ होता है: फलाकांक्षा-शून्य देना; देने का मजा, देने का आनंद।

तुमने किसी को दिया, और अगर धन्यवाद की भी आकांक्षा रखी तो दान भ्रष्ट हो गया। तुमने अगर लौट कर यह भी देखा कि इस आदमी ने शुक्रिया कहा या नहीं कहा, तुम सोचने लगे बाद में कि यह भी कैसे अपात्र को दे दिया कि उसने धन्यवाद भी न दिया...।

एक झेन फकीर के पास एक आदमी हजारों स्वर्ण-अशर्फियां ले कर आया। उसने बड़े जोर से अशर्फियों का थैला पटका। उनकी खनखनाहट पूरे मंदिर में गूंज

गई। लोग ऐसे ही दान देते हैं—खनखनाहट की आवाज! उस फकीर ने जोर से कहा कि झोला धीमे से नहीं रख सकते? वह आदमी थोड़ा हैरान हुआ, क्योंकि वह करोड़पति था, उस गांव का सबसे धनपति था। और यह फकीर...! और वह देने आया है; धन्यवाद की तो बात दूर रही, यह उससे कहता है, झोला शांति से नहीं रख सकते? पर उसने कहा, आप सुनें महाराज! लाखों रुपये लाया हूं आपको भेंट करने! उसने कहा, ठीक!

मगर उसने धन्यवाद भी न दिया। वह धनपति जरा बेचैन होने लगा। उसने कहा, महाराज कुछ तो कहें।

उसने कहा, अब कुछ क्या कहना है? मुझको तुम धन्यवाद दो और जाओ।

वह धनपति बोला, यह जरा सीमा के बाहर की बात हो गई। धन्यवाद मैं आपको दूं और जाऊं—मतलब?

तो उसने कहा, दान स्वीकार कर लिया है, इसकी दक्षिणा न दोगे? तुम्हारा दान स्वीकार कर लिया, इसके लिए धन्यवाद न करोगे? तुम्हारा दान इंकार भी किया जा सकता था, फिर क्या करते? तो या तो धन्यवाद दो, या उठा लो झोला जाओ अपने घर; फिर दुबारा इस तरफ मत आना।

दान का अर्थ ही यह होता है।

इसलिए तुमने देखा, हिंदू दान देते हैं, फिर दक्षिणा देते हैं! दक्षिणा का मतलब है धन्यवाद, कि आपने स्वीकार कर लिया। दान दक्षिणा के बिना अधूरा रह जाता है। लोभ से दिया गया दान तो दान नहीं, लोभ का ही विस्तार है।

तुम अगर गलत हो तो तुम जो करोगे, वह सब गलत होगा। तुम्हारा मंदिर जाना गलत, तुम्हारी पूजा गलत, तुम्हारी प्रार्थना गलत, तुमसे निकलेगी—सही हो कैसे सकती है? और अगर तुम सही हो, तो तुम जो करोगे, वह सही है। इसलिए तो कृष्ण अर्जुन से कह सके कि लड़, बस तू भीतर सही हो जा; तू भीतर परमात्मा से जुड़ जा; तू भीतर अनुभव कर ले कि मैं नहीं हूं, वही है; फिर तू काट, बेफिक्री से काट; फिर हिंसा में भी पाप नहीं है।

इसे तुम समझना। कृष्ण कह रहे हैं कि अगर तू परमात्मा को समर्पित होकर हिंसा भी करता है, तो भी पाप नहीं है। और अगर—मैं तुमसे कह रहा हूं—लोभ की आकांक्षा से तुम दान भी करते हो वो पाप है। तुम्हारी प्रार्थना में अगर मांग है, तो पाप हो गया। तुम्हारी प्रार्थना अगर सिर्फ अहोभाव की अभिव्यक्ति है तो पुण्य हो गया।

पूछा है, 'गुरु-दर्शन को कैसे आऊं? जब शिष्य गुरु के पास जाए वो कैसे जाए? गुरु के पास शिष्य किस तरह रहे, क्या-क्या करे, और क्या-क्या न करे?'

पहली बात, आंतरिक शिष्यता को जन्म दे। जो मैं कह रहा हूं, उसे सुन कर सीख लेना, उसका ज्ञान बना लेना, उससे स्मृति को परिपुष्ट कर लेना—शिष्यता नहीं है। विद्यार्थी हो तुम शिष्य नहीं। तो विद्यार्थी और शिष्य का भेद समझ लो। विद्यार्थी, विद्या का अर्जन करता; जो कहा जाता है, उसे संयोजित करके रखता, उसकी मंजूषा बनाता, उसको कंठस्थ करता, जानकारी इकट्ठी करता; उसकी बुद्धि ज्यादा संपन्न हो जाती; उसकी स्मृति ज्यादा भरी-पूरी हो जाती; वह हर प्रश्न के उत्तर भीतर इकट्ठे करता जाता। वह संग्राहक है। जैसे कोई धन इकट्ठा करता है, ऐसे वह ज्ञान इकट्ठा करता है। यह विद्यार्थी है।

शिष्य विद्यार्थी नहीं है। शिष्य आत्मार्थी है। शिष्य सत्यार्थी है। उसको इसकी कोई आकांक्षा नहीं है कि स्मृति बहुत पुष्ट हो जाए, जानकारी का बहुत अंबार लग जाए। नहीं, इससे उसे प्रयोजन नहीं। वह चाहता है, उसकी आत्मा प्रकट हो जाए। जानकारी रहे न रहे; कोरा हो जाऊं, फिकर नहीं—मेरी आत्मा विकसित हो जाए।

अंग्रेजी में दो शब्द हैं: बीइंग और नॉलेज; आत्मा और ज्ञान। विद्यार्थी की आकांक्षा नॉलेज, ज्ञान की है। शिष्य की आकांक्षा बीइंग की, आत्मा की है—मैं और गहन हो जाऊं, और विराट हो जाऊं, और विस्तीर्ण हो जाऊं; मेरी सीमाएं टूटें; मैं आकाश में उड़ूं, विराट और विभु में मेरा प्रवेश हो जाए। जान लूं परमात्मा के संबंध में तो विद्यार्थी—कैसे परमात्मा हो जाऊं; कैसे उसमें डूब जाऊं; कैसे उसमें पग जाऊं और खो जाऊं; कैसे यह मेरी छोटी सी कल-कल करती सरिता उसके सागर में तिरोहित हो जाए?

तो विद्यार्थी तो कुछ लेने आता है, शिष्य कुछ खोने आता है। विद्यार्थी तो कूड़ा-कर्कट इकट्ठा करके, पोटली बांध कर चल देता है; शिष्य जाते वक्त पाएगा कि बचा ही नहीं। पोटली बांधनी तो दूर; जो आया था, वह भी गया। खाली होकर लौटेगा शिष्य, विद्यार्थी भर कर लौटेगा। विद्यार्थी दुनिया के बाजार में बेचने योग्य कुछ ले जाएगा, कमाएगा। शिष्य बिलकुल शून्य होकर लौटेगा। शून्यता की तैयारी शिष्यतत्व है। बड़ी कठिन है।

रहीम का वचन है:

अब रहीम मुश्किल पड़ी, गाढ़े दोऊ काम।
सांचे तो जग नहीं, झूठे मिलें न राम।।

अब रहीम मुश्किल पड़ी—अब बड़ी झंझट में पड़े रहीम! गाढ़े दोऊ काम—अब तो दोनों काम मुश्किल हो गए। सांचे तो जग नहीं—अगर सत्य की खोज करो तो बाजार खोता है। अगर सत्य की खोज करो, तो संसार खोता है।

सांचे तो जग नहीं, झूठे मिलें न राम—और अगर झूठ से चलो, तो परमात्मा की कोई उपलब्धि नहीं होती।

अब रहीम मुश्किल पड़ी...!

शिष्य ऐसी ही मुश्किल में पड़ जाता है।

अब रहीम मुश्किल पड़ी, गाढ़े दोऊ काम।

अगर अपने को खोता है तो परमात्मा मिलता है; लेकिन अपने को खोने में वह सब खो जाता है, जिसे हम संसार कहते हैं। अपने को खोता है तो सत्य मिलता है; लेकिन अपने को खोने में वह सब खो जाता है, जिसके कारण हम सत्य को खोजने निकले थे।

अब रहीम मुश्किल पड़ी...।

जब तुम पहली दफा सत्य की खोज करने निकलते हो तो इसीलिए कि सत्य भी तुम्हारी मुट्ठी में हो। जब तुम परमात्मा की खोज करने निकलते हो तो इसीलिए कि और सब तो पा लिया, अब परमात्मा को भी पा लें; यह चुनौती भी खाली न रह जाए।

सुना है मैंने, महावीर गुजरते थे एक गांव से। उस नगर का महाअधिपति, सम्राट उनके दर्शन को आया। प्रसेनजित उसका नाम था। उस सम्राट ने कहा, प्रभु! सब है मेरे पास, मगर इधर आपने एक अड़चन कर दी—ध्यान, ध्यान, ध्यान! इससे मन में एक बेचैनी रहती है। सब है मेरे पास, यह ध्यान भर की कमी अखरती है। इसके कारण ऐसा लगता है कि कुछ कम है। यह ध्यान मुझे चाहिए। और मैं इस ध्यान को पाने के लिए, जो भी आप मूल्य चुकाने को कहें, चुकाने को राजी हूं।

सुना होगा उसने गांव में, महावीर के आने से ध्यान की चर्चा होने लगी। वह जरा बेचैन हुआ होगा। उसके पास सब है—तिजोरी में सब बंद है; धन, पद, प्रतिष्ठा, सब बंद है। देखा होगा खाता-बही खोल कर, ध्यान नहीं है, यह क्या मामला है? लोग ध्यान की बात करने लगे, गांव में कुछ लोग ध्यानी भी होने लगे, कुछ लोग ध्यान की मस्ती में भी चलने लगे, कुछ लोगों की आंखों में ध्यान का नशा भी दिखाई पड़ने लगा—यह मामला क्या है? वह थोड़ा बेचैन हो गया। उसने महावीर से कहा, मैं सब कुछ करने को तैयार हूं! जो भी कीमत हो, चुका दूंगा।

महावीर थोड़ी मुश्किल में पड़े : इस पागल प्रसेनजित को क्या कहें? यह कोई कीमत चुकाने से मिलने वाली बात नहीं। थोड़े झिझके होंगे, इसको उत्तर क्या दें, क्योंकि कहीं यह अकारण दुखी न हो। यह बात ही मूढ़तापूर्ण पूछ रहा है, लेकिन सम्राट है। यह बात ही व्यर्थ पूछ रहा है। उनको थोड़ा झिझकता देख कर प्रसेनजित

ने कहा, आप संकोच न करें, लाख अशर्फी, दो लाख अशर्फी, दस लाख अशर्फी—जितना कहें, मुंह मांगा देने को तैयार हूं, मगर यह बात अखरती है कि गांव में कुछ लोग ध्यान की बात करते हैं, मेरे पास ध्यान नहीं है।

महावीर को मजाक सूझी। उन्होंने कहा, ऐसा करो, तुम्हारे गांव में एक गरीब आदमी है, उसको ध्यान उपलब्ध हो गया है, तुम उसी से खरीद लो।

उसने कहा, यह आपने ठीक कहा। मैं अभी जाता हूं।

वह अपने रथ पर सवार होकर गरीब के झोपड़े पर पहुंच गया, गरीब तो घबड़ा गया। वह गरीब आदमी बाहर आकर चरणों में गिर पड़ा। सम्राट ने कहा, फिकर मत कर। जो तेरी मांग हो, बोल, मुंहमांगा दाम देने को तैयार हूं। यह ध्यान क्या बला है? यह तू मुझे दे दे। और महावीर ने कहा कि तुझे मिल गया है।

उसने कहा कि मिल तो गया है और मैं देने को भी तैयार हूं; लेकिन आप लेने को तैयार नहीं। सम्राट ने कहा, पागल! होश की बातें कर रहा है? मैं जो भी मूल्य चुकाना हो, चुकाने को तैयार हूं। और तू कहता है, लेने को तैयार नहीं!

उसने कहा, इसलिए तो मैं कहता हूं आप लेने को तैयार नहीं। आप ध्यान को भी कोई संपदा समझ रहे हैं! यह कोई वस्तु है जो मैं दे दूं? जिसका हस्तांतरण कर दूं? इसके लिए तो तुम्हें रूपांतरित होना पड़ेगा। यह मूल्य से नहीं मिलेगी, इसके लिए तो तुम्हें पूरा आत्म-विसर्जन करना होगा। इसके लिए तो तुम जैसे हो वैसे न रहोगे; तुम्हारे भीतर एक नये चैतन्य, एक नई ऊर्जा का जन्म होगा तो मिलेगी। तुम मुझसे प्राण मांगो, मैं प्राण दे दूं; मगर ध्यान मत मांगो, क्योंकि ध्यान मैं कैसे दूं? प्राण मांगो, देने को तैयार हूं; अभी यहीं छुरा मारूं, मर जाऊं; तुम्हारे लिए सब निछावर कर दूं। तुम सम्राट हो, इस गांव के मालिक हो। मैं गरीब आदमी, सदा तुम्हारी सेवा में रहा हूं। प्राण ले लो, तो तैयार हूं; लेकिन ध्यान कैसे दूं?

प्राणों में छुरी भुंक जाए तो प्राण चले जाते हैं; ध्यान में छुरी भोंकने का भी उपाय नहीं। इसलिए तो कृष्ण कहते हैं, नैनं छिन्दंति शस्त्राणि! उसे शस्त्र भी नहीं छेद पाते। उसे आग भी नहीं जला पाती। उस अवस्था की खोज में जब तुम निकलते हो, शुरू में, तो तुम्हें ठीक-ठीक पता भी नहीं होता कि तुम क्या खोजने निकले हो? तुम तो उसको भी ऐसे ही खोजने निकलते हो, जैसे तुम और चीजों को खोजने निकलते हो। वह भी एक महत्वाकांक्षा होती है। वह तो धीरे-धीरे गुरु के सत्संग में तुम्हें अनुभव होगा कि यह तो महत्वाकांक्षा छोड़ने से मिलेगा। ध्यान, महत्वाकांक्षा का हिस्सा नहीं हो सकता। आते तुम किसी और कारण से हो, लेकिन आने के बाद धीरे-धीरे, धीरे-धीरे तुम्हें पता चलता है कि तुम्हारा आने का कारण ही गलत था।

अब रहीम मुश्किल पड़ी, गाढ़े दोऊ काम।
सांचे तो जग नहीं, झूठे मिलें न राम।।

शिष्य ऐसी दुविधा में पड़ जाता है। इधर पुकारता है गुरु, दूर शिखरों की पुकार, अनंत का आकर्षण, थोड़ी-थोड़ी झलकें भी मिलनी शुरू हो जाती हैं, थोड़ी-थोड़ी रस की बूंदें भी बरसने लगतीं, थोड़ी-थोड़ी बरखा भी होती—और उधर संसार, और जन्मों-जन्मों की वासनाओं का बल और जोर, पुकारती हुई कामवासना, पुकारता हुआ अहंकार, वे सब चीखते-पुकारते हैं कि कहां चले?

अब रहीम मुश्किल पड़ी, गाढ़े दोऊ काम।

और शिष्य बीच में झूल जाता है।

तो तुम मुझसे पूछते हो कि 'गुरु-दर्शन को कैसे आऊं?'

गुरु-दर्शन को आने का एक ही अर्थ होता है: अपने को मिटाने की तैयारी। गुरु को देखना चर्म-चक्षुओं की बात नहीं। मेरे पास जब कोई शिष्य आता है, तब वह ऐसी आंखें लेकर आता है कि मैं उसे दिखाई पड़ता हूं। जब कोई विद्यार्थी आता है, तब वह दूसरे ढंग की आंखें लेकर आता है; उसे मैं दिखाई नहीं पड़ता। उसे भी दिखाई पड़ता हूं, लेकिन उसकी आंखों के अनुकूल। कोई मित्र आता है सहानुभूति से, प्रेम से समझने—उसे कुछ और दिखाई पड़ता हूं। कोई शत्रु आता है—विवाद लिए मन में, शास्त्रार्थ लिए मन में—उसे कुछ और दिखाई पड़ता हूं। तुम्हारी आंख पर निर्भर है।

अगर तुम शिष्य की भांति आना चाहते हो, तो शून्य की भांति आना सीखो। जब मेरे पास आओ तो अपने को बाहर ही छोड़ आना। अगर तुम अपने को लेकर मेरे पास आए, तो तुम ही तुमको दिखाई पड़ते रहोगे, तुम मुझे न देख पाओगे; मैं तुम्हारी ओट में पड़ जाऊंगा।

जब तुम अपने को रख कर आओगे बाहर, ऐसे आओगे जैसे एक शून्य आया, एक कोरे कागज की तरह आओगे, तब तुम मुझे देख पाओगे। तब उस संबंध की घटना घटेगी जिसको गुरु-शिष्य का संबंध कहें; तब एक सेतु निर्मित होता है।

प्रीतम छवि नैनन बसी, पर—छवि कहां समाए?
भरी सराय रहीम लखि, पथिक आप फिर जाए।

और जब तुम मुझसे भरने लगोगे...।

प्रीतम छवि नैनन बसी...।

शिष्य और गुरु का संबंध तो अथाह प्रेम का संबंध है; ज्ञान का संबंध नहीं, प्रेम का संबंध; बुद्धि का संबंध नहीं, हृदय का संबंध।

तुम्हारे विचार मुझसे मेल खाते हैं, उससे थोड़े ही तुम मेरे शिष्य हो जाओगे। तुमसे मेरे विचार मेल खाते हैं, इसलिए तुम मेरे साथ खड़े हो; कल अगर तुमसे मेरे विचार मेल न खाएं तो फिर? तुम मुझसे अलग हो जाओगे।

बहुत लोग मेरे पास आए हैं और बहुत लोग मेरे पास से चले गए हैं। आए थे, तो उन्हें लगा उनके विचार मेल खाते है। असल में वे मेरे साथ न थे; उन्हें लगा कि मैं उनके साथ हूं। मेरे विचार उनसे मेल खाते हैं; वे केंद्र रहे। मेरे विचारों ने उनकी पुष्टि की। वे बड़े प्रफुल्लित हुए। लेकिन जब उन्हें पता लगा कि मेरे सभी विचार उनसे मेल नहीं खाते, तब अड़चन शुरू हो गई। तब वे न रुक सके। तब वे हट गए। तब वे घबड़ा गए।

तुम्हारे विचार अगर मुझसे मेल खाते हैं, इसलिए तुम यहां हो, तो तुम ज्यादा से ज्यादा एक अनुयायी हो—शिष्य नहीं। शिष्य तो वही है, जो कहता है: छोड़ो विचार की बात। दिल से दिल मेल खाता है। विचार ऊपर-ऊपर की बातें हैं; दिल भीतर की बात है। आत्मा, आत्मा से मेल खाती है।

और शिष्य ऐसा नहीं सोचता कि गुरु से मेरे विचार का मेल बैठता है। शिष्य ऐसा सोचता है कि मैं गुरु के साथ मेल खाता हूं। किसी दिन मेल न खाए तो शिष्य अपने भीतर कारण खोजता है; उन कारणों को हटाता है ताकि फिर मेल खा जाए।

जो लोग सोचते हैं कि मैं उनसे मेल खाऊं, जिस दिन भी अड़चन होती है, मैं उनसे मेल नहीं खाता, वे मुझे छोड़ देते हैं। क्योंकि उनमें तो बदलने का कोई सवाल ही नहीं, वे तो ठीक हैं ही। सत्य तो उन्हें मालूम ही है; वे सिर्फ आए थे प्रमाण-पत्र खोजने। वे शायद मेरी परीक्षा को आए थे, या शायद मुझसे अपने सत्य को भरने आए थे। जो उनका सत्य है, और सत्यतर मालूम होने लगे, और एक गवाही मिल जाए, इसके लिए आए थे। लेकिन सत्य तो उनके पास है ही। जिस दिन मैं उनसे मेल नहीं खाता, उसी दिन उनकी राह अलग हो जाती है।

शिष्य का जोड़ कुछ ऐसा है कि फिर उसकी राह अलग नहीं होती।

प्रीतम छवि नैनन बसी, पर-छवि कहां समाए?

गुरु ऐसा छा जाता है भीतर, शिष्य गुरु के रंग में डूब जाता है, शिष्य गुरु के रंग में रंग जाता है। शिष्य बचता ही नहीं। गुरु ही उससे बोलने लगता है। गुरु ही उसमें नाचने लगता। गुरु ही उसमें गुनगुनाने लगता। धीरे-धीरे शिष्य तो खो ही जाता है। गुरु की ही एक प्रतिछवि निर्मित हो जाती है। एक और गुरु की प्रतिमा खड़ी हो गई।

भरी सराय रहीम लखि, पथिक आप फिर जाए।

और जब सराय भरी हो, तो पथिक वापस लौट जाते हैं। जब तुम्हारा हृदय गुरु से भरा हो, तो बहुत से पथिक वापस लौट जाएंगे, जिनको तुमने लाख-लाख बार उपाय किया था हटाने का और न हटा पाए थे, क्योंकि सराय खाली थी। जिन्हें तुमने बहुत बार सोचा था, किस तरह छुटकारा हो क्रोध से, काम से, लोभ से कैसे छुटकारा हो—और नहीं हो पाता था। जब तुम भीतर भर जाते हो गुरु से, अचानक तुम पाते हो बहुत सी बातें जो छूटती नहीं थीं, छूट गईं, बिना चेष्टा के छूट गईं, गिर गईं।

भरी सराय रहीम लखि, पथिक आप फिर जाए।

गुरु के पास होने का अर्थ है : मृत्यु के पास होना। मरने की तैयारी चाहिए।

अगर गुरु नाराज भी हो, तो भी शिष्य जानता है, गुरु नाराज तो नहीं हो सकता; ऐसा तो असंभव है; तो यह भी कोई उपाय होगा।

गुरजिएफ ऐसा करता था। अपने शिष्यों पर कभी इस तरह पागल होकर नाराज हो जाता था—अकारण; कोई कारण भी समझ में नहीं आता था। बहुत से लोग तो उससे हट जाते थे। लेकिन जो टिके रह गए, उनके जीवन में उसने बड़ी क्रांति ला दी। धीरे-धीरे समझे राज कि वह नाराज क्यों हो जाता है। वह नाराज होकर सिर्फ तुम्हें एक मौका देता है कि देखो, अब मैं नाराज हूं; तुम नाराज गुरु के साथ रुक सकते हो? प्यारे-प्यारे के साथ तो रुकने में क्या कठिनाई है। कोई भी रुक जाए। मीठे-मीठे के साथ रुकने में तो क्या अड़चन है? कोई भी रुक जाए। गुरजिएफ कहता है, जब मैं कड़वा होता हूं, तब भी तुम मेरे साथ रुक सकते हो? अगर तुम मेरे कड़वेपन में भी मेरे साथ रुक सकते हो, तो ही रुके। और जो गुरु के कड़वेपन में साथ रुक गया, उस पर गुरु का अमृत बरस जाता है।

गुरु के पास होना एक सतत साधना है। इस जगत में बहुत साधनाओं के रूप हैं; लेकिन गुरु के पास होने से बड़ी कोई साधना नहीं है। इसलिए तो हमने सत्संग की बड़ी महिमा कही है। गुरु के पास होने की महिमा इतनी है जिसका कोई हिसाब नहीं।

शास्त्र तो मुर्दा है; तुम लाख पढ़ो, तुम अपने ही अर्थ निकाल लोगे। शास्त्र तो तुम्हें नहीं बदल सकता, तुम शास्त्र को जरूर बदल सकते हो, क्योंकि शास्त्र क्या करेगा? तुम जो अर्थ चाहोगे, वही अर्थ निकाल लोगे। तुम्हारा अर्थ तुम शास्त्र के ऊपर छाप दोगे, तुम्हारी व्याख्या शास्त्र पर सवार हो जाएगी। जीवित गुरु के ऊपर तुम अपनी व्याख्या नहीं थोप सकते। जीवित गुरु पारे की भांति होता है; तुमने मुट्ठी बांधी कि वह हटा वहां से। तुम्हारी मुट्ठी नहीं बंधने देता। तुम्हारी पकड़ में कभी आता भी नहीं। क्योंकि उसकी सारी चेष्टा यही है कि तुम्हारी

पकड़ छूट जाए, पकड़ने की आदत छूट जाए। उसकी सारी चेष्टा यही है कि तुम्हारी मुट्ठी बंद न रहे, खुल जाए। उसकी सारी चेष्टा यही है कि तुम्हारे सब तनाव—पकड़ने के, आसक्ति के, राग के विसर्जित हो जाएं। तो वह आलंबन नहीं बनता तुम्हारी पकड़ के लिए। वह तुम्हारा आश्रय भी नहीं बनता; बार-बार वह हट जाता है। जैसे ही तुम उसे अपना आश्रय और सुरक्षा मानने लगते हो, अचानक वह हट जाता है, धड़ाम से तुम जमीन पर गिरते हो। वह तुमसे यह कहना चाहता है कि मैं तुम्हें तुम्हारे पैर पर खड़ा करना चाहता हूं, मैं तुम्हें बल देना चाहता हूं कि तुम अपने पैर पर खड़े हो जाओ।

तो गुरु नाराज भी हो तो शिष्य नहीं देखता कि गुरु नाराज है।

उसकी जफा, जफा नहीं,
उसको न तू जफा समझ।

गुरु की निर्दयता, उसकी कठोरता, कठोरता नहीं है।

उसकी जफा, जफा नहीं,
उसको न तू जफा समझ।
हुस्न-ए-जहां फरेब की,
यह भी कोई अदा समझ।

अगर प्रेम है तो यह भी गुरु के सौंदर्य का एक ढंग है।

ऐसा हुआ, नाम तुमने सुना होगा नंदलाल बोस का। भारत के बड़े चित्रकार! वे अवनींद्रनाथ ठाकुर के शिष्य थे। अवनींद्रनाथ ठाकुर रवींद्रनाथ के चाचा थे। महाचित्रकार थे अवनींद्रनाथ। एक दिन रवींद्रनाथ बैठे हैं अवनींद्रनाथ के साथ और नंदलाल आए—तब वे युवा थे—कृष्ण का एक चित्र बना कर लाए थे। रवींद्रनाथ ने अपने संस्मरणों में लिखा है कि कृष्ण का ऐसा सुंदर चित्र मैंने देखा ही नहीं। रवींद्रनाथ खुद महाकवि थे, खुद भी बड़े चित्रकार थे, इसलिए उनकी परख पर तो कोई संदेह करने का सवाल नहीं। उन्होंने लिखा है कि मैं मंत्रमुग्ध हो गया। लेकिन मैं बड़ा चौंका। अवनींद्रनाथ ने चित्र को एक नजर देखा और बाहर फेंक दिया—दरवाजे के बाहर! और नंदलाल से कहा कि इसको तुम दिखाने-योग्य समझते हो? तुम से अच्छे तो बंगाल के पटिए, जो कृष्णाष्टमी पर दो-दो पैसे के कृष्ण के चित्र बना कर बेचते हैं, वे बेहतर बना लेते हैं। जाओ, पटियों से सीखो।

यह तो बड़ी कठोर बात थी। यह तो बड़ी निर्दय बात थी। यह तो रवींद्रनाथ को भी लगा कि रोक दूं अपने चाचा को और कहूं कि यह जरा ज्यादती हो रही है, सीमा के बाहर हुआ जा रहा है मामला। मैंने ऐसा सुंदर चित्र नहीं देखा किसी का बनाया हुआ।

रवींद्रनाथ ने लिखा है, मैं तो यह भी कहने को तैयार था कि आपने भी कृष्ण के चित्र बनाए, मगर इसका मुकाबला नहीं है। अवनींद्रनाथ के चित्र भी फीके हैं, यह रवींद्रनाथ कहना चाहते थे। मगर गुरु-शिष्य के बीच बोलना तो उचित नहीं। वे जानें, उनका ढंग जाने। वे चुपचाप बैठे रहे, अपने को सम्हाल कर।

नंदलाल ने पैर छुए, बाहर चला गया। तीन साल तक नंदलाल का कोई पता न चला। अवनींद्रनाथ बड़ी चिंता से उसकी प्रतीक्षा करते, खबरें भी भेजीं, लोगों को भी कहा: कहां गया, क्या हुआ? रवींद्रनाथ अनेक बार उनसे कहे भी कि यह ज्यादती थी। आपने उसको बुरी तरह चोट पहुंचा दी, उसके हृदय को आघात पहुंचा दिया। अवनींद्रनाथ रोते नंदलाल के लिए कि वह गया कहां? तीन साल बाद नंदलाल लौटे। लौटे तो उनकी हालत बंगाल में जैसे गरीब चित्रकार होते हैं, पटिए, उन जैसी हो गई थी। वही पुराने तीन साल पहले के कपड़े थे, फटे-पुराने, पहचानना मुश्किल था। शक्ल बदल गई थी, काली हो गई थी। लेकिन वे फिर कुछ चित्र बना कर ले आए थे। और उन्होंने फिर पैर छुए और कहा, आपने ठीक कहा था। इन तीन वर्षों में इतना सीखने को मिला, पटियों के पास। क्योंकि जो ख्यातिनाम चित्रकार हैं, वे तो अपने अहंकार के कारण बनाने लगते हैं। जिनकी कोई ख्याति नहीं, उनके चित्रों में एक निर्दोषता, एक सहजता है—वह सीखने को मिली। आपने खूब मुझे भेज दिया! आपकी बड़ी कृपा, अनुकंपा!

रवींद्रनाथ ने अवनींद्रनाथ को पूछा कि क्या अब मैं पूछ सकता हूं, मामला क्या था? चित्र मुझे तो बहुत सुंदर लगा था।

अवनींद्रनाथ ने कहा, चित्र मुझे भी बहुत सुंदर लगा था। और आज मैं तुमसे सच कह देना चाहता हूं कि मैंने भी चित्र बनाए हैं, लेकिन उसका कोई मुकाबला नहीं। मगर फेंकना पड़ा, मजबूरी थी। क्योंकि नंदलाल से मुझे और भी बड़ी आशा थी। उस दिन अगर मैं कह देता कि ठीक, सुंदर—वहीं नंदलाल रुक जाता। जब गुरु ने कह दिया ठीक, सुंदर, हो गई बात—तो विकास अवरुद्ध हो जाता। अगर नंदलाल की प्रतिभा और बड़ी न होती तो मैंने उसे पुरस्कृत किया होता। लेकिन मैं जानता था, और भी छिपा पड़ा है, अभी इसे और खींचा जा सकता है, अभी इसमें से और बड़ा शिखर प्रकट हो सकता है।

उसकी जफा, जफा नहीं,
उसको न तू जफा समझ।
हुस्न-ए-जहां फरेब की,
यह भी कोई अदा समझ।

और यह पाठ धीरे-धीरे गुरु से सीखने के बाद, यही पाठ परमात्मा पर लागू हो जाता है। फिर परमात्मा दुख दे, तो भी...!

हुस्न-ए-जहां फरेब की,
यह भी कोई अदा समझ।

फिर परमात्मा पीड़ा दे तो यह भी निखार का कोई उपाय समझ। फिर परमात्मा मृत्यु दे तो यह भी नये जीवन की कोई शुरुआत समझ।

गुरु के पास जैसा घटे, उसे हंस-हंस कर स्वीकार कर लेने की कला शिष्यत्व है। बेमन से, उदास हो कर, जबरदस्ती स्वीकार किया तो सारा मजा चला जाता है। स्वीकार होना चाहिए आनंदपूर्ण।

जीत अगर किस्मत में नहीं है, मात सही,
दिन जो नहीं तो, रात सही
हम से जहां तक मुमकिन हो,
यह मात ही हंसते-हंसते खा लें।
गाहे-गाहे अंधियारे में बिजली चमके,
गाहे-गाहे हंस लें, गा लें।

गुरु के पास कैसी ही अंधेरी रात हो, वह जो बिजली चमकती है कभी-कभी, उसको भी काफी समझना। अंधेरी रात में जब बिजली चमकती है, उसे सौभाग्य समझना। शायद बिजली चमकने के लिए अंधेरी रात चाहिए। दिन में तो बिजली चमकने का मजा नहीं। शायद गुलाब की झाड़ी पर फूलों के लिए कांटे चाहिए ही।

तो गुरु के पास बहुत सी अंधेरी रातें होंगी, उनकी गणना मत करना; कभी-कभी बिजली चमक जाए, उसे हृदय में संजो कर रख लेना। बहुत कांटे गड़ेंगे, उनका हिसाब मत रखना; कभी-कभी फूल की गंध आ जाए तो नाच लेना, गुनगुना लेना गीत धन्यवाद का।

गाहे-गाहे अंधियारे में बिजली चमके,
गाहे-गाहे हंस लें, गा लें।

शिष्य का अर्थ है, जिसने किसी में परमात्मा को देखना शुरू किया। यह बड़ी असंभव बात है। इसलिए दूसरों को तो बड़ी कठिनाई होती है।

तुमने देखा, तुम अगर किसी स्त्री के प्रेम में पड़ गए, तो प्रेम में पड़ते ही वह स्त्री इस जगत की सबसे सुंदर स्त्री हो जाती है। फिर क्लियोपैत्रा फीकी, फिर मर्लिन मनरो फीकी, फिर सारी दुनिया की सुंदरतम स्त्रियां उसके मुकाबले कुछ भी नहीं। अतीत फीका, भविष्य फीका, बस एक स्त्री केंद्र हो जाती। तुम्हारा सौंदर्य उसके भीतर दिव्यता को उभार देता, प्रकट कर देता।

और यह केवल प्रेम की कल्पना नहीं है। प्रत्येक व्यक्ति इतना ही सुंदर है—प्रेमी देख पाता, सभी देख नहीं पाते। जब किसी व्यक्ति के प्रति तुम्हारे मन में गुरु का भाव उदय होता है, तो तुम्हारे पास एक नई देखने की दृष्टि खुलती है। वह व्यक्ति तुम्हारे लिए परमात्मा हो गया। इसे तुम दूसरों के सामने सिद्ध न कर पाओगे, सिद्ध करना भी मत। यह कोई सिद्ध करने की बात भी नहीं है।

जैसे तुम प्रेमी से नहीं पूछते कि सिद्ध करो कि तुम्हारी जो प्रेयसी है, वही दुनिया की सबसे सुंदर स्त्री है, तुम इस तरह के वक्तव्य क्यों देते हो? तुम क्यों कहते हो कि यही स्त्री दुनिया की सबसे सुंदर स्त्री है? इसे सिद्ध करो, प्रमाण जुटाओ—वैज्ञानिक, तार्किक। तुम उससे नहीं कहते। तुम कहते हो, पागल है, प्रेम में पागल है।

शिष्य भी प्रेम में पागल है। और किसी स्त्री का या किसी पुरुष का सौंदर्य तो क्षणभंगुर है। शिष्य एक ऐसे प्रेम में पागल है जो क्षणभंगुर नहीं है; एक ऐसी अनुभूति से आंदोलित हुआ है, जो शाश्वत है, जो समय की धारा से प्रभावित नहीं होती। समय आता है, जाता है। एक ऐसी श्रद्धा का जन्म हुआ है शिष्य में, जो रूपांतरित नहीं होती, जो थिर है। श्रद्धा अगर है तो कभी पतित नहीं होती, और अगर पतित होती है तो इतना ही जानना कि थी ही नहीं; तुमने समझा था कि है, लेकिन थी नहीं; भ्रांत रही होगी, प्रतीति रही होगी, आभास रहा होगा।

किसी व्यक्ति में परमात्मा की प्रतीति होने लगे, यह बहुत असंभव घटना है, क्योंकि हमारा अहंकार बाधा डालता है। हमारा अहंकार यह तो मानने को राजी होता ही नहीं कि हमसे कोई श्रेष्ठतर हो सकता है। जैसे ही तुम यह जानने और मानने में उतरने लगते हो कि हमसे कोई श्रेष्ठतर है, हमसे कोई महानतर है, हमसे कोई विभु और प्रभु है, हमसे कोई ऊपर है—वैसे ही तुम्हारा अहंकार विसर्जित होने लगता है। और जिस दिन तुम्हारा अहंकार विसर्जित हो जाता है, एक दिन तुमने जिस परमात्मा को गुरु में देखा था, उसी परमात्मा को एक दिन तुम अपने में भी देख पाते हो। जिस घटना की शुरुआत गुरु पर हुई थी, उस घटना का अंत शिष्य पर होता है।

यह महानतम क्रांति है। इस क्रांति के लिए बड़ा संवेदनशील चित्त चाहिए।

'गुरु के पास कैसे आएं, किस ढंग से उठें-बैठें?'

संवेदनशील होओ! कोई अपने प्रेमी के पास कैसे जाता है? कैसे भावों के फूल सजा लेता भीतर! कैसे पवित्र हृदय को लेकर जाता है! पापी से पापी भी जब किसी के प्रेम में पड़ता है, तो उन क्षणों में पुण्यात्मा हो जाता है। हत्यारे से हत्यारा आदमी भी अपनी प्रेयसी की हत्या तो नहीं करता! चोर से चोर आदमी भी अपने बेटे के खीसे से तो पैसे नहीं चुरा लेता।

तुमने देखा प्रेम का क्रांतिकारी रूप? दुष्ट से दुष्ट आदमी के पास भी उसकी प्रेयसी तो रात निश्चिंत सो जाती है; यह तो फिकर नहीं होती कि रात को कहीं उठ कर गला न काट दे, यह आदमी हत्यारा है! नहीं, जहां प्रेम है, वहां पवित्रतम की अभिव्यक्ति शुरू हो जाती है।

चोर भी आपस में एक-दूसरे को धोखा नहीं देते—मैत्री। डाकू एक-दूसरे के प्रति बड़े निष्ठावान होते हैं; दूकानदार इतने निष्ठावान नहीं होते। और डाकू अगर वचन दे दे तो पूरा करेगा, दूकानदार का कोई पक्का भरोसा नहीं।

बुरे से बुरा आदमी भी प्रेम की छाया में रूपांतरित हो जाता है, कुछ और का और हो जाता है।

तो गुरु के पास जब आओ, तो अति प्रेम, संवेदना, उत्फुल्लता, आनंद, रसमग्न आओ। उदास नहीं, रोते नहीं। अगर रोते हुए भी आओ तो तुम्हारे आंसुओं में आनंद हो, शिकायत नहीं।

डबडबाया है जो आंसू यह मेरी आंखों में,
इसको तेरे किसी एहसान की दरकार नहीं।
जो इबादत भी करे और शिकायत भी करे,
प्यार का है वह बहाना तो, मगर प्यार नहीं।
जो इबादत भी करे और शिकायत भी करे,
जहां इबादत है, वहां शिकायत कैसी?
जो इबादत भी करे और शिकायत भी करे,
प्यार का है वह बहाना तो, मगर प्यार नहीं।

गुरु के पास इबादत से भरे हुए आओ। गुरु के पास ऐसे आओ जैसे मुसलमान जब मस्जिद में जाता है; गुरु के पास ऐसे आओ जैसे हिंदू जब मंदिर में जाता है, कि सिक्ख गुरुद्वारे में जाता है। गुरु के पास ऐसे आओ, जैसे कि तुम साक्षात परमात्मा के पास जा रहे हो—उतने ही पवित्र प्रसूनों से भरे—तो क्रांति घटेगी! क्योंकि घटना तो तुम्हारे भाव से घटने वाली है। पत्थर की मूर्ति के साथ भी घट सकती है, अगर भाव गहन हो; और जीवित परमात्मा के साथ भी नहीं घटेगी, अगर भाव मौजूद न हो।

गुरु के पास होना सुखद ही सुखद नहीं है, यह मैं जानता हूं। क्योंकि बहुत कुछ तुम्हें तोड़ना पड़ता, तोड़ने में पीड़ा होती। तुम्हें मिटाना पड़ता, मिटाने में दर्द होता। तुम्हें निखारना पड़ता, तुम्हें जलाना पड़ता, आग से गुजारना पड़ता—ये सब सुखद स्थितियां नहीं हैं। लेकिन शिष्य एक परम आशा से भरा होता, कि यह विध्वंस निर्माण के मार्ग पर है; कि यह मिटाना बनाने की तैयारी है।

जैसे हम एक पुराने मकान को गिराते हैं तो भी हम प्रफुल्लित होते हैं, क्योंकि नये मकान को बनाने के लिए जगह तैयार कर रहे हैं। जब तुम पुराने मकान को गिराने लगते हो, तो तुम रोते थोड़े ही हो! तुम प्रसन्न होते हो कि चलो घड़ी आ गई है, नये बनाने की सुविधा हो गई। कोई दूसरा तुम्हारे मकान को आकर तोड़ने लगे तो तुम प्रसन्न न होओगे, क्योंकि तुम तब सिर्फ विध्वंस ही देखोगे। दोनों हालतों में घटना तो एक ही है—मकान तोड़ा जा रहा है। बनने वाली बात तो भविष्य की है—बने न बने। कल आए न आए, कल सूरज निकले न निकले—किसको पता है? आज संभावना दिखती है, कल संभावना न रह जाए—किसको पता है? टूटने की बात तो दोनों में एक सी है; लेकिन एक में तुम दुखी हो, एक में तुम प्रसन्न हो; एक में तुम्हारा हृदय उत्साह से भरा है, एक में तुम मुर्दे की तरह खड़े हो। सब निर्भर करता है इस बात पर कि विध्वंस सृजन के लिए हो रहा है या सिर्फ विध्वंस के लिए हो रहा है।

गुरु के पास बहुत कुछ टूटेगा; बहुत कुछ क्या, सब कुछ टूटेगा। तुम फिर से बिखेर कर बनाए जाओगे, तुम्हें खंड-खंड किया जाएगा, ताकि फिर से तुम्हारे संगीत को जमाया जा सके। तुम्हारी वीणा अस्तव्यस्त है, तार उलटे-सीधे कसे हैं। इसलिए जहां संगीत पैदा होना चाहिए, वहां केवल संताप पैदा हो रहा है; जहां आनंद का जन्म हो, वहां सिर्फ नरक निर्मित हो रहा है। तुम्हारी दशा अति विकृत है। सोने में बहुत मिट्टी मिल गई है, बहुत कूड़ा-कर्कट मिल गया है। जन्मों-जन्मों तक सोना मिट्टी, कूड़ा-कर्कट में पड़ा रहा है। आग से गुजारना पड़ेगा। आग में वही जल जाएगा, जो तुम नहीं हो; वही बचेगा, जो तुम हो—शुद्ध कुंदन, शुद्ध स्वर्ण होकर तुम निकलोगे। लेकिन आग से गुजरना पीड़ा तो है ही।

जख्मे-जिगर जो मुंदमिल गम में नहीं हुआ, न हो
दर्द की इंतिहा को तू शौक की इब्तदा समझ।

घाव एकदम से न भरे, न भरे...।

जख्मे-जिगर जो मुंदमिल गम में नहीं हुआ, न हो

जख्म एकदम से न भरे, न भरे। घाव तत्क्षण भर भी नहीं सकता।

दर्द की इंतिहा को तू शौक की इब्तदा समझ।

और पीड़ा की चरम सीमा भी आ जाए, तो तू यह याद रखना कि पीड़ा की चरम सीमा प्रेम की शुरुआत है।

दर्द की इंतिहा को तू शौक की इब्तदा समझ।

साधारणतः हम सब सुख के आकांक्षी हैं, दुख से भयभीत, सुख के लिए आतुर। मिलता दुख ही है, आतुरता आतुरता ही रह जाती है, प्यास प्यास ही रह

जाती है; तृप्ति होती कहां? सुख तो केवल उनको मिलता है जो दुख से गुजरने के लिए राजी हो जाते हैं। इस दुख से गुजरने का नाम ही तपश्चर्या है।

गुरु के पास होना, मैंने कहा, मृत्यु के पास होना है—तपश्चर्या है। तुम्हें निखारा जाएगा। तुम्हें उघाड़ा जाएगा। तुम्हें मिटाया जाएगा। तुम्हें पोंछा जाएगा। तुम्हारे भीतर छुपी हुई संभावनाओं को चेताया जाएगा, चुनौती दी जाएगी। श्रम होगा, तप होगा—तभी तुम उसे पा सकोगे, जिसे पाए बिना जीवन में कभी शांति नहीं। तभी तुम उसे पा सकोगे, जिसे पाकर फिर पाने की और कोई दौड़ नहीं रह जाती।

गुरु तुम्हें राह थोड़े ही दिखाता है सिर्फ। राह दिखाने की बात होती तो बड़ा सरल हो जाता मामला। इतना ही थोड़े ही है कि तुमसे कह दिया, ऐसा कर लो। वस्तुतः तो जो गुरु तुम्हें सिर्फ राह दिखाता रहे कि ऐसा कर लो, वह बातचीत कर रहा है। गुरु तुम्हें करवाता है। राह दिखाता नहीं; राह पर धक्के देता है। राह पर चलाता भी है। तुम अपने से चल भी न पाओगे। तुम जड़ हो गए हो। पक्षाघात तुम्हारे अंगों में समा गया है। तुमसे लाख बार कहा गया है कि यह है राह, चलो। तुमने सुन भी लिया, तुमने समझ भी लिया—चले तुम कभी नहीं।

संत अगस्तीन ने कहा है कि जो मुझे करना चाहिए, वह मुझे मालूम है; लेकिन वह मैं करता नहीं। और जो मुझे नहीं करना चाहिए, वह भी मुझे मालूम है; लेकिन वही मैं करता हूं।

तुम्हें भी मालूम है, क्या ठीक है; अब राह क्या बतानी? ऐसा आदमी तुम पा सकते हो जिसको पता नहीं कि ठीक क्या है? सबको पता है। सबको पता है: सही क्या, गलत क्या? लेकिन इससे क्या होता है? राह बताने से क्या होता है? कोई चाहिए जो तुम्हें चलाए।

मंजिले-राहे-इश्क की उसको कोई खबर नहीं,
मंजिले-राहे-इश्क की उसको कोई खबर नहीं,
राह दिखाए जो तुझे, उसको न रहनुमा समझ।

वह जो ऐसा दूर खड़े होकर राह बता दे, उसको रहनुमा मत समझ लेना। रहनुमा तो तुम्हारे साथ चलेगा, तुम्हारे आगे, तुम्हारे पीछे, तुम्हारे पूरब, तुम्हारे पश्चिम। रहनुमा तो तुम्हें घसीटेगा। रहनुमा तो तुम्हें धकाएगा। रहनुमा तो तुम्हें दौड़ाएगा। रहनुमा तो वहां तक आएगा, जहां तुम हो और वहां तक ले जाएगा, जहां तुम्हें होना चाहिए। रहनुमा तो ऐसा है जैसे कि कोई बाप अपने बेटे का हाथ पकड़ कर चलता हो।

मंजिले-राहे-इश्क की उसको कोई खबर नहीं,

राह दिखाए जो तुझे, उसको न रहनुमा समझ।

राह ही दिखाना होता तो मील के पत्थर पर लगे तीर के निशान बता देते हैं, आदमियों की जरूरत है? राह ही दिखाना हो तो शास्त्र दिखा देते हैं; शास्ता की जरूरत है? फिर शास्त्र और शास्ता में फर्क क्या रहेगा? फिर गीता और कृष्ण में फर्क क्या रहेगा, अगर राह ही दिखानी हो?

कृष्ण ने अर्जुन को राह ही थोड़े दिखाई। बड़ा संघर्ष किया। अर्जुन को खींच-खींच कर निकाला बाहर उसके अंधियारे से, जगाया उसकी नींद से, हिलाया-डुलाया। कई तरफ अर्जुन ने भागने की कोशिश की, सब तरफ से द्वार-दरवाजे बंद किए, भागने न दिया। खूब प्रश्न उठाए, खूब संदेह किए—उन सबकी तृप्ति की। अंततः ऐसी हालत में ला दिया, जहां सिवाय कृष्ण को मानने के और कृष्ण के साथ चलने के कोई उपाय न रहा।

क्षण होंगे निराशा के, क्षण होंगे दुख-पीड़ा के।

और 'विष्णु चैतन्य' ऐसे ही क्षणों में से गुजर रहा है—डांवाडोल, दुविधा से भरा! मगर घबड़ाने की कोई बात नहीं, सभी को ऐसे ही गुजरना पड़ता है। स्वाभाविक है। इसमें विशेष कुछ भी नहीं। सभी डांवाडोल होते हैं। सभी पहले हजार तरह की चिंताओं में, शंकाओं में, संदेहों में भरते हैं। धीरे-धीरे, धीरे-धीरे निखार आता है।

यह दर्द विराट जिंदगी में होगा परिणत
है तुम्हें निराशा, फिर तुम पाओगे ताकत
उन अंगुलियों के आगे कर दो माथा नत
जिनके छू लेने भर से, फूल सितारे बन जाते हैं
ये मन के छाले,
ओ मेजों की कोरों पर
माथा रख कर रोने वाले,
हर एक दर्द को, नये अर्थ तक जाने दो।
हर एक दर्द को, नये अर्थ तक जाने दो!

दर्द, दर्द ही नहीं है—दर्द नये अर्थ की शुरुआत है। जैसे किसी स्त्री को बच्चा पैदा होता है तो बड़ी प्रसव की पीड़ा होती। वह प्रसव की पीड़ा से घबड़ा जाए...।

अभी दो-चार साल पहले इंग्लैंड में एक बहुत बड़ा मुकदमा चला। एक फार्मेसी ने, एक दवाइयों को बनाने वाले कारखाने ने एक दवा ईजाद की—शामक दवा, जो प्रसव की पीड़ा को दूर कर देती है। स्त्रियां उसे

ले लें तो प्रसव की पीड़ा नहीं होती, बच्चा पैदा हो जाता है। लेकिन उसके बड़े घातक परिणाम हुए। बच्चे पैदा हुए—अपंग, अंधे, लंगड़े, लूले। सैकड़ों लोगों ने प्रयोग किया और अब सैकड़ों मुकदमे चल रहे हैं उस फार्मेसी पर, कि उन्होंने उनके बच्चों की हालत खराब कर दी। मां को तो पीड़ा नहीं हुई, लेकिन जिस जहर ने मां की पीड़ा छीन ली, उस जहर ने बच्चे को विकृत कर दिया।

वह जिसको हम प्रसव की पीड़ा कहते हैं, वह स्वाभाविक है, वह आवश्यक है, वह होनी ही चाहिए। उसको रोकना खतरनाक है।

जापान अकेला राष्ट्र है, जिसने कानून बनाया है कि प्रसव-पीड़ा को रोकने के लिए कोई दवा ईजाद नहीं की जा सकती। बड़ी समझदारी की बात है। सिर्फ अकेला राष्ट्र है सारी दुनिया में। क्योंकि प्रसव-पीड़ा बच्चे के जीवन की शुरुआत है। मां को ही पीड़ा होती है, ऐसा नहीं है; बच्चे को भी पीड़ा होती है। लेकिन उस पीड़ा से ही कुछ निर्मित होता है।

मैंने सुना है, एक किसान परमात्मा से बहुत परेशान हो गया। कभी ज्यादा वर्षा हो जाए, कभी ओले गिर जाएं, कभी पाला पड़ जाए, कभी वर्षा न हो, कभी धूप हो जाए, फसलें खराब होती चली जाएं, कभी बाढ़ आ जाए और कभी सूखा पड़ जाए। आखिर उसने कहा कि सुनो जी, तुम्हें कुछ किसानी की अक्ल नहीं, हमसे पूछो! परमात्मा कुछ मौज में रहा होगा उस दिन। उसने कहा, अच्छा, तुम्हारा क्या खयाल है? उसने कहा कि एक साल मुझे मौका दो, जैसा मैं चाहूं वैसा मौसम हो। देखो, कैसा दुनिया को सुख से भर दूं, धन-धान्य से भर दूं!

परमात्मा ने कहा, ठीक है, एक साल तेरी मर्जी होगी, मैं दूर रहूंगा। स्वभावतः किसान को जानकारी थी। काश, जानकारी ही सब कुछ होती! किसान ने जब धूप चाही तब धूप मिली, जब जल चाहा तब जल मिला, बूंद भर कम-ज्यादा नहीं, जितना चाहा उतना मिला। कभी धूप, कभी छाया, कभी जल—ऐसा किसान मांगता रहा और बड़ा प्रसन्न होता रहा; क्योंकि गेहूं की बालें आदमी के ऊपर उठने लगीं। ऐसी तो फसल कभी न हुई थी। कहने लगा, अब पता चलेगा परमात्मा को! न मालूम कितने जमाने से आदमियों को नाहक परेशान करते रहे। किसी भी किसान से पूछ लेते, हल हो जाता मामला। अब पता चलेगा।

गेहूं की बालें ऐसी हो गईं, जैसे बड़े-बड़े वृक्ष हों। खूब गेहूं लगे। किसान बड़ा प्रसन्न था। लेकिन जब फसल काटी, तो छाती पर हाथ रख कर बैठ गया। गेहूं भीतर थे ही नहीं, बालें ही बालें थीं। भीतर सब खाली था। वह तो चिल्लाया

कि हे परमात्मा, यह क्या हुआ? परमात्मा ने कहा, अब तू ही सोच। क्योंकि संघर्ष का तो तूने कोई मौका ही न दिया। ओले तूने कभी मांगे ही नहीं। तूफान कभी तुमने उठने न दिया। आंधी कभी तूने चाही नहीं। तो आंधी, अंधड़, तूफान, गड़गड़ाहट बादलों की, बिजलियों की चमचमाहट...तो इनके प्राण संगृहीत न हो सके। ये बड़े तो हो गए, लेकिन पोचे हैं।

संघर्ष आदमी को केंद्र देता है। नहीं तो आदमी पोचा रह जाता है। इसलिए तो धनपतियों के बेटे पोचे मालूम होते हैं। जब धूप चाही धूप मिल गई, जब पानी चाहा पानी; न कोई अंधड़, न कोई तूफान। तुम धनपतियों के घर में कभी बहुत प्रतिभाशाली लोगों को पैदा होते न देखोगे—पोचे! गेहूं की बाल ही बाल होती है, गेहूं भीतर होता नहीं। थोड़ा संघर्ष चाहिए। थोड़ी चुनौती चाहिए।

जब तूफान हिलाते हैं और वृक्ष अपने बल से खड़ा रहता है, बड़े तूफानों को हरा कर खड़ा रहता है, आंधियां आती हैं, गिराती है और फिर गेहूं की बाल फिर—फिर खड़ी हो जाती है तो बल पैदा होता है। संघर्षण से ऊर्जा निर्मित होती है। अगर संघर्षण बिलकुल न हो, तो ऊर्जा सुप्त की सुप्त रह जाती है।

प्रसव-पीड़ा मां के लिए ही पीड़ा नहीं है, बेटे के लिए भी पीड़ा है। लेकिन पीड़ा से जीवन की शुरुआत है—और शुभ है। नहीं तो पोचा रह जाएगा बच्चा। उसमें बल न होगा। और अगर बिना पीड़ा के बच्चा हो जाएगा, तो मां के भीतर जो बच्चे के लिए प्रेम पैदा होना चाहिए, वह भी पैदा न होगा। क्योंकि जब हम किसी चीज को बहुत पीड़ा से पाते हैं, तो उसमें हमारा एक राग बनता है।

तुम सोचो, हिलेरी जब चढ़ कर पहुंचा हिमालय पर तो उसे जो मजा आया, वह तुम हेलिकॉप्टर से जाकर उतर जाओ, तो थोड़े ही आएगा। उसमें सार ही क्या है? हेलिकॉप्टर भी उतार दे सकता है, क्या अड़चन है? मगर तब, तब बात खो गई। तुमने श्रम न किया, तुमने पीड़ा न उठाई, तो तुम पुरस्कार कैसे पाओगे?

यही गणित बहुत से लोगों के जीवन को खराब किए है। मंजिल से भी ज्यादा मूल्यवान मार्ग है। अगर तुम मंजिल पर तत्क्षण पहुंचा दिए जाओ तो आनंद न घटेगा। वह मार्ग का संघर्षण, वे मार्ग की पीड़ाएं, वे इंतजारी के दिन, वे प्रतीक्षा की रातें, वे आंसू, वह सब सम्मिलित है—तब कहीं अंततः आनंद घटता है।

हर एक दर्द को, नये अर्थ तक जाने दो!

तो विष्णु चैतन्य! दर्द है, मुझे पता है। आने में भी तुम मेरे पास डरते हो, वह भी मुझे पता है। घबड़ाओ मत, आओ! अपने को बाहर छोड़ कर आओ। बैठो मेरे पास एक शून्य, कोरी किताब की तरह, ताकि मैं कुछ लिख सकूं तुम पर। लिखे-

लिखाए मत आओ, गुदे-गुदाए मत आओ; अन्यथा मैं क्या लिखूंगा? तुम मुझे लिखने का थोड़ा मौका दो। खाली आओ ताकि मैं तुममें उंडेलूं अपने को और भर दूं तुम्हें। शास्त्रों से भरे मत आओ। शास्त्र तो मैं तुम्हारे भीतर पैदा करने को तैयार हूं। तुम्हें शास्त्र लेकर आने की जरूरत नहीं। तुम सिद्धांतों और तर्कों के जाल में मत पड़ो।

तुम आओ चुप, तुम आओ हृदयपूर्वक, भाव से भरे। मुझे एक मौका दो, ताकि तुम्हें निखारूं, तुम्हारी प्रतिमा गढ़ूं।

दूसरा प्रश्न: मैं तो लाख यतन कर हारयो, अरे हां, रामरतन धन पायो।

ऐसा ही है। आदमी का यत्न कुछ काम नहीं आता। अंततः तो प्रभु-कृपा ही काम आती है। मगर प्रभु-कृपा उन्हें मिलती है जो यत्न करते हैं। अब जरा झंझट हुई, विरोधाभास हुआ।

समझने की कोशिश करना। प्रभु तो उन्हें ही मिलता है जो प्रभु-कृपा को उपलब्ध होते हैं। लेकिन प्रभु-कृपा को वे ही उपलब्ध होते हैं, जो अथक प्रयत्न करते हैं। प्रयत्न से प्रभु नहीं मिलता, लेकिन प्रभु-कृपा प्रयत्न से मिलती है। फिर प्रभु-कृपा से प्रभु मिलता है।

तो दुनिया में दो तरह के लोग हैं। एक तो हैं वे, जो कहते हैं हम अपने प्रयत्न से ही पाकर रहेंगे, हम तुझसे प्रसाद नहीं मांगते—ये बड़े अहंकारी लोग हैं। ये कहते हैं, हम तो खुद ही पाकर रहेंगे, हम मांगेंगे नहीं। हम मांगने वालों में नहीं। हम भिखमंगे नहीं हैं। हम तो छीन-झपट कर लेंगे। ये तो ईश्वर पर आक्रमण करने वाले लोग हैं। ये तो बैंड-बाजा लेकर और मशालें लेकर और हमला करते हैं। ये तो छुरे-भाले लेकर ईश्वर पर जाते हैं। ये तो आक्रमक हैं। इनको प्रभु कभी नहीं मिलता। और जब इनको नहीं मिलता, तो ये कहते हैं: प्रभु है नहीं; होता तो मिलना चाहिए था। यही तो विज्ञान की चेष्टा है।

विज्ञान आक्रमक है, बलात्कारी है; जबरदस्ती जीवन के रहस्य को खोल देना चाहता है। जैसे कोई किसी फूल की कली को जबरदस्ती खोल दे; सब खो जाता है उस जबरदस्ती खोलने में; फूल का सौंदर्य ही नष्ट हो जाता है।

यह जीवन का रहस्य जब अपने से खुलता है—जब तुम प्रतीक्षा करते हो मौन, प्रार्थना करते हो, शांत-भाव से बैठते हो, और प्रभु को एक मौका देते हो कि खुले! तुम जल्दबाजी नहीं करते, तुम आग्रह नहीं करते। तुम कहते नहीं कि बहुत देर हो गई, मैं कितना यत्न कर चुका, अब खुलो! तुम कोई शर्त नहीं बांधते, तुम

कोई सौदा नहीं करते। तुम कहते हो, जब तुम्हारी मर्जी हो, खुलना—मैं राजी हूं, मैं तैयार हूं! तुम मुझे पाओगे मौजूद। इस जन्म में तो इस जन्म में; अगले जन्म में तो अगले जन्म में; जल्दी मुझे कुछ नहीं है।

तो एक तो वे लोग हैं, जो आक्रमण करते हैं, वे तो कभी नहीं पाते। फिर दूसरी ओर अति पर दूसरे लोग हैं, वे कहते हैं: जब प्रयत्न से मिलता ही नहीं तो क्या करना; जब मिलेगा मिल जाएगा। वे कुछ करते ही नहीं। वे खाली बैठे रहते हैं। वे प्रतीक्षा तक नहीं करते। वे कहते हैं: जब करने से कुछ होता ही नहीं, भाग्य का मामला है, जब होना होगा, होगा; जब उसकी कृपा होगी, होगी। उसकी बिना आज्ञा के तो पत्ता भी नहीं हिलता, वे कहते हैं।

ये दोनों ही नासमझ हैं। एक से अति सक्रियता पैदा होती है, जो कि रुग्ण और बुखार हो जाती है और विक्षिप्तता हो जाती है; और एक से अति अकर्मण्यता पैदा होती है, जिससे सुस्ती और आलस्य और तमस घिर जाता है। दोनों के मध्य में मार्ग है। प्रयत्न भी करना होगा और प्रसाद भी मांगना होगा।

'मैं तो लाख यतन कर हारयो।'

मगर जल्दी मत हार जाना, लाख यतन कर हारना। कुछ लोग ऐसे हैं कि यतन तो करते नहीं, बैठे हैं; तो हारे हो नहीं। लाख यतन कर लेना। जो तुम कर सको, पूरा कर लेना। मगर अगर तुम्हारे करने से न मिले तो घबड़ा कर यह मत कहने लगना कि है ही नहीं। वहीं तो ठीक मौका आ रहा था, जब मिलने की घड़ी आ रही थी, उससे चूक मत जाना। जब तुम सब प्रयत्न कर चुको और हार जाओ...हारे को हरिनाम! फिर तुम हरिनाम लेना। उस परम हार में परम विजय फलित होगी।

'मैं तो लाख यतन कर हारयो,
अरे हां, रामरतन धन पायो।'

बस तुम हारे कि रामरतन धन मिला। इधर हारे, उधर मिला। क्योंकि इधर तुम हारे कि तुम मिटे। तुम मिटे कि परमात्मा बरसा। तुम्हारी मिटने की ही देर थी। लेकिन बिना यत्न किए तुम मिट न सकोगे।

यह विरोधाभासी लगता है। इसलिए मेरे वक्तव्य विरोधाभासी लगते हैं, पैराडॉक्सिकल लगते हैं। ऐसा ही समझो कि कोई आदमी मेरे पास आता है, वह कहता है: 'रात मुझे नींद नहीं आती, अनिद्रा से परेशान हूं। दवाइयां भी काम नहीं देतीं, अब मैं क्या करूं?' उसको मैं क्या कहता हूं? उसको मैं कहता हूं, तुम ऐसा करो कि शाम को एक पांच-छह मील का चक्कर लगाओ। वह कहता है, आप क्या कह रहे हैं? ऐसे ही तो नींद नहीं आती, और चार-पांच मील का चक्कर लगाऊंगा, तो फिर तो रात भर नींद न आएगी।

मैं उसे कहता हूं, तुम फिकर मत करो; तुम चार-पांच मील का चक्कर लगाओ। नींद के लिए जो सबसे जरूरी बात है, वह है हार जाना, थक जाना।

आज बहुत से लोग अनिद्रा से पीड़ित हैं—पूरब में कम, पश्चिम में बहुत ज्यादा। लेकिन जल्दी ही पूरब में भी हो जाएंगे, क्योंकि पूरब में भी विज्ञान फैलेगा, सुख-संपत्ति बढ़ेगी, दारिद्रय कम होगा, काम कम होगा। पश्चिम में छह दिन का सप्ताह था, फिर पांच दिन का हो गया, अब चार दिन के होने की नौबत है। काम मशीन करने लगी है, आदमी के हाथ से काम सब जाने लगा है। जब काम बिलकुल न बचे तो विश्राम की जरूरत ही पैदा नहीं होती। विश्राम की जरूरत तो तभी पैदा होती है, जब अथक श्रम किया गया हो। तो फिर विश्राम की जरूरत पैदा होती है।

विश्राम एक जरूरत है। तुम खा-पी कर बैठे हो चुपचाप, कुछ करते-वरते नहीं, तो भूख कैसे लगेगी? अब तुम पाचक दवाइयां ले रहे हो, फिर ऐपेटाईजर ले रहे हो कि भूख लग जाए किसी तरह—और असली बात कर ही नहीं रहे कि तुम वैसे ही बैठे हो, कुछ हिलो-डुलो, चलो-फिरो, भोजन पचे। शरीर में श्रम हो तो भूख लगे, श्रम हो तो विश्राम की जरूरत पैदा होती है। जो आदमी दिन भर श्रम करता है, रात मजे से सो जाता है।

सम्राटों को भरोसा ही नहीं आता, जब वे भिखमंगों को सड़क पर सोया देखते हैं; यह बड़ा चमत्कार मालूम होता है। क्योंकि वे अपने सुंदरतम गद्दों में, वातानुकूलित स्थानों में, सब तरह की सुख-सुविधा के बीच भी रात भर करवटें बदलते हैं। और एक सज्जन हैं कि वे सड़क के किनारे पड़े हैं; न कोई तकिया है न कोई बिस्तर है, झाड़ के नीचे पड़े हैं, झाड़ की जड़ को ही उन्होंने अपना तकिया बना लिया है, और ऐसे सो रहे हैं, घुर्रा रहे हैं! भर-दुपहरी में पूरा रास्ता चल रहा है और तुम्हें राह के किनारे भिखमंगे सोए मिल जाएंगे। स्टेशन पर पोर्टर सोया हुआ मिल जाएगा। ट्रेनें आ रही हैं, जा रही हैं और वह मजे से प्लेटफार्म पर सोया हुआ है।

तो कुछ हैं कि सारी सुविधा जुटा ली है और नींद नहीं आती। उनको लगता है बड़ा अजीब सा मामला है। कुछ भी अजीब नहीं; जीवन का गणित समझ में नहीं आया।

विश्राम के लिए श्रम चाहिए। जीत के लिए हार चाहिए। प्रसाद के लिए प्रयत्न चाहिए। तो तुम अपनी तरफ से, तो जब लाख यतन कर लोगे, तभी वह घड़ी आती है जहां तुम कहते हो : 'अब मेरे किए कुछ भी नहीं होता प्रभु! अब मैं जो कर सकता था, कर चुका।' लेकिन तुम हकदार तभी हो, जब तुम कह सको कि 'जो मैं कर सकता था, कर चुका, मैंने कुछ उठा न छोड़ा। ऐसी कोई बात मैंने नहीं छोड़ी है

जो मैं कर सकता था, और मैंने न की हो। अब मेरे किए नहीं होता, अब तुम सम्हालो।' तो तत्क्षण सम्हाल लिए जाते हो।

'अरे हां, रामरतन धन पायो।'

ऐसी घटना घटती है—

रहे-शौक से अब हटा चाहता हूं,
कशिश हुस्न की देखना चाहता हूं।

—अब मैं इश्क के मार्ग से हटना चाहता हूं और देखना चाहता हूं कि सौंदर्य का आकर्षण कितना है?

रहे-शौक से अब हटा चाहता हूं,

—अब मैं प्रेम के मार्ग से हटता हूं।

कशिश हुस्न की देखना चाहता हूं।

—अब मैं देखना चाहता हूं कि परमात्मा का आकर्षण कितना है? मैं हटूं और तुम खींचो! अब तक मैं खिंचता था, तुम्हारा पता न चलता था। अभी तक मैं दौड़ता था और तुम मिलते न थे, अब मैं रुकता हूं।

रहे-शौक से अब हटा चाहता हूं,
कशिश हुस्न की देखना चाहता हूं।

अब तुम्हीं पर छोड़ता हूं। अब देखें। अब तुम मुझे ढूंढो। मैंने बहुत ढूंढा। सब मैंने उपाय कर लिए। अब तुम मुझे ढूंढो!

'अरे हां, रामरतन धन पायो।'

और जिस दिन तुम हार कर बैठ जाते हो, अचानक तुम पाते हो वह सामने खड़ा है। वह सदा से खड़ा था। तुम अपने खोजने की धुन में लगे थे। तुम्हारी धुन इतनी ज्यादा थी कि उसे देख न पाते थे। तुम्हारी धुन के कारण ही अवरोध पड़ रहा था।

इसलिए तो अष्टावक्र कहते हैं, अनुष्ठान बाधा है। लेकिन इससे तुम यह मत समझ लेना कि अनुष्ठान करना नहीं है। अनुष्ठान तो करना ही होगा, लाख जतन तो करने ही होंगे। जब तुम लाख जतन करके हार जाते हो, तो उसका एक ज़तन पर्याप्त हो जाता है उसकी तरफ से। मगर तुमने अर्जित कर लिया, तुम प्रसाद के योग्य हुए। तुम मुफ्त में नहीं पाते परमात्मा को, तुमने अपने जीवन को समर्पित किया। तुमने सब तरह से अपने जीवन को यज्ञ बनाया।

जब कपोल गुलाब पर शिशु प्रात के
सूखते नक्षत्र जल के बिंदु से
रश्मियों की कनक-धारा में नहा
मुकुल हंसते मोतियों का अर्घ्य दे

विहग शावक से जिस दिन मूक
पड़े थे स्वप्न नीड़ में प्राण
अपरिचित थी विस्मृत की रात
नहीं देखा था स्वर्ण विहान
रश्मि बन तुम आए चुपचाप
सिखाने अपने मधुमय गान
अचानक दीं वे पलकें खोल
हृदय में बेध व्यथा का बाण
हुए फिर पल में अंतरधान!

ऐसा बहुत बार होगा। तुम्हारे प्रयत्नों से तुम हारोगे। क्षण भर को हार कर तुम बैठोगे। अचानक किरण उतरेगी। अचानक नहा जाओगे उस किरण में। अचानक गीत तुम्हें घेर लेगा। अचानक तुम पाओगे किसी और लोक में पहुंच गए। अचानक तुम पाओगे, लग गए पंख, उड़ने लगे आकाश में;

पृथ्वी के न रहे, आकाश के हो गए। फिर वापिस, फिर पाओगे वहीं के वहीं।

रश्मि बन तुम आए चुपचाप
सिखाने अपने मधुमय गान
अचानक दीं वे पलकें खोल
हृदय में बेध व्यथा का बाण
हुए फिर पल में अंतरधान।
नींद में सपना बन अज्ञात
गुदगुदा जाते हो जब प्राण
ज्ञात होता हंसने का मर्म,
तभी तो पाती हूं यह जानः
प्रथम छू कर किरणों की छांह
मुस्कुरातीं कलियां क्यों प्रात?
समीरण का छू कर चल छोर
लौटते क्यों हंस-हंस कर पात?

एक बार तुम्हें प्रभु का संस्पर्श हो जाए, तो तुम भी समझ पाओगे किः

नींद में सपना बन अज्ञात
गुदगुदा जाते हो जब प्राण
ज्ञात होता हंसने का मर्म,

तभी तो पाती हूं यह जानः
प्रथम छू कर किरणों की छांह
मुस्कुरातीं कलियां क्यों प्रात?

सुबह, सूरज की किरण को छू कर फूल क्यों मुस्कुराने लगते हैं? क्यों अचानक सारी पृथ्वी एक नये आलोक, एक नई ऊर्जा, एक नये प्रवाह से भर जाती है जीवन के? क्यों सब तरफ जागरण छा जाता है?

प्रथम छू कर किरणों की छांह
मुस्कुरातीं कलियां क्यों प्रात?
समीरण का छू कर चल छोर
लौटते क्यों हंस-हंस कर पात?

और जब पत्तों से खेलने लगता समीरण, तो पत्ते क्यों मुस्कुराने लगते हैं, क्यों प्रसन्न होने लगते हैं?

जब प्रभु की किरण तुम्हें छुएगी, तभी तुम जान पाओगे यह प्रकृति में जो उत्सव चल रहा है, क्या है; यह चारों तरफ जो महोत्सव तुम्हें घेरे है, यह क्या है? यह जो अहर्निश ओंकार का नाद हो रहा है चारों तरफ, तुम्हें तभी सुनाई पड़ेगा।

लेकिन उसके पहले श्रम तो करना है, लाख जतन तो करने हैं। यत्न तुम करो, प्रभु प्रतीक्षा करता है। जैसे ही तुम्हारे यत्न का पात्र पूरा हो जाता, प्रसाद बरसता है।

प्रसाद को मुफ्त में मत मांगना। अपनी आहुति देनी होती है। अपनी आहुति देकर मांगोगे तो ही मिलेगा। और कुछ देने से न चलेगा।

आदमी ने खूब तरकीबें निकाली हैं। फूल तोड़ लेता वृक्षों के, मंदिर में चढ़ा आता—किसको धोखा देते हो? फूल चढ़े ही थे परमात्मा को वृक्षों पर, तुमने उन्हें जुदा कर दिया। फूल ज्यादा जीवित थे वृक्षों पर, ज्यादा परमात्मा के साथ अठखेलियां कर रहे थे, तुमने उन्हें मार डाला। तुम मरे इन फूलों को, मरी एक प्रतिमा के सामने रख आए—और सोचे कि फूल चढ़ा आए? सोचे कि अर्ध्य हुआ? सोचे कि अर्चना पूरी हुई? प्रार्थना पूरी हुई? जला आए एक मिट्टी का दीया और सोचे कि रोशनी हो गई?

इतना सस्ता काम नहीं। जलाना होगा दीया भीतर प्राणों का और चढ़ाना होगा फूल—अपने ही परम चैतन्य के विकास का! अपना ही सहस्त्रार, अपना ही सहस्त्र दलों वाला कमल जिस दिन तुम चढ़ा आओगे—उस दिन! यह सिर अपना ही चढ़ाना होगा!

आदमी खूब चालाक है! उसने नारियल निकाल लिया है। नारियल आदमी जैसा लगता है, सिर जैसा। इसलिए तो उसको खोपड़ा कहते हैं। खोपड़ी! उसमें दो आंखें भी होती हैं, दाढ़ी-मूंछ सब उसमें होते हैं। नारियल चढ़ा आए। सिंदूर लगा आए। अपने रक्त की जगह सिंदूर लगा आए? अपने सिर की जगह नारियल चढ़ा आए? अपने सहस्त्रार की जगह और किन्हीं फूलों के, वृक्षों के फूल छीन लिए—उनको चढ़ा आए? किसको धोखा देते हो? अपने को चढ़ाना होगा! और अपने को चढ़ाने का एक ही उपाय है:

'मैं तो लाख यतन कर हारयो,
अरे हां, रामरतन धन पायो।'

आखिरी प्रश्न: जनक के जीवन में एक अपूर्व प्रसंग है—भूमि से प्राप्त सीता और सीता के आसपास जन्मी रामलीला का। कृपा करके रामलीला को आज हमें समझाएं।

अष्टावक्र के संदर्भ में और उस सबके संदर्भ में जो मैं तुमसे कह रहा हूं, उस कथा का अर्थ बहुत सीधा-साफ है। सीता है पृथ्वी, राम हैं आकाश। उन दोनों का मिलन ही रामलीला है—पृथ्वी और आकाश का मिलन। और रामलीला प्रत्येक के भीतर घट रही है। तुम्हारी देह सीता है; तुम्हारी आत्मा, राम। तुम्हारे भीतर दोनों का मिलन हुआ है—पृथ्वी और आकाश का, मर्त्य का और अमृत का। तुम्हारे भीतर दोनों का मिलन हुआ है। और उस सब में जो भी घट रहा है, सभी रामलीला है।

राम-कथा को अपने भीतर पढ़ो। और जिस दिन तुम यह पहचान लोगे कि तुम न तो राम हो और न तुम सीता हो, तुम तो रामलीला के साक्षी हो, द्रष्टा हो—उसी दिन रामलीला बंद हो जाती है। जाना है सीता और राम के ऊपर।

रामलीला लोग देखने जाते हैं, वहां क्या खाक मिलेगा? भीतर रामलीला चल रही है, वहीं बैठ कर देखो—तुम देखने वाले बन जाओ। रामलीला देखने से कहते हैं बड़ा लाभ होता, पुण्य होता। वह पुण्य, अगर मेरी बात समझ में आ जाए, तो होता है। यह जो सीता और राम का मिलन तुम्हारे भीतर हुआ है, ये जो पृथ्वी और आकाश मिले, यह जो पदार्थ और चैतन्य का मिलन हुआ—इसको मंच बना लो, यह होने दो। तुम दर्शक होकर बैठ जाओ, तुम द्रष्टा बन जाओ, तुम साक्षी हो जाओ। जैसे ही तुम साक्षी हुए, तुम लीला के पार हो गए।

कहीं और रामलीला देखने नहीं जाना है। प्रत्येक के भीतर जन्मती है रामलीला। और जब तक रामलीला चलती रहती है, तब तक संसार चलता रहता

है। जिस दिन तुम्हारा साक्षी जाग जाता है और रामलीला बंद हो जाती है, उसी दिन संसार तिरोहित हो जाता है।

बहुत दिन देख ली रामलीला; लेकिन जिस ढंग से देखी, उसमें थोड़ी भूल है। वह भूल ऐसी है कि तुम रामलीला देखते-देखते यह भूल ही जाते हो कि तुम द्रष्टा हो। यह भी रोज होता है। तुम फिल्म देखने जाते हो, तुम भूल जाते हो कि तुम देखने वाले हो; तुम फिल्म का अंग बन जाते हो।

जब पहली दफा थ्री डायमेंशनल फिल्म बनी और लंदन में दिखाई गई, तो लोगों को समझ में आया कि हम कितने भूल जाते हैं। तीन डायमेंशनल जो फिल्म है, उसमें तो बिलकुल ऐसा लगता है जैसे साक्षात व्यक्ति आ रहा है। एक घुड़सवार एक घोड़े पर दौड़ता एक भाला लिए आता है, और ठीक आकर पर्दे पर वह भाला फेंकता है। पूरा हाल झुक गया—आधा इस तरफ, आधा उस तरफ—भाले से बचने के लिए। एक क्षण को झूठ सच हो गया। इस झूठ के सच हो जाने का नाम माया है।

बंगाल में बड़े प्रसिद्ध विचारक हुए ईश्वरचंद्र विद्यासागर। वे रामलीला देख रहे थे, या कोई और नाटक देख रहे थे। सभी नाटक रामलीला हैं। और नाटक में एक पात्र है, जो एक स्त्री के साथ बलात्कार करने की चेष्टा कर रहा है। वह इतनी बदतमीजी कर रहा है और वह इतनी कठोरता कर रहा है कि ईश्चरचंद्र विद्यासागर जो सामने ही बैठे थे पंक्ति में, भूल गए कि यह नाटक है। निकाल लिया जूता और चढ़ गए मंच पर, लगे पीटने उस अभिनेता को। अभिनेता ने ज्यादा होशियारी की। वह हंसने लगा। उसने जूता पुरस्कार की तरह ले कर अपनी छाती से लगा लिया। माइक पर खड़े होकर उसने कहा कि धन्य मेरे भाग्य, मैंने तो कभी सोचा नहीं था कि मै इतना कुशल अभिनेता हो सकता हूं कि ईश्वरचंद्र विद्यासागर धोखा खा जाएं। ऐसे ज्ञानी धोखा खा गए! तो इस जूते को लौटाऊंगा नहीं; यह तो मेरा पुरस्कार हो गया; इसको तो, अब याददाश्त के लिए रखूंगा। और बहुत प्रमाण-पत्र मुझे मिले हैं, मैडल मिले हैं; मगर इनसे बड़ा कोई भी नहीं मिला।

ईश्वरचंद्र बड़े सकुचाए जैसे ही होश आया कि यह मैं कर क्या बैठा हूं।

ईश्वरचंद्र जैसा बुद्धिमान आदमी खो गया नाटक में! सभी बुद्धिमान ऐसे ही खो गए हैं।

जब तुम देखते हो नाटक को, तो तुम भूल ही जाते हो कि तुम द्रष्टा हो। वह जो चल रहा है धूप-छाया का खेल मंच पर, पर्दे पर, वही सब कुछ हो जाता है। ऐसा ही घट रहा है भीतर। यह जो रामलीला तुम्हारे जीवन में घटी है—सीता और

राम के मिलन पर, पृथ्वी और आकाश के मिलन पर, इसमें तुम बिलकुल खो गए हो, तल्लीन हो गए हो; तुम भूल ही गए हो कि तुम सिर्फ द्रष्टा हो। करो याद, जगो अब। जागते ही तुम पाओगे कि पर्दा शून्य हो गया। न वहां राम हैं, न वहां सीता। खेल समाप्त हुआ। इस खेल की समाप्ति को हम कहते हैं: मुक्ति, मोक्ष, निर्वाण!

हरि ॐ तत्सत्!

* * *

प्रवचन : 13

जब जागो तभी सवेरा

जनक उवाच।

अहो जनसमूहेऽपि न द्वैतं पश्यतो मम।
अरण्यमिव संवृत्तं क्व रतिं करवाण्यहम्।।41।।
नाहं देहो न मे देहो जीवो नाहमहं हि चित्।
अयमेव हि मे बंध आसीधा जीविते स्पृहा।।42।।
अहो भुवन कल्लोलैर्विचित्रैद्रकि समुत्थितम्।
मयनंतमहाम्भोधौ चित्तवाते समुद्यते।।43।।
मयनंतमहाम्भोधौ चित्तवाते प्रशाम्यति।
अभाग्याजीववणिजो जगतपोतो विनश्वरः।।44।।
मयनंतमहाम्भोधावाश्चर्यं जीववीचयः।
उद्यन्ति ध्वन्ति खेलन्ति प्रविशन्ति स्वभावतः।।45।।

ज्ञान और ज्ञान में बड़ा भेद है। एक तो ज्ञान है, जो बांझ होता है, जिसमें फल नहीं लगते, न फूल लगते। एक ज्ञान है, जिसमें मुक्ति के फल लगते हैं, सच्चिदानंद के फूल लगते, फल लगते, सुगंध उठती समाधि की।

जिस ज्ञान से समाधि की सुगंध न उठे, उसे थोथा और व्यर्थ जानना। उससे जितनी जल्दी छुटकारा हो जाए, उतना अच्छा। क्योंकि मुक्ति के मार्ग में वह बाधा बनेगा। मुक्ति के मार्ग में जो साधक नहीं है, वही बाधक हो जाता है। धन भी इतनी बड़ी बाधा नहीं है, जितनी बड़ी बाधा थोथा ज्ञान हो जाता है। धन इसलिए बाधा नहीं है कि धन से कोई साधन ही नहीं बनता; धन से कोई साथ ही नहीं मिलता मोक्ष की तरफ जाने में, तो धन के कारण बाधा नहीं हो सकती।

मोक्ष की तरफ जाने में ज्ञान साधन है। इसीलिए अगर गलत ज्ञान हो, मिथ्या ज्ञान हो तो बाधा हो जाएगी। संसार उतनी बड़ी रुकावट नहीं है, जितना शब्दों और शास्त्रों से मिला हुआ संगृहीत ज्ञान रुकावट हो जाता है।

मैंने सुना है, पुरानी कथा है कि अवंतिका नगर के बाहर, क्षिप्रा नदी के पार एक महापंडित रहता था। उसकी दूर-दूर तक ख्याति थी। वह रोज क्षिप्रा को पार करके, नगर के एक बड़े सेठ को कथा सुनाने जाता था—धर्म-कथा। एक दिन बहुत चौंका। जब वह नाव से क्षिप्रा पार कर रहा था, एक घड़ियाल ने सिर बाहर निकाला और कहा कि पंडित जी, मेरी भी उम्र हो गई, मुझे भी कुछ ज्ञान आते-जाते दे दिया करें। और मुफ्त नहीं मांगता हूं। और घड़ियाल ने अपने मुंह में दबा हुआ एक हीरों का हार दिखाया।

पंडित तो भूल गया—जिस वणिक को कथा सुनाने जाता था—उसने कहा, पहले तुझे सुनाएंगे। रोज पंडित घड़ियाल को कथा सुनाने लगा और रोज घड़ियाल उसे कभी हीरे, कभी मोती, कभी माणिक के हार देने लगा। कुछ दिनों बाद घड़ियाल ने कहा कि पंडित जी! अब मेरी उम्र पूरी होने के करीब आ रही है, मुझे त्रिवेणी तक छोड़ आएं, एक पूरा मटका भर कर हीरे जवाहरात दूंगा। पंडित उसे लेकर त्रिवेणी गया और जब घड़ियाल को उसने त्रिवेणी में छोड़ दिया और अपना मटका भरा हुआ ले लिया और ठीक से देख लिया मटके में कि हीरे-जवाहरात सब हैं, और विदा होने लगा तो घड़ियाल उसे देख कर हंसने लगा। उस पंडित ने पूछा: हंसते हो? क्या कारण है?

उसने कहा, मैं कुछ न कहूंगा। मनोहर नाम के धोबी के गधे से अवंतिका में पूछ लेना। पंडित को तो बहुत दुख हुआ। किसी और से पूछें—यही दुख का कारण! फिर वह भी मनोहर धोबी के गधे से पूछें! मगर घड़ियाल ने कहा, बुरा न मानना। गधा मेरा पुराना सत्संगी है। मनोहर कपड़े धोता रहता है, गधा नदी के किनारे खड़ा रहता है, बड़ा ज्ञानी है। सच पूछो तो उसी से मुझमें भी ज्ञान की किरण जगी।

पंडित वापस लौटा, बड़ा उदास था। गधे से पूछे! लेकिन चैन मुश्किल हो गई, रात नींद न आए कि घड़ियाल हंसा तो क्यों हंसा? और गधे को क्या राज मालूम है? फिर सम्हाल न सका अपने को। एक सीमा थी, सम्हाला, फिर न सम्हाल सका। फिर एक दिन सुबह-सुबह पहुंच गया और गधे से पूछा कि महाराज! मुझे भी समझाएं, मामला क्या है? घड़ियाल हंसा तो क्यों हंसा?

वह गधा भी हंसने लगा। उसने कहा, सुनो, पिछले जन्म में मैं एक सम्राट का वजीर था। सम्राट ने कहा कि इंतजाम करो, मेरी उम्र हो गई, त्रिवेणी चलेंगे, संगम पर ही रहेंगे। फिर त्रिवेणी का वातावरण ऐसा भाया सम्राट को, कि उसने

कहा, हम वापस न लौटेंगे। और मुझसे कहा कि तुम्हें रहना हो तो मेरे पास रह जाओ और अगर वापस लौटना हो तो ये करोड़ मुद्राएं हैं सोने की, ले लो और वापस चले जाओ। मैंने करोड़ मुद्राएं स्वर्ण की ले लीं और अवंतिका वापस आ गया। इससे मैं गधा हुआ। इससे घड़ियाल हंसा।

कहानी प्रीतिकर है।

बहुत हैं, जिनका ज्ञान उन्हीं को मुक्त नहीं कर पाता। बहुत हैं जिनके ज्ञान से उनके जीवन में कोई सुगंध नहीं आती। जानते हैं, जानते हुए भी जानने का कोई परिणाम नहीं है। शास्त्र से परिचित हैं, शब्दों के मालिक हैं, तर्क का शृंगार है उनके पास, विवाद में उन्हें हरा न सकोगे; लेकिन जीवन में वे हारते चले जाते हैं। उनका खुद का जाना हुआ उनके जीवन में किसी काम नहीं आता।

जो ज्ञान मुक्ति न दे वह ज्ञान नहीं। ज्ञान की परिभाषा यही है, जो मुक्त करे।

जीसस ने कहा है, सत्य तुम्हें मुक्त करेगा; और अगर मुक्त न करे तो जानना कि सत्य नहीं है।

सिद्धांत एक बात है, सत्य दूसरी बात। सिद्धांत उधार है; सस्ते में ले लिया है; चोर-बाजार से खरीद लिया है; मुफ्त पा गए हो; कहीं राह पर पड़ा मिल गया है; अर्जित नहीं किया है। सत्य अर्जित करना होता है। जीवन की जो आहुति चढ़ाता है, वही सत्य को उपलब्ध होता है। जीवन का जो यज्ञ बनाता, वही सत्य को उपलब्ध होता है। सत्य मिलता है—स्वयं के श्रम से। सत्य मिलता है—स्वयं के बोध से। दूसरा सत्य नहीं दे सकता।

इस एक बात को जितने भी गहरे तुम सम्हाल कर रख लो उतना हितकर है। सत्य तुम्हें पाना होगा। कोई जगत में तुम्हें सत्य दे नहीं सकता। और जब तक तुम यह भरोसा किए बैठे हो कि कोई दे देगा, तब तक तुम भटकोगे; तब तक सावधान रहना, कहीं मनोहर धोबी के गधे न हो जाओ! तब तक तुम त्रिवेणी पर आ-आ कर चूक जाओगे; संगम पर पहुंच जाओगे और समाधि न बनेगी। बार-बार घर के करीब आ जाओगे और फिर भटक जाओगे।

मैंने सुना है, राबिया अलअदाबिया एक सूफी फकीर औरत गुजरती थी एक रास्ते से। उसने फकीर हसन को एक मस्जिद के सामने हाथ जोड़े खड़े देखा। और जोर से वह फकीर हसन कह रहा था, हे प्रभु! द्वार खोलो! कब से पुकारता हूं। कृपा करो! मुझ दीन पर अनुकंपा करो! द्वार खोलो!

हसन की आंखों से आंसू बह रहे हैं। राबिया वहां से निकलती थी, वह खड़ी हो गई, हंसने लगी। और उसने कहा, भाई मेरे आंख तो खोलो, जरा देखो भी, द्वार बंद कहां है? द्वार खुला ही है, जरा देखो तो।

हसन ने शास्त्रों में पढ़ा था। पढ़ा होगा जीसस का वचनः 'पूछो, और मिलेगा! खटखटाओ, और खुलेगा!' शास्त्र से पढ़ा थाः चीखो-पुकारो! आर्त तुम्हारी पुकार हो तो परमात्मा का द्वार खुलेगा। यह राबिया शास्त्र से पढ़ी हुई नहीं है। इसने देखा कि द्वार परमात्मा का कभी बंद ही नहीं। वह कहने लगी, भाई मेरे! आंख तो खोलो! नाहक शोरगुल मचा रहे हो! द्वार बंद कब था? द्वार खुला ही है—अपनी आंख चाहिए!

और यहां हम सब उधार आंखों से जी रहे हैं। साधारण जीवन में भी उधार आंख से नहीं जीया जा सकता, लेकिन हम उस अनंत की यात्रा पर उधार आंखें ले कर चल पड़े हैं।

एक आदमी था, बूढ़ा हो गया—उसकी आंखें चली गईं। चिकित्सकों ने कहा, आंखें ठीक हो सकती हैं, ऑपरेशन करवाना होगा, तीन महीने विश्राम करना होगा। उस बूढ़े ने कहा, 'सार क्या? अस्सी साल का तो हो गया। फिर आंखों की मेरे घर में कमी क्या है? आठ मेरे लड़के हैं, सोलह उनकी आंखें; आठ उनकी बहुएं हैं, सोलह उनकी आंखें; मेरी पत्नी भी अभी जिंदा है, दो उसकी आंखें—ऐसे चौंतीस आंखें मेरे घर में हैं। दो आंखें न हुईं, क्या फर्क पड़ता है?' दलील तो जंचती है। लड़कों की आंखें, बहुओं की आंखें, पत्नी की आंखें—चौंतीस आंखें घर में हैं। न हुईं छत्तीस, चौंतीस हुईं, क्या फर्क पड़ता है? दो आंख के कम होने से क्या बिगड़ता है? इतने तो सहारे हैं!

नहीं, वह राजी न हुआ ऑपरेशन को। और कहते हैं, उसी रात उस घर में आग लग गई। चौंतीस आंखें बाहर निकल गईं; बूढ़ा, अंधा बूढ़ा टटोलता, आग में झुलसता, चीखता-चिल्लाता रह गया। लड़के भाग गए, पत्नी भाग गई, बहुएं भाग गईं। जब घर में आग लगी हो तो याद किसे रह जाती है किसी और की! याद आती है बाहर जा कर। बाहर जा कर वे सब सोचने लगे, अब क्या करें? बूढ़े पिता को कैसे बचाएं? लेकिन जब आग लगी तो आंखें अपने पैरों को ले कर बाहर भाग गईं। दूसरे की याद कहां ऐसे संकट के क्षण में! समय कहां, सुविधा कहां कि दूसरे की याद कर लें! दूसरा तो सुविधा में, समय हो तो हम सोच पाते हैं। जब अपने प्राणों पर बनी हो तो कौन किसकी सोच पाता है!

वह बूढ़ा चीखने-चिल्लाने लगा और तब उसे याद आई कि मैंने बड़ा गलत तर्क दिया। आंख अपनी ही हो तो ही समय पर काम आती है।

और इस जीवन के भवन में आग लगी है। यहां हम रोज जल रहे हैं। यहां अपनी ही आंख काम आएगी, यहां दूसरे की आंख काम नहीं आ सकती। फिर बाहर की दुनिया में तो शायद दूसरे की आंख काम भी आ जाए, लेकिन भीतर की दुनिया

में तो दूसरे का प्रवेश ही नहीं है; वहां तो तुम नितांत अकेले हो। वहां तो तुम्हीं हो, और कोई न कभी गया है और न कभी कोई जा सकता है। तुम्हारे अंतरतम में तुम्हारे अतिरिक्त किसी की गति नहीं है; वहां तो अपनी आंख होगी तो ही काम पड़ेगी।

इसलिए मैं कहता हूं कि ज्ञान और ज्ञान में भेद है।

जनक को जो हुआ वह असली ज्ञान है। वह पांडित्य नहीं है। वह प्रज्ञा की अभिव्यक्ति है। जल गया दीया!

सूफी एक कहानी कहते हैं। कहते हैं, एक युवा सत्य के खोजी ने अपने गुरु से कहा कि मैं क्या करूं? कैसे हो मेरा मन शांत? कैसे मिटे यह अंधेरा मेरे भीतर का? कैसे कटे मेरी मूर्च्छा का जाल? मुझे कुछ राह सुझाओ।

गुरु थोड़ी देर उसकी तरफ देखता रहा, फिर पास में रखी हुई उसने सूफियों की एक किताब दे दी और कहा, इसे पढ़! तल्लीन हो कर पढ़। डूब इसमें। लगा डुबकी! होगा मन शांत।

युवा खूब तन-मन से पढ़ने लगा। वह कुछ दिनों बाद आया। उसने कहा, आपने कहा, वह ठीक है; लेकिन बिलकुल ठीक नहीं। ठीक है, जब मैं पढ़ता हूं, डूब जाता हूं, रस-विभोर हो जाता हूं। संतों की वाणी जब मेरे आस-पास गूंजने लगती है तो मैं किसी और लोक में हो जाता हूं। बड़े दीये जल जाते हैं, बड़े कमल खिल जाते हैं। मगर फिर किताब बंद और सब बंद! फिर कमल विदा हो जाते हैं; दीये बुझ जाते हैं। फिर वही का वही अंधेरा, फिर मेरा वही पुराना अंधेरा। बार-बार ऐसा होता है, बार-बार फिर सब खो जाता है। संपदा बनती मालूम नहीं होती, सिर्फ सपना मालूम होती है।

गुरु हंसने लगा। उसने कहा, सुन! दो यात्री तीर्थयात्रा को गए। एक के पास लालटेन थी, दूसरे के पास लालटेन नहीं थी। दोनों साथ-साथ चलते। जिसके हाथ में लालटेन थी उसका प्रकाश दूसरे के भी काम आता। राह दोनों के लिए प्रकाशित हो जाती। लेकिन फिर ऐसी घड़ी आई, जब लालटेन वाले यात्री को अपना मार्ग चुनना पड़ा। तो लालटेन वाला यात्री तो अपने मार्ग पर चला गया—निश्चिंत, अभय! हाथ में अपना प्रकाश था। लेकिन जो यात्री अब तक प्रकाश में चला था, वह अचानक अंधेरे में खड़ा रह गया—भयातुर, कंपता हुआ।

ठीक ऐसी ही अवस्था शास्त्र के साथ होती है—गुरु ने कहा। जब तुम शास्त्र को पढ़ते हो तो दूसरे के प्रकाश में थोड़ी देर चल लेते हो; दूसरे के प्रकाश में सब साफ दिखाई पड़ने लगता है। फिर दूसरे का प्रकाश है, सदा के लिए तुम्हारा हो नहीं सकता। राहें जुदा हो जाती हैं। शास्त्र एक मार्ग पर चला जाता है, तुम एक मार्ग पर खड़े रह जाते हो, फिर अंधेरा घेर लेता है।

सत्संग में बहुत बार तुम्हारे भीतर भी दीया जलता है, मगर वह तुम्हारा दीया नहीं। वह बाहर, सदगुरु के दीये की झलक होती है। वह प्रतिबिंब होता है। शास्त्र को पढ़ते-पढ़ते कभी नासापुट सुगंध से भर जाते हैं; मगर वह तुम्हारी सुगंध नहीं। वह सुगंध किसी और की है। वह कहीं बाहर से आई है। उसका आविर्भाव भीतर से नहीं हुआ। वह जल्दी ही खो जाएगी।

और ध्यान रखना! देखा कभी राह पर चलते हो, अंधेरी राह है और फिर कोई तेज प्रकाश की कार निकल जाती है, तो क्षण भर को तो सब रोशन हो जाता है! लेकिन कार के चले जाने पर अंधेरा और भी घना हो जाता है, जितना पहले भी नहीं था। आंखें बिलकुल चुंधिया जाती हैं। कुछ नहीं दिखाई पड़ता। पहले तो थोड़ा-बहुत दिखाई भी पड़ता था।

अक्सर ऐसा होता है, शास्त्र के प्रकाश में या सदगुरु के प्रकाश में थोड़ी देर को तो बिजली चमक जाती है, सब साफ हो जाता है; लेकिन फिर ऐसा अंधेरा छाता है जैसा पहले भी नहीं था—और भी घना अंधेरा हो जाता है।

उस सूफी फकीर ने अपने शिष्य को कहा कि अब शास्त्र बंद कर, तेरा पहला पाठ पूरा हुआ, अब भीतर का दीया जला। ज्योति तेरे भीतर है। अपनी ज्योति जला। दूसरे की ज्योति में थोड़ी-बहुत देर कोई रोशनी में चल ले; यह सदा के लिए नहीं हो सकता; यह सनातन और शाश्वत यात्रा नहीं हो सकती। पराए प्रकाश में हम थोड़ी देर के लिए प्रकाशित हो लें; चाहिए तो होगा अपना ही प्रकाश।

इसलिए कहता हूं, ज्ञान और ज्ञान में भेद है। एक ज्ञान, जो तुम्हें दूसरे से मिलता है। उसे तुम सम्हाल कर मत बैठ जाना। यह मत सोच लेना कि मिल गई नाव, भवसागर पार हो जाएगा। दूसरा एक ज्ञान, जो तुम्हारी अंतर्ज्योति के जलने से मिलता है, वही तुम्हें पार ले जाएगा।

जनक को कुछ ऐसा हुआ। चोट पड़ी। भीतर का तम टूटा। अपनी ज्योति जली। यह ज्योति इतनी आकस्मिक रूप से जली कि जनक भी भरोसा नहीं कर पाते। इसलिए बार-बार कहे जाते हैं: 'आश्चर्य! आश्चर्य! अहो, यह क्या हो गया?' देख रहे हैं कुछ हुआ—कुछ ऐसा हुआ कि पुराना सब गया और सब नया हो गया; कुछ ऐसा हुआ कि सब संबंध विच्छिन्न हो गए अतीत से; कुछ ऐसा हुआ कि अब तक जो मन की दुनिया थी, वह खंड-खंड हो गई, मन के पार का खुला आकाश दिखाई पड़ा। लेकिन यह इतना आकस्मिक हुआ है—अचंभित हैं, अवाक हैं, ठगे रह गए हैं! इसलिए हर वचन में आश्चर्य और आश्चर्य की बात कर रहे हैं।

आज का पहला सूत्र है:

अहो जनसमूहेऽपि न द्वैतं पश्यतो मम।
अरण्यमिव संवृत्तं क्व रतिं करवाण्यहम्।।

'आश्चर्य कि मुझे द्वैत दिखाई नहीं देता। जनसमूह भी मेरे लिए अरण्यवत हो गया है। तब मैं कहां मोह करूं, किससे मोह करूं, कैसे मोह करूं?'

दूसरा बचा ही नहीं मोह के लिए, कोई आश्रय न रहा!

'आश्चर्य कि मुझे द्वैत दिखाई नहीं देता।'

और ऐसा भी नहीं कि मैं अंधा हो गया हूं। दिखाई दे रहा है, खूब दिखाई दे रहा है! ऐसा दिखाई दे रहा है जैसा कभी दिखाई न दिया था। आंखें पहली दफे भरपूर खुली हैं—और द्वैत नहीं दिखाई दे रहा, एक ही दिखाई दे रहा है। सब किसी एक ही की तरंगें हो गए हैं। सब किसी एक ही संगीत के सुर हो गए हैं। सब किसी एक ही महावृक्ष के छोटे-छोटे पत्ते, शाखाएं, उपशाखाएं हो गए हैं। लेकिन जीवन-धार एक है! द्वैत नहीं दिखाई देता; अब तक द्वैत ही दिखाई दिया था।

तुमने सोचा है कभी? उन क्षणों में भी, जहां तुम चाहते हो द्वैत न दिखाई दे, वहां भी द्वैत ही दिखाई देता है। किसी से तुम्हारा प्रेम है। तुम चाहते हो, कम से कम यहां तो अद्वैत दिखाई दे। तुम चाहते हो, यहां तो कम से कम एकता हो जाए।

प्रेमी की तड़फन क्या है? प्रेमी की पीड़ा क्या है? प्रेमी की पीड़ा यही है कि जिससे वह एक होना चाहता है उससे भी दूरी बनी रहती है। कितने ही पास आओ, गले से गले मिलाओ—दूरी बनी रहती है। निकट आ कर भी निकटता कहां होती है? आत्मीय होकर भी आत्मीयता कहां होती है?

प्रेमी की पीड़ा यही है: चाहता है कि कम से कम एक से तो अद्वैत हो जाए। अद्वैत की आकांक्षा हमारे प्राणों में पड़ी है। वह हमारी गहनतम आकांक्षा है। जिसको तुम प्रेम की आकांक्षा कहते हो, अगर गौर से समझोगे तो वह अद्वैत की आकांक्षा है। वह आकांक्षा है कि चलो न हो सकें सबसे एक, कम से कम एक से तो एक हो जाएं। कोई तो हो ऐसी जगह, जहां द्वि न हो, दूजा न हो, दूसरा न हो; जहां बीच में कोई खाली जगह न रह जाए; जहां सेतु बन जाए; जहां मिलन घटित हो।

प्रेम की आकांक्षा अद्वैत की आकांक्षा है। ठीक-ठीक तुमने व्याख्या न की होगी। तुमने ठीक-ठीक प्रेम की आकांक्षा का विश्लेषण न किया होगा। अगर तुम उसका विश्लेषण करो तो तुम पाओगे: समस्त धर्म प्रेम की ही आकांक्षा से पैदा होता है।

लेकिन प्रेमी भी एक नहीं हो पाते। क्योंकि एक होने के लिए प्रेम काफी नहीं। एक होने के लिए आकांक्षा काफी नहीं। एक होने के लिए एक को देखने की क्षमता

चाहिए। देखने की क्षमता तो हमारी दो की है। देखते तो हम सदा दो को हैं। देखते तो हम भिन्नता को हैं। भिन्नता हमारे लिए तत्क्षण दिखाई पड़ती है। अभिन्नता हमें दिखाई नहीं पड़ती। अभिन्नता को देखने की हमारी क्षमता ही खो गई है। सीमा दिखाई पड़ती है, असीम दिखाई नहीं पड़ता। लहरें दिखाई पड़ती हैं, सागर दिखाई नहीं पड़ता। तुम दूसरों से कैसे भिन्न हो, यह दिखाई पड़ता है; तुम दूसरों से कैसे अभिन्न हो, यह दिखाई नहीं पड़ता।

अद्वैत तो तभी फल सकता है, जब दो के बीच जो शाश्वत सेतु है ही, वह दिखाई पड़े।

आश्चर्य, जनक कहने लगे, मुझे दिखाई देता है, लेकिन द्वैत दिखाई नहीं देता! यह क्या मामला है? यह क्या हो गया है मुझे? यह भरोसा नहीं आ रहा। यह घटना इतनी आकस्मिक हुई है। यह संबोधि ऐसे क्षण के अंश में घट गई है, धीरे-धीरे घटती तो आश्चर्य की कोई बात न थी।

बुद्ध ने ऐसा नहीं कहा है, कि आश्चर्य! महावीर ने ऐसा नहीं कहा है, कि आश्चर्य! जो घटा है, वह धीरे-धीरे घटा है, वह क्रमिक रूप से घटा है। जो घटा है वह एकदम छप्पर टूट कर नहीं घटा है।

तुम एक-एक पैसा जोड़ो, करोड़ों रुपये जोड़ लो, तो भी आश्चर्य न होगा। लेकिन राह के किनारे करोड़ों रुपए अचानक पड़े मिल जाएं तो तुम भरोसा न कर कर पाओगे। तुम बार-बार अपनी आंखों को साफ करके देखोगे कि मुझे, और करोड़ों रुपये मिल गए, यह मामला सच है कि कोई सपना तो नहीं देख रहा हूं? क्योंकि तुम्हारे जीवन भर का अनुभव तो यह है कि जो भी तुम छूते हो, मिट्टी हो जाता है; सोना छूते हो, मिट्टी हो जाता है। यह मामला क्या है? यह तुम्हारे साथ ऐसा अघट घट रहा है कि आज मिट्टी सोना हो कर पड़ी है। तुम्हें अपने पर भरोसा न आएगा। तुम यह मान न सकोगे एकदम से।

तो जब संबोधि की घटना क्रमशः घटती है, किरण-किरण सूरज उतरता है, एक किरण उतरी, दूसरी किरण उतरी, तीसरी किरण उतरी—इसके पहले कि दूसरी किरण उतरे, तुम एक किरण को अपने में आत्मसात कर लेते हो, तुम दूसरी के लिए तैयार हो जाते हो। यह जनक के लिए कुछ ऐसा हुआ जैसे आधी रात, अंधेरे में सूरज अचानक निकल आए; सारे जन्मों-जन्मों का अनुभव एकदम गलत हो जाए। सूरज सदा सुबह ही निकलता रहा था, यह अचानक आधी रात निकल आया! या कुछ ऐसा हो जाए कि हजार सूरज एक साथ निकल आएं तो भरोसा न आएगा। पहली बात तो यही खयाल में आए कि कहीं मैं पागल या विक्षिप्त तो नहीं हो गया!

इसलिए जब कभी ऐसी अनूठी घटना घटती है तो गुरु की मौजूदगी अत्यंत आवश्यक है, अन्यथा व्यक्ति पागल हो जाएगा। जनक पागल हो सकते थे अगर अष्टावक्र की मौजूदगी न होती। अष्टावक्र की मौजूदगी भरोसा देगी, आश्वासन देगी। अष्टावक्र चुपचाप सुन रहे हैं, देखते हो? जनक कहे जाते हैं, अष्टावक्र चुपचाप सुन रहे हैं। एक शब्द नहीं बोले। वे चाहते हैं, बह जाए यह आश्चर्य। एक बार इसे कह लेने दो जो हुआ है; इसके भीतर जो घटा है, इसको फूट कर बह जाने दो।

तुमने देखा, कोई आदमी को दुख घटता है, वह अगर दुख कह ले तो मन हलका हो जाता है! तुम्हें अभी दूसरी घटना का पता नहीं कि जब सुख घटता है तो भी न कहो तो हलका नहीं हो पाता आदमी। सुख घटा नहीं, इसलिए उस घटना का तुम्हें अनुभव नहीं है।

ये सारे जगत के बड़े शास्त्र जन्मे, ये इसलिए जन्मे कि जब आनंद घटा तो जिसको घटा वह बिना कहे न रह सका। उसे कहना ही पड़ा। कह कर वह हलका हुआ। चार को सुना कर बोझ टला। दुख का ही बोझ नहीं होता, सुख की भी बड़ी घनी पीड़ा होती है। मधुर! आनंद की भी बड़ी घनी पीड़ा होती है, जैसे तीर चुभ जाए। गुनगुनाना होगा; गाना होगा, नाचना होगा। पद घुंघरू बांध मीरा नाची! वह नाचना ही पड़ा। वह जो घटा है भीतर, वह इतना बड़ा है कि वह तुम्हें अगर डांवाडोल न करे तो घटा ही नहीं। वह अगर तुम्हें नचा न दे तो घटा ही नहीं। वह तुम्हें कंपा न दे तो घटा ही नहीं।

जैसे बड़े तूफान में वृक्ष की छोटी सी पत्ती नाचती हो, कांपती हो—ऐसा जनक कंप गए होंगे।

'आश्चर्य कि मुझे द्वैत दिखाई नहीं देता।'

यह मेरी आंखों को क्या हुआ? सदा द्वैत ही देखा था, अनेक देखा था; आज सब एक हो गया है। एक व्यक्ति दूसरे व्यक्ति में मिला हुआ मालूम पड़ता है। सबकी सीमाएं एक-दूसरे में लीन हुई मालूम होती हैं। सब एक-दूसरे में प्रविष्ट हुए मालूम होते हैं। यह हुआ क्या!

तुम यहां बैठे हो, अगर अचानक तुम्हें जनक जैसी घटना घटे तो तुम क्या देखोगे? तुम यह नहीं देखोगे, यहां इतने लोग बैठे हैं; तुम देखोगे, यह मामला क्या है? ये इतने लोग अचानक खो गए? रूप तो बैठे हैं, लेकिन एक की आत्मा दूसरे में बह रही है, दूसरे की आत्मा तीसरे में बह रही है, सब एक-दूसरे में बहे जा रहे हैं। यह हुआ क्या है? ये लोग फूट क्यों गए? इनके घड़े टूट क्यों गए? इनके प्राण एक दूसरे में क्यों उतरे जा रहे हैं?

ऐसा ही हो रहा है; तुम्हें दिखाई नहीं पड़ता है, इसलिए एक बात है। ऐसा ही हो रहा है। तुम्हारी श्वास दूसरे में जा रही है, दूसरे की श्वास तुम में आ रही है। तुम्हारी ऊर्जा दूसरे में जा रही है, दूसरे की ऊर्जा तुम में आ रही है।

अब तो इसके वैज्ञानिक प्रमाण हैं कि हम एक-दूसरे में बहते रहते हैं। इसीलिए तो ऐसा हो जाता है कि अगर तुम किसी उदास आदमी के पास बैठो तो तुम उदास हो जाते हो। उसका उदास प्राण तुम में बहने लगता है। तुम किसी हंसते, प्रसन्नचित्त आदमी के पास बैठो, उसकी प्रसन्नचित्तता तुम्हें छूने लगती है, संक्रामक हो जाती है; कोई तुम्हारे भीतर हंसने लगता है। तुम कभी-कभी चकित भी होते हो कि हंसी का मुझे तो कोई कारण न था, मैं कोई प्रसन्नचित्त अवस्था में भी न था; लेकिन हुआ क्या? दूसरे तुम में बह गए।

वैज्ञानिक कहते हैं कि जब तुम किसी की तरफ बहुत प्रेम से देखते हो तो तुम्हारे भीतर से एक ऊर्जा उसकी तरफ बहती है। अब इस ऊर्जा को नापने के भी उपाय हैं। तुम्हारी तरफ से एक विशिष्ट ऊष्मा, गर्मी उसकी तरफ प्रवाहित होती है—ठीक वैसे ही जैसे विद्युत के प्रवाह होते हैं; ठीक वैसे ही विद्युतधारा तुम्हारी तरफ से उसकी तरफ बहने लगती है।

इसलिए अगर तुम्हें कोई प्रेम से देखे तो अपनी प्रेम की आंख को छिपा नहीं सकता, तुम पहचान ही लोगे। तुम्हें जब कोई घृणा से देखता है, तब भी छिपा नहीं सकता; क्योंकि घृणा के क्षण में भी एक विध्वंसात्मक ऊर्जा छुरी की तरह तुम्हारी तरफ आती है, चुभ जाती है।

प्रेम तुम्हें खिला जाता है, घृणा तुम्हें मार जाती है। घृणा में एक जहर है, प्रेम में एक अमृत है।

रूस में एक महिला है, उस पर बड़े वैज्ञानिक प्रयोग हुए हैं। वह सिर्फ किसी वस्तु पर ध्यान करके उसे चला देती है। टेबल के ऊपर—वह दस फीट की दूरी पर खड़ी है—और एक बर्तन रखा है। वह एक पांच मिनट तक उस पर ध्यान करती रहेगी, उसकी आंखें उस पर एकजुट जम जाएंगी और बर्तन कंपने लगेगा। और वह अगर कहेगी कि बाएं चलो, तो बर्तन बाएं सरकने लगेगा; दाएं चलो, तो बर्तन दाएं सरकने लगेगा।

इस पर बहुत अध्ययन हुआ है कि मामला क्या है। लेकिन एक और आश्चर्य की घटना पता चली कि अगर वह पांच मिनट यह प्रयोग करे तो उसका आधा किलो वजन कम हो जाता है। तो ऊर्जा निश्चित ही प्रवाहित हुई। उसने ऊर्जा खोई। पांच मिनट के प्रयोग में उसने काफी जोर से ऊर्जा को फेंका। उसी ऊर्जा के धक्के में बर्तन हटने लगा, सरकने लगा, बंध गया।

हम एक-दूसरे में बह रहे हैं—जानें हम, न जानें हम।

तुमने यह भी देखा होगा कि कुछ व्यक्ति ऐसे होते हैं जिनके पास तुम्हें बहाव मालूम होगा; जैसे तुम किसी नदी की धारा में पड़ गए, जो बह रही है। उनके साथ तुम रहोगे तो ताजगी मालूम होगी। उनके साथ तुम रहोगे तो एक प्रवाह है, गति मालूम होगी। फिर कुछ ऐसे लोग हैं जो डबरों की तरह हैं; उनके पास तुम रहोगे तो ऐसा लगेगा, तुम भी कुंद हुए, बंद हुए, कहीं बहाव नहीं मालूम होता, सड़ांध सी मालूम होती है, सब रुका-रुका, द्वार-दरवाजे बंद, नई हवा नहीं, नई रोशनी नहीं।

तुमने जाना होगा, देखा होगा। तुम जिनको आमतौर से साधु-संत कहते हो, वे ऐसे ही डबरे हैं। उनके पास तुम जा कर बैठो, थोड़ी देर ठीक, चौबीस घंटे किसी संत के पास रहना बड़ा मुश्किल है; वह तुम्हारी जान लेने लगेगा। उसके पास तुम हंस न सकोगे जोर से, तुम मजाक न कर सकोगे, तुम गीत न गुनगुना सकोगे। वह खुद भी बंद है, वह तुम्हें भी बंद करेगा। वह खुद अकड़ा बैठा है, वह तुम्हें भी अकड़ाएगा। उसने सब द्वार-दरवाजे अपने बंद कर लिए हैं। वह कब्र बन गया है, वह तुमको भी कब्र बना देगा।

इसीलिए तो लोग साधु-संतों के दर्शन करके एकदम भागते हैं। नमस्कार महाराज—और भागे! पैर छुए—और भागे! ठीक ही करते हैं। किसी आंतरिक अनुभूति के बल ऐसा करते हैं। पूजा कर लेते हैं, सत्संग नहीं करते। सत्संग खतरनाक हो सकता है।

जिन व्यक्तियों के पास प्रवाह मालूम होता है, जिनके पास तुम्हारे जीवन में भी स्फुरणा होती है, तुम्हारे भीतर भी कुछ कंपने लगता है, डोलने लगता है, गति होने लगती है—उसका केवल इतना ही अर्थ है कि वे लोग तुम्हारे भीतर अपने प्राणों को डालते हैं; वे तुम्हें कुछ देने को तत्पर हैं; कंजूस नहीं हैं, कृपण नहीं हैं। और जो तुम्हारे भीतर कुछ डालता है वह तुम्हें भी तत्पर करता है कि तुम भी दो! तुम्हारे भीतर भी प्रतिध्वनि उठती है, संवेदन उठता है।

और आदमी जितना बहे, उतना ही शुद्ध रहता है। ऐसे हम चेष्टा कर-कर के अपने को रोके हुए हैं कि बह न जाएं। जब जनक को पहली दफा दिखाई पड़ा होगा कि अरे, यह सब चेष्टा व्यर्थ है। कितना ही ऊपर-ऊपर से रोकते रहो, लेकिन भीतर तो हम सब जुड़े हैं। हम समुद्र में उठे छोटे-छोटे द्वीप नहीं हैं; हम महाद्वीप हैं; हम सब जुड़े हैं। और द्वीप भी जो दिखाई पड़ता है सागर में उठा छोटा सा, वह भी नीचे गहराइयों में तो पृथ्वी से जुड़ा है, महाद्वीप से जुड़ा है। जुड़े हम सब हैं। इस जोड़ का दर्शन जनक को हुआ, तो वे कहने लगे:

अहो जनसमूहेऽपि न द्वैतं पश्यतो मम!

इतना जन-समूह देख रहा हूं, लेकिन द्वैत नहीं दिखाई पड़ता! ऐसा लगता है कि इन सबके भीतर एक ही कोई जी रहा है, एक ही श्वास ले रहा है, एक ही प्राण प्रवाहित है। और यह सारा संसार मेरे लिए अरण्यवत हो गया।

जैसे कि कोई आदमी जंगल में भटक जाए—कभी तुम जंगल में भटक गए हो?—जैसे कभी कोई आदमी जंगल में भटक जाए तो वहां घर थोड़े ही बनाता है! भटका हुआ आदमी तो राह खोजता है कि कैसे बाहर निकल जाऊं? कितने ही सुंदर दृश्य हों आस-पास, उनको थोड़े ही देखता है। भटका हुआ आदमी तो बस खोज करता है कि कैसे इस अरण्य के बाहर निकल जाऊं। न वहां घर बनाता, न वहां सुंदर फूलों को देखता, न वहां सुंदर वृक्षों से मोह लगाता।

जनक कहते हैं कि मेरे लिए यह संसार अरण्यवत हो गया है। इस नये बोध में इस संसार का सारा काम मुझे एकदम जंगल जैसा हो गया है; जैसे मैं भटका था इसमें अब तक, अब बाहर निकलना चाहता हूं। और मैं अब चकित हो रहा हूं: तब कहां मैं मोह करूं? इस भटकी हुई अवस्था में, इस जंगल में, इस अरण्य में कहां मैं मोह करूं, किससे मोह करूं?

अब तक लोगों ने कहा होगा जनक को भी—वे बड़े ज्ञानियों का सत्संग करते थे, पंडितों का सत्संग करते थे, बड़े गुण-ग्राहक थे—न मालूम कितने लोगों ने कहा होगा: छोड़ो मोह! छोड़ो माया! लेकिन आज जनक पूछते हैं कि छोड़ो माया-मोह, यह तो बात ही फिजूल है। करो कैसे? करना चाहू तो भी करने का उपाय नहीं दिखाई पड़ता, क्योंकि दूसरा कोई है ही नहीं जिससे मोह करो; मैं ही बचा हूं।

'मैं शरीर नहीं हूं। मेरा शरीर नहीं है। मैं जीव नहीं हूं। निश्चय ही मैं चैतन्यमात्र हूं। मेरा यही बंध था कि मेरे जीने में इच्छा थी।'

'मैं शरीर नहीं...!'

नाहं देहो न मे देहो जीवो नाहमहं हि चित्!

'मैं शरीर नहीं हूं। मेरा शरीर नहीं है। मैं जीव भी नहीं हूं। मैं तो केवल चैतन्य हूं।'

ऐसी प्रतीति हो रही है। यह कोई सिद्धांत नहीं है। ऐसा साक्षात्कार हो रहा है। ऐसा दर्शन हो रहा है। ऐसा जनक देख रहे हैं। यहां वे किसी दर्शनशास्त्र की बात नहीं कर रहे हैं; जो उन्हीं प्रतीत हो रहा है उसी को शब्द दे रहे, अभिव्यक्ति दे रहे हैं।

'मेरा यही बंध था कि मेरी जीने में इच्छा थी।'

जीवेषणा मेरा बंध था। मैं जीना चाहता था, यही मेरा बंध था। और कोई बंध न था। लेकिन अब तो जीवेषणा भी कहां रखूं? किससे मोह करूं? क्योंकि अब तो मैं देख रहा हूं, जो है वह शाश्वत और सनातन है; न कभी जन्मा, न कभी मरा। यह देह तो जन्मती और मरती है। ये श्वासें तो आज चलती हैं; कल नहीं चलेंगी। यह मन जो आज तरंगायित है, कल शांत हो जाएगा। ये प्राण जन्मे, मर जाएंगे। लेकिन अब मुझे एक बात सीधी-साफ दिखाई पड़ रही है, निश्चयपूर्वक दिखाई पड़ रही है कि मैं सिर्फ चैतन्य हूं, साक्षी हूं।

बंगाल में एक हंसोड़ आदमी हुआ: गोपाल भांड। उसके संबंध में बड़ी प्यारी कहानियां हैं। एक कहानी तो अति मधुर है। वह जिस नवाब के दरबार में लोगों को हंसाने का काम करता था, दरबारी उससे बड़े नाराज थे। क्योंकि वह सम्राट को धीरे-धीरे बहुत प्यारा हो गया था। जो हंसी ले आए जीवन में, वह अगर प्यारा न हो जाए तो और क्या हो? उसके पास बड़ी विलक्षण प्रतिभा थी, इसलिए ईर्ष्या भी स्वाभाविक थी। उसे हराने की वे बड़ी सोच करते थे, लेकिन कुछ उपाय न खोज पाते थे। आखिर एक दिन कोई उपाय न देख कर उन्होंने गोपाल भांड को पकड़ लिया और कहा कि आज तो तुझे राज बताना पड़ेगा कि तेरी प्रतिभा का राज क्या है? गांव में ऐसी अफवाह है कि तेरे पास सुखदामणि है। तूने कुछ सिद्धि कर ली है और तुझे सुखदा नाम की मणि मिल गई है, जिसकी वजह से न केवल तू सुख में रहता है, तू दूसरों को भी सुखी करता है, और यही तेरे चमत्कार का और तेरे प्रभाव का राज है। वह सुखदामणि हमें दे दे, अन्यथा ठीक न होगा।

दरबारी उसकी मार-पीट भी करने लगे। उसने कहा कि ठहरो, तुम ठीक कहते हो। अफवाह सच है। सुखदामणि मेरे पास है। लेकिन कोई चुरा न ले, कोई छीन न ले, इसलिए मैंने उसे जंगल में गड़ा दिया है। मैं तुम्हें बता देता हूं, तुम खोद लो।

पूर्णिमा की रात, वह सब दरबारियों को लेकर जंगल में गया। एक वृक्ष के नीचे बैठ गया। वे पूछने लगे, बोलो, कहां गड़ाई है?

उसने कहा कि अब तुम खोज लो जगह। सूत्र यह है कि जिस जगह पर खड़े होने से चांद तुम्हारे सिर पर चमकता हो, उसी जगह गड़ी है।

वे दरबारी भागे, खोजने लगे स्थान, लेकिन जो दरबारी जहां खड़ा हुआ, पूर्णिमा का चांद था, ठीक सिर के ऊपर था। वह सभी स्थानों पर सिर के ऊपर था तो वे जगह-जगह खोदने लगे। रात भर खोदते रहे, कई जगह खोदा। और गोपाल भांड वृक्ष के नीचे आराम से सोया रहा। सुबह उन्होंने उससे कहा कि तुम धोखा दे रहे हो। हमने सारा स्थान खोद डाला वृक्ष के आस-पास। रात भर हम थक गए खोद-खोद कर। वह सुखदामणि का कोई पता नहीं।

गोपाल भांड हंसने लगा। उसने कहा, मैंने कहा था कि जहां सिर पर चांद चमकता है, वहीं सुखदामणि गड़ी है। वह तुम्हारी खोपड़ी में गड़ी है, कोई जमीन में थोड़े ही गड़ी है। वह तुम्हारे सिर में है।

वह तुम्हारे चैतन्य में है। वह तुम्हारे साक्षी में है। जो साक्षी हो जाता, वह सुखी हो जाता।

जनक कहने लगे, न मैं शरीर, न शरीर मेरा, मैं जीव नहीं। निश्चय ही मैं चैतन्य हूं। मेरा यही बंध था कि मेरी जीने में इच्छा थी।

एकमात्र बंधन है जीवन में कि हम जीना चाहते हैं। अब यह बड़े आश्चर्य की बात है। तुमने कभी देखा सड़क पर किसी को घिसटते हुए—पैर टूट गए, हाथ टूट गए, मरणासन्न है—फिर भी जीना चाहता है, फिर भी घिसट कर भीख मांगता है। तुम यह मत सोचना कि अगर तुम उसकी जगह होते तो आत्महत्या कर लेते। आसान नहीं। जीने का मोह बड़ा गहरा है। जीने का मोह ऐसा गहरा है कि आदमी किसी भी स्थिति में जीना चाहता है, किसी भी स्थिति के लिए राजी हो जाता है।

कुछ लोग आत्महत्या करते हैं, इसलिए तुम्हें लगता होगा: उनके संबंध में क्या? जो लोग आत्महत्या करते हैं, वे लोग भी जीने की आकांक्षा से ही आत्महत्या करते हैं। मरने के लिए कोई आत्महत्या नहीं करता। लोगों के जीने की शर्तें हैं। कोई कहता है, मेरे पास करोड़ रुपए होंगे तो ही मैं जीऊंगा। दीवाला निकल गया, करोड़ रुपए हाथ से खिसक गए—वह कहता है, अब जीने में क्या सार! उसके जीने की एक बड़ी शर्त थी जो टूट गई। उसने जीने के लिए एक खास ढंग चुना था जो अब संभव नहीं रहा। वह कहता है, हम मर जाएंगे। वह मरता जीने की ही किसी विशेष शर्त के लिए है।

किसी ने कहा, मैं किसी स्त्री के साथ रहूंगा तो ही रहूंगा, नहीं तो मर जाऊंगा। किसी स्त्री ने कहा, किसी पुरुष को पा लूंगी, तो रहूंगी, नहीं तो मर जाऊंगी। ये कोई मरने की बातें नहीं हैं, ये सब जीने के ही आग्रह हैं। जीना जैसा चाहा था वैसा न हो सका तो लोग मरने तक को तैयार हैं। जीने के लिए लोग मरने तक को तैयार हैं।

अगर आत्महत्या कभी घटती है तो वह तो किसी बुद्ध, किसी जनक, किसी अष्टावक्र, किसी महावीर की घटती है। वे ठीक आत्महत्या करते हैं। क्योंकि उसके बाद फिर कोई जन्म नहीं है। वे जीने के लिए मरने की तो बात दूसरी, वे जीने के लिए जीना भी नहीं चाहते। वे जीवेषणा को ही समझ लेते हैं कि यह जीवेषणा एक धोखा है।

इसे समझें। जब दिखाई पड़ता है समाधि की आंखों से, ध्यान की आंखों से, तो दिखाई पड़ता है जीवन तो 'है' ही, यह तो कभी 'नहीं' हो ही नहीं सकता! यह तो बड़े पागलपन की बात है कि जो तुम हो ही, उसकी आकांक्षा कर रहे हो। यह तो ऐसा ही

है कि तुम्हारे पास धन है और तुम धन मांग रहे हो। यह तो ऐसा ही है कि जो तुम्हारे पास है ही, उसके लिए तुम भिक्षा मांगते वन-वन में भटकते फिर रहे हो। जिस दिन यह दिखाई पड़ता है, जिस दिन अपना वास्तविक जीवन दिखाई पड़ता है, उसी क्षण जीवेषणा खो जाती है। जब तक तुमने अपने जीवन को किसी गलत चीज से जोड़ा है—किसी ने शरीर से जोड़ा है—किसी ने कहा, मैं शरीर हूं, तो अड़चन आएगी, क्योंकि शरीर तो कल मरेगा, शरीर के मरने के भय के कारण जीवेषणा पैदा होगी।

मैंने सुना है, एक पुरानी तिब्बती कथा है कि दो उल्लू एक वृक्ष पर आ कर बैठे। एक ने सांप अपने मुंह में पकड़ रखा था। भोजन था उनका, सुबह के नाश्ते की तैयारी थी। दूसरा एक चूहा पकड़ लाया था। दोनों जैसे ही बैठे वृक्ष पर पास-पास आकर—एक के मुंह में सांप, एक के मुंह में चूहा। सांप ने चूहे को देखा तो वह यह भूल ही गया कि वह उल्लू के मुंह में है और मौत के करीब है। चूहे को देख कर उसके मुंह में रसधार बहने लगी। वह भूल ही गया कि मौत के मुंह में है। उसको अपनी जीवेषणा ने पकड़ लिया। और चूहे ने जैसे ही देखा सांप को, वह भयभीत हो गया, वह कंपने लगा। ऐसे मौत के मुंह में बैठा है, मगर सांप को देख कर कंपने लगा। वे दोनों उल्लू बड़े हैरान हुए। एक उल्लू ने दूसरे उल्लू से पूछा कि भाई, इसका कुछ राज समझे? दूसरे ने कहा, बिलकुल समझ में आया। जीभ की, रस की, स्वाद की इच्छा इतनी प्रबल है कि सामने मृत्यु खड़ी हो तो भी दिखाई नहीं पड़ती। और यह भी समझ में आया कि भय मौत से भी बड़ा भय है। मौत सामने खड़ी है, उससे यह भयभीत नहीं है चूहा; लेकिन भय से भयभीत है कि कहीं सांप हमला न कर दे।

मौत से हम भयभीत नहीं हैं; हम भय से ज्यादा भयभीत हैं।

और लोभ स्वाद का, इंद्रियों का, जीवेषणा का इतना प्रगाढ़ है कि मौत चौबीस घंटे खड़ी है, तो भी हमें दिखाई नहीं पड़ती। हम अंधे हैं।

शरीर से जिसने अपने को बांधा, वह अड़चन में रहेगा। क्योंकि लाख झुठलाओ, लाख समझाओ, यह बात भुलाई नहीं जा सकती कि शरीर मरेगा। रोज तो कोई मरता—कहां-कहां आंखें चुराओ, कैसे बचो इस तथ्य से कि मृत्यु होती है? रोज तो चिता सजती। रोज तो 'राम-राम सत्य' कहते लोग निकलते। हमने सब उपाय किए हैं कि मौत का हमें ज्यादा पता न चले। मरघट हम गांव के बाहर इसीलिए बनाते हैं; बनाना चाहिए बीच में गांव के, ताकि सबको पता चले। एक लाश जले तो पूरे गांव को जलने का पता हो। बनाते हैं गांव के बाहर। स्त्रियां अपने छोटे बच्चों को भीतर कर लेती हैं; लाश निकलती हो, दरवाजे बंद कर देती हैं, कि कोई मर गया, भीतर आ जाओ! देखो मत मौत!

मौत की हम ज्यादा बात नहीं करते, चर्चा भी नहीं करते। मरघट पर भी जो लोग जाते हैं मुर्दों को लेकर, वे भी दूसरी बातें करते हैं मरघट पर बैठ कर। इधर लाश जलती रहती है, वे बातें करते हैं : फिल्म कौन सी चल रही है? कौन सा नेता जीतने के करीब है, कौन सा हारेगा? चुनाव होगा कि नहीं? राजनीति, और हजार बातें! उधर लाश जल रही है!

ये सब बातें तरकीबें हैं। ये तरकीबें हैं एक परदा खड़ा करने की कि जलने दो, कोई दूसरा मर रहा है, हम थोड़े ही मर गए हैं!

हम दूसरे के मर जाने पर बड़ी सहानुभूति भी प्रकट करते हैं—वह भी तरकीब है। किससे सहानुभूति प्रकट कर रहे हो? उसी क्यू में तुम भी खड़े हो। एक खिसका, क्यू थोड़ा और आगे बढ़ गया, मौत तुम्हारी थोड़ी और करीब आ गई। नंबर करीब आया जाता है, खिड़की पर तुम जल्दी पहुंच जाओगे।

लेकिन हम कहते हैं, बड़ा बुरा हुआ, बेचारा मर गया! लेकिन एक गहन भ्रांति हम भीतर पालते हैं कि सदा कोई और मरता है। मैं थोड़े ही मरता हूं, सदा कोई और मरता है!

मगर फिर भी कितने ही उपाय करो, यह सत्य है कि शरीर के साथ तो सदा जीवन नहीं हो सकता। कितना ही लंबाओ, सौ वर्ष जीयो, दो सौ वर्ष जीयो, तीन सौ वर्ष जीयो—क्या फर्क पड़ता है? विज्ञान कभी न कभी यह व्यवस्था कर देगा कि आदमी और लंबा जीने लगे। मगर इससे भी क्या फर्क पड़ता है? मौत को थोड़ा पीछे हटा दो, लेकिन खड़ी तो रहेगी। थोड़े धक्के दे दो, लेकिन हटेगी तो नहीं। शरीर तो जायेगा।

इसलिए शरीर चला जाए, कहीं शरीर चला न जाए, हम घबड़ा कर जीवन की आकांक्षा करते हैं कि मैं बना रहूं! इस जीवन की आकांक्षा में धन इकट्ठा करते हैं, पद जुटाते, सब तरह की भ्रांति खड़ी करते हैं कि और सब मरेंगे, मैं नहीं मरूंगा। सब तरह की सुरक्षा। फिर भी मौत तो आती है।

शरीर से जिसने अपने को जोड़ा है, वह कितना ही धोखा दे, धोखा धोखा ही है। फूट-फूट कर धोखे के परदे के पार मौत दिखाई पड़ती रहेगी। और जितनी मौत दिखाई पड़ती है, उतनी ही जीवेषणा पैदा होती है; उतना ही आदमी जीवन को घबड़ा कर पकड़ता है कि कहीं छूट न जाऊं।

जनक को दिखाई पड़ा उस दिन कि यह भी क्या मजा है, हम मर ही नहीं सकते, हम अमृत हैं! अमृत पुत्रः! यह शरीर से हमने अपने को एक समझा, इसलिए मौत। प्राण से एक समझा, इसलिए मौत। मन से एक समझा, इसलिए

मौत। इनके पार हम अपने को देख लें, फिर कैसी मौत? साक्षी की कैसी मौत? चैतन्य की कैसी मौत? एक ही बंध था—जीने में इच्छा थी।

'अहम् देहः न'—मैं देह नहीं।

'मे देहः न'—देह मेरी नहीं।

'अहम् जीवः न'—मैं जीव नहीं। यह तथाकथित जो जीवन दिखाई पड़ता है, यह मैं नहीं।

अहम् हि चित्—मैं तो निश्चित रूप से चैतन्य हूं।

मे एव बंध या जीविते स्पृहा आसीत—बस एक था बंधन मेरा कि जीने की स्पृहा थी, आकांक्षा थी। अब तो मैं जान गया कि मैं स्वयं जीवन हूं, जीने की आकांक्षा पागलपन है! मैं सम्राट हूं, व्यर्थ ही भिखारी बना था।

'आश्चर्य कि अनंत समुद्ररूप मुझमें चित्तरूपी हवा के उठने पर शीघ्र ही विचित्र जगतरूपी तरंगें पैदा होती हैं।'

अब आश्चर्य होता है—जनक कहते हैं—यह जान कर, कि जैसे हवा की तरंगें शांत झील में लहरें उठा जाती हैं, ऐसी ही चित्त की हवा मेरी शांत आत्मा में हजार-हजार लहरें उठा जाती है। वे लहरें मेरी नहीं हैं। वे लहरें चित्त की हवा के कारण हैं।

'आश्चर्य है कि अनंत समुद्ररूप मुझमें चित्तरूपी हवा के उठने पर शीघ्र ही विचित्र जगतरूपी तरंगें पैदा होती हैं।'

और कैसे-कैसे विचित्र सपने पैदा हो जाते हैं! और कैसे-कैसे माया और मोह और लोभ! और कैसे-कैसे जाल खड़े हो जाते हैं! फिर एक बार इन जालों का हम अभ्यास कर लेते हैं तो छूटना मुश्किल हो जाता है।

मैंने सुना है कि एक यूनानी संगीतज्ञ था। जब भी कोई उसके पास संगीत सीखने आता तो पूछता कि तुमने पहले कहीं और तो नहीं सीखा है? संगीत के संबंध में कुछ जानते तो नहीं हो?

अगर कोई व्यक्ति कहता कि मैं बिलकुल संगीत के संबंध में कुछ नहीं जानता तो वह आधी फीस लेता। अगर कोई कहता कि मैं कुछ जानता हूं तो दुगनी फीस मांगता। दो व्यक्ति साथ ही साथ आए थे—एक बिलकुल कोरा कागज और एक ख्यातिनाम संगीतज्ञ था, काफी जानता था, कुशल संगीतज्ञ था। और जब उस गुरु ने कहा कि जो बिलकुल नहीं जानता, उससे आधी फीस; और तुम, जो जानते हो, तुमसे दुगनी फीस! तो वह कहने लगा, यह अन्याय है। यह क्या मामला है? इसका अर्थ? तो वह संगीत-गुरु कहने लगा, इसका अर्थ सीधा है। जो नहीं जानता उसे हम सिर्फ सिखाएंगे। तुम जानते हो, पहले तुम्हें भुलाएंगे। तुम जो जानते हो, पहले उसे मिटाएंगे, तब तुम सीख सकोगे।

संसार में हमारा असली सवाल एक ही है कि हमने जन्मों-जन्मों में कुछ अभ्यास कर लिए हैं। कुछ गलत बातें हम ऐसी प्रगाढ़ता से सीख गए हैं कि अब उन्हें कैसे भूलें, यही अड़चन है। यह बात हमने खूब गहराई से सीख ली है कि मैं शरीर हूं। भाषा, समाज, समूह, संस्कार सब इसी बात के हैं।

भूख लगती है, तुम कहते हो: मुझे भूख लगी है। जरा सोचो, अगर तुम इस वाक्य को ऐसा कहो कि शरीर को भूख लगी है, ऐसा मैं देखता हूं—तुम फर्क समझते हो कितना भारी हो जाता है? तुम कहते हो, मुझे भूख लगी, तो तुम घोषणा कर रहे हो कि मैं देह हूं। जब तुम कहते हो शरीर को भूख लगी, ऐसा मैं देखता हूं, जानता हूं—तो तुम यह कह रहे हो कि शरीर मुझसे अलग, मैं ज्ञाता हूं, द्रष्टा हूं, साक्षी हूं।

जब कोई तुम्हें गाली देता है और तुम्हारे मन में तरंगें उठती हैं तो तुम कहते हो मुझे क्रोध हो गया, तो तुम गलत बात कह रहे हो। तुम इतना ही कहो कि मन क्रोधित हो गया, ऐसा मैं देखता हूं। तुम मन ही नहीं हो; वह जो मन में क्रोध उठ रहा है, उसको देखने वाले हो। अगर तुम मन ही होते तब तो तुम्हें पता ही नहीं चल सकता था कि मुझे क्रोध हो गया है, क्योंकि तुम तो क्रोध ही हो गए होते; पता किसको चलता?

अगर तुम शरीर ही होते तो तुम्हें कभी पता नहीं चलता कि भूख लगी है, क्योंकि तुम तो भूख ही हो गए होते; पता किसको चलता? पता चलने के लिए तो थोड़ा फासला चाहिए। शरीर को भूख लगती है, तुमको पता चलता है। शरीर में भूख लगती है, तुम में पता चलता है। तुम सिर्फ बोध-मात्र हो।

अगर हमारी भाषा ज्यादा वैज्ञानिक और धार्मिक हो, अगर हमारे संस्कार चैतन्य की तरफ हों, शरीर की तरफ नहीं, तो बड़ी अड़चनें कम हो जाएं।

'अनंत समुद्ररूप मुझमें चित्तरूपी हवा के शांत होने पर जीवरूप वणिक के अभाग्य से जगतरूपी नौका नष्ट हो जाती है।'

और जब यह चित्तरूपी हवा शांत हो जाती है, लहरें खो जाती हैं और चेतना की झील मौन हो जाती है, तो फिर जीवरूप वणिक की नौका विनष्ट हो जाती है। जगतपोतः विनश्वरः! फिर इस जगत का जो पोत है, यह जो जगत की नाव है, यह तत्क्षण खो जाती है। जैसे एक स्वप्न देखा हो! जैसे कभी न रही हो! जैसे बस एक खयाल था, एक भ्रम था!

तो करना है एक ही बात कि यह जो चित्त की हवा है, यह शांत हो जाए।

इस संबंध में अष्टावक्र और जनक की दृष्टि बड़ी क्रांतिकारी है, जैसा मैं बार-बार कह रहा हूं। योग कहेगा कि कैसे इस चित्त की हवा को शांत करो। वह प्रक्रिया बताएगा—चित्तवृत्ति निरोधः! वह कहेगा योग है: चित्तवृत्ति का निरोध। तो कैसे

चित्त की वृत्ति का निरोध करें?—यम करो, नियम करो, संयम करो; आसन, प्राणायाम, प्रत्याहार करो; धारणा, ध्यान, समाधि करो। तो फिर चित्त की लहरें शांत हो जाएंगी।

इस संबंध में अष्टावक्र और जनक की दृष्टि बड़ी अनूठी है। वे क्या कहते हैं? वे यह नहीं कहते कि तुम कुछ करो। वे कहते हैं, करने से तो चित्तरूपी तरंगें और उठेंगी, क्योंकि करने से तो उपद्रव ही खड़ा होगा। करने से तो और लहरें हिल जाएंगी। तुम्हारे कुछ करने का सवाल नहीं है। तुम सिर्फ देखो। तुम करो कुछ मत।

'आश्चर्य है कि अनंत समुद्ररूप मुझमें जीवरूपी तरंगें अपने स्वभाव के अनुसार उठती हैं, परस्पर लड़ती हैं, खेलती हैं और लय होती हैं।'

अपने स्वभाव के अनुसार! यह कुंजी है। यह सब हो रहा है—अपने स्वभाव के अनुसार। तुम न इसे शांत कर सकते हो, न तुम इसे अशांत कर सकते हो; तुम बीच में पड़ो ही मत; तुम यह होने दो। तुम सिर्फ एक बात स्मरण रखो कि तुम साक्षी हो।

तुम किसी फिल्म को देखने गए। तुम फिल्म देखने बैठे, अंधेरा हो गया, कमरे में तस्वीरें चलने लगीं परदे पर। इतना ही अगर तुम याद रख सको कि मैं साक्षी हूं और परदे पर जो तस्वीरें चल रही हैं, केवल धूप-छाया का खेल है—तो कहानी तुम्हें बिलकुल प्रभावित न करेगी। कोई किसी की हत्या कर दे तो तुम एकदम विचलित न हो जाओगे।

तुमने देखा, फिल्म में हत्या हो जाती है, लोग एकदम रीढ़ सीधी करके बैठ जाते हैं; जैसे कुछ सचमुच कुछ घट रहा है। कोई मारा जाता है तो कई की आंखें गीली हो जाती हैं, लोग रूमाल निकाल लेते हैं। वह तो अंधेरा रहता है, इसलिए अच्छा है। अपना जल्दी से आंख पोंछ कर अंदर रख लिया, रूमाल को फेर खीसे में कर लिया। लोगों के रूमाल गीले हो जाते हैं फिल्मों में। जब तक रूमाल गीले न हों तब तक वे कहते ही नहीं कि फिल्म अच्छी थी। रोने का अभ्यास ऐसा पुराना है कि जो भी रुला दे, वही लगता है कि कुछ गजब का काम हुआ। लोग हंसने लगते हैं, रोने लगते हैं!

तुमने देखा कि छाया चल रही है! वहां कुछ भी नहीं है। परदे पर कुछ भी नहीं है। लेकिन छाया तुम्हें जकड़ लेती है। तुम उसके साथ डोलने लगते हो। तुम में क्रोध पैदा हो सकता है, प्रेम पैदा हो सकता, वासना जग सकती, उत्तेजना हो सकती, सब कुछ घट सकता है—और परदे पर कुछ भी नहीं है। तुम भूल हो जाते हो।

तुम्हारी उस भूल को ही सुधारना है, कुछ और करना नहीं। तुम्हें दौड़ कर परदा नहीं फाड़ डालना है कि बंद करो; कि तुम्हें पीछे जा कर प्रोजेक्टर नहीं तोड़

देना है कि बंद करो—यह क्या मजाक कर रखी है कि सिर्फ धूप-छाया का खेल है और लोगों को परेशान कर रहे हो? इतने लोग रो रहे हैं नाहक! अरे जिंदगी काफी है रोने के लिए। बंद करो! यह तो तुम नहीं करते। इसकी कोई जरूरत भी नहीं है। क्योंकि जो रोना चाहते हैं उनके लिए परदे को रहने दो। जिनकी अभी रोने में उत्सुकता है, पैसे चुका कर जो रोने आए हैं, उनके खेल में बाधा मत डालो। जो खेलना चाहता है, खेले। तुम सिर्फ इतना समझो कि तुम साक्षी हो। और यह सब जो रहा है, ऊपर-ऊपर है।

आश्चर्यं मयि अनंत महाम्भोधि जीववीचयः उद्यन्ति।
ध्वन्ति च खेलन्ति च स्वभावतः प्रविशन्ति।।

खेलने दो इन लहरों को! उठने दो इन लहरों को! नाचने दो इन लहरों को! जैसे स्वभाव से ये उठी हैं, ऐसे ही स्वभाव से शांत हो जाएंगी। तुम साक्षी-भाव से किनारे पर बैठ रहो।

कोई योग नहीं है। अष्टावक्र की दृष्टि में कुछ साधन नहीं करना है। सीधी छलांग है! तुम सिर्फ देखते रहो! क्रोध उठे तो तुम कहो कि ठीक है, स्वाभाविक है। काम उठे तो कहो ठीक है, स्वाभाविक है। तुम देखने वाले बने रहो। तुम विचलित न होओ द्रष्टा से। तुम्हारा साक्षी न कंपे बस। और सब कंपता रहे, सारा संसार तूफान में पड़ा रहे—तुम तूफान के मध्य साक्षी में ठहरे रहो।

मुल्ला नसरुद्दीन एक समुद्री-यात्रा पर था। जहाज डूबने लगा। बड़ा तूफान आ गया। लोग भाग-दौड़ करने लगे। स्त्रियां रोने-चिल्लाने लगीं। कुत्ते भौंकने लगे। बच्चे बेहोश होने लगे। सारे लोग एक कोने में इकट्ठे हो गए। मालिक चिल्ला रहा है, सम्हालने की कोशिश कर रहा है। कैप्टन चिल्ला रहा है। मल्लाह इंतजाम कर रहे हैं। एकदम अराजकता फैल गई! सिर्फ एक मुल्ला है कि जगह-जगह खड़े हो कर शांति से लोगों को देख रहा है। आखिर एक आदमी से न रहा गया और उसने कहा कि मुल्ला नसरुद्दीन! आदमी हो कि पत्थर? यह तुम कोई खेल समझे हो? यह नाव डूब रही है। यह जहाज डूब रहा है। यह हम सब मरने जा रहे हैं।

मुल्ला ने कहा, अपने को क्या लेना-देना है? कोई अपने कोई बाप का जहाज है?

यह ठीक कह रहा है। कोई अपना क्या बिगड़ रहा है?

एक ऐसी घड़ी है, जब सब होता रहता है और तुम जानते हो: 'अपना क्या बिगड़ रहा है? अपने बाप का जहाज है?' तुम पार, साक्षी बने रहते हो! तब तुमने आंधी के बीच में भी एक शांत स्थान खोज लिया। तब तुम अपने केंद्र पर आ गए।

दृष्टि का रूपांतरण साधन नहीं है। अष्टावक्र और जनक एक नई ही बात कह

रहे हैं। वे कह रहे हैं, तुम किनारे बैठ रहो। ये नदी में जो इतनी तरंगें उठी हैं, ये अपने से शांत हो जाएंगी। यह नदी में जो इतनी गंदगी उठी है, यह अपने से शांत हो जाएगी। तुम इसमें कूद कर इसको शांत करने की कोशिश करोगे तो और लहरें उठ आएंगी।

तुमने देखा कभी, जब तुम शांत होने की ज्यादा चेष्टा करते हो, और अशांत हो जाते हो!

मेरे पास अक्सर लोग आते हैं। मेरे अनुभव में ऐसा आया है कि जिनको तुम सांसारिक लोग कहते हो, वे ज्यादा शांत होते हैं धार्मिक लोगों की बजाय। क्योंकि सांसारिक आदमी को संसार की ही चिंता है; अशांतियां हैं, ठीक है। यह धार्मिक आदमी को एक नई अशांति है कि इनको शांत भी होना है। बाकी अशांतियां तो हैं ही, बाकी तो सब उपद्रव इनके भी लगे ही हुए हैं—घर है, द्वार है, गृहस्थी है, दूकान-बाजार है, हार-जीत है—सब लगा हुआ है—सफलता-असफलता, वह सब तो है; और एक नया रोगः इनको शांत होना है! कम से कम उतना रोग सांसारिक आदमी को नहीं है। वह कहता है, अशांति है, ठीक है। उसकी अशांति इतनी भयंकर नहीं है जैसी इस आदमी की अशांति हो जाती है, जो कि इसको शांत भी करना चाहता है।

और जब तुम कभी मंदिर जाते हो, पूजा करने बैठते, प्रार्थना करने बैठते, ध्यान करने—देखा, उस समय तुम और भी अशांत हो जाते हो! इतने तुम दूकान पर भी नहीं होते, बाजार में भी नहीं होते। क्या होता है? तुम उतर पड़े नदी में। तुम चेष्टा करने लगे लहरों को शांत करने की। तुम्हारी चेष्टा से तो और लहरें उठ आएंगी। तुम कृपा करके किनारे पर बैठो।

बुद्ध के जीवन में उल्लेख है, मुझे बड़ा प्यारा रहा है! बुद्ध गुजरते हैं एक पहाड़ से। धूप है, प्यासे हैं। आनंद को कहते हैं कि आनंद, तू पीछे लौट कर जा। कोई दो मील पीछे हम एक झरना छोड़ आए हैं, वहां से तू पानी भर ला, मुझे प्यास लगी है।

वे एक वृक्ष के नीचे बैठ कर विश्राम करते हैं, आनंद जाता है भिक्षा-पात्र ले कर। लेकिन जब वह पहुंचता है उस झरने पर, तो ठीक उसके सामने ही कुछ बैलगाड़ियां उस झरने में से निकल गईं, तो सारा पानी कूड़ा-कर्कट से भर गया। जमी कीचड़ उठ आई ऊपर, सूखे पत्ते ऊपर तैरने लगे, सड़े पत्ते ऊपर तैरने लगे। वह पानी पीने योग्य न रहा। वह वापस लौट आया। उसने बुद्ध को कहा, वह पानी पीने-योग्य नहीं है। आगे चल कर कोई चार-छह मील दूर नई—हम अभी पहुंचेंगे—नदी है, वहां से मैं पानी ले आता हूं। आप विश्राम करें, या चलते हों तो मेरे साथ चले चलें, लेकिन वह पानी पीने-योग्य नहीं रहा।

बुद्ध ने जिद्द की। उन्होंने कहा, तू वापस जा और वही पानी ले आ। जब बुद्ध ने कहा तो आनंद इनकार भी न कर सका। फिर गया। झिझकते हुए गया कि वह पानी बिलकुल बेकार है। लेकिन वहां जाकर देखा कि तब तक तो पानी स्वच्छ हो गया। आना-जाना आनंद का दो मील, उस बीच धूल फिर बैठ गई, कीचड़ बह गया, पत्ते जा चुके, झरना तो ऐसा स्वच्छ, स्फटिक-मणि जैसा हो गया! वह बड़ा चकित हुआ!

तब उसे बुद्ध की जिद्द का अर्थ दिखाई पड़ा। वह पानी भर कर लाया, नाचता हुआ आया। उसने पानी बुद्ध के चरणों में रखा, सिर चरणों में झुकाया और उसने कहा कि मुझे ठीक-ठीक सूत्र दे दिया। यही मेरे चित्त की दशा है। आपने अच्छा किया मुझे वापस भेजा। मैं रास्ते में सोचता जाता था कि अगर पानी शुद्ध न हुआ तो अब की बार उतर कर झरने में कीचड़-कर्कट को अलग करके किसी तरह भर लाऊंगा। अगर मैं उतर जाता तो फिर गंदा हो जाता। उतरने से ही तो गंदा हुआ था, बैलगाड़ियां निकल गई थीं। मैं किनारे पर ही रहा और पानी शांत हो गया! किसी ने शांत न किया और शांत हो गया!

'आश्चर्य! अनंत समुद्ररूप मुझमें जीवरूप तरंगें अपने स्वभाव से उठती हैं, परस्पर लड़ती हैं, खेलती हैं, और लय होती हैं।'

स्वभावतः प्रविशन्ति!

अपने स्वभाव से ही सब बनता, मिटता, खोता रहता है। तुम दूर साक्षी हो जाओ! तुम खड़े देखते रहो।

सुना है मैंने, एक गांव में एक पौराणिक कथा कह रहा था। उसने गांव के लोगों को समझाया कि पाप से डरो, पाप से बचो, पाप से लड़ो! जैसा कि सभी तथाकथित धार्मिक लोग कहते हैं। एक पागल सा संन्यासी वहां बैठा था, वह उठ कर खड़ा हो गया। उसने कहा, 'चुप! बकवास बंद! पाप में डूब मरो!' और वह तो इतना कह कर चल पड़ा। वह पौराणिक भी सकते में आ गया, लेकिन गांव के लोगों ने कहा कि तुम फिकर न करो, कथा जारी रखो। यह आदमी पागल है! इसे हम जानते हैं। इसकी बात का कुछ खयाल मत करो।

लेकिन पौराणिक को कुछ चोट लग गई: उस आदमी ने कहा, पाप में डूब मरो! उसने तो कथा बंद कर दी। इस आदमी में कुछ खूबी है। और इस आदमी में कुछ लहर भी उसे मालूम पड़ी। इस आदमी में एक चमक थी, एक दीप्ति थी। यह आदमी पागल नहीं है। यह आदमी परमहंस हो सकता है।

वह पौराणिक तो कथा-पुराण वहीं छोड़ कर भागा इस पागल के पीछे। कोई दो मील जा कर जंगल में उसे पकड़ लिया। वह एक वृक्ष के नीचे बैठा था। वह

पौराणिक कहने लगा, महाराज! अब व्याख्या और कर दें। सूत्र तो दे दिया कि पाप में डूब मरो; अब इसकी व्याख्या और कर दें, इसका भाष्य और कर दें। मुझे मुश्किल में डाल दिया।

तो उस पागल संन्यासी ने कहा कि सुन, एक आदमी एक गुरु के पास गया और कहने लगा, मुझे शांत होना है। तो गुरु ने उसे एक मंत्र दे दिया और कहा कि तीन दिन में तू शांत हो जाएगा। मंत्र का रोज पांच बार पाठ कर लेना, लेकिन ध्यान रखना जब पाठ करे, बंदर का स्मरण न आए।

तीन दिन में ठीक होने को कहा था, तीन साल गुजर गए। वह आदमी मरा जा रहा है, लड़ा जा रहा है; मगर कुछ उपाय नहीं। जब भी वह मंत्र पड़ता है, बंदरों का स्मरण आ जाता है।

वह पागल संन्यासी बोला, किस्सा खत्म! अब भाग जा यहां से!

दूसरे दिन पौराणिक फिर गांव में कथा कह रहा था। उसने लोगों से कहा : न तो पाप से लड़ो, न पाप से डरो, न पाप से भागो, न पाप से बचो—बस देखते रहो!

लड़ने से...वह आदमी बंदर से लड़ रहा है कि बंदर न आने पाए! तुम जिससे लड़ोगे, वही आएगा। तुम्हारा लड़ना ही तुम्हारा आकर्षण बन जाएगा, जो व्यक्ति कामवासना से लड़ेगा, कामवासना ही उठेगी। जो लोभ से लड़ेगा, लोभ ही उठेगा। जो क्रोध से लड़ेगा, वह और क्रोध उठाएगा। क्योंकि जिससे तुम लड़ोगे, उसका स्मरण बना रहेगा।

तुमने खयाल किया, जिसे तुम भूलना चाहते हो उसे भूल नहीं पाते! क्योंकि भूलने के लिए भी तो बार-बार याद करना पड़ता है, उसी में तो याद बन जाती है। किसी को तुम्हें भूलना है, कैसे भूलो? भूलने की चेष्टा में तो याद सघन होगी। भूलने से कभी कोई किसी को भूल पाया? लड़ने से कभी कोई जीता?

इस जीवन का यह विरोधाभासी नियम ठीक से समझ लेना : जिससे तुम लड़े उसी से तुम हारोगे। लड़ना ही मत! संघर्ष सूत्र नहीं है विजय का। साक्षी! बैठ कर देखते रहो।

अब बंदर उछल-कूद रहे हैं, करने दो। वे अपने स्वभाव से ही चले जाएंगे। तुमने अगर उत्सुकता न ली, तो बार-बार तुम्हारे द्वार न आएंगे। तुमने अगर उत्सुकता ली—पक्ष में या विपक्ष में—तो दोस्ती बनी।

अब वह जो आदमी मंत्र पढ़ रहा है और सोचता है बंदर न आएं, शायद इस मंत्र पढ़ने के पहले कभी उसके मन में बंदर न आए होंगे—तुम्हारे मन में कभी आए? तुम कोशिश करना, कल मंत्र कोई भी चुन लेना—राम राम राम—और कोशिश करना, बंदर न आएं। बंदर ही नहीं, हनुमान जी भी चले आएंगे उनके

पीछे। और कई बंदरों को लेकर, पूरी फौज-फांटा चला आएगा। और इसके पहले कभी ऐसा न हुआ था।

तुम्हारा विरोध, तुम्हारे रस की घोषणा है। लड़ना मत, अन्यथा हारोगे।

इस सूत्र की महत्ता को, महिमा को, गरिमा को समझो। जो हो रहा है, हो रहा है। न तुमसे पूछ कर शुरू हुआ है, न तुम से पूछ कर बंद होने का कोई कारण है। जो हो रहा है, होता रहा है, होता रहेगा—तुम देखते रहो। बस इसमें ही क्रांति घट जाती है।

दुनिया में दो तरह के लोग हैं। एक हैं—भोगी। भोगी कहते हैं: जो हो रहा है, यह और जोर से हो। एक हैं—योगी, जो कहते हैं: जो हो रहा है, यह बिलकुल न हो। ये दोनों ही संघर्ष में हैं। योगी कह रहा है, बिलकुल न हो; जैसे कि उसके बस की बात है! जैसे उससे पूछ कर शुरू हुआ हो! जैसे उसके हाथ में है!

भोगी कह रहा है, और जोर से हो, और ज्यादा हो! सौ साल जीता हूं, दो सौ साल जीऊं। एक स्त्री मिली, हजार स्त्रियां मिलें। करोड़ रुपया मेरे पास है, बीस करोड़ रुपया मेरे पास हो। भोगी कह रहा है, और जोर से हो; वह भी सोच रहा है: जैसे उससे पूछ कर हो रहा है; उसकी अनुमति से हो रहा है; उसकी आकांक्षा से हो रहा है।

दोनों की भ्रांति एक है। दोनों विपरीत खड़े हैं, एक दूसरे की तरफ पीठ किए खड़े हैं; लेकिन दोनों की भ्रांति एक है। भ्रांति यह है कि दोनों सोचते हैं कि संसार उनकी अनुमति से चल रहा है। चाहें तो बढ़ा लें, चाहें तो घटा दें।

मुल्ला नसरुद्दीन सौ साल का हो गया, तो दूर-दूर से अखबारनवीस उसका इंटरव्यू लेने आए। सौ साल का हो गया आदमी! वे उससे पूछने आए कि तुम्हारे स्वास्थ्य का राज क्या है? तुम अब भी चलते हो, फिरते हो! तुम प्रसन्नचित्त दिखाई पड़ते हो। तुम्हारे शरीर में कोई बीमारी नहीं। तुम्हारा राज क्या है?

तो मुल्ला ने कहा, मेरा राज! मैंने कभी शराब नहीं पी, धूम्रपान नहीं किया! नियम से जीया। नियम से सोया-उठा, संयम ही मेरे जीवन का और मेरे स्वास्थ्य का राज है।

वह इतना कह ही रहा था कि बगल के कमरे में जोर से कुछ अलमारी गिरी तो वे सब चौंक गए। पत्रकारों ने पूछा, यह क्या मामला है? तो उसने कहा, ये मेरे पिताजी हैं! वे मालूम होता है कि फिर शराब पी कर आ गए!

कोई आदमी सौ साल जिंदा रह जाता है, वह सोचता है मैंने शराब नहीं पी, इसीलिए जिंदा हूं सौ साल। उनके पिताजी पी कर अभी आए हैं। उन्होंने अलमारी गिरा दी है।

अगर कोई जैन ज्यादा जी जाता है, वह सोचता है शाकाहार की वजह से ज्यादा जी गए। कोई मांसाहारी ज्यादा जी जाता है, वह सोचता है मांसाहार की बजह से जी गए। धूम्रपान करने वाले भी ज्यादा जी जाते हैं, धूम्रपान न करने वाले भी ज्यादा जी जाते हैं। साग-सब्जी खाकर भी लोग ज्यादा जी जाते हैं; जिन्होंने साग-सब्जी कभी छुई ही नहीं, वे भी जी जाते हैं। और जो आदमी जिस ढंग से जी जाता है, वह सोचता है यह मैंने अपने जीवन का नियंत्रण किया, यह मेरे संयम से हुआ।

तुम्हारे किए कुछ भी नहीं हो रहा है, तुम कर्ता नहीं हो। तुम्हारे किए कुछ भी न हुआ है, न हो रहा है, न होगा। कभी-कभी संयोग से, कभी-कभी बिल्ली के भाग्य से छींका टूट जाता है, वह संयोग ही है। कभी-कभी ऐसा होता है, तुम जो चाहते हो वह हो जाता है। वह होने ही वाला था; तुम न चाहते तो भी हो जाता।

एक गांव में एक बूढ़ी औरत रहती थी। वह नाराज हो गई गांव के लोगों से। उसने कहा, तो भटकोगे तुम अंधेरे में सदा। उन्होंने पूछा, मतलब? उसने कहा कि मैं अपने मुर्गे को ले कर दूसरे गांव जाती हूं। न रहेगा मुर्गा, न देगा बांग, न निकलेगा सूरज! मरोगे अंधेरे में! देखा नहीं कि जब मेरा मुर्गा बांग देता है तो सूरज निकलता है?

वह बूढ़ी अपने मुर्गे को ले कर दूसरे गांव चली गई क्रोध में, और बड़ी प्रसन्न है, क्योंकि अब दूसरे गांव में सूरज निकलता है! वहां मुर्गा बांग देता है। वह बड़ी प्रसन्न है कि अब पहले गांव के लोग मरते होंगे अंधेरे में।

सूरज वहां भी निकलता है। मुर्गों के बांग देने से सूरज नहीं निकलता; सूरज के निकलने से मुर्गे बांग देते हैं। तुम्हारे कारण संसार नहीं चलता। तुम मालिक नहीं हो, तुम कर्ता नहीं हो। यह सब अहंकार, भ्रांतियां हैं।

भोगी का भी अहंकार है और योगी का भी अहंकार है। इन दोनों के जो पार है, उसने ही अध्यात्म का रस चखा—जो न योगी है न भोगी।

'आश्चर्य है कि अनंत समुद्ररूप मुझमें जीवरूपी तरंगें अपने स्वभाव के अनुसार उठती हैं, परस्पर लड़ती हैं, खेलती हैं और लय भी होती हैं!'

और मैं सिर्फ देख रहा! और मैं सिर्फ देख रहा! और मैं सिर्फ देख रहा!

रंग-रहित ही सपनों के चित्र,
हृदय-कलिका मधु-से सुकुमार।
अनिल बन सौ-सौ बार दुलार,
तुम्हीं ने खुलवाए उर-द्वार।
और फिर रहे न एक निमेष,
लुटा चुपके से सौरभ-भार।

रह गई पथ में बिछ कर दीन
दृगों की अश्रु-भरी मनुहार!
मूक प्राणों की विकल पुकार!
विश्व-वीणा में कब से मूक—
पड़ा था मेरा जीवन-तार!
न मुखरित कर पाईं झकझोर
थक गईं सौ-सौ मलय-बयार।
तुम्हीं रचते अभिनव संगीत
कभी मेरे गायक! इस पार
तुम्हीं ने कर निर्मम आघात
छेड़ दी यह बेसुर झंकार।
और उलझा डाले सब तार?

सब हो रहा स्वभाव से—ऐसा कहो। या सब कर रहा प्रभु—ऐसा कहो।

भक्त की भाषा है कि परमात्मा कर रहा है। ज्ञानी की भाषा है कि स्वभाव से हो रहा है। तुम्हें जो भाषा प्रीतिकर हो, चुन लेना। वह भाषा का ही भेद है। एक बात सत्य है कि तुम कर्ता नहीं हो—या तो स्वभाव या परमात्मा—तुम कर्ता नहीं हो। तुम सिर्फ द्रष्टा हो। तुम सिर्फ देखने वाले हो।

प्राण के निर्वेद का लघु तोल है यह
शांति की परिकल्पना का मोल है यह
यह समुज्ज्वल भूमि का समतल किनारा
यह मधुर मधु-माधुरी रस घोल है यह
यह वही आनंद चिरसत्य सुंदर
और उस आलोक का लघु दीप पावन
यह हृदय का हार हीरक वैजयंति
और जीवन का मधुरतम सरस सावन
यह अभय का द्वार धीरज अमिट साहस
यह परम उस सत्य की पहली झलक है
और अखिल विराट को पहचानने की
यह हृदय की जागरित पहली ललक है
और मेरा कुछ नहीं सत्यानुभूति
मैं, यह देह, तेरा और मेरा
आज तक जो घेर कर मुझ को खड़ी थी

यह उसी काली निशा का है सवेरा।
यह परम उस सत्य की पहली झलक है!
साक्षी का थोड़ा सा अनुभव, सत्य की पहली झलक है।
यह परम उस सत्य की पहली झलक है
और अखिल विराट को पहचानने की
यह हृदय की जागरित पहली ललक है

थोड़ा सा दर्शन, थोड़ी सी दृष्टि, थोड़े से साक्षी बनो! थोड़े से देखो—जो हो रहा। उसमें कुछ भी भेद करने की आकांक्षा न करो। न कहो, ऐसा हो। न कहो, वैसा हो। तुम मांगो मत कुछ। तुम चाहो मत कुछ। तुम सिर्फ देखो—जैसा है। कृष्णमूर्ति कहते हैं: दैट व्हीच इज़। जैसा है, उसको वैसा ही देखो; तुम अन्यथा न करना चाहो।

और अखिल विराट को पहचानने की
यह हृदय की जागरित पहली ललक है
और मेरा कुछ नहीं सत्यानुभूति
मैं, यह देह, तेरा और मेरा
आज तक जो घेर कर मुझ को खड़ी थी
यह उसी काली निशा का है सवेरा।

साक्षी है सवेरा! कर्ता और भोक्ता है अंधेरी रात्रि! जब तक तुम्हें लगता है मैं कर्ता-भोक्ता, तब तक तुम अंधेरे में भटकोगे। जिस क्षण जागे, जिस क्षण जगाया अपने को, जिस क्षण सम्हाली भीतर की ज्योति, साक्षी को पुकारा—उसी क्षण क्रांति! उसी क्षण सवेरा!

हरि ॐ तत्सत्!

* * *

प्रवचन : 14

उद्देश्य—उसे जो भावे

पहला प्रश्नः मनोवैज्ञानिक सिग्मंड फ्रायड ने मृत्यु-एषणा, थानाटोस की चर्चा की। आपने कल जीवेषणा, ईरोस की चर्चा की। फ्रायड की धारणा को क्या आप आधुनिक युग की आध्यात्मिक विकृति कहते हैं? कृपा करके हमें समझाएं।

जीवन द्वंद्व है। और जो भी यहां है उससे विपरीत भी जरूर होगा, पता हो न पता हो। जहां प्रेम है वहां घृणा है। और जहां प्रकाश है वहां अंधकार है। और जहां परमात्मा है वहां पदार्थ है। तो जीवेषणा के भीतर भी छिपी हुई मृत्यु-एषणा भी होनी ही चाहिए।

आधुनिक युग की विकृति नहीं है फ्रायड का वक्तव्य। फ्रायड ने एक बहुत गहरी खोज की है। जीवेषणा की चर्चा तो सदा से होती रही। फ्रायड ने जो थोड़ा सा अनुदान किया है जगत की प्रतिभा को, उस अनुदान में मृत्यु-एषणा की धारणा भी है। आदमी जीना चाहता है, यह तो सच है; लेकिन ऐसी घड़ियां भी होती हैं जब आदमी मरना चाहता है, यह भी उतना ही सच है।

थोड़ा सोचो, जवान हो तुम, तो जीना चाहते हो। फिर एक दिन वृद्ध हुए, शिथिल हुए गात, अंग थके, जीवन में जो जानने योग्य था जान लिया, करने योग्य था कर लिया, भोगने योग्य था भोग लिया, अब सब विरस हुआ, अब किसी बात में कोई रस नहीं आता, अब सब पुनरुक्ति मालूम होती है, ऊब पैदा होती है—तो क्या तुम मरना न चाहोगे? क्या अंतरतम में एक गहरी आवाज न उठने लगेगी कि अब बहुत हुआ, अब परदा गिरे, अब नाटक समाप्त हो?

जिसे पूरब के मनीषियों ने वैराग्य कहा है, वह मृत्यु-एषणा की ही छाया है। जिसे बुद्ध ने निर्वाण कहा है, वह मृत्यु-एष्णा की ही आत्यंतिक परिकल्पना है।

क्या है निर्वाण? हम कहते हैं कि इस देश में आवागमन से छुटकारा। क्या हुआ इसका अर्थ? इसका अर्थ हुआ: बहुत हो चुका जीवन, अब हम लौट कर नहीं आना चाहते; बहुत हो चुका, एक सीमा है, अब हम थक गए हैं और हम परम विश्राम चाहते हैं। इसको ही फ्रायड मृत्यु-एषणा कहते है। शब्द से ही मत घबड़ा जाना। जीवेषणा है राग, मृत्यु-एषणा है विराग। जीवेषणा तुम्हें बांधे रखती है माया से; मृत्यु-एषणा मुक्त करेगी। खुद फ्रायड को भी ठीक-ठीक साफ नहीं है कि उसने जो खोज लिया है, उसका पूरा-पूरा अर्थ क्या होगा! मृत्यु-एषणा की खोज उसने अपने जीवन के अंतिम चरण में की; शायद स्वयं भी मृत्यु-एषणा से भर गया होगा, तब की। स्वयं भी परेशान हो गया, क्योंकि जीवन भर तो लस्ट, लिबिडो, जीवेषणा, वासना—इसका ही अनुसंधान किया और जीवन की अंतिम घड़ियों में मृत्यु-एषणा का भी पता चला। वह हैरान हुआ, क्योंकि वह तार्किक व्यक्ति था। उसे बड़ी बेचैनी हुई कि यह तो सारे जीवन में मैंने जो खोजा था, उसका विरोध हो जाएगा। मैंने तो सदा यही कहा था कि आदमी जीने के पागलपन से जी रहा है और कामवासना मनुष्य-जीवन का एकमात्र आधार है, ईरोस। अब आज अचानक जीवन के अंतिम पहर में यह भी भीतर पता चला कि मरने की भी आकांक्षा है। फिर ईरोस का क्या हुआ, जीवेषणा का क्या हुआ?

फ्रायड कोई लाओत्सु का अनुयायी तो नहीं था; अरस्तू का अनुयायी था। विपरीत को मानने में उसे बड़ी अड़चन थी। वैज्ञानिक बुद्धि का व्यक्ति था। चाहता था, एक से ही सब सुलझा लूं; एक ही धारणा से सब सुलझा लूं, दूसरी कोई धारणा बीच में न लानी पड़े। और यह तो दूसरी धारणा थी; न केवल दूसरी, सारे जीवन की खोज का विरोध थी, एंटी-थीसिस थी, उसका प्रतिवाद थी। मगर आदमी ईमानदार था। उसने छिपाया न। थोड़ा कम ईमान का आदमी होता तो दूसरी बात को उठाता ही नहीं। जीवन के अंतिम क्षण में कौन अपने जीवन के किए को लीपता-पोतता है! चालीस वर्षों के अथक श्रम से जिसने सिद्ध किया था, उसके विपरीत एक धारणा को अंत में डाल जाना सारे विचार को अस्त-व्यस्त करना होगा। थोड़ा कम ईमान का आदमी होता, थोड़ा कम प्रामाणिक होता, टाल जाता बात—मजबूरी कहां थी? कहता न किसी से, चुपचाप बैठा रहता। नहीं, लेकिन आदमी ईमानदार था। उसने फिकर न की। उसने जाना कि अगर मेरे जीवन का पूरा दृष्टिकोण भी गिरता हो, अगर मेरे वक्तव्य में विरोधाभास भी आता हो, तो आए; लेकिन जो मैंने जाना है, जो मैंने देखा है, उसे कहूंगा। बड़े झिझकते मन से उसने मृत्यु-एषणा का सिद्धांत प्रतिपादित किया।

और मेरे देखे, उसके जीवन भर की खोज अधूरी रह जाती अगर यह दूसरी बात उसे पता न चलती।

जब तुम जीवेषणा में बहुत गहरे खोज करोगे तो वहीं तुम छिपा हुआ पाओगे विरोध भी। इसीलिए तो कहते हैं कि जैसे ही जन्म हुआ, वैसे ही मृत्यु भी होनी शुरू हो गई। जीवन में ही छिपा है मृत्यु का स्वर। बने नहीं, मिटना शुरू हो गया। जो भी बना है, मिटेगा। जो भी संगृहीत है, बिखरेगा।

तो यह जीवन जो हमारा है, इसके साथ-साथ मृत्यु की छाया भी चलती होगी। एक पैर जीवन का, तो दूसरा पैर मृत्यु का—दोनों पर सधे हम चलते हैं।

तीसरी खोज भारत की है। वह भारत की खोज यह है कि न तो हम जीवन हैं और न हम मृत्यु हैं; ये दोनों हमारे पैर हैं। द्वंद्व इसलिए मालूम होता है, अगर हम तीसरे को न देख पाएं। अगर तीसरा दिखाई पड़ जाए...सिंथीसिस।

ऐसा समझो, ईरोस की धारणा, जीवेषणा की धारणा है: थीसिस, एक वाद, एक सिद्धांत। फिर थानाटोस, मृत्यु-एषणा की धारणा है: प्रतिवाद, एंटी-थीसिस। अगर दो ही रहें तो विवाद ही होगा; हल होना मुश्किल हो जाएगा।

फ्रायड अगर थोड़े दिन और जीता—नहीं जीया, किसी अगले जन्म में, कहीं और खोज-बीन करते—सिंथीसिस, संवाद भी घटित होगा; वह समन्वय की अंतिम दशा भी घटित होगी, जब वह साक्षी को भी पकड़ लेगा। वह ठीक रास्ते पर था; मंजिल अभी अधूरी थी, मगर रास्ता गलत न था। अभी मंजिल आई न थी, यात्रा अधूरी थी; लेकिन मार्ग ठीक था, दिशा ठीक थी। जीवन से मृत्यु पर पहुंचा था; अब एक ही उपाय बचा था कि जीवन और मृत्यु दोनों का अतिक्रमण कर जाता।

उसी को अष्टावक्र ने साक्षी-भाव कहा है। न तुम जीवन हो, न तुम मृत्यु हो। जीवन और मृत्यु दोनों ही खेल हैं, जो तुम चुनते हो। और एक को चुना तो दूसरा भी अनिवार्यतः चुनना होता है। जिसने जीवन को चुना उसे मृत्यु भी चुननी होगी। जिसने प्रेम को चुना उसे घृणा भी चुननी होगी। जिसने सम्मान चुना उसे अपमान भी स्वीकार कर लेना होगा। जिसने मुस्कुराहट चुनी, वह आंसुओं से बच न सकेगा। वे साथ-साथ हैं। देर-अबेर हो सकती है, लेकिन द्वंद्व साथ-साथ है।

जब तक तुम चुनोगे, तब तक विपरीत भी अपने आप चुन लिया जाएगा। तुम चाहो न चाहो, तुम्हारी चाह-अचाह का सवाल नहीं। तुमने सिक्के का एक पहलू चुना, दूसरा पहलू तुम्हारे हाथ में अपने आप आ गया। तुम देखो वर्षों बाद, इससे क्या फर्क पड़ता है? लेकिन आ गया। चुनो मत, दोनों के साक्षी बनो—तो तुम दोनों के पार हो गए। आवागमन से मुक्ति, जीवन-मृत्यु से मुक्ति, जन्म-मरण से मुक्ति घट सकती है।

तीसरे तत्व की खोज करनी होगी। वह तीसरा ही महिमावान है, आत्यंतिक रूप से महिमावान है। उस तीसरे का ही महत्व है।

पूछते हो तुम, 'क्या यह आध्यात्मिक विकृति है आधुनिक युग की--मृत्यु-एषणा की खोज?'

नहीं, यह आधुनिक भाषा में विराग की खोज है, वैराग्य की खोज है। यह नया शब्द है। विरागी का अर्थ क्या होता है? विरागी का इतना ही अर्थ होता है, वह कहता है, अब मैं विदा होना चाहता हूं। विरागी का इत[illegible]र्थ होता है: राग-रंग टूट गया, वीणा के तार उखड़ गए; अब मैं विदा होना च[illegible] विरागी यही कहता है कि अब यहां घर बनाने योग्य कोई जगह नहीं मालूम होती, मुझे जाने दो। यह मरने की ही आकांक्षा है।

फ्रायड भी ठीक से नहीं समझा। उसने अपनी इस खोज के संदर्भ में ऐसा सोचा कि बुद्ध मृत्यु-एषणा से भरे हुए हैं। एक अर्थ में ठीक है; क्योंकि जीवेषणा अब नहीं है, अब जीने की कोई आकांक्षा नहीं है। वह तृष्णा, वह तन्हा गई। अब कोई वासना जीने की नहीं है।

इसलिए फ्रायड ने सोचा कि बुद्ध मृत्यु-एषणा से भरे हैं और यह बुद्ध का धर्म मरने वालों का धर्म है; निराशा, अवसाद, संताप से भरे लोगों का धर्म है, नकारात्मक है। थोड़ी दूर चला, लेकिन पूरी बात उसकी पकड़ में न आई।

बुद्ध का धर्म न तो राग का धर्म है न विराग का—वीतराग का धर्म है। परम संन्यासी वीतरागी है। वीतरागी का अर्थ हुआ: विराग से भी राग न रहा। वह आखिरी ऊंचाई है चैतन्य की। राग से राग न रहे, तो विराग। फिर विराग से भी राग न रहे, तो वीतराग। संसारी संसार से छूटने लगे, तो संन्यासी; फिर संन्यास के भी ऊपर उठने लगे, तो वीतराग।

विराग में भी थोड़ा राग तो रहता है—विराग से हो जाता है। कोई धन से राग करता है; कोई निर्धनता से राग करने लगता है; कोई कहता है निर्धनता में बड़ा सुख है। कुछ न हो पास, तो बड़ा सुख है। कोई वस्त्रों से राग करता; कोई कहता है नग्न होने में बड़ा सुख है, दिगंबर हो जाने में बड़ा सुख है। कोई कहता है स्त्रियां चाहिए तो सुख है, पुरुष चाहिए तो सुख है, सुंदर देह चाहिए तो सुख है; कोई कहता है, नहीं, स्त्रियों से दूर, पुरुषों से दूर, देहों से दूर, जंगल में, एकांत में अकेले में, जहां कोई न बचे वहां सुख है। लेकिन ये एक ही सिक्के के पहलू हैं; एक-दूसरे के विपरीत मालूम होते हैं, पर एक-दूसरे के सहयोगी हैं।

वीतराग की दशा है दोनों के पार; पूरा सिक्का छोड़ दिया हाथ से—कृष्णमूर्ति जिस अवस्था को च्वॉइसलेसनेस कहते हैं, निर्विकल्पता, चुनाव का अभाव।

फ्रायड उसके करीब आता जरूर। आदमी अनूठा था। लेकिन उसकी अपनी सीमाएं थीं। और पूरब के धर्मों से वह कभी ठीक से परिचित नहीं हुआ। उसके मन को ईसाइयत और यहूदी धर्मों ने बड़े विरोध से भर दिया था।

ईसाइयत और यहूदी धर्म, धर्म की कोई बड़ी ऊंची अभिव्यक्तियां नहीं हैं। बड़ी साधारण अभिव्यक्तियां हैं। क्राइस्ट तो ठीक वहीं हैं जहां बुद्ध हैं, लेकिन ईसाइयत उस ऊंचाई को नहीं पहुंच सकी जहां बुद्ध के अनुयायियों ने बुद्ध के विचार को पहुंचाया—उस परिशुद्धि को, उस प्रज्ञा को। मौजेज तो वहीं हैं, जहां लाओत्सु है, लेकिन यहूदी मौजेज को वहां न उठा सके जहां लाओत्सु के शिष्यों ने लाओत्सु को उठाया, और लाओत्सु के विचार पर आकाश में एक ताना-बाना बुना—अत्यंत परिशुद्ध!

ईसाइयत और यहूदी, धर्म की बड़ी साधारण अभिव्यक्तियां हैं, बड़ी प्राथमिक; परिष्कार नहीं है; राजनीति ज्यादा है, धर्म कम है; व्यवसाय ज्यादा है, धर्म कम है; धर्म औपचारिक मालूम होता है। रविवार को चर्च हो आता है आदमी और सोच लेता है बात पूरी हो गई। रविवारीय धर्म है, बाकी छह दिन कोई प्रयोजन नहीं है। थोड़ी-बहुत प्रार्थना को जगह है, ध्यान के लिए कोई जगह नहीं है; समाधि की कोई धारणा नहीं है। इसलिए बहुत ऊंचाई की बात नहीं थी।

फ्रायड सिर्फ इन दो धर्मों से परिचित था। पूरब के धर्म—उपनिषद, ताओ-तेह-किंग, झेन, तंत्र, तिलोपा, बोधिधर्म, नागार्जुन, बसुबंधु, धर्मकीर्ति—इनकी कोई पहचान उसे न थी। ऐसे कमल भी खिले हैं, इसका उसे कुछ पता न था। इसलिए उसकी सीमाएं थीं। उसने पश्चिम के साधारण धर्मों को ही धर्म मान लिया।

धर्म की गहरी समझ चाहिए हो तो पूरब में डुबकी लगानी जरूरी है; जैसे विज्ञान की गहरी समझ चाहिए हो तो पश्चिम में डुबकी लगानी जरूरी है; पश्चिम की मौलिक प्रतिभा विज्ञान में प्रकट हुई है। पूरब की प्रतिभा धर्म में प्रकट हुई है। जैसे पूरब का वैज्ञानिक मध्य श्रेणी का होता है। जिसको तुम पूरब में वैज्ञानिक कहते हो वह कोई बड़े मूल्य का नहीं होता; तकनीशियन होता है, वैज्ञानिक नहीं होता; पश्चिम से सीख कर आ जाता है, उधार उसका ज्ञान होता है। पूरब के पास विज्ञान की सीधी-सीधी प्रतिभा नहीं मालूम होती, क्योंकि विज्ञान की प्रतिभा के लिए तर्क चाहिए और विज्ञान की प्रतिभा के लिए गणित चाहिए—और पूरब की प्रतिभा काव्यात्मक है, रहस्यात्मक है, संगीत में प्रकट हुई है, ध्यान में प्रकट हुई है।

तो अगर किसी को भी धर्म का ठीक परिचय करना हो तो पूरब से ही परिचित होना होगा। विज्ञान पढ़ना हो तो ऑक्सफर्ड जाओ, कैम्ब्रिज जाओ, हार्वर्ड जाओ। लेकिन अगर धर्म पढ़ना हो तो भटको कहीं पूरब के गली-कूचों में, भटको पूरब

की घाटियों-वादियों, पहाड़ों में। विज्ञान को समझना हो तो पश्चिम की धारा ने विज्ञान को ठीक-ठीक उसके निष्कर्ष पर पहुंचा दिया है, तर्क को उसकी आत्यंतिक निष्पत्ति दे दी है। अगर अतर्क्य हृदय की, अंतरतम की बात सुननी हो तो पूरब के सन्नाटे में सुनो; उसकी गुनगुनाहट, उसका नाद पूरब में है।

फ्रायड की सीमा थी वह पूरब से परिचित न था। वही सीमा मार्क्स की भी थी, वह भी पूरब से परिचित न था। दोनों ने धर्म-विरोधी वक्तव्य दिए। उनके धर्म-विरोधी वक्तव्यों का बहुत मूल्य नहीं है, क्योंकि वे अपरिचित लोगों के वक्तव्य हैं, वे परिचित लोगों के वक्तव्य नहीं हैं। उन्होंने कुछ जान कर नहीं कहा है; ऊपर-ऊपर से, जो सतही परिचय हो जाता है, उसके आधार पर कुछ कह दिया है। उन्होंने गहरी डुबकी न ली। वे पूरब की गहराई में उतर कर मोती न लाए। बुद्ध से उनका मिलन नहीं हुआ। लाओत्सु से साक्षात्कार नहीं हुआ। कृष्ण की बांसुरी उन्होंने नहीं सुनी।

ये सीमाएं थीं, अन्यथा शायद फ्रायड उस सिंथीसिस को, उस परम समन्वय को भी उपलब्ध हो जाता, जो वीतरागता का है। पर जो बात उसने मृत्यु-एषणा के संबंध में कही, वह सच है। हम तो उसे जानते रहे हैं। हमने उसे मृत्यु-एषणा कभी नहीं कहा था, यह बात भी सच है। हमने उसे कहा था वैराग्य-भाव।

मगर क्या अर्थ होता है वैराग्य-भाव का? अगर राग का अर्थ होता है: और जीने की इच्छा, तो वैराग्य का अर्थ होता है: अब और न जीने की इच्छा—बहुत हुआ, पर्याप्त हो गया, हम भर गए, अब हम विदा होना चाहते हैं।

नहीं, आधुनिक मन की कोई विकृति नहीं है; आधुनिक वैज्ञानिक पद्धति के द्वारा पुराने वैराग्य को नया नाम दिया गया है। शुभ है! मेरे लेखे, फ्रायड की मृत्यु-एषणा का गहन अध्ययन होना चाहिए! वह उपेक्षित है, उसका बहुत अध्ययन नहीं किया गया। जैसे हम मृत्यु की उपेक्षा करते हैं, वैसे ही हमने मृत्यु-एषणा के सिद्धांत की भी उपेक्षा की है। तो फ्रायड के लिबिडो, कामवासना का तो खूब अध्ययन हुआ है, बड़ी किताबें लिखी जाती हैं; लेकिन मृत्यु-एषणा का बहुत कम अध्ययन हुआ है। बड़ी मूल्यवान खोज है वह, और जीवन के अंतिम परिपक्व दिनों में उसने दी है—इसलिए मूल्य और भी गहन हो जाता है।

इतना ही स्मरण रखो कि जीवन में सब चीजें द्वंद्व हैं। द्वंद्व से चलता है जीवन जिस दिन तुम द्वंद्व से जाग गए, जीवन रुक जाता है। जिस दिन तुम द्वंद्व से जागे निर्द्वंद्व हुए, तब तुम भी कहोगे जनक जैसे: आश्चर्य कि मैं इतनी बार जन्मा और कभी नहीं जन्मा, और इतनी बार मरा और कभी नहीं मरा! आश्चर्य! मुझको मेरा

नमस्कार! इतने जन्म, इतनी मृत्युएं आईं और गईं और कोई रेखा भी मुझ पर नहीं छोड़ गईं! इतने पुण्य इतने पाप, इतने व्यवसाय इतने व्यापार, आए और गए और सपनों की तरह चले गए, पीछे पदचिं भी नहीं छोड़ गए! आश्चर्य मेरी इस आत्यंतिक शुद्धता का! आश्चर्य मेरे इस क्वांरेपन का। धन्यभाग! मेरा मुझको नमस्कार!

ऐसा किसी दिन तुम्हारे भीतर भी, तुम्हारे अंतरतम में भी उठेगी सुगंध!

लेकिन ध्यान रखना, आना है निर्द्वंद्व पर। जहां तुम्हें द्वंद्व दिखाई पड़े, वहीं साक्षी साधना। द्वंद्व को तुम सूचना मान लेना कि साक्षी साधने की घड़ी आ गई, जहां द्वंद्व दिखाई पड़े—प्रेम और घृणा—तो तुम चुनना मत, दोनों के साक्षी हो जाना। क्रोध और दया—तो तुम चुनना मत, दोनों के साक्षी हो जाना। स्त्री और पुरुष—तो तुम चुनना मत, दोनों के साक्षी हो जाना। सम्मान-अपमान—चुनना मत, दोनों के साक्षी हो जाना। सुख-दुख—साक्षी हो जाना। जहां तुम्हें द्वंद्व दिखाई पड़े, वहीं साक्षी हो जाना।

अगर यह एक स्वर्ण-सूत्र तुमने पाल लिया, तो वीतराग की दशा बहुत दूर नहीं है। बूंद-बूंद घड़ा भर जाता है, ऐसे ही बूंद-बूंद इस निर्विकल्पता को साधने से तुम्हारी समाधि का घड़ा भी भरेगा, एक दिन तुम ऊपर से बहने लगोगे। न केवल तुम समाधिस्थ हो जाओगे, तुम्हारे पास जो आएंगे उन्हें भी समाधि की सुवास मिलेगी, वे भी भर उठेंगे किसी अलौकिक आनंद से।

दूसरा प्रश्न : आपके कहे अनुसार और समस्त बुद्ध-पुरुषों के कहे अनुसार अहंकार की सत्ता नहीं है—और फिर भी अहंकार के साक्षी होने को आप कहते हैं! कृपा करके इस अबूझ पहेली को हमें समझाएं।

न तो अबूझ है, न पहेली है। सीधी सी बात है : तुम अंधेरे को देख पाते हो या नहीं? और अंधेरे की कोई सत्ता नहीं है। अंधेरा मात्र अभाव है। फिर भी अंधेरे को तुम देख पाते हो या नहीं? देख तो पाते हो। तुम्हारे देखने से ही अंधेरे की सत्ता थोड़े ही सिद्ध होती है। जब तुम अंधेरा देखते हो तो तुम वस्तुतः यही देखते हो कि प्रकाश नहीं है—और क्या देखते हो? जब तुम अंधेरा देखते हो तो तुम अंधेरा थोड़े ही देखते हो, प्रकाश का अभाव देखते हो। अंधेरा तो है ही नहीं—काटो तो काट नहीं सकते, बांधो तो बांध नहीं सकते, धकाओ तो धका नहीं सकते, जलाओ तो जला नहीं सकते, मिटाओ तो मिटा नहीं सकते। अंधेरा हो कैसे सकता है? कुछ तो कर सकते। जब कोई चीज होती है तो उसके साथ हम कुछ कर सकते हैं। होने

का प्रमाण क्या? उसके साथ कुछ किया जा सकता है। न होने का प्रमाण क्या? उसके साथ कुछ भी नहीं किया जा सकता।

अंधेरा भरा है तुम्हारे कमरे में, ले आओ तलवारें, काटो, धक्के दो, बुला लो पहलवानों को, मार-काट मचाओ—तुम्हीं थक कर गिरोगे, तुम्हीं को चोटें लग जाएंगी, अंधेरा अपनी जगह रहेगा। अंधेरे का तुम कुछ भी नहीं कर सकते, क्योंकि अंधेरा अभाव है।

हां, रोशनी के साथ तुम बहुत कुछ कर सकते हो। दीया जलता हो, बुझा दो फूंक कर—गई रोशनी। बुझा दीया हो, जला दो—हो गई रोशनी। इस कमरे में न हो, दूसरे कमरे से ले आओ। अपने घर में न हो, पड़ोसी से मांग लो। प्रकाश के साथ तुम हजार काम कर सकते हो।

खयाल किया? अंधेरे के साथ कुछ करना हो तो भी प्रकाश के साथ कुछ करना पड़ता है। अंधेरे को हटाना है, जलाओ प्रकाश को; लेकिन जलाते प्रकाश को हो। अंधेरे को लाना है, बुझाओ प्रकाश को; लेकिन बुझाते प्रकाश को हो। जो है, उसके साथ कुछ किया जा सकता है। लेकिन फिर भी अंधेरा दिखाई तो पड़ता है।

ऐसा ही अहंकार है। उसकी कोई सत्ता नहीं। वह आत्मा का अभाव है। तुम्हें अपना पता नहीं, इसलिए अहंकार मालूम होता है। जिस दिन तुम्हें अपना पता चल जाएगा, उसी दिन अहंकार मालूम न होगा। आत्मभाव में कोई अहंकार नहीं रह जाता। और चूंकि तुम अपने को भुला बैठे, विस्मरण हो गया, तुम्हें याद न रही कि तुम कौन हो—तो बिना कुछ प्रतिमा के बनाए काम नहीं चल सकता, तो एक कल्पित प्रतिमा बना ली है अहंकार की, कि मैं यह हूं: मेरे पिता का नाम, घर का नाम, मेरा पता-ठिकाना, कितनी डिग्रियां, कितने प्रमाण-पत्र, लोग क्या कहते हैं मेरे बाबत—तुमने एक फाइल बना ली। इससे तुम किसी तरह इस जिंदगी में अपने संबंध में कुछ भान पैदा कर लेते हो, एक रूप बना लेते हो—जिसके सहारे काम चल जाता है, अन्यथा बड़ी मुश्किल हो जाएगी।

कोई तुमसे पूछे कि तुम कौन हो और अगर तुम सच्चा उत्तर देना चाहो, तो तुम खड़े रह जाओगे। वह आदमी फिर पूछे कि भाई बोलते नहीं तुम कौन हो, और तुम कंधे बिचकाओ। यही सच्चा होगा उत्तर, क्योंकि पता तो तुमको भी नहीं है कि तुम कौन हो, तो वह आदमी तुम्हें पागल समझेगा। कहां से आ रहे हो—तुम कोई उत्तर नहीं दे सकते हो। दे सकते नहीं, क्योंकि तुम्हें पता नहीं कहां से आ रहे हो। कहां जा रहे हो, कुछ पता नहीं। तो तुम पागल ही समझे जाओगे।

बड़ी मुश्किल हो जाएगी अगर सभी लोग इस तरह करने लगें। अगर सभी लोग छोड़ दें झूठी मान्यताएं अपने संबंध में, तो बड़ी कठिनाई खड़ी हो जाएगी।

झूठी मान्यताएं इस झूठे समाज में उपयोगी हैं। इस झूठे माया के लोक में झूठी मान्यताएं उपयोगी हैं। उनसे काम चल जाता है। वे सच हैं या झूठ, इससे कोई प्रयोजन नहीं है। उनसे काम चल जाता है, वे उपयोगी हैं।

इसीलिए तो लोग जब स्वयं की खोज पर निकलते हैं तो बड़ी घबड़ाहट पकड़ती है, क्योंकि ये सब झूठी मान्यताएं हटानी होती हैं। जिनको सदा-सदा से माना कि मेरा यह नाम है, मेरा यह पता-ठिकाना, मेरी यह देह, मैं देह, मेरा यह मन, मेरे ये विचार, मेरा यह धर्म, मेरा यह देश—सब खोने लगते हैं। इन सबके साथ ही मेरा 'मैं' भी बिखरने लगता है, पिघलने लगता है, तिरोहित होने लगता है। एक घड़ी आती है कि तुम शून्य सन्नाटे में रह जाते हो, जहां तुम्हें पता ही नहीं होता कि तुम कौन हो।

उस घड़ी को जीने का नाम तपश्चर्या है। वह घड़ी बड़ी तप की है, जब तुम्हें बिलकुल पता नहीं रहता कि मैं कौन हूं। जब तुम्हारे सब धारणा के बनाए हुए महल भूमिसात हो जाते हैं, जब तुम निबिड़ अंधकार में, शून्य में खड़े हो जाते हो, प्रकाश की एक किरण नहीं मालूम होती कि मैं कौन हूं—ईसाई फकीरों ने इसके लिए ठीक नाम दिया हैः डार्क नाइट ऑफ द सोल; आत्मा की अंधेरी रात। और इसी अंधेरी रात के बाद सुबह है। जो इससे गुजरने से डरा वह सुबह तक कभी नहीं पहुंच पाता।

तो पहले तो झूठी धारणा छोड़नी होगी, झूठा तादात्म्य छोड़ना होगा। एक घड़ी आएगी कि तुम सब भूल जाओगे कि तुम कौन हो; बिलकुल पागल जैसी दशा होगी। अगर तुम हिम्मतवर रहे और इस घड़ी से गुजर गए तो एक घड़ी फिर से आएगी, जब सुबह का सूरज निकलेगा; पहली दफा तुम्हें पता चलेगा तुम कौन हो। जब तुम्हें पता चलता है कि वस्तुतः तुम कौन हो, यथार्थतः तुम कौन हो, परमार्थतः तुम कौन हो—तब तुम जानते हो कि अहंकार एक व्यावहारिक सत्य था।

यह बात समझ लेनी चाहिए। व्यावहारिक सत्य और पारमार्थिक सत्य के बीच का भेद समझ लेना चाहिए। एक कागज का टुकड़ा मैं तुम्हें देता हूं और कहता हूं यह सौ रुपये का नोट है; तुम कहते हो, यह कागज का टुकड़ा है। मैं तुम्हें सौ रुपये का नोट देता हूं और कहता हूं यह कागज का टुकड़ा है; तुम कहते हो, नहीं यह सौ रुपए का नोट है। दोनों कागज के टुकड़े हैं। जिसको तुम सौ रुपये का नोट कह रहे हो वह व्यावहारिक सत्य है, पारमार्थिक नहीं। अगर सरकार बदल जाए या सरकार का दिमाग बदल जाए और वह आज सुबह घोषणा कर दे कि सौ रुपये के नोट अब सौ रुपये के नोट नहीं, अब नहीं चलेंगे, चलन के बाहर हो गए—तो तत्क्षण सौ रुपये का नोट कागज का टुकड़ा हो जाएगा। लोग निकाल कर घूरों पर फेंक आएंगे

कि क्या करेंगे। कल तक इतना सम्हाल-सम्हाल कर रखते थे, अब बच्चों को खेलने को दे देंगे कि खेलो, कागज की नाव बना कर नदी में चला दो। क्या करोगे? व्यावहारिक सत्य था, माना हुआ सत्य था। माना था, इसलिए सत्य था। सबने मिल कर माना था, इसलिए सत्य था। सबने इंकार कर दिया, बात खत्म हो गई।

अहंकार व्यावहारिक सत्य है—सौ रुपये का करेंसी नोट है। मानो तो है। और जिंदगी के लिए जरूरी भी है। मैं तुमसे यह नहीं कह रहा हूं कि तुम अहंकार को छोड़ कर जिंदगी में अड़चन बन जाओ। मैं तुमसे यह कह रहा हूं कि अहंकार से जाग जाओ; इतना समझ लो कि यह व्यावहारिक सत्य है, पारमार्थिक नहीं। इसका उपयोग करो—भरपूर! करना ही होगा। लेकिन इसे सच्चाई मत मानो। सच्चाई मानने से बड़ी अड़चन हो जाती है। हम जो मान लेते हैं वैसा दिखाई पड़ने लगता है।

कल मैं एक घटना पढ़ रहा था—एक प्रयोग। हार्वर्ड विश्वविद्यालय में मनोविज्ञान-विभाग ने एक प्रयोग किया। एक बड़ा मनोवैज्ञानिक, जिसकी ख्याति सारे मुल्क और मुल्क के बाहर है, उसको उन्होंने कहा कि हम एक प्रयोग करना चाहते हैं, आप सहयोग दें। एक आदमी पागल है, दिमाग उसका खराब है और वह घोषणा करता है कि वह बड़ा भारी मनोवैज्ञानिक है। एक दूसरे विश्वविद्यालय के मनोवैज्ञानिक का वह नाम लेता है कि मैं वही हूं। आप उसका इलाज करें। और आप जो एक-दूसरे के साथ बात करेंगे, वह हम सब उसकी फिल्म लेना चाहते हैं, ताकि हम उसका अध्ययन कर सकें बाद में। वह मनोवैज्ञानिक राजी हो गया।

वे दूसरे आदमी के पास गए—मनोवैज्ञानिक के पास, दूसरे विश्वविद्यालय के। और उससे कहा कि एक पागल है, वह अपने को बड़ा मनोवैज्ञानिक समझता है। आप उसका इलाज करेंगे? हम फिल्म लेना चाहते हैं। वह भी राजी हो गया।

ये दोनों बड़े मनोवैज्ञानिक, इन दोनों को वे एक कमरे में लाए, पर दोनों एक-दूसरे को मान रहे हैं कि दूसरा पागल है और गलती से, भ्रांति से घोषणा कर रहा है कि मैं बड़ा मनोवैज्ञानिक हूं। उन्होंने पूछा, आप कौन? दोनों ने उत्तर दिया। दोनों ने वही उत्तर दिया जो सही था—उनके लिए सही था। लेकिन दूसरा मुस्कुराया—उसने कहा, 'तो अच्छा तो बिलकुल दिमाग इसका खराब ही है? यह अपने को क्या समझ रहा है?' दोनों एक-दूसरे के इलाज का उपाय करने लगे और जितना वह पागल—क्योंकि दोनों एक-दूसरे को पागल समझते हैं—जितना एक-दूसरे का उपाय करने लगा इलाज का, वह दूसरा भी चकित हुआ कि हद हो गई, पागलपन की भी सीमा है! न केवल यह पागल है, बल्कि मुझे पागल समझ रहा है, मुझे ठीक करने का उपाय कर रहा है।

दस मिनट तक बड़ी अदभुत स्थिति रही होगी। दस मिनट के बाद एक को याद आया कि यह चेहरा तो पहचाना सा मालूम पड़ता है। अखबारों में फोटो देखे मालूम पड़ते हैं, हो न हो यह आदमी सच में ही तो वही नहीं है जिसका यह दावा कर रहा है!

और जैसे ही उसे याद आया तो सारी बात याद आ गई। उसने उस आदमी की किताबें भी पढ़ी हैं; वह जो बोल रहा है, उसमें उसके शब्द भी उसकी पहचान में आने लगे। तब वह चौंका। तब वह समझा जाल क्या है। यह एक प्रयोग था जिसमें मान्यता के आधार पर, हम जो मान लेते हैं, वही सत्य प्रतीत होने लगता है। तब वे दोनों हंसे खिलखिला कर। तब दोनों ने असली स्थिति पहचान ली। तब कोई भी पागल न रहा। मगर दस मिनट तक दोनों पागल थे और प्रत्येक सोच रहा था दूसरा पागल है। दस मिनट तक जो स्थिति थी, वह व्यावहारिक सत्य थी, पारमार्थिक नहीं। उखड़ गई। जैसे ही सच्चाई की याद आई, टूट गई।

एक और प्रयोग मैं पढ़ रहा था। एक दूसरे विश्वविद्यालय में एक बड़ा जर्मन संगीतज्ञ आया। वह सिर्फ जर्मन भाषा जानता है, अंग्रेजी के दो चार शब्द बोल लेता है। उसके एक विद्यार्थी ने आकर पहले परिचय दिया श्रोताओं को। और जैसा वह संगीत बजाने जा रहा है, उसके संबंध में परिचय दिया कि बहुत अनूठी कृति है, शायद मनुष्य-जाति के इतिहास में ऐसी कोई दूसरी संगीत की कृति नहीं। इसकी खूबी यह है कि संगीतज्ञ तो पूरा गंभीर रहता है, लेकिन यह एक बड़ा गहरा व्यंग्य है। और आप अभागे हैं कि आपको जर्मन नहीं आती और आप पूरा न समझ पाएंगे, लेकिन जर्मनी में जहां भी उसने अपने इस संगीत का प्रदर्शन किया है वहां लोग लोट-पोट हो जाते हैं, हंसी के फव्वारे छूट जाते हैं; लोग पेट पकड़ लेते हैं, लोगों के पेट में दर्द होने लगता है। और खूबी यह है इस संगीतज्ञ की कि वह लेकिन अपनी गंभीरता, गुरु-गंभीरता बनाए रखता है, मुस्कुराहट भी नहीं आती। जैसे-जैसे लोग हंसते हैं, वह और भी गंभीर होता जाता है। यही तो उसकी खूबी है। और इसी से वह हंसी और भी बढ़ती चली जाती है। वह नाराज तक होने लगता है। वह चिल्लाने तक लगता है कि यह तुम क्या कर रहे हो? मगर वह सारे व्यंग्य का हिस्सा है कि वह अपनी गंभीरता को गहन रखता है! और गंभीरता के गहन रखने के कारण पृष्ठभूमि में व्यंग्य और भी प्रगाढ़ हो जाता है, पैना हो जाता है।

फिर संगीतज्ञ आया। उसने अपना संगीत का प्रदर्शन शुरू किया। वह विद्यार्थी उसके पीछे खड़ा हो गया। अब लोग भाषा नहीं जानते, मगर तैयारी है उनकी। कोई धीरे से खिलखिलाया, कोई हंसा, फिर हंसी फैलने लगी। फिर सब लोगों ने नजर उस विद्यार्थी पर रखी जो पीछे खड़ा है। वह कई दफे ऐसा हंसता है, पेट पकड़

लेता है, धीरे-धीरे लोग उसकी नकल करने लगे—उस विद्यार्थी की—क्योंकि जब वह हंस रहा है तो कोई बात हंसी की हो ही रही होगी। फिर थोड़ा-थोड़ा लोग अपनी तरफ से भी करने लगे। और वह संगीतज्ञ नाराज होने लगा। और वह चीखने-चिल्लाने लगा। गालियां बकने की नौबत आ गई। वह छोड़ कर खड़ा हो गया और जो दो-चार शब्द उसे अंग्रेजी के आते थे, उसने उससे समझाया कि यह क्या नालायकी है? यह मैं एक गंभीर, अति गंभीर संगीत पेश कर रहा हूं। और यह क्या पागलपन है? तुम्हें भाषा भी समझ में नहीं आती और तुम लोट-पोट हुए जा रहे हो!

तब लोगों ने निवेदन किया कि हमको पहले बताया गया है। उन्होंने इधर-उधर देखा, वह विद्यार्थी नदारद है, वह जा चुका है। वह प्रयोग पूरा हो गया। वहां कुछ भी हंसी जैसी बात न थी। वह जो गा रहा था गीत, वह बड़ा दुखांत था। लेकिन धारणा अगर पकड़ जाए तो व्यावहारिक रूप से सत्य मालूम होने लगती है।

अहंकार एक धारणा है। सभी को पकड़ी है। और खूब उस धारणा के नीचे सभी की छातियां दबी हैं! लेकिन है केवल व्यावहारिक सत्य। उपयोगी है निश्चित, यथार्थ नहीं है। उपयोग खूब करो, लेकिन भूल कर भी अपने को अहंकार मत समझ बैठना। काम ले लो, लेकिन अहंकार के वशीभूत मत हो जाना। इतना ही प्रयोजन है साक्षी-भाव का कि तुम साक्षी-भाव से देखो कि क्या व्यावहारिक है, क्या पारमार्थिक है; क्या वस्तुतः है और क्या है केवल मान्यता के आधार पर।

एक सूफी कथा है। एक आदमी था। उसे अपनी परछाईं से घृणा हो गई। न केवल परछाईं से घृणा हो गई, उसे अपने पद-चिह्नों से भी घृणा हो गई। उस आदमी को अपने से ही घृणा थी। जब अपने से घृणा थी तो अपने पद-चिह्नों से भी घृणा हो गई। और जब अपने से घृणा थी तो अपनी छाया से भी घृणा हो गई। वह बचना चाहता था। वह चाहता था कि यह छाया मिट जाए। और वह चाहता था कि मैं कोई पद-चिह्नों पृथ्वी पर न छोड़ूं, मेरी कोई याद न रह जाए, मैं इस तरह मिट जाऊं कि जैसे मैं कभी हुआ ही नहीं। वह भागने लगा—छाया और पद-चिह्नों से बचने को। वह खूब दूर मीलों भागने लगा। लेकिन जितना ही वह भागता, छाया उसी के साथ घसिटती हुई भागती। वह जितना भागता, उतने ही पद-चिह्नों बनते। आखिर उसकी बुद्धि ने कहा कि तुम ठीक से नहीं भाग रहे, तुम तेजी से नहीं भाग रहे हो। उसके तर्क ने कहा कि इस तरह काम न चलेगा; ऐसे तो तुम भागते रहोगे, छाया साथ लगी है। तुम्हारे दौड़ने में जितनी गति होनी चाहिए उतनी गति नहीं है। गति से दौड़ो! तुम जितनी तेजी से दौड़ रहे हो, उतनी तेजी से तो छाया भी दौड़ रही

है। इसलिए छाया भी उतना दौड़ सकती है। इतने दौड़ो कि छाया न दौड़ सके, तो संबंध टूट जाए। तो वह इतना ही दौड़ा और कहते हैं, गिरा और मर गया।

सूफी इस कहानी की व्याख्या करते हैं। वे कहते हैं, ऐसी ही आदमी की दशा है। कुछ हैं यहां, जो छाया को भरने में लगे हैं; जो छाया पर हीरे-मोती लगा रहे हैं; जो छाया को सोने से मढ़ रहे हैं। वे कहते हैं, यह हमारी छाया है; इसे हम सजाएंगे; इसे हम रूपवान बनाएंगे; इस पर हम इत्र छिड़केंगे; इस पर हम मखमल बिछाएंगे। यह हमारी छाया है; यह किसी गरीब-गुरबे, किसी भिखमंगे की छाया नहीं। यह ऐसे सड़क के कंकड़-पत्थरों पर न पड़ेगी; यह सिंहासनों पर पड़ेगी; यह स्वर्ण-पटे मार्गों पर पड़ेगी।

राजाओं को चलते देखा है? जब वे चलते हैं तो आगे उनके मखमल बिछाई जाती है। उनके पद-चिह्नों मखमल पर पड़ते हैं। ये कोई साधारण आदमी थोड़े ही हैं कि मिट्टी पर...साधारण मिट्टी पर तो सभी के पद-चिह्नों पड़ते हैं।

एक हैं, जो इस छाया को सजाने में लगे हैं। यह एक तरह का पागलपन है। फिर दूसरे हैं, जो इस छाया से भयभीत हो गए हैं—भगोड़े, तथाकथित साधु-संत। संसारी छाया को सजाने में लगे हैं, छाया के आस-पास महल बना रहे हैं। और जिनको तुम गैर-संसारी कहते हो, विरागी कहते हो, वे भाग खड़े हुए, वे भाग रहे हैं कि छाया से दूर निकल जाएं। और छाया है नहीं। सजाओ तो भ्रांति है, भागो तो भ्रांति है। दोनों हालत में तुम मरोगे। कुछ सजाते-सजाते गिर पड़ेंगे, कुछ भागते-भागते गिर पड़ेंगे।

सूफी कहते हैं, काश उस पागल आदमी को इतनी अक्ल होती कि मैं छाया में जा कर बैठ जाऊं किसी वृक्ष की, तो छाया मिट जाती। छाया बनती है जब तुम सूरज के सामने खड़े होते हो, सूरज के नीचे खड़े होते हो। छाया बनती है जब तुम धूप में खड़े होते हो, प्रकाश में खड़े होते हो। छाया बनती है जब तुम अहंकार की घोषणा करते हो; जब तुम कहते हो : 'देखे दुनिया मुझे! पहचाने दुनिया मुझे! पड़े प्रकाश सारी दुनिया का मुझ पर!' जब तुम सम्मान चाहते हो, सफलता चाहते हो, तब छाया बनती है। सूरज की रोशनी में।

सूफी कहते हैं; काश यह पागल आदमी हट गया होता, किसी छप्पर के नीचे शांति से बैठ गया होता, छाया मिट गई होती!

जो सम्मान नहीं चाहते, जो पद-प्रतिष्ठा नहीं चाहते, जो यश-गौरव नहीं चाहते, उनकी छाया मिट जाती है। वे छाया में खुद ही बैठ गए, अब छाया बनेगी कैसे? काश यह आदमी बैठ जाता तो पद-चिह्नों बनने बंद हो जाते। भागने से कहीं पद-चिह्नों बनने बंद होंगे? और बनेंगे, और ज्यादा बनेंगे।

तुमने देखा? यहां सांसारिक लोगों को चाहे लोग भूल भी जाएं, संतों को नहीं भूल पाते। सांसारिक आदमी के पद-चिह्नों तो जल्दी ही मिट जाते हैं, क्योंकि वहां बड़ी भीड़ चल रही है। वहां करोड़ों लोग चल रहे हैं, कौन तुम्हारे पद-चिह्नों को चिंता करेगा? तुम निकल भी न पाओगे कि तुम्हारे पद-चिह्नों रौंद दिए जाएंगे। लेकिन साधु-संतों के पदचि बनते हैं। वहां कोई भी नहीं चलता। वहां ज्यादा संघर्ष और प्रतियोगिता ही नहीं है। साधु-संत बड़े अकेले चलते हैं। उनके पद-चिह्नों सदियों तक बने रहते हैं।

काश! वह आदमी सिर्फ बैठ जाता विश्राम में—जिसको अष्टावक्र ने कहा काश उसने अपनी चेतना में विश्राम कर लिया होता—तो न पद-चिह्नों बनते, न पृथ्वी विकृत होती, न छाया बनती, न छाया से बचने का उपाय करना पड़ता, न वह आदमी इस बुरी मौत मरता, इस कुत्ते की मौत मरता।

अहंकार कुछ है नहीं, जिससे छूटना है। सिर्फ जाग कर देखना है कि कुछ भी नहीं है, छाया-मात्र है। तुम व्यर्थ ही भागे जा रहे हो, व्यर्थ ही परेशान हो रहे हो। बैठ जाओ, कुछ भी नहीं है। एक व्यावहारिक उपयोगिता है, उपयोगिता कर लो। बोलोगे तो कहना पड़ेगा, मैं। मैं भी बोलता हूं, तो कहता हूं मैं। बुद्ध भी बोलते हैं तो कहते हैं मैं। कृष्ण भी बोलते हैं तो कहते हैं मैं। लेकिन वहां मैं जैसा कोई भी नहीं। वे जानते हैं कि मैं सिर्फ एक भाषागत उपयोगिता है, एक व्यवहारगत उपयोगिता है। संवाद की जरूरत है। कहनी पड़ती है। मानी हुई बात है, सत्य नहीं।

साक्षी होने का इतना ही अर्थ है कि तुम गौर से देख लो जो भी तुम्हारी दशा है। उस गौर से देखने में तुम्हें पता चल जाएगा: क्या है और क्या नहीं है? जो है, वही है आत्मा। जो नहीं है, वही है अहंकार।

तीसरा प्रश्नः आपने उस रोज कहा, तुम किसी अंश में नहीं, पूरे के पूरे गलत हो। जो भी हो, गलत ही हो। इसका क्या कारण है? अहंकार या अज्ञान दर्प या भ्रांति? और क्या अहंकार और अज्ञान अन्योन्याश्रित हैं?

पहली बात, ये सब नाम ही हैं एक ही बीमारी के अलग-अलग। जैसे कि तुम्हें कोई बीमारी हो, तुम आयुर्वेदिक चिकित्सक के पास जाओ और वह कोई नाम बताए, वह कहे कि तुम्हें दमा हो गया। और तुम जाओ एलोपैथिक चिकित्सक के पास और वह कहे कि तुम्हें अस्थमा हो गया। तो तुम इस चिंता में मत पड़ना कि तुम्हें दो बीमारियां हो गई हैं, कि तुम बड़ी मुश्किल में पड़े—दमा भी हो गया अस्थमा भी हो गया। फिर तुम जाओ और किसी यूनानी हकीम के पास, और

किसी होमियोपैथ के पास और वे अलग-अलग नाम देंगे; क्योंकि अलग-अलग भाषाएं हैं उनकी, अलग पारिभाषिक शब्द हैं।

आदमी की बीमारी तो एक है—कहो अज्ञान, कहो अहंकार कहो माया, कहो भ्रांति, कहो बेहोशी, मूर्च्छा, प्रमाद, पाप, विस्मरण—जो तुम कहना चाहो। बीमारी एक है, नाम हजार हैं।

तो पहली बात तो यह स्मरण रखना कि तुम्हारी बीमारियां बहुत नहीं हैं, इससे भी मन हलका हो जाएगा कि एक ही बीमारी है। और तुम्हें हजारों बीमारियों का इलाज भी नहीं करना है, नहीं तो बीमारी तो बीमारी, इलाज मार डालेंगे। बीमारी तो एक तरफ रहेगी, औषधियां मार डालेंगी।

तुम्हारी बहुत बीमारियां नहीं हैं। माया, मत्सर, लोभ, मोह, क्रोध—ये सब अलग-अलग बीमारियां नहीं हैं; ये एक ही बीमारी की अलग-अलग अभिव्यक्तियां हैं, अलग-अलग रूप-रंग हैं। ये एक ही बीमारी के अलग-अलग नाम हैं।

अहंकार बिलकुल ठीक है नाम, मुझे पसंद है। क्योंकि इस 'मैं'—भाव से ही सब पैदा होता है। 'मैं'—भाव से 'मेरा' पैदा होता, 'मेरे' से सारा माया-मोह बनता है। 'मैं' भाव से जरा-जरा में क्रोध आता है। जरा चोट लग जाए तो क्रोध आ जाता है। 'मैं'—भाव से दूसरों के प्रति...दूसरों के प्रति निंदा पैदा होती है; अपने को ऊंचा करने की, दूसरों को नीचा करने की आकांक्षा पैदा होती है। 'मैं'—भाव से प्रतिस्पर्धा, गला-घोंट प्रतिस्पर्धा शुरू होती है कि सब को पछाड़ देना है, हरा देना है, पराजित कर देना है; मुझे जीत की घोषणा करनी है कि मैं कौन हूं। 'मैं' से संघर्ष पैदा होता है, विरोध पैदा होता है, युद्ध पैदा होता है, हिंसा पैदा होती है। और जितना ही यह 'मैं' में तुम डूबने लगते हो, उतनी ही बेहोशी बढ़ती जाती है। यह गहरा नशा हो जाता है।

तुमने देखा, अहंकारी को चलते हुए? जैसे हमेशा शराब पीए हुए है! उसको हमने अहंकार का मद इसीलिए तो कहा है। उसके पैर जमीन पर ही नहीं पड़ते और वह तत्क्षण उलझने को तैयार है। वह खोज ही रहा है कि कोई मिल जाए, जिसके सामने वह अपने अहंकार को टकरा ले, क्योंकि अहंकार का पता ही टकराहट में चलता है। जैसी टकराहट, उतना ही अहंकार का पता चलता है। बड़ी टकराहट, तो बड़ा पता चलता है। छोटी-मोटी टकराहट, तो छोटा-मोटा पता चलता है। तो अहंकार शत्रु की तलाश करता है। एक ही नाम काफी है—अहंकार।

दूसरी बात, मैंने निश्चित कहा कि तुम किसी अंश में नहीं, पूरे के पूरे गलत हो। यह अहंकार की एक बड़ी बुनियादी व्यवस्था है कि अहंकार तुमसे कहता है कि तुम गलत हो माना, लेकिन अंश में गलत हो, अंश में तो सभी गलत होते हैं। थोड़ी

गलती किसमें नहीं है? थोड़ी गलती है, सुधार लेंगे। इससे तुम्हारे जीवन में एक तरह का सुधारवाद चलता है, क्रांति नहीं हो पाती। अहंकार कहता है, यह गलत है, इस को सुधार लो; यहां पलस्तर उखड़ गया है, पलस्तर कर दो, यहां जमीन में गड्ढा हो गया है, पाट दो; यहां की दीवाल गिरने लगी है, संभाल दो; यहां खंभा लगा दो; यहां नए खपड़े बिछा दो। अहंकार कहता है, मकान तो बिलकुल ठीक है; जरा-जरा कहीं गड़बड़ होती है, उसको ठीक करते जाओ, एक दिन सब ठीक हो जाएगा। तो कभी ठीक न होगा। यह अहंकार के बचाव की बुनियादी तरकीब है कि वह कहता है कि थोड़ी सी गलती है, बाकी तो सब ठीक है।

मैं तुमसे कहना चाहता हूं, जब तक अहंकार है तब तक सभी गलत है। ऐसा थोड़े ही होता है कि कमरे के एक कोने में प्रकाश है और पूरे कमरे में अंधकार है। ऐसा थोड़े ही होता है कि कमरे के जरा से हिस्से में अंधकार है और बाकी में प्रकाश है। प्रकाश होता है तो पूरे कमरे में हो जाता है। प्रकाश नहीं होता तो पूरे कमरे में नहीं होता।

साक्षी जब जागता है तो सर्वांश में जागता है। ऐसा नहीं कि थोड़ा-थोड़ा जग गए, थोड़ा-थोड़ा सोए। जब तुम्हारा ध्यान फलता है तो समग्ररूपेण फलता है।

इस अहंकार की तरकीब से बचना, नहीं तो तुम एक सुधारवादी, एक रिफार्मिस्ट हो जाओगे। और तुम्हारे जीवन में वह महाक्रांति न हो पाएगी, जो महाक्रांति इस महागीता में जनक के जीवन में हुई। वह क्षण में हो गई, क्योंकि जनक ने देख लिया कि मैं पूरा का पूरा गलत था।

इसे मैं फिर दोहराऊं कि या तो तुम पूरे गलत होते हो, या तुम पूरे सही होते हो; दोनों के बीच में कोई पड़ाव नहीं है। अहंकार को यह बात माननी बहुत कठिन है कि मैं पूरा का पूरा गलत हूं। अहंकार कहता है, होऊंगा गलत, लेकिन कुछ तो सही होऊंगा। जिंदगी पूरी की पूरी गलत मेरी?

मगर यहीं से क्रांति की शुरुआत होती है।

एक बड़ी प्राचीन कथा है कि एक ब्राह्मण सदा लोगों को समझाता कि जो कुछ करता है परमात्मा करता है; हम तो साक्षी हैं, कर्ता नहीं। परमात्मा ने उसकी परीक्षा लेनी चाही। वह गाय बन कर उसकी बगिया में घुस गया और उसके सब वृक्ष उखाड़ डाले और फूल चर डाले और घास खराब कर दी और उसकी सारी बगिया उजाड़ डाली। जब वह ब्राह्मण अपनी पूजा-पाठ से उठ कर बाहर आया—पूजा-पाठ में वह यही कह रहा था कि तू ही है कर्ता, हम तो कुछ भी नहीं हैं, हम तो द्रष्टा-मात्र हैं—बाहर आया तो द्रष्टा वगैरह सब भूल गया। वह बगिया उजाड़ डाली थी; वह उसने बड़ी मेहनत से बनाई थी, उसका उसे बड़ा गौरव था।

सम्राट भी उसके बगीचे को देखने आता था। उसके फूलों का कोई मुकाबला न था; सब प्रतियोगिताओं में जीतते थे। वह भूल ही गया सब पूजा-पाठ, सब साक्षी इत्यादि। उसने उठाया एक डंडा और पीटना शुरू किया गाय को। उसने इतना पीटा कि वह गाय मर गई। तब वह थोड़ा घबड़ाया कि यह मैंने क्या कर दिया! गौ-हत्या ब्राह्मण कर दे? और ब्राह्मणों की जो संहिता है, मनुस्मृति, वह कहती है, यह तो महापाप है। इससे बड़ा तो कोई पाप ही नहीं है। गौ-हत्या! वह कंपने लगा। लेकिन तभी उसके ज्ञान ने उसे सहारा दिया। उसने कहा, 'अरे नासमझ! सदा तू कहता रहा है कि हम तो साक्षी हैं, यह भी परमात्मा ने ही किया। कर्ता तो वही है। यह कोई हमने थोड़े ही किया।' वह फिर सम्हल गया।

गांव के लोग आ गए। वे कहने लगे, महाराज! ब्राह्मण महाराज, यह क्या कर डाला?

उसने कहा, मैं करने वाला कौन! करने वाला तो परमात्मा है। उसी ने जो चाहा वह हुआ। गाय को मरना होगा, उसे मारना होगा। मैं तो निमित्त मात्र हूं।

बात तो बड़े ज्ञान की थी। ज्ञान की ओट में छिप गया अहंकार। ज्ञान की ओट में छिपा लिया उसने अपने सारे पाप को। कोई इसका खंडन भी न कर सका। लोगों ने कहा, ब्राह्मण देवता पहले से ही समझाते रहे हैं कि यह सब साक्षी है; तब यह भी बात ठीक ही है, वे क्या कर सकते हैं?

परमात्मा दूसरे दिन फिर आया, तब वह एक भिखारी ब्राह्मण की तरह आया। उसने आ कर कहा कि अरे, बड़ा सुंदर बगीचा है तुम्हारा! बड़े सुंदर फूल खिले हैं। यह किसने लगाया?

उस ब्राह्मण ने कहा, किसने लगाया? अरे, मैंने लगाया!

वह उसे दिखाने लगा परमात्मा को ले जा ले जाकर—जो वृक्ष उसने लगाए थे, संवारे थे, जो बड़े सुंदर थे। और बार-बार परमात्मा उससे पूछने लगा, ब्राह्मण देवता, आपने ही लगाए? सच कहते हैं?

वह बार-बार कहने लगा, हां, मैंने ही लगाए हैं। और कौन लगाने वाला है? अरे और कौन है लगाने वाला? मैं ही हूं लगाने वाला। यह मेरा बगीचा है।

विदा जब होने लगा वह ब्राह्मण—छिपा हुआ परमात्मा—तो उसने कहा, ब्राह्मण-देवता, एक बात कहनी है: मीठा-मीठा गप्प, कड़वा-कड़वा थू!

उसने कहा, मतलब? ब्राह्मण ने पूछा, तुम्हारा मतलब? मीठा-मीठा गप्प, कड़वा-कड़वा थू!

उसने कहा, अब तुम सोच लेना। गाय मारी तो परमात्मा ने, तुम साक्षी थे; और वृक्ष लगाए तुमने! परमात्मा साक्षी है!

अहंकार बड़ी तरकीबें करता है: मीठा-मीठा गप्प, कड़वा-कड़वा थू और वही उसके बचाव के उपाय हैं। क्रांति तो तब घटित होती है जब तुम जानते हो कि सर्वांश में मैं गलत था; समग्ररूपेण मैं गलत था; मेरा अब तक का होना ही गलत था। उसमें प्रकाश की कोई किरण न थी। वह सब अंधकार था। ऐसे बोध के साथ ही क्रांति घटित होती है और तत्क्षण प्रकाश हो जाता है।

सुधारवादी मत बनना। सुधारवादी से ज्यादा से ज्यादा तुम सज्जन बन सकते हो। मैं तुम्हें क्रांतिकारी बनाना चाहता हूं। क्रांति तुम्हारे जीवन में संतत्व को लाएगी। तुम्हारे जो संत हैं वे सज्जन से ज्यादा नहीं हैं। वास्तविक संत तो परम विद्रोही होता है। विद्रोह—स्वयं के ही अतीत से। विद्रोह—अपने ही समस्त अतीत से। वह अपने को विच्छिन्न कर लेता है। वह तोड़ देता है सातत्य। वह कहता है, मेरा कोई नाता नहीं उस अतीत से; वह पूरा का पूरा गलत था; मैं सोया था अब तक, अब मैं जागा।

जब तुम सोए थे, तब तुम सोए थे, तब सब गलत था। ऐसा थोड़े हो है कि सपने में कुछ चीजें सही थीं और कुछ चीजें गलत थीं; सपने में सभी चीजें सपना थीं। ऐसा थोड़े ही है कि सपने में से कुछ चीजें तुम बचा कर ले आओगे और कुछ चीजें खो जाएंगी। सपना पूरा का पूरा गलत है।

अहंकार एक मूर्च्छा है, एक सपना है। उसे तुम पूरा ही गलत देखना। यद्यपि अहंकार कोशिश करेगा कि कुछ तो बचा लो, एकदम गलत नहीं हूं, कई चीजें अच्छी हैं। अगर तुमने कुछ भी बचाया अहंकार से, अहंकार पूरा बच जाएगा। अगर सपने में से तुमने कुछ भी बचा लिया और तुम्हें लगता रहा कि यह सच है तो पूरा सपना बच जाएगा। क्योंकि जिसको सपने में अभी सच दिखाई पड़ रहा है, वह अभी जागा नहीं।

इसलिए मैं जोर देकर बार-बार कहता हूं: तुम पूरे गलत हो। इससे तुम्हें बेचैनी होती है। तुम मुझसे कभी नाराज भी हो जाते हो कि पूरे गलत! ऐसा तो नहीं हो सकता कि हम बिलकुल ही गलत हों! तुम्हारे अहंकार को मैं कोई जगह बचने को नहीं देता। तुमसे कहता हूं, तुम पूरे ही गलत हो। लेकिन इससे तुम उदास मत होना, क्योंकि इससे मैं एक और बात भी कह रहा हूं जो शायद तुम्हें सुनाई न पड़ रही हो, कि तुम चाहो तो पूरे के पूरे अभी सही हो सकते हो। उस आशा के दीप पर ध्यान दो। अगर पूरे गलत हो तो पूरे के पूरे सही हो सकते हो। अगर तुम थोड़े-थोड़े गलत हो, थोड़े-थोड़े सही हो—तो तुम थोड़े-थोड़े गलत और थोड़े-थोड़े सही ही रहोगे। तब तुम पूरे के पूरे सही न हो सकोगे। तब तुम घसीटते रहोगे अपने अतीत को। तब तुम एक मिश्रित खिचड़ी रहोगे। और खिचड़ी होने में सुख नहीं। खिचड़ी होने में नर्क है।

तुम शुद्ध हो। तुम एक रोशनी से भरो। और उस रोशनी से भरने के लिए इतना ही जानना जरूरी है कि तुमने अभी तक अपने को जो माना है, वह तुम नहीं हो। तुम कोई और हो। कोई अज्ञात तुम्हारे भीतर छिपा है। कोई अज्ञात कमल तुम्हारे भीतर खिलने को राजी है, जरा मुड़ो भीतर की तरफ! जरा रुको, किसी छाया में बैठो। धूप में मत भागो! विश्राम! और उसी विश्राम में ध्यान और समाधि है।

चौथा प्रश्न: कल आपने कहा कि धार्मिक व्यक्ति सदा विद्रोही होता है। तो क्या विद्रोही व्यक्ति सहज हो सकता है?

मैंने निश्चित कहा कि धार्मिक व्यक्ति सदा विद्रोही होता है, लेकिन मैंने यह नहीं कहा कि सभी विद्रोही व्यक्ति धार्मिक होते हैं। विद्रोही कोई हो सकता है बिना धार्मिक हुए, लेकिन धार्मिक कोई नहीं हो सकता बिना विद्रोही हुए।

तो फिर धार्मिक विद्रोही और विद्रोही में क्या फर्क होगा? जो साधारण विद्रोही है, जिसमें धर्म नहीं है, राजनीतिक, सामाजिक विद्रोही है, उस विद्रोही का जीवन कभी सहज नहीं हो सकता। वहां तो बड़ा तनाव होगा। वहां तो चौबीस घंटे चिंता और बेचैनी होगी।

धार्मिक विद्रोही का अर्थ है: सहज। विद्रोह करने के लिए विद्रोह नहीं; किसी के खिलाफ विद्रोह नहीं—अपनी सहजता में रहने की आकांक्षा है धार्मिक व्यक्ति का विद्रोह। वह स्वयं में जीना चाहता है। इस स्वयं में जीने में जो चीजें भी बाधा डालती हैं, वह उन्हें स्वीकार नहीं करता। उसकी तोड़ने की कोई आकांक्षा नहीं। वह किसी के विरोध में भी नहीं जाना चाहता। वह इतना ही चाहता है कि उसकी स्वतंत्रता में कोई बाधा न बने। न तो वह किसी की स्वतंत्रता में बाधा बनना चाहता है, न किसी को अपनी स्वतंत्रता में बाधा बनने देना चाहता है।

धार्मिक विद्रोही प्रतिक्रियावादी नहीं है। वह किसी के विरोध में नहीं है; वह सिर्फ अपने पक्ष में है। इस बात को तुम खयाल में ले लेना। राजनीतिक विद्रोही को अपना तो कुछ पता ही नहीं है, वह किसी के विरोध में है; जो भी सत्ता में है, उसके विरोध में है; जिसके हाथ में भी ताकत है, उसके विरोध में है। क्योंकि ताकत उसके हाथ में होनी चाहिए, अपने हाथ में होनी चाहिए; दूसरे हाथ में है तो गलत है।

राजनीतिक विद्रोही अहंकार का विद्रोह है। धार्मिक विद्रोही अहंकार का विसर्जन है और सहज-स्वभाव में जीने की प्रक्रिया है। इसका यह अर्थ नहीं होता कि धार्मिक व्यक्ति अकारण बाधाएं खड़ी करेगा। नियम है कि बाएं चलो तो वह

दाएं चलेगा—ऐसा नहीं है। धार्मिक व्यक्ति तो भूल कर भी यह झंझट न लेगा दाएं चलने की, क्योंकि दाएं चलो कि बाएं चलो, सब बराबर है। इसमें झगड़ा क्या है? वह बाएं ही चलेगा।

तुम धार्मिक विद्रोही के जीवन में कोई अकारण झंझट न देखोगे। वह सौ में निन्यानबे मौकों पर समाज के साथ ही होगा। समाज के साथ किसी भय के कारण नहीं होगा; यह समझ कर होगा कि कुछ चीजें तो औपचारिक हैं, इनमें अर्थ ही क्या है? इनमें झगड़ा क्या करना? लेकिन एक मुद्दे पर, जहां भी आत्मा बेचने का सवाल होगा, वह सब कुछ दांव पर लगा देगा। बाएं-दाएं चलने में उसे कोई अड़चन नहीं है। नियम पालन करने में उसे कोई अड़चन नहीं है। लेकिन जहां नियम आत्मघाती होने लगेगा, वहां वह बगावत करेगा; वहां वह राजी नहीं होगा; वहां वह मर जाना पसंद करेगा, ऐसे जीने के मुकाबले जहां आत्मा खो देनी पड़ती हो।

धार्मिक व्यक्ति में बड़ी सहजता होगी। तनाव तो पैदा होता है जब हम किसी से संघर्ष करते हैं। धार्मिक व्यक्ति का किसी से कोई संघर्ष नहीं है। धार्मिक व्यक्ति का तो अपने में रस है। वह अपने रस के उद्रेक में जीना चाहता है और वह नहीं चाहता कि कोई उसे बाधा दे; वह नहीं चाहता कि वह किसी को बाधा दे। वह चुपचाप अपने में डूबना चाहता है। बस इस बात में अगर कोई अड़चन डाली जाए तो वह इंकार करेगा, तो वह सूली चढ़ने को राजी रहेगा।

लेकिन तुम चकित होओगे यह जान कर कि तुम्हारी अंतरात्मा में बाधा कोई देता नहीं। लोगों को अंतरात्मा का पता ही नहीं, बाधा देने का सवाल ही कहां? लोग तो ऊपर-ऊपर की बातों में चलते हैं।

मैं तुम्हें एक घटना कहूं। रामकृष्ण के बचपन की घटना है। रामकृष्ण बचपन से ही भक्त थे, भजन करते-करते बेहोश हो जाते थे। गदाधर उनका नाम था। मां-बाप थोड़े चिंतित हुए, जैसे कि सभी मां-बाप चिंतित हो जाते हैं कि यह लड़का कुछ सामान्य नहीं मालूम होता। कोई कहता कि मिरगी आती है, कोई कहता कि मूर्च्छा आती है, कोई कहता कि इसको समाधि लग जाती है। अलग-अलग लोग, अलग-अलग व्याख्याएं थीं। और इस लड़के की सामान्य रुचियां भी न थीं; न तो यह खेलता बच्चों के साथ, न इसको स्कूल में पढ़ने-लिखने में कोई रुचि थी। दूसरी क्लास से आगे रामकृष्ण कभी गए नहीं। जंगल में चला जाता। नदी-पोखर के पास बैठ जाता। और कभी छोटी-छोटी घटनाएं...एक सुबह पोखर के किनारे बैठे-बैठे बगुलों की एक कतार आकाश से उड़ी, रामकृष्ण की समाधि लग गई।

काली घटाओं में उड़ते हुए सफेद बगुलों की पंक्ति...पर्याप्त थी। किसी और लोक की याद आ गई। रामकृष्ण का हंस उड़ चला! चले मानसरोवर! छूट गई देह जैसे यहीं! उड़ चले आकाश में! घंटों बेहोश रहे। मां-बाप को लोग सलाह देने लगे, इसकी शादी कर दो। लोग एक ही उपाय जानते हैं: जरा कुछ गड़बड़ दिखाई पड़े, शादी कर दो। सब रोगों की एक दवाः झंझट में डाल दो। तो लोगों ने कहा, जरा झंझट में डालो, यह कोई झंझट में नहीं है; न स्कूल जाता है, न कोई काम-धाम करता है, गीत-भजन, साधु-सत्संग—अभी से बिगाड़ रहे हो; अभी बांध दो पैर में झंझट। पर उन्होंने कहा, यह करेगा शादी? क्योंकि यह दिखता नहीं शादी करने वाला जैसा।

तो रामकृष्ण से डरते-डरते पिता ने पूछा कि बेटा! तू शादी करेगा? तो रामकृष्ण ने कहा, जरूर करेंगे। पिता भी थोड़े चौंके कि यह क्या मामला है? उनको भी थोड़ा धक्का लगा। सोचते तो यही थे कि यह इनकार करेगा। इंकार करता तो भी धक्का लगता। तो शायद समझाने-बुझाने की कोशिश करते; लेकिन इसने इनकार की कोई बात ही न उठाई। इसने कहा, करेंगे; किससे करनी है?

जल्दी ही इंतजाम किया गया। एक लड़की खोजी गई। रामकृष्ण उसको देखने गए दूल्हा बन कर, सज-संवर कर। बड़े प्रसन्न थे। मां ने ग्यारह रुपए खीसे में रख दिए थे, उनको बार-बार गिन लेते थे, फिर रख लेते थे। छोटी उम्र थी, शायद ग्यारह साल से ज्यादा नहीं थी। फिर गए तो भोजन परोसने लड़की आई। उसकी उम्र सात साल से ज्यादा की नहीं थी—शारदा की उस समय। जब वह भोजन परोसने आई तो ग्यारह रुपए निकाल कर उसके पैर में रख कर उन्होंने उसके पैर छू लिए। अब और एक मुसीबत हो गई।

बाप ने कहा, नासमझ! यह क्या करता है? पहली तो यह नासमझी कि शादी करने को तैयार हो गया, अब यह क्या किया?

उसने कहा कि मुझे तो बिलकुल मां का स्वरूप मालूम पड़ता है। यह मेरी मां है। शादी तो करेंगे, मगर यह है मेरी मां।

शादी भी हुई—और शारदा मां ही रही। यह सहजता है; इसमें कहीं कोई बगावत नहीं है। शादी से इंकार भी न किया। शादी भी कर ली। पिता को भी प्रसन्न कर दिया, मां को भी प्रसन्न कर दिया। कहा, बंधन डालते हो, अच्छा बंधन डाल दो। फिर बंधन को चरण छू कर नमस्कार करके मां भी बना लिया। ऐसे कारागृह को ही मंदिर बना लिया। ऐसे बंधन ही मुक्ति हो गई।

धार्मिक व्यक्ति अकारण उपद्रव में नहीं पड़ेगा। कोई कारण नहीं है। राजनीतिक व्यक्ति विक्षिप्त है। राजनीति एक तरह की न्यूरोसिस है, एक तरह का उन्माद है। तो राजनीतिक व्यक्ति तो झगड़े की तलाश में है; जब झगड़ा नहीं होता तब वह बड़ा बेचैन होता है कि अब क्या करें।

अभी जैसे भारत में अनुशासन-पर्व चल रहा है, तो राजनीतिक व्यक्ति बड़े बेचैन हैं! कुछ तो भीतर जेल के बंद हैं, तो थोड़ी हालत उनकी ठीक भी है कि कम से कम चलो जेल में तो बंद हैं, कर भी क्या सकते हैं? लेकिन जो बाहर हैं, तुम्हें उनका पता नहीं; वे बड़े कसमसा रहे हैं। वे भीतर ही भीतर डांवाडोल हो रहे हैं कि न हड़ताल हो रही है, न नारेबाजी, न झंडा ऊंचा रहे हमारा! कुछ भी नहीं हो रहा। सब जिंदगी बेकार मालूम होती है। तुम्हें पता नहीं कि सब राजनीतिक लोगों की हालत कैसी बुरी है! कुछ करने जैसा नहीं लगता। कोई उपद्रव, कोई उत्पात! वही उत्पात उनका भोजन है।

राजनीतिक व्यक्ति उत्पात में रस रखता है। उत्पात करने के लिए वह कारण खोजता है, बड़े सुंदर कारण खोजता है कभी गरीब के बहाने, कभी स्वतंत्रता के बहाने, कभी प्रजातंत्र-लोकतंत्र के बहाने, कभी यह कभी वह, लेकिन वह हमेशा कारण खोज लेता है। कोई न कोई कारण खोज लेता है कि उपद्रव चाहिए, क्योंकि उपद्रव के बिना वह रह नहीं सकता। राजनीतिक व्यक्ति एक तरह की बेचैनी है। और बेचैनी मार्ग खोजती है बहने का। उसके लिए कैथार्सिस चाहिए, रेचन चाहिए।

धार्मिक व्यक्ति एक सहज शांति है। सौ में से निन्यानबे मौकों पर तो तुम उसे कभी विरोध में न पाओगे। हां, एक मौके पर वह 'नहीं' कहेगा, जरूर कहेगा। और उस मौके पर जब वह 'नहीं' कहेगा तो वह 'नहीं' निरपेक्ष 'नहीं' होगी, उसमें कोई शर्त न होगी; उसके 'हां' में बदलने का कोई उपाय नहीं है।

तुम मार डाल सकते हो सुकरात को। तुम जीसस को सूली पर लटका सकते हो। तुम मंसूर का गला काट सकते हो। लेकिन उस एक मौके पर जब वह 'नहीं' कहता है तो उसकी 'नहीं' शाश्वत है, उसको तुम 'हां' में नहीं बदल सकते। क्योंकि वह उसी एक मौके पर 'नहीं' कहता है जहां उसकी आत्मा को खोने का सवाल है; अन्यथा तो उसके पास खोने को कुछ भी नहीं है; अन्यथा तो सब खेल है।

पांचवां प्रश्न : आप तो सतत प्रभु-प्रसाद लुटा रहे हैं, प्रभु-कृपा की वर्षा हो रही है, परंतु हम चूकते ही चले जाते हैं। पात्रता कैसे संभव होगी?

मुल्ला नसरुद्दीन से कोई पूछता था कि आपकी सफलता का रहस्य क्या है? 'सही निर्णय पर काम करना', मुल्ला नसरुद्दीन ने उत्तर दिया। 'लेकिन सही निर्णय किए कैसे जाते हैं?' उस आदमी ने पूछा। 'अनुभवों के आधार पर', मुल्ला ने कहा। 'और अनुभव किस प्रकार प्राप्त होते हैं?' उस आदमी ने फिर पूछा। मुल्ला ने कुछ सोचा और फिर कहा, 'गलत निर्णयों पर काम करके।'

मैं तुमसे कुछ कह रहा हूं, अब तुम यह प्रतीक्षा मत करो कि जब सही निर्णय होगा तब कुछ करेंगे। सही-गलत की अभी फिकर छोड़ो। निर्णय करके तुम कुछ करोगे तो निर्णय कभी होगा नहीं। कुछ करो, उससे निर्णय होता है।

तुम मुझे सुनते ही मत रहो। जो तुम्हें भा जाए, जल्दी से उसे करो। उसे जीवन में उतारो। मैं सागर उड़ेल दूं तुम में, तो किसी काम का नहीं; एक बूंद तुम उपयोग में ले आओ तो काम की सिद्ध होगी। वही तुम्हारा सागर बनेगी। सुनते ही मत रहो कि अभी तो गुनेंगे, सुनेंगे, समझेंगे, सोचेंगे, औरों से पूछेंगे, तुलना करेंगे, फिर निष्पत्तियां बनाएंगे, फिर अनुभव में उतारेंगे—तो तुम चूक जाओगे। तो यह वर्षा हो कर भी चली जाएगी, तुम खाली के खाली रह जाओगे। ये बादल आए और न आए बराबर हो जाएंगे।

कुछ करो। थोड़ी सी बात जो तुम्हें भा जाए! मैं कहता हूं भा जाए, मैं यह भी नहीं कह रहा हूं कि तुम्हारी बुद्धि को तर्करूप से सही लगे; मैं कहता हूं भा जाए, तुम्हें पसंद आ जाए, तुम्हारे भीतर गुनगुन होने लगे किसी बात से, कोई बात तुम्हारे मन में गुदगुदी ले आए, कुछ गदगद कर जाए—उसे करो! जरूरी नहीं है कि वह सही ही हो। मैं कहता भी नहीं कि जरूरी है। पर इतना मैं कहता हूं, उसे करने से लाभ होगा। सही होगी तो पता चल जाएगा सही है, तो तुम और और उसे करना। अगर गलत होगी तो पता चल जाएगा कि गलत है, तो तुम उसे छोड़ देना। और उस तरह की बातों के भ्रम में दुबारा मत पड़ना। हर हालत में करना ही निर्णायक है।

जैसे मैं साक्षी की बात कह रहा हूं—साक्षी बनो! थोड़ी-थोड़ी साक्षी की तरफ जीवन-चेतना को दौड़ाओ, थोड़े झरोखे खोलो।

तुम कभी-कभी कुछ करते भी हो, ऐसा भी नहीं कि तुम नहीं करते; मगर तुम जो करते हो, वहां भी भूल कर जाते हो। वह भूल ऐसी है : अगर तुम क्रोध से भरे हो और मुझे सुनने आते हो तो तुम सुनते वक्त यही तरकीब लगाए रखते हो कि कोई ऐसी कुंजी मिल जाए जिससे क्रोध अलग हो जाए। तो मैं जो कह रहा हूं वह

तुम सुन ही नहीं पाते, तुम अपनी कुंजी ही खोजते रहते हो। तुम अशांत हो तो तुम सुनते हो मेरी बातें—एक दृष्टि से कि शांति का कोई सूत्र मिल जाए शायद! तो बाकी सब सूत्र जो मैं लुटा रहा हूं वे खो जाते हैं। और उन्हीं सबको तुम समझते तो शांति का सूत्र भी समझ में आता।

और तुम, मैं जो कह रहा हूं, अगर अपने संदर्भ में उसको पकड़ोगे तो उसका अर्थ विकृत हो जाएगा। तो क्रोधी क्रोध का दमन करने लगेगा। मैं तो कह रहा हूं साक्षी बनो, लेकिन तुम साक्षी के नाम पर दमन करने लगोगे। क्योंकि तुम्हारी मूल इच्छा साक्षी बनने की है ही नहीं, तुम्हारी मूल इच्छा तो इतनी ही थी कि क्रोध से छुटकारा हो जाए। तो तुम साक्षी का उपयोग भी इस तरह करोगे कि तुम क्रोध को दबा लोगे। वह साक्षी बनना न हुआ, वह फिर चूक हो गई।

ऐसा हुआ कि एक आदमी ने मुझे आ कर कहा कि कल रात सर्कस में बहुत भगदड़ मच गई। एक शेर पिंजड़े से निकल भागा। फिर क्या हुआ? मैंने पूछा। उसने कहा, प्रत्येक व्यक्ति भाग खड़ा हुआ। लेकिन एक संत पुरुष वहां मौजूद थे; वे बड़े हौसले में रहे, वे जरा भी न डरे, जरा भी भयभीत न हुए।

मैंने पूछा, उन्होंने क्या किया? तो उसने कहा कि वे संत पुरुष तत्क्षण शेर के खाली पिंजड़े में जा कूदे और अंदर से दरवाजा बंद करके बैठ गए।

अब तुम भागो या पिंजड़े में कूद कर दरवाजा बंद करके बैठ जाओ—ये प्रक्रियाएं उल्टी दिखाई पड़ती हैं लेकिन उल्टी नहीं। वस्तुतः तो संत पुरुष ही ज्यादा कुशल आदमी है। क्योंकि एक बात पक्की है कि सिंह और कहीं जाए, पिंजड़े में वापिस आने वाला नहीं है; अपने से तो आने वाला नहीं है। सब जगह खतरा है, सिर्फ पिंजड़े में खतरा नहीं है।

मैं तुम्हें ऐसे संत पुरुष नहीं बनाना चाहता हूं। लोग संसार से भाग कर पिंजड़ों में बंद हो जाते हैं। मंदिर, मस्जिद, गुरुद्वारे पिंजड़े हैं। वहां सीखचों में बैठ जाते हैं। वहां कोई सिंह इत्यादि नहीं आते। लेकिन वह भी बचाव है; जीवन-क्रांति नहीं, पलायन है।

तुम मुझे जब सुनो तो मुझे ऐसे सुनो जैसे कोई किसी गायक को सुनता है। तुम मुझे ऐसे सुनो जैसे कोई किसी कवि को सुनता है। तुम मुझे ऐसे सुनो कि जैसे कोई कभी पक्षियों के गीतों को सुनता है, या वृक्षों में हवा के झोंकों को सुनता है, या पानी की मरमर को सुनता है, या वर्षा में गरजते मेघों को सुनता है। तुम मुझे ऐसे सुनो कि तुम उसमें अपना हिसाब मत रखो। तुम आनंद के लिए सुनो। तुम रस में डूबो। तुम यहां दूकानदार की तरह मत आओ। तुम यहां बैठे-बैठे भीतर गणित मत बिठाओ कि क्या इसमें से चुन लें और क्या करें और क्या न करें। तुम सिर्फ मुझे आनंद-भाव से सुनो।

स्वांतः सुखाय रघुनाथ गाथा...स्वांतः सुखाय तुलसी रघुनाथ गाथा!

स्वांतः सुखाय! सुख के लिए सुनो। उस सुख में सुनते-सुनते जो चीज तुम्हें गदगद कर जाए, उसमें फिर थोड़ी और डुबकी लगाओ। मेरा गीत सुना, उसमें जो कड़ी तुम्हें भा जाए, फिर तुम उसे गुनगुनाओ। उसे तुम्हारा मंत्र बन जाने दो। धीरे-धीरे तुम पाओगे कि जीवन में बहुत कुछ बिना बड़ा आयोजन किए घटने लगा।

हवा कहीं से उठी, बही
ऊपर ही ऊपर चली गई
पथ सोया ही रहा
किनारे के क्षुप चौंके नहीं
न कांपी डाल
न पत्ती कोई दरकी
अंग लगी लघु ओस
बूंद भी एक न ढरकी
हवा कहीं से उठी, बही
ऊपर ही ऊपर चली गई।
वनखंडी में सधे खड़े, पर
अपनी ऊंचाई में खोए-से
चीड़ जाग कर सिहर उठे
सनसना गए
एक स्वर नाम वही अनजाना
साथ हवा के गा गए
मैंने उठ कर
खोल दिया वातायन
और दुबारा चौंका
वह सन्नाटा नहीं
झरोखे के बाहर
ईश्वर गाता था।
हवा कहीं से उठी, बही
ऊपर ही ऊपर चली गई
पथ सोया ही रहा।

तुम पथ की तरह मत सोए रहना, पत्थर की तरह मत सोए रहना!

किनारे के क्षुप चौंके नहीं

न कांपी डाल
न पत्ती कोई दरकी
अंग लगी लघु ओस
बूंद भी एक न ढरकी।

यह जो हवा मैं तुम्हारे आस-पास उठा रहा हूं, इसके लिए जरा तुम ऊंचे उठो। अगर तुम नीचे ही पड़े रहे तो ओस की एक बूंद भी तुमसे न ढरकेगी, एक आंसू भी न बहेगा। तुम ऐसे ही अछूते पड़े रह जाओगे।

वनखंडी में सधे खड़े, पर
अपनी ऊंचाई में खोए-से
चीड़ जाग कर सिहर उठे
सनसना गए।

जरा ऊंचे उठो। मैं जहां की खबर लाया हूं, वहां की खबर लेने के लिए चीड़ बनो। थोड़े सिर को उठाओ। थोड़े सधो।

वनखंडी में सधे खड़े, पर
अपनी ऊंचाई में खोए-से
चीड़ जाग कर सिहर उठे
सनसना गए।
एक स्वर नाम वही अनजाना
साथ हवा के गा गए।

मेरे साथ गुनगुना लो थोड़ा। जिस एक की मैं चर्चा कर रहा हूं, उस एक की गुनगुनाहट को तुममें भी गूंज जाने दो।

एक स्वर नाम वही अनजाना
साथ हवा के गा गए।

और तब तुम्हें पता चलेगा कि जैसे खुल गई कोई खिड़की। और जिसे तुमने समझा था सिर्फ एक विचार, वह विचार न था; वह ध्यान बन गया। और जिसे तुमने समझा था सिर्फ एक सिद्धांत, एक शास्त्र, वह सिद्धांत न था, शास्त्र न था; वह सत्य बन गया।

मैंने उठ कर खोल दिया वातायन
और दुबारा चौंका
वह सन्नाटा नहीं
झरोखे के बाहर
ईश्वर गाता था।

तो थोड़े उठो। थोड़े जागो। थोड़े सधो। और छोड़ो अपनी क्षुद्र चिंताएं; उनका हिसाब-किताब मत बिठाओ मेरे पास। तुम मुझे पीयो। तुम मेरे पास ऐसे रहो जैसे कोई फूल के पास रहता है।

तुम इसमें से कुछ उपयोग की बातें निकालने की चिंता न करो, क्योंकि उपयोगिता से ईश्वर का कोई संबंध नहीं है। ईश्वर से ज्यादा अनुपयोगी और कोई वस्तु जगत में नहीं है। क्या संबंध है ईश्वर का उपयोगिता से? बाजार में बेच न सकोगे। क्या उपयोग है ईश्वर का? किसी काम न आएगा। अर्थहीन, प्रयोजन-शून्य!

मैं तुमसे जो कह रहा हूं, तुमने अगर उसे उपयोगिता की दृष्टि से सुना तो तुम चूक जाओगे।

मैं कोई शिक्षक नहीं हूं। मैं तुम्हें कोई उपयोगी बातें नहीं सिखा रहा हूं जो तुम्हारी जिंदगी में काम आएंगी। मैं तुम्हें कुछ दर्शन कराना चाहता हूं, जिसका कोई उपयोग नहीं है सिवाए इसके कि तुम सच्चिदानंद से भर जाओगे; सिवाय इसके कि तुम आनंदमग्न हो जाओगे, मदमस्त हो जाओगे। यह तो मस्ती की एक हवा यहां मैं फैलाता हूं। मगर तुम पर निर्भर है। तुम रास्ते पर पटे पत्थर की तरह पड़े रह सकते हो—हवा आएगी, चली जाएगी; तुम अछूते रह जाओगे। तुम्हारे कानों में भनक भी न पड़ेगी। या राह के किनारे छोटे-छोटे पौधों की तरह तुम रह जा सकते हो। उनके शिखर ही इतने ऊंचे नहीं कि आकाश की हवाएं उन्हें छू सकें। तो एक ओस की बूंद भी न ढरकेगी। एक आंसू भी न बहेगा। तुम्हें पता भी न चलेगा कि हवा आई और चली गई।

बुद्ध आए, कितनों को पता चला? थोड़े से चीड़ जैसे उठे वृक्ष अपने में खोए-से, आकाश में खड़े-से, उत्तुंग उनके शिखर पर बुद्ध की हवा छुई। कृष्ण आए, किसने सुना? कृष्ण की बांसुरी सभी तक तो नहीं पहुंची। अष्टावक्र ने कहा, कोई जनक ने सुना। कोई चीड़ जैसे वृक्ष! उठो थोड़े ऊंचे!

और मुझे ऐसे सुनो जिसमें प्रयोजन का कोई भाव न हो। जो मुझे प्रयोजन से सुनेगा, वह चूकेगा। जो मुझे निष्प्रयोजन, आनंद से सुनेगा—स्वांतः सुखाय तुलसी रघुनाथ गाथा—वही पा लेगा। उसके जीवन में धीरे-धीरे क्रांति घटनी शुरू हो जाती है।

आखिरी प्रश्न : मैं स्त्रैण-चित्त का आदमी हूं, संकल्प बिलकुल नहीं है। क्या संकल्प का विकास करना जरूरी है?

जरा भी जरूरी नहीं है। समर्पण पर्याप्त है। अपने चित्त को पहचानो। कुछ भी थोपना आवश्यक नहीं है। चित्त जैसा हो उसी चित्त के सहारे परमात्मा तक पहुंचो।

परमात्मा तक स्त्रैण चित्त पहुंच जाते हैं, पुरुष-चित्त पहुंच जाते हैं। परमात्मा तक तुम जहां हो, वहीं से पहुंचने का उपाय है; बदलने की कोई जरूरत नहीं है। और बदलने की झंझट में तुम पड़ना मत, क्योंकि बदल तुम पाओगे न। अगर तुम्हारा चित्त भावपूर्ण है तो तुम लाख उपाय करो, तुम उसे संकल्प से न भर पाओगे। अगर तुम्हारा चित्त हृदय से भरा है तो तुम बुद्धि का आयोजन न कर पाओगे। जरूरत भी नहीं है। ऐसी उलझन में पड़ना भी मत। अन्यथा तुम जो हो, वह भी न रह पाओगे; और तुम जो होना चाहते हो वह तो तुम हो न सकोगे।

गुलाब का फूल गुलाब के फूल की तरह ही चढ़ेगा प्रभु के चरणों में। कमल का फूल कमल के फूल की तरह चढ़ेगा। तुम जैसे हो वैसे ही स्वीकार हो। तुम जैसे हो वैसा ही प्रभु ने तुम्हें बनाया। तुम जैसे हो वैसा ही प्रभु ने तुम्हें चाहा। तुम अन्यथा होने की चेष्टा में विकृत मत हो जाना, क्षत-विक्षत मत हो जाना। तुमसे मैं एक छोटा सा गीत कहता हूं:

तू नहीं कहेगा, मैं फिर भी सुन ही लूंगा
किरण भोर की पहली, भोलेपन से बतलावेगी
झरना शिशु-सा अनजान उसे दोहरावेगा
घोंघा गीली-पीली रेती पर धीरे-धीरे आंकेगा
पत्तों का मरमर कनबतियों में जहां-तहां फैलावेगा
पंछी की तीखी कूक फरहरे मढ़े शल्य-सी आसमान पर टांकेगी
फिर दिन सहसा खुल कर उसको सब पर प्रगटावेगा।
तू नहीं कहेगा, मैं फिर भी सुन ही लूंगा
मैं गुन ही लूंगा।
तू नहीं कहेगा
आस्था है
नहीं अनमना होऊंगा
तब मैं सुन लूंगा।

और दे भी क्या सकता हूं हवाला
या प्रमाण अपनी बात का?
अब से तेरा कर एक वही गह पाएगा।
संभ्रम अवगुंठित अंगों को
उसका ही मृदुतर कुतूहल
प्रकाश की किरण छुआएगा।
तुझसे रहस्य की बात निभृत में
एक वही कर पाएगा।
तू उतना वैसा समझेगी
वह जैसा जो समझाएगा
तेरा वह प्राप्य वरद कर
तुम पर जो बरसाएगा
उद्देश्य, उसे जो भावे
लक्ष्य वही, जिस ओर मोड़ दे वह
तेरा पथ मुड़-मुड़ कर सीधा उस तक ही जाएगा।
तू अपनी भी उतनी ही होगी जितना वह अपनाएगा
ओ आत्मा री!
तू गई वरी
महाशून्य के साथ भांवरें तेरी रची गईं।
उद्देश्य, उसे जो भावे; समर्पण का यही अर्थ है।
उद्देश्य, उसे जो भावे
लक्ष्य वही, जिस ओर मोड़ दे वह
तेरा पथ मुड़-मुड़ कर सीधा उस तक ही जाएगा
तू अपनी भी उतनी ही होगी
जितना वह अपनाएगा
ओ आत्मा री!
तू गई वरी
महाशून्य के साथ भांवरें तेरी रची गईं।

अगर तुम्हें लगता है कि स्त्रैण-चित्त है तुम्हारे पास—शुभ है, मंगल है। पुरुष-चित्त का कोई अपने आप में मूल्य नहीं। हो तो वह भी शुभ है, वह भी मंगल है।

परमात्मा ने दो ही तरह के चित्त बनाए: स्त्रैण और पुरुष; संकल्प और समर्पण। दो ही मार्ग हैं उस तक जाने के। तुम जहां हो वहीं से चलो। तुम जैसे हो वैसे ही चलो। प्रभु तुम्हें वैसा ही अंगीकार करेगा।

हरि ॐ तत्सत्!

* * *

प्रवचन : 15

जीवन की एकमात्र दीनता : वासना

अष्टावक्र उवाच।

अविनाशिनमात्मानमेकं विज्ञाय तत्त्वतः।
तवात्मज्ञस्य धीरस्य कथमर्थार्जने रतिः।।46।।
आत्माऽज्ञानादहो प्रीतिर्विषयभ्रमगोचरे।
शुक्तेरज्ञानतो लोभो यथा रजतविभ्रमे।।47।।
विश्वं स्फुरति यत्रेदं तरंग इव सागरे।
सोऽहमस्मीति विज्ञाय किं दीन इव धावसि।।48।।
श्रुत्वाऽपि शुद्धचैतन्यमात्मानमतिसुन्दरम्।
उपस्थेऽत्यन्तसंसक्तो मालिन्यमधिगच्छति।।49।।
सर्वभूतेषु चात्मानं सर्वभूतानि चात्मनि।
मुनेजनित आश्चर्यं ममत्वमनुवर्तते।।50।।
आस्थितः परमाद्वैतं मोक्षार्थेऽपि व्यवस्थितः।
आश्चर्यं कामवशगो विकलः केलिशिक्षया।।51।।
उद्भूतं ज्ञानदुर्मित्रभवधार्याति दुर्बलः।
आश्चर्यं काममाकाक्षेत् कालमंतमनुश्रितः।।52।।

गुरु मात्र शिक्षक ही नहीं है, शास्ता भी है। शास्ता यानी वह, जो जीवन को एक अनुशासन दे, जीवन को शासन दे। जो मात्र शब्द दे, वह शिक्षक। जो शासन भी दे, वह शास्ता।

अष्टावक्र शब्द देकर ही संतुष्ट नहीं हो गए। शब्द देने के बाद जो पहला खतरा है, उस खतरे की तरफ इंगित है इन सूत्रों में। शब्द सुन कर गुरु के इस बात की बहुत संभावना है कि तुम शब्द से ऐसे अभिभूत हो जाओ कि तुम समझो सब

हो गया; तुम शब्द को ही पकड़ लो और शब्द को ही सत्य मान लो।

सदगुरु से निकले हुए शब्दों का बल है, ऊर्जा है। उस ऊर्जा और बल में तुम आविष्ट हो सकते हो, सम्मोहित हो सकते हो। तुम बिना ज्ञानी हुए ज्ञानी बन सकते हो—यही पहला खतरा है। शब्द ठीक मालूम पड़ें, तर्कयुक्त मालूम पड़ें, बुद्धि प्रभावित हो, हृदय प्रफुल्लित हो जाए—तो ऐसी घड़ियां आ सकती है सत्संग में, जब जो तुम्हारा अनुभव नहीं है अभी, वह भी अनुभव जैसा मालूम होने लगे। तो गुरु परीक्षक भी है। वह तुम्हारी परीक्षा भी करेगा कि जो तुम कह रहे हो वह हुआ भी है या केवल सुनी हुई बात दोहरा रहे हो?

अष्टावक्र ने जो उदघोष किया—परम सत्य का—उस उदघोष का ऐसा परिणाम हुआ कि जनक तत्क्षण प्रतिध्वनि करने लगे। जनक भी वही बोले। और जनक ने कहा कि आश्चर्य कि मैं अब तक कैसे सोया रहा! और जनक ने कहा कि मैं जाग गया! और जनक ने कहा कि मैं न केवल जाग गया हूं, मैं जानता हूं मैं ही समस्त का केंद्र, सब मुझसे ही संचालित होता! मुझ का मुझ ही को नमस्कार है!

ऐसी महिमा का उदय हुआ। अष्टावक्र चुपचाप खड़े सुनते रहे। यह जो हुआ है, इसे देखते रहे। इन सूत्रों में परीक्षा है। अष्टावक्र प्रश्न उठाते हैं, संदेह उठाते हैं। जनक के घड़े को जगह-जगह से ठोंक कर देखते हैं, कच्चा तो नहीं है? बातें सुन कर तो नहीं बोल रहा है? किसी प्रभाव के कारण तो नहीं बोल रहा है? मेरी मौजूदगी के कारण तो ये तरंगें नहीं उठी हैं? ये तरंगें इसकी अपनी हैं? यह क्रांति वस्तुतः घटी है? यह कहीं बौद्धिक मात्र न हो।

मेरे पास बहुत लोग आते हैं। उनमें अनेक कृष्णमूर्ति के भक्त हैं। वे मुझसे आकर कहते हैं कि हम वर्षों से सुनते हैं; जो सुनते हैं वह शत-प्रतिशत ठीक भी मालूम होता है, उसमें हमें कुछ संदेह नहीं है। जो कृष्णमूर्ति कहते हैं, उसे हमने समझ भी लिया है। हम नहीं समझे, ऐसा भी नहीं है। लेकिन फिर भी जीवन में कोई क्रांति नहीं घटती। बौद्धिक रूप से सब समझ में आ गया है। बुद्धि भर गई है, लेकिन आत्मा रिक्त की रिक्त रह गई है। ऊपर-ऊपर सब जान लिया और भीतर-भीतर हम वैसे के वैसे हैं; भीतर कोई घटना नहीं घटी। अछूते के अछूते रह गए हैं। वर्षा हो गई है, घड़ा खाली रह गया है।

बड़ी अड़चन में पड़ जाता है व्यक्ति, जब उसे बौद्धिक रूप से सब समझ में आ जाता है और अस्तित्वगत कोई समानांतर घटना नहीं घटती। तुम्हें उसकी दुविधा का अंदाज नहीं। उसे दिखाई पड़ता है कि दरवाजा कहां है, लेकिन निकलता दीवाल से है। जिसको दरवाजा नहीं दिखाई पड़ता, वह भी दीवाल से निकलता है; लेकिन उसे दरवाजा दिखाई ही नहीं पड़ता, इसलिए शिकायत किससे?

जिस आदमी को खयाल है कि मुझे दरवाजा दिखाई पड़ता है, समझ आ गया है कि कहां है, लेकिन फिर भी मैं दीवाल से सिर तोड़ता हूं—तुम उसकी पीड़ा समझो। जब भी उसका सिर टूटता है, वह महाविषाद से भर जाता है कि मुझे मालूम तो है कि ठीक क्या है, फिर मैं गलत क्यों करता हूं? मुझे मालूम तो है कि कहां जाना चाहिए, फिर मैं विपरीत क्यों जाता हूं?

सब मालूम है उसे और कुछ भी मालूम नहीं। तो उसके भीतर सीखने की क्षमता भी खो जाती है। उसमें शिष्यत्व का भाव भी खो जाता है, क्योंकि उसे मालूम तो सब है; अब सीखने को और क्या है? उसकी विनम्रता भी खो जाती है। और भीतर की पीड़ा सघन होती चली जाती है। उसमें कोई अंतर पड़ता नहीं।

ऐसा ही समझो कि तुम दवाइयां इकट्ठी करते चले जाओ, इससे तो तुम्हारी बीमारी समाप्त न होगी। पीयोगे तब समाप्त होगी। तुम डाक्टरों के प्रिसक्रिप्शन इकट्ठे करके फाइलें बना लो। उन प्रिसक्रिप्शनों से तो कुछ परिणाम न होगा, जब तक उन प्रिसक्रिप्शनों के अनुसार जीवन न बनेगा। लेकिन दवाइयों का ढेर तुम्हें एक भ्रांति दे सकता है कि सब दवाइयां तो मेरे पास हैं, पूरी केमिस्ट की दूकान तो उठा लाया, अब और क्या है, अब कहां जाऊं? किससे पूछूं? अब तो पूछने को भी कुछ नहीं बचा।

तो एक दंभ पैदा होता है। बुद्धि की थोथी समझ से एक अहंकार, एक अस्मिता जगती है कि मैं जानता हूं, और भीतर एक पीड़ा भी होती है कि मुझे कुछ भी तो पता नहीं, क्योंकि कुछ हो तो नहीं रहा है।

हो, तो ही कसौटी है। तुम्हारा जीवन बदले किसी सत्य से, तो ही सत्य तुम्हारे पास है। अगर जीवन न बदले तो सत्य तुम्हारे पास नहीं है।

मैंने सुना है, स्वामी रामतीर्थ एक छोटी सी कहानी कहा करते थे। वे कहते थे, कल्प-गंगा के किनारे, स्वर्ग की गंगा के किनारे, ज्ञान और मोह एक सुबह आकर रुके। गंगा ने कहा, भले आए, स्वागत! लो डुबकी मुझमें, तुम्हें पवित्र कर दूंगी। उतरो मुझमें। नहा लो। तुम नये हो जाओगे। तुम्हें फिर कुंआरा कर दूंगी। सारी धूल पोंछ डालूंगी।

ज्ञान तो अकड़ा खड़ा रहा, क्योंकि ज्ञान ने कहा: तू, और मुझे शुद्ध करेगी? उसे तो इस बात पर भरोसा न आया। और झुकने की क्षमता वह खो चुका था, समर्पण की कला खो चुका था, शिष्य होना भूल चुका था। किसी दूसरे से कुछ हो सकता है, यह बात ही भूल चुका था। ज्ञान की अकड़ आ गई थी कि मैं सब स्वयं कर लूंगा, किस गंगा की जरूरत है? किस तीर्थ की जरूरत? किस गुरु की जरूरत? किसी की कोई जरूरत नहीं है।

वह तो मुस्कुराया। वह तो गंगा के इस बेहूदे आमंत्रण पर मुस्कुराया। लेकिन मोह तो मोह है—मोहाविष्ट हो गया। मोह को तो बात लुभा गई। लोभ के कारण वह तो उतर गया। गंगा ने उसे नहला दिया। वह शुद्ध हो गया। वह पवित्र हो गया। वह निर्दोष हो गया। जब वह बाहर आया तो देवताओं ने उसकी स्तुति की, आरती की; क्योंकि मोह अब प्रेम हो चुका था। नहा लिया था गंगा में, झुक गया था। मोह अब प्रेम हो चुका था।

मोह ही तो शुद्ध होकर प्रेम हो जाता है। प्रेम ही की तो आखिरी ऊंचाई प्रार्थना है। और प्रार्थना का ही आखिरी पड़ाव तो परमात्मा है।

लेकिन ज्ञान तो अपने रास्ते पर जा चुका था—अकड़ा हुआ; अपनी धूल-ध्वांस सम्हाले हुए, खोपड़ी भरी और मजबूत और भारी, और हृदय बिलकुल सूखा और रिक्त और मरुस्थल।

अष्टावक्र सुन कर जनक की बातें इन सूत्रों में पहला सवाल उठाते हैं कि जनक, ऐसा तुझे हुआ है? या बातों में उलझ गया? या मेरी बातों में आ गया? वे जगह-जगह से उसे ठोंकते हैं।

पहला सूत्र: अष्टावक्र ने कहा, 'आत्मा को तत्वतः एक और अविनाशी जान कर भी क्या तुझ आत्मज्ञानी धीर को धन कमाने में अभी भी रुचि है?'

क्योंकि जनक ने कोई महल तो छोड़ा नहीं। जनक ने कोई धन का त्याग तो किया नहीं। जनक जैसा है वैसा का वैसा है। एक प्रश्न अष्टावक्र उठाते हैं।

जब शिष्य प्रश्न उठाता है तो अज्ञान से उठता है; जब गुरु प्रश्न उठाता है तो ज्ञान से उठता है। शिष्य के प्रश्नों के उत्तर देने बड़े आसान हैं; गुरु के प्रश्नों के उत्तर तो केवल जीवन से दिए जा सकते हैं, और तो कोई उपाय नहीं।

'अविनाशिनमात्मानमेकं विज्ञाय तत्त्वतः।'

—तत्व से तू घोषणा कर रहा है कि एक है अविनाशी, एक है आत्मा? अद्वैत की तू तत्वतः घोषणा कर रहा है?

तवात्मज्ञस्य धीरस्य कथमर्थार्जने रतिः।

—और ऐसी घोषणा के बाद क्या धन में रुचि रह सकती है? राज्य में, साम्राज्य में, महल में, पद-प्रतिष्ठा में, सिंहासन में रुचि रह सकती है?

जनक के सामने एक प्रश्न-चिह्न खड़ा किया है अष्टावक्र ने, कि तुझसे पूछता हूं जनक, जब एक का तुझे पता चल गया और तुझे बोध हो गया कि तू स्वयं परमात्मा है, तो क्या धन के पीछे अब भी तू दौड़ सकता है? तू तलाश अपने भीतर, धन का कहीं मोह तो शेष नहीं रहा?

यह पहली बात धन की क्यों उठाई? क्योंकि इस जीवन में बड़ी से बड़ी बीमारी

दौड़ और बड़े से बड़ा हमारा पागलपन धन के लिए है। हम भीतर हैं खाली, रिक्त, सूने; धन से उसे भरते हैं। खालीपन काटता है। खालीपन में बड़ी बेचैनी होती है कि मैं ना-कुछ, कुछ होकर दिखाना है! कैसे दिखाऊं? तो पद, प्रतिष्ठा, धन—वे सब धन के ही रूप हैं। उनसे हम अपने को भरते हैं, ताकि मैं कह सकूं, 'मैं कुछ हूं! मैं ना-कुछ नहीं हूं! देखो, कितना धन मेरे पास है!' ताकि मैं प्रमाण दे सकूं कि मैं कुछ हूं!

अष्टावक्र कहते हैं कि धन की दौड़ तो उस आदमी की है जिसे भीतर बैठे परमात्मा का पता नहीं। जिसे भीतर बैठे परमात्मा का पता चल गया वह तो धनी हो गया, उसे तो मिल गया धन। राम-रतन धन पायो! अब उसे कुछ बचा नहीं पाने को। अब कोई धन धन नहीं है; धन तो उसे मिल गया; परम धन मिल गया। और परम धन को पाकर फिर कोई धन के पीछे दौड़ेगा?

छोटे थे तुम तो खेल-खिलौनों से खेलते थे; टूट जाता खिलौना तो रोते भी थे; कोई छीन लेता तो झगड़ते भी थे। फिर एक दिन तुम युवा हो गए। फिर तुम भूल ही गए वे खेल-खिलौने कहां गए, किस कोने में पड़े-पड़े धीरे से झाड़ कर, बुहार कर कचरे में फेंक दिए गए। तुम्हें उनकी याद भी नहीं रही। एक दिन तुम लड़ते थे। एक दिन तुम उनके लिए मरने-मारने को तैयार हो जाते थे। आज तुमसे कोई पूछे कि कहां गए वे खेल-खिलौने, तो तुम हंसोगे। तुम कहोगे, अब मैं बच्चा तो नहीं, अब मैं युवा हो गया, प्रौढ़ हो गया; मैंने जान लिया कि खेल-खिलौने खेल-खिलौने हैं।

ऐसी ही एक प्रौढ़ता फिर घटती है, जब किसी को भीतर के परमात्मा का बोध होता है। तब संसार के सब खेल-खिलौने, धन-पद-प्रतिष्ठा सब ऐसे ही व्यर्थ हो जाते हैं जैसे बचपन के खेल-खिलौने व्यर्थ हो गए। फिर उनके लिए कोई संघर्ष नहीं रह जाता, प्रतिद्वंद्विता नहीं रह जाती, कोई स्पर्धा नहीं रह जाती।

धन की दौड़ आत्महीन व्यक्ति की दौड़ है। जितना निर्धन होता है आदमी भीतर, उतना ही बाहर के धन से भरने की चेष्टा करता है। बाहर का धन भीतर की निर्धनता को भुलाने की व्यवस्था, विधि है। जितना गरीब आदमी होता है, उतना ही धन के पीछे दौड़ता है।

इसलिए तो हमने देखा कि कभी बुद्ध, कभी महावीर, महाधनी लोग रहे होंगे, कि सब छोड़ कर निकल पड़े और भिखारी हो गए। इस आश्चर्य की घटना को देखते हो! यहां निर्धन धन के पीछे दौड़ते रहते हैं, यहां धनी निर्धन हो जाते हैं। जिन्हें भीतर का धन मिल गया, वे बाहर की दौड़ छोड़ देते हैं।

अष्टावक्र ने पूछा कि जनक, जरा पीछे भीतर उतर कर टटोल, कहीं धन की आकांक्षा तो शेष नहीं? अगर धन की आकांक्षा शेष हो तो यह सब जो

तू बोल रहा है, सब बकवास है। कसौटी वहां है। अभी भी तू पद तो नहीं चाहता? अभी भी तू राज्य का विस्तार तो नहीं चाहता? अभी भी भीतर तृष्णा तुझे पकड़े तो नहीं है? अगर वासना अभी भी मौजूद है भीतर, तो पक्का जान कि आत्मा का तुझे अनुभव नहीं हुआ। आत्मा का अनुभव तो तभी होता है जब वासना नहीं रह जाती। या आत्मा का अनुभव होते ही वासना नहीं रह जाती। दोनों साथ-साथ नहीं हो सकते। आत्मा और वासना के बीच किसी तरह का सहयोग नहीं हो सकता; जैसे अंधेरे और प्रकाश के बीच किसी तरह का साथ-संग नहीं हो सकता। प्रकाश—तो अंधेरा नहीं; अंधेरा—तो प्रकाश नहीं।

तू प्रकाश की बातें कर रहा है। तू अचानक महावाक्य बोल रहा है, जनक! यह इतनी जल्दी हुआ है। इसकी तू कसौटी कर ले। इसे तू जरा खोज-बीन कर ले, जांच-पड़ताल कर ले। भीतर उतर। देख, कहीं धन की आकांक्षा तो नहीं छिपी बैठी। अगर छिपी बैठी हो तो यह सब जो तूने कहा, मुझे तूने दोहरा दिया; यह सब बासा है; यह सब उधार है; फिर इसकी बहुत मूल्यवत्ता नहीं है। फिर हमें फिर से अ ब स से शुरू करना पड़ेगा। तो मैं फिर तुझे जगाऊं, अगर धन की आकांक्षा कहीं बैठी हो। अगर तू धन की आकांक्षा पाए ही नहीं कहीं, तो कुछ हुआ है, अन्यथा कुछ भी नहीं हुआ है।

'आत्मा को तत्वतः एक और अविनाशी जान कर भी क्या तुझ आत्मज्ञानी धीर को धन कमाने में रुचि है?'

जरा सी भी रुचि? लेशमात्र भी रुचि? जरा सा भी रस?

खयाल रखना, जब तक हम सोचते हैं कि बाहर कुछ हमें मिल जाए, उससे हम कुछ हो जाएंगे—तब तक हमारी धन में रुचि है। यह भी हो सकता है कि तुम धन का त्याग कर दो, लेकिन त्याग से कुछ मिल जाएगा, ऐसी रुचि शेष रह जाए—कि दुनिया तुम्हें त्यागी कहेगी, कि लोग प्रशंसा करेंगे, कि चरण छुएंगे—तो फिर कुछ फर्क न हुआ; तुमने सिर्फ सिक्के बदल लिए। लेकिन अब भी तुम्हारी आकांक्षा वही की वही है। रुचि तुम्हारी धन की ही है। धन से मात्र धन की तरफ ही इशारा नहीं है, धन से एक भीतर की आकांक्षा का इशारा है कि बाहर कुछ हो सकता है, जिससे मैं मूल्यवान हो जाऊं। धन का आत्यंतिक अर्थ इतना ही है कि बाहर से कुछ मिल सकता है जो मुझे मूल्यवत्ता दे दे!

मेरा मूल्य मेरे भीतर है; मैं स्वयं अपना मूल्य हूं—ऐसी प्रतीति वस्तुतः संन्यास है। मेरा मूल्य बाहर से आता है; लोग क्या कहते हैं, इससे मेरा मूल्य निर्मित होता है—तो ऐसी आकांक्षा धन की आकांक्षा है।

इसलिए तुम्हारे सौ त्यागियों में निन्यानबे तो अभी भी धन की ही आकांक्षा में जीते हैं। धन उन्होंने छोड़ दिया होगा, बाजार छोड़ दिया, दूकान छोड़ दी, सब छोड़-छाड़ कर मंदिरों में बैठ गए हैं; लेकिन अब भी तुम्हारी प्रतीक्षा करते हैं कि तुम आओ और सम्मान दो। अब भी तुम्हारे द्वारा किया गया अपमान खलता है, कांटे की तरह गड़ता है। तुम्हारा सम्मान अभी भी गदगद करता है। तुम कहते हो, महात्यागी हो आप, तो भीतर फूल खिल जाते हैं, कमल खिल जाते हैं।

अगर कोई नहीं आता सम्मान करने को तो त्यागी प्रतीक्षा करने लगता है कि आज कोई भी नहीं आया। दुकान बदल गई, ग्राहक नहीं बदले। ग्राहक की अभी भी प्रतीक्षा है! जैसे दुकानदार सुबह से दुकान खोल कर बैठ कर प्रतीक्षा करता है ग्राहक आएं, अगर ऐसा ही त्यागी भी सुबह से प्रतीक्षा करने लगता है कि मंदिर में लोग आएं, मेरी पूजा-अर्चना हो, लोग मुझे सम्मान दें, प्रतिष्ठा दें—तो दूकान बदली, कुछ भीतर बदला नहीं।

जिस दिन तुम्हारे मन में दूसरों से मिलने वाले सम्मान का कोई मूल्य नहीं रह जाता—न निषेधात्मक, न विधायक; न उनके अपमान का कोई मूल्य रह जाता है; तुम्हारे पास क्या है, इससे तुम अपनी सत्ता की गणना नहीं करते और तुम्हारे पास क्या नहीं है, इससे तुम अपने भीतर कमी का अनुभव नहीं करते; तुम जिस क्षण बेशर्त पूर्ण हो जाते हो; जिस क्षण तुम्हारी घोषणा पूर्णता की अकारण हो जाती है, जिसमें कोई बाहरी कारण हाथ नहीं देता—उस क्षण तुम जानना कि तुमने जाना। उसके पहले जानकारी है और जानकारी को भूल से जानना मत समझ लेना।

ऐसा हुआ कि स्वामी विवेकानंद अमरीका से वापस लौटे। जब वे वापस आए तो बंगाल में अकाल पड़ा था। तो वे तत्क्षण आकर अकालग्रस्त क्षेत्र में सेवा करने चले गए। ढाका की बात है। ढाका के कुछ वेदांती पंडित उनका दर्शन करने आए। स्वामी जी अमरीका से लौटे, भारत की पताका फहरा कर लौटे! तो पंडित दर्शन करने आए थे, सत्संग करने आए थे। लेकिन जब पंडित आए तो स्वामी विवेकानंद ने न तो वेदांत की कोई बात की, न ब्रह्म की कोई चर्चा की, कोई अध्यात्म, अद्वैत की बात ही न उठाई, वे तो अकाल की बात करने लगे और वे तो जो दुख फैला था चारों तरफ उससे ऐसे दुखी हो गए कि खुद ही रोने लगे, आंख से आंसू झरझर बहने लगे।

पंडित एक-दूसरे की तरफ देख कर मुस्कुराने लगे कि यह असार संसार के लिए रो रहा है। यह शरीर तो मिट्टी है और यह रो रहा है, यह कैसा ज्ञानी!

उनको एक-दूसरे की तरफ व्यंग्य से मुस्कुराते देख कर विवेकानंद को कुछ समझ न आया। उन्होंने कहा, मामला क्या है, आप हंसते हैं? तो उनके प्रधान ने

कहा कि हंसने की बात है। हम तो सोचते थे आप परमज्ञानी हैं। आप रो रहे हैं? शास्त्रों में साफ कहा है कि देह तो हैं ही नहीं हम, हम तो आत्मा हैं! शास्त्रों में साफ कहा है कि हम तो स्वयं ब्रह्म हैं, न जिसकी कोई मृत्यु होती, न कोई जन्म होता। और आप ज्ञानी होकर रो रहे हैं? हम तो सोचते थे, हम परमज्ञानी का दर्शन करने आए हैं, आप अज्ञान में डूब रहे हैं!

विवेकानंद का सोटा पास पड़ा था, उन्होंने सोटा उठा लिया, टूट पड़े उस आदमी पर। उसके सिर पर डंडा रख कर बोले कि अगर तू सचमुच ज्ञानी है तो अब बैठ, तू बैठा रह, मुझे मारने दे। तू इतना ही स्मरण रखना कि तू शरीर नहीं है।

विवेकानंद का वैसा रूप—मजबूत तो आदमी थे ही, वे हट्टे-कट्टे आदमी थे—और हाथ में उनके बड़ा डंडा! उस पंडित की तो रूह निकल गई। वह तो गिड़गिड़ाने लगा कि महाराज, रुको, यह क्या करते हो? अरे, यह कोई ज्ञान की बात है? हम तो सत्संग करने आए हैं। यह कोई उचित मालूम होता है?

वह तो भागा। उसने देखा कि यह आदमी तो जान से मार डाल दे सकता है। उसके पीछे बाकी पंडित भी खिसक गए। विवेकानंद ने कहा: शास्त्र को दोहरा देने से कुछ ज्ञान नहीं हो जाता। पांडित्य ज्ञान नहीं है। पर-उपदेश कुशल बहुतेरे!

वह जो पंडित ज्ञान की बात कर रहा था, तोतारटंत थी। उस तोतारटंत में कहीं भी कोई आत्मानुभव नहीं है। शास्त्र की थी, स्वयं की नहीं थी। और जो स्वयं की न हो, वह दो कौड़ी की है।

तो अष्टावक्र पहली परीक्षा खड़ी करते हैं। पहली परीक्षा, वे यह कहते हैं: जनक, ध्यान कर! तू कहता है, आत्मा को तत्वतः तूने जान लिया, पहचान गया अविनाशी को, अब क्या तुझ आत्मज्ञानी धीर को धन कमाने में थोड़ी भी रुचि है? इसका मुझे उत्तर दे।

गुरु तो दर्पण है। गुरु के दर्पण के समक्ष तो शिष्य को समग्र-रूप से नग्न हो जाना है। उसे तो अपने हृदय को पूरा उघाड़ कर रख देना है, तो ही क्रांति घट सकती है।

पुरानी कथा है जैन-शास्त्रों में, मिथिला के महाराजा नेमी के संबंध में। उन्होंने कभी शास्त्र नहीं पढ़े। उन्होंने कभी अध्यात्म में रुचि नहीं ली। वह उनका लगाव ही न था। उनकी चाहत ने वह दिशा कभी नहीं पकड़ी थी। बूढ़े हो गए थे, तब बड़े जोर का दाह्य-ज्वर उन्हें पकड़ा। भयंकर ज्वर की पीड़ा में पड़े हैं। उनकी रानियां उनके शरीर को शीतल करने के लिए चंदन और केसर का लेप करने लगीं। रानियों के हाथ में सोने की चूड़ियां थीं, चूड़ियों पर हीरे-जवाहरात लगे थे; लेकिन लेप करते समय उनकी चूड़ियां खड़खड़ातीं और बजतीं। सम्राट नेमी को वह खड़खड़ाहट की आवाज, वह चूड़ियों का बजना बड़ा अरुचिकर मालूम हुआ। और

उन्होंने कहा, हटाओ ये चूड़ियां, इन चूड़ियों को बंद करो! ये मेरे कानों में बड़ी कर्ण-कटु मालूम होती हैं।

तो सिर्फ मंगल-सूत्र के खयाल से एक-एक चूड़ी बचा कर, बाकी चूड़ियां रानियों ने निकाल कर रख दीं। आवाज बंद हो गई। लेप चलता रहा। नेमी भीतर एक महाक्रांति को उपलब्ध हो गए। यह देख कर कि दस चूड़ियां थीं हाथ में तो बजती थीं; एक बची तो बजती नहीं। अनेक हैं तो शोरगुल है। एक है तो शांति है। कभी शास्त्र नहीं पढ़ा, कभी अध्यात्म में कोई रस नहीं रहा। उठ कर बैठ गए। कहा, मुझे जाने दो। यह दाह्य-ज्वर नहीं है, यह मेरे जीवन में क्रांति का संदेश लेकर आ गया। यह प्रभु-अनुकंपा है।

रानियां पकड़ने लगीं। उन्होंने समझा कि शायद ज्वर की तीव्रता में विक्षिप्तता तो नहीं हो गई! उनका भोगी-रूप ही जाना था। योग की तो उन्होंने कभी बात ही न की थी, योगी को तो वे पास न फटकने देते थे। भोग ही भोग था उनके जीवन में। कहीं ऐसा तो नहीं कि सन्निपात हो गया है! वे तो घबड़ा गईं, वे तो रोकने लगीं।

सम्राट ने कहा, घबड़ाओ मत। न कोई यह सन्निपात है। सन्निपात तो था, वह गया। तुम्हारी चूड़ियों की बड़ी कृपा! कैसी जगह से परमात्मा ने सूरज निकाल दिया, कहा नहीं जा सकता! चूड़ियां बजती थीं तुम्हारी, बहुत तुमने पहन रखीं थीं। एक बची, शोरगुल बंद हुआ—उससे एक बोध हुआ कि जब तक मन में बहुत आकांक्षाएं हैं तब तक शोरगुल है। जब एक ही बचे आकांक्षा, एक ही अभीप्सा बचे, या एक की ही अभीप्सा बचे—और ध्यान रखना एक की ही अभीप्सा एक हो सकती है। संसार की अभीप्सा तो एक हो ही नहीं सकती—संसार अनेक है। तो वहां अनेक वासनाएं होंगी। एक की अभीप्सा ही एक हो सकती है।

नेमी तो उठ गए, ज्वर तो गया। वे तो चल पड़े जंगल की तरफ। न शास्त्र पढ़ा, न शास्त्र जानते थे। लेकिन, शास्त्र पढ़ने से कब किसने जाना! जीवन के शास्त्र के प्रति जागरूकता चाहिए, तो कहीं से भी इशारा मिल जाता है। अब चूड़ियों से कुछ लेना-देना है?

तुमने कभी सुना, चूड़ियों और संन्यास का कोई संबंध? जुड़ता ही नहीं। लेकिन बोध के किसी क्षण में, जागरूकता के किसी क्षण में, मौन के किसी क्षण में, कोई भी घटना जगाने वाली हो सकती है। तुम सो रहे हो, घड़ी का अलार्म जगा देता है, पक्षियों की चहचहाहट जगा देती है, कौओं की कांव-कांव जगा देती है, दूध वाले की आवाज जगा देती है, राह से निकलती हुई ट्रक का शोरगुल जगा देता है, ट्रेन जगा देती है, हवाई-जहाज जगा देता है; कुत्ता भौंकने लगे पड़ोसी का, वह जगा देता है।

ठीक ऐसे ही हम सोए हैं। इसमें जागरण की घटना घट सकती है, लेकिन जागरण की घटना केवल शब्दों से नहीं घटती। वास्तविक ध्वनि...। शास्त्र तो ऐसे हैं जैसे रिकार्ड में ध्वनियां बंद हैं। तुम रिकार्ड रखे अपने बिस्तर के पास सोए रहो, इससे कुछ भी न होगा। तुम अपनी स्मृति में कितने ही शास्त्रों के रिकार्ड भर लो, इससे कुछ न होगा।

बड़ी महिमापूर्ण घटना घटी है जनक को, लेकिन अष्टावक्र ठीक से कसौटी कर लेना चाहते हैं। अष्टावक्र जनक को भी ठीक से अपने भीतर पहुंच कर मौका देना चाहते हैं कि वह देख ले: कहीं धन की आकांक्षा तो नहीं है? अगर है तो सम्हलो। तो इतनी ऊंची बातें मत करो। तो तुम्हारे पैर तो जमीन में गड़े हैं, आकाश में उड़ने की बातें मत करो। धन तो जमीन है; अगर तुम्हारी धन में आकांक्षा रुपी है, तो तुम्हारी जड़ें जमीन में गड़ी हैं, फिर तुम पंख आकाश में न खोल सकोगे।

जैन शास्त्रों में एक और कथा है, अमरावती के श्रेष्ठि सुमेद की। सुमेद के पिता की मृत्यु हुई। वह अमरावती का सबसे बड़ा धनी व्यक्ति था। पिता के मर जाने पर अंत्येष्टि क्रिया और सारे परिजनों-प्रियजनों के विदा हो जाने पर, जो बड़ा मुनीम था, बूढ़ा मुनीम था, वह आया। उसने सारा हिसाब-किताब सुमेद के सामने रखा। कितनी उनकी कोठियां हैं सारे देश में, किस कोठी में कितना धन संलग्न है, कितने उनके व्यवसाय हैं, किस व्यवसाय में कितना धन लगा है, कितनी उनकी तिजोरियां हैं—कहा कि आप आएं, तलघर में चलें तो मैं सारी चाबियां आपको सौंप दूं, आप के पिता मुझे सब सौंप गए हैं, अब आप मालिक हैं।

सुमेद उठा। उसने सारे खाते-बही देखे। करोड़ों रुपये की संपत्ति थी। उसने जाकर सारी तिजोरियां देखीं। उनमें बहुमूल्य रत्न भरे थे, अरबों-खरबों की संपत्ति थी। उसने यह सब देखा। लेकिन मुनीम बड़ा हैरान हुआ। वह देख तो रहा था, लेकिन जैसे कहीं बहुत दूर से, पास नहीं था, लोलुप नहीं था। और देखते-देखते उसकी आंखों में आंसू आने लगे। और मुनीम ने पूछा कि मैं समझा नहीं। आप रो रहे हैं! आप इस वक्त पृथ्वी के सबसे धनी लोगों में एक हैं। पिता के जाने पर अब आप मालिक हैं। ये आपके पुरखों की संपदा है। इसको हरेक पीढ़ी बढ़ाती चली गई है, इसमें से घटा कभी भी नहीं है। आप प्रसन्न हों।

सुमेद ने पूछा, मुझे एक बात पूछनी है। मेरे पिता के पिता मरे, वे भी इसे न ले जा सके। मेरे पिता भी मर गए, वे भी इसे न ले जा सके। और मैं तुमसे कहता हूं कि मैं इसे ले जाना चाहता हूं, तुम कोई तरकीब खोजो। तुम कहते हो, पीढ़ियों से चली आई है! इसका मतलब साफ है: लोग मरते रहे और सब यहीं छूटता गया।

अब मैं यह नहीं करना चाहता कि मैं मरूं और सब यहीं छूट जाए। क्योंकि जो यहीं छूट जाए, उसमें सार क्या? ले जाऊंगा सब साथ। या तो तुम खोज कर कल सुबह तक मुझे खबर कर दो या मैं खोज लूंगा। लेकिन अब मुझे चैन नहीं, क्योंकि किसी भी क्षण मौत आ सकती है। फिर ये चाबियां किसी और के हाथ में होंगी। फिर तुम किसी और को दिखाओगे, मेरे बेटे को दिखाओगे। लेकिन न मैं ले जा सकूंगा न मेरा बेटा ले जा सकेगा। नहीं, मैं यह हिसाब खत्म ही करना चाहता हूं। मैं यह सब साथ ही ले जाना चाहता हूं।

मुनीम ने कहा, यह तो कभी हुआ नहीं और हो भी नहीं सकता। कोई इसे कभी ले नहीं गया।

सुमेद ने कहा, मैंने तरकीब खोज ली। उसने उसी क्षण सारी संपत्ति दान कर दी। वह संन्यस्त हो गया। उसने कहा, मैंने तरकीब खोज ली। मैं इसे साथ ले जाऊंगा! यह कह कर उसने सब छोड़ दिया और संन्यस्त हो गया।

एक क्रांति घटती है; जब बाहर का तुम छोड़ते हो, भीतर का उसी क्षण मिल ज़ाता है। लोगों ने तो एक ही बात देखी कि उसने बाहर की संपत्ति छोड़ दी, तुम्हें मैं दूसरी बात में जगाना चाहता हूं—उसने बाहर की संपत्ति यहां छोड़ी कि भीतर की संपत्ति वहां मिली। वह साथ लेकर गया। भीतर का ही साथ जाता है। बाहर में उलझे होने के कारण भीतर का दिखाई नहीं पड़ता। जब भीतर का दिखाई पड़ता है तो बाहर की पकड़ नहीं रह जाती।

आश्चर्य! कहा अष्टावक्र ने। जैसे बार-बार जनक ने कहा आश्चर्य! कि परम ब्रह्म शाश्वत चैतन्य, और कैसे माया में भटक गया था! जैसे बार-बार जनक ने कहा कि आश्चर्य! कि मैं स्वयं परमात्मा और कैसे सपने में खो गया था! ऐसे ही अब बार-बार अष्टावक्र कहते हैं।

'आश्चर्य! कि जैसे सीपी के अज्ञान से चांदी की भ्रांति में लोभ पैदा होता है, वैसे ही आत्मा के अज्ञान से विषय-भ्रम के होने पर राग पैदा होता है।'

रस्सी पड़ी देखी और समझा कि सांप है तो भय पैदा हो जाता है। सांप है नहीं और भय पैदा हो जाता है। सांप तो झूठा, भय बहुत सच्चा। तुम भाग खड़े होते हो। तुम घबड़ाहट में गिर भी सकते हो, भागने में हाथ-पैर तोड़ ले सकते हो—और वहां कुछ था ही नहीं; सिर्फ रस्सी थी। सांप के भ्रम ने काम कर दिया।

अष्टावक्र कहते हैं, ऐसे ही सीपी में कभी चांदी की झलक दिखाई पड़ जाती है। सीपी पड़ी है, सूरज की किरणों में चमक रही है—लगता है चांदी! चांदी वहां है नहीं, सिर्फ लगता है चांदी है। चांदी के लगते ही उठाने का भाव पैदा हो जाता है, मालिक बनने की आकांक्षा हो जाती है। चांदी के भ्रम में भी लोभ पैदा हो जाता

है। आश्चर्य कि भ्रम में भी लोभ पैदा हो जाता है! जहां कुछ भी नहीं है, वहां पाने की आकांक्षा पैदा हो जाती है!

जहां से कभी किसी को कुछ भी नहीं मिला, वहीं-वहीं हम टटोलते रहते हैं। कुछ मिला हो तो भी ठीक। इस पृथ्वी पर कितने लोग हुए, कितने अनंत लोग हुए, सबने धन खोजा, सब निर्धन मरे। सबने पद खोजा, सबने प्रतिष्ठा खोजी, सब धूल में गिरे। बड़े-बड़े सम्राट पैरों में दबे पड़े हैं, धूल हो गए हैं।

च्वांगत्सु लौटता था एक गांव से। मरघट से गुजरा तो एक खोपड़ी पर उसका पैर लग गया। उसने वह खोपड़ी उठा ली और उससे माफी मांगने लगा कि क्षमा कर। उसके शिष्यों ने कहा, यह क्या कर रहे हैं! यह मरी खोपड़ी से क्या क्षमा मांग रहे हैं? इसमें सार क्या?

च्वांगत्सु ने कहा, तुम्हें पता नहीं। एक तो यह बड़े लोगों का मरघट है। यहां सिर्फ राजा, धनपति, राजनेता गड़ाए जाते हैं। यह कोई छोटी-मोटी खोपड़ी नहीं है, पागलो! यह किसी बड़े आदमी की खोपड़ी है।

शिष्य हंसने लगे। उन्होंने कहा, आप भी खूब मजाक करते हैं। अब यह बड़े की हो कि छोटे की हो, खोपड़ी सब बराबर हैं। और मुर्दा खोपड़ी से क्या क्षमा मांगते हो?

च्वांगत्सु कहने लगा, तुम्हें पता नहीं, केवल समय की बात है। दो-चार छह महीने पहले इस आदमी के सिर में अगर मेरा पैर लग जाता तो मेरे सिर की खैरियत न थी। यह कुल समय की बात है। माफी तो मांग ही लूं। तुम जरा इसकी भी तो सोचो। और कुछ दिनों बाद मेरी खोपड़ी भी यहीं कहीं पड़ी होगी और लोगों के पैर मेरी खोपड़ी से लगेंगे और कोई क्षमा भी न मांगेगा। तुम यह भी तो सोचो!

किसको क्या मिला है? कुछ मिला हो और तुम खोजो, तब भी ठीक है।

ऐसा सुलतान महमूद के जीवन में उल्लेख है कि वह रोज रात अपने घोड़े पर सवार होकर निकलता था गांव में देखने—कहां क्या हो रहा है, कैसी व्यवस्था चल रही है? छिपे वेष में। वह रोज रात एक आदमी को देखता था—नदी के किनारे, रेत को छानते। उसने एक-दो दफा पूछा भी कि तू क्या करता है आधी-आधी रात तक? उसने कहा, मैं रेत छानता हूं, इसमें कभी-कभी चांदी के कण मिल जाते हैं। उनको मैं इकट्ठा करता हूं। वही मेरी जीविका है।

ऐसा अनेक रातों देख कर एक दिन महमूद को लगा कि बेचारा मेहनत तो बड़ी करता है, मिलता कुछ खाक नहीं। तो उसने अपना भुज-बंध, जो लाखों रुपये का रहा होगा, निकाल कर चुपचाप रेत में फेंक दिया और चल पड़ा। उस रेत छानने वाले ने तो देखा भी नहीं। लेकिन थोड़ी देर बाद खोजने पर उसे मिल गया भुज-बंध।

दूसरे दिन फिर महमूद रात आया। उसने सोचा कि आज तो वह रेत छानने वाला नहीं होगा वहां। लेकिन वह फिर रेत छान रहा था। महमूद बड़ा हैरान हुआ। उसने कहा कि सुन, मेरे सिपाहियों ने मुझे खबर दे दी है कि जो भुज-बंध मैं फेंक गया था, वह तुझे मिल गया है। तू उसे बाजार में बेच भी चुका है, वह भी खबर आ चुकी है। मैं सुलतान महमूद हूं! भुज-बंध लाखों रुपये का था। तेरे जीवन के लिए और तेरे बच्चों के जीवन के लिए पर्याप्त है। अब तू किस लिए छान रहा है रेत? उसने कहा मालिक : इसी रेत के छानने में भुज-बंध मिला; अब तो चाहे कुछ भी हो जाए, मैं छानना छोड़ नहीं सकता। अब तो छानता ही रहूंगा। अब तो यह जिंदगी है और मैं हूं और यह रेत है। जहां ऐसी-ऐसी चीजें मिल सकती हैं—भुज-बंध मिल गया! अब इसको मैं रोक नहीं सकता।

महमूद ने अपनी आत्मकथा में लिखवाया है कि उसके तर्क में तो बल है; लेकिन हम इस संसार में क्या खोज रहे हैं जहां किसी को कभी कुछ नहीं मिला? फिर भी रेत छान रहे हैं। कुछ मिला किसी को कभी?

कहते हैं, आश्चर्य कि जैसे सीपी के अज्ञान से चांदी की भ्रांति में लोभ पैदा होता है, वैसे ही आत्मा के अज्ञान से विषय-भ्रम के होने पर राग पैदा होता है। हे जनक, कहीं तेरे भीतर राग तो नहीं बचा है? कहीं थोड़ा सा भी मोह तो नहीं बचा, लोभ तो नहीं बचा है?

यह तुम्हें याद दिला दूं। तुमने बहुत बार सुना है कि लोभ छोड़ो, मोह छोड़ो, राग छोड़ो, क्रोध छोड़ो तो आत्मज्ञान होगा। हालत बिलकुल उलटी है। आत्मज्ञान हो तो राग, मोह, लोभ, क्रोध छूटता है; वह परिणाम है। अंधेरे को थोड़े ही छोड़ना पड़ता है प्रकाश को लाने के लिए; प्रकाश लाना पड़ता है, अंधेरा छूटता है।

इसलिए अष्टावक्र यह प्रश्न पूछ रहे हैं। वे कह रहे हैं, आत्मज्ञान हो गया जनक? तेरी उदघोषणा से लगता है आत्मज्ञान हो गया। अब मैं तुझसे पूछता हूं, जरा खोज, कहीं राग तो नहीं? अभी भी कहीं पुराने भ्रम पकड़े तो नहीं हैं?

क्योंकि, कई बार ऐसा होता है—रोज ही ऐसा होता है, कई बार क्यों—रोज रात तुम सपना देखते हो, सुबह सपना टूटता है, तुम कहते हो सब सपना था; और फिर दूसरी रात फिर सपना देखते हो। टूट-टूट कर भी सपना टूटता नहीं। सुबह कैसे तुम ज्ञानी हो जाते हो! कहते हो सब बकवास, सब सपना था, कुछ भी सार नहीं! लेकिन यह याद नहीं रह जाता। फिर रात आएगी, फिर तुम सोओगे, फिर सपना उठेगा। तब यह कितनी बार सपना टूट चुका और कितनी बार सुबह तुमने घोषणा कर दी कि सपना टूट गया—ये सब घोषणाएं फिर काम नहीं आतीं, फिर सपना पकड़ लेता है। बड़ा प्रबल प्रभाव मालूम होता है सपने का। तो कहीं यह

रोज-रोज सुबह उठ कर जो घोषणा हम करते हैं सपने झूठ होने की, वैसी ही अध्यात्म की घोषणा तो नहीं है?

मैं एक कविता कल पढ़ रहा था:

यह तीसरा फरेबे-मुहब्बत है मालती,
मैं आज फिर फरेबे-मुहब्बत में आ गया।

प्रेमी अपनी प्रेयसी से, किसी मालती से कह रहा है:

यह तीसरा फरेबे-मुहब्बत है मालती,

यह तीसरी बार भ्रम हो रहा है।

मैं आज फिर फरेबे-मुहब्बत में आ गया।
रुखसार दिलशिकार हैं आंखें हैं दिलनशीं
शोलाजने-खिरद है तेरा हुस्ने-आतशीं।
मैं सोचता रहा, मैं बहुत सोचता रहा,
लेकिन तेरा जमाल, नजर में समा गया।

पहले भ्रमों की भी याद है। पहले और मालतियां धोखा दे गईं। यह तीसरा भ्रम है; दो मालतियां आ चुकीं, जा चुकीं।

मैं सोचता रहा, मैं बहुत सोचता रहा,
लेकिन तेरा जमाल नजर में समा गया।
गो जानता हूं यह भी तमन्ना का है फरेब,
गो जानता हूं यह भी तमन्ना का है फरेब,
गो मानता हूं राहे-मुहब्बत है पुरनसेब,

यह सब झूठ, यह सब सपना, यह सब फरेब—यह सब जानता हूं।

लेकिन बगैर इसके भी चारा नहीं मेरा,

इसके बिना भी चलता नहीं।

लेकिन बगैर इसके भी चारा नहीं मेरा,
कुछ भी बजुज फरेब सहारा नहीं मेरा।

और इन भ्रमों के सिवाय कोई सहारा ही नहीं मालूम होता, सपनों के सिवाय कोई जिंदगी ही नहीं मालूम होती।

तुझ-सी परी जमाल हसीनाओं के बगैर,
मैं हूं सनमपरस्त, गुजारा नहीं मेरा।
मैं आज फिर फरेबे-मुहब्बत में आ गया
यह तीसरा फरेबे-मुहब्बत है मालती।

तीसरा क्या, तीसवां, तीन सौवां, तीन हजारवां—मगर फरेब जारी रहता है।

जनक से अष्टावक्र कहने लगे, यह कहीं सुबह उठे हुए आदमी की बात तो नहीं कि सपना था, और फिर कल तू सो जाए? इधर मैं गया और उधर तू सो जाए। तो तू ठीक से देख ले। सोने की अब और कोई संभावना तो नहीं है, यह जागरण आखिरी है? यह भ्रम का टूटना भी कहीं भ्रम ही सिद्ध न हो? तू ठीक से देख ले। यह टूट ही गया है? यह ऐसा टूट गया है कि फिर न बन सकेगा? तो गौर से देख ले, इसके बीज कहीं भीतर छिपे तो नहीं हैं? अन्यथा ऊपर-ऊपर जमीन साफ हो, भीतर बीज पड़े हों, फिर अंकुरित हो जाएं!

इसीलिए तो होता है, सुबह हम देख लेते हैं कि सपना टूट गया; लेकिन बीज तो मिटते नहीं, बीज तो पड़े ही रहते हैं। जिन बीजों से सपने रात फैले थे, वे बीज तो अब भी भूमि में पड़े हैं वैसे के वैसे। फिर रात आएगी, ठीक मौसम पाकर, ठीक वर्षा होगी, फिर सपने खड़े हो जाएंगे। सपने के टूटने से क्या होता है? सपने के बीज दग्ध होने चाहिए। अगर बीज दग्ध नहीं हुए तो कुछ भी नहीं हुआ।

धन की आकांक्षा बीज है। पद की आकांक्षा बीज है। महत्वाकांक्षा बीज है। इन बीजों की तलाश के लिए अष्टावक्र कहते हैं, तू जरा भीतर जा! देख, कहीं छिपे हुए बड़े छोटे-छोटे बीज...!

बीज तो बड़े छोटे होते हैं, वृक्ष बड़े हो जाते हैं। वृक्ष दिखाई पड़ते हैं, बीज तो पता भी नहीं चलते। तो उन बीजों को खोज। जब तक बीज दग्ध न हो जाएं, तब तक तू इस भ्रम में मत आना कि भ्रम के बाहर हो गया है।

'जिस आत्मारूपी समुद्र में यह संसार तरंगों के समान स्फुरित होता है, वही मैं हूं। यह जान कर भी क्यों तू दीन की तरह दौड़ता है?'

आदमी के जीवन की एकमात्र दीनता है वासना, क्योंकि वासना भिखमंगा बनाती है। वासना का अर्थ है: दो। वासना का अर्थ है: मेरी झोली खाली है, भरो! कोई भरो, मेरी झोली खाली है। वासना का अर्थ है: मांगना। वासना का अर्थ है कि मैं जैसा हूं वैसा पर्याप्त नहीं। मैं जैसा हूं, उससे मैं संतुष्ट नहीं, दो!

कहते हैं, फरीद, उनके गांव के लोगों ने कहा कि तुम अकबर को जानते हो, अकबर तुम्हें जानता है, तुम्हारा सम्मान भी करता है। तुम एक बार जाकर अकबर से इतना कह दो कि हमारे गांव में एक मदरसा खोल दे, गांव के बच्चे पढ़ने को तड़फते हैं। गरीब गांव है, तुम कहोगे तो मदरसा खुल जाएगा।

फरीद कभी राजमहल गया नहीं था। कभी-कभी अकबर को जब रस होता था तो फरीद के दरबार में आता था। लेकिन जब मांगना हो तो जाना चाहिए—यह सोच कर फरीद गया। जब वह पहुंचा, सुबह-सुबह ही पहुंच गया; क्योंकि मांगना

हो तो सुबह-सुबह ही मांगना चाहिए। सांझ तक तो आदमी इतने क्रोध में आ जाता है, इतना परेशान हो चुका होता है कि देने की बात कहां—और तुमसे छीन ले!

इसलिए भिखमंगे सुबह आते हैं। सुबह तुमसे थोड़ी आशा है। ताजे हो, रात भर विश्राम के बाद उठे हो, जिंदगी उतनी बोझिल नहीं है, इतना क्रोध नहीं है। सांझ तक तो तुम भी थक जाओगे; सुबह-सुबह तुम्हारी ताजगी में...।

फरीद पहुंचा। अकबर प्रार्थना कर रहा था अपनी निजी मस्जिद में। फरीद को तो जाने दिया गया। लोग जानते थे अकबर का बड़ा भाव है फरीद के प्रति। फरीद पीछे जाकर खड़ा हो गया। अकबर ने अपनी नमाज पूरी की, हाथ उठाए आकाश की तरफ और कहा, हे परमात्मा! मुझे और धन दे, और दौलत दे, मेरे साम्राज्य को बड़ा कर!

फरीद की आंखों में तो आंसू आ गए यह दीनता देख कर। यह सम्राट भी कोई सम्राट है! इससे तो हम भले। कम से कम परमात्मा एक इल्ज़ाम तो नहीं लगा सकता कि हमने कुछ मांगा हो। और फिर उसे याद आया कि इस आदमी से क्या मांगना! इससे तो एक मदरसा लेने का मतलब होगा इसको गरीब बनाना, थोड़ा गरीब हो जाएगा। यह तो वैसे ही गरीब, इसकी हालत तो वैसे ही खराब है! इसकी दीनता तो देखो, अभी भी हाथ फैलाए है! अकबर जैसा सम्राट, जिसके पास सब है, वह भी मांग रहा है अभी! होने से क्या होता है, भिखमंगापन थोड़े ही मिटता है!

दुनिया में दो तरह के भिखमंगे हैं—गरीब और अमीर। भिखमंगे तो सभी हैं। गरीब को तो क्षमा भी कर दो; लेकिन अमीर को कैसे क्षमा करो, वह भी मांगे चला जाता है।

फरीद तो लौटने लगा। अकबर उठा तो फरीद को सीढ़ियों से उतरते देखा। उसने कहा, कैसे आए और कैसे चले? कभी तो तुम आए नहीं। स्वागत! घर में पधारो!

फरीद ने कहा, हो गया; आए थे एक बात से, लेकिन वह तो गलत खयाल था। चूक हो गई। हमसे भूल हुई, तुम्हारा कोई कसूर नहीं है।

अकबर तो बड़ा बेचैन हो गया। उसने कहा, हुआ क्या? मैं कुछ समझूं भी तो! पहेली मत बूझो!

फरीद ने कहा, गांव के लोगों ने—नासमझों ने—यह समझ कर कि तुम सम्राट हो, तुम्हारे पास बहुत है, मुझे भी भ्रम में डाल दिया। मैं भी उनकी बातों में आकर चला आया। नासमझों की दोस्ती ठीक नहीं। अब मैं वापस जा रहा हूं उनको समझाने कि तुम गलती में थे। मैं आ गया मांगने। गांव के लोगों ने कहा था एक मदरसा खुलवा दो। नहीं, लेकिन तुम्हारी हालत खराब है, तुम तो दीन अवस्था में हो। वह प्रार्थना मैं तुमसे न करूंगा। मेरे पास कुछ होता तो वह मैं तुम्हें दे डालता। मेरे पास कुछ है नहीं। तुम्हारी हालत बड़ी खराब है। तुम्हारी तो हालत दिवाले

निकले जैसी है। तुम प्रार्थना करके मांग रहे थे! मैं आया था सम्राट से मिलने, भिखारी को देख कर वापस जा रहा हूं।

अष्टावक्र ने कहाः

विश्वं स्फुरति यत्रेदं तरंग इव सागरे।

'जैसे आत्मारूपी समुद्र में यह संसार तरंगों के समान स्फुरित होता, वही मैं हूं—ऐसा जान कर...।'

सोऽहमस्मीति विज्ञाय...

'...ऐसा जान कर।'

किं दीनम् इव धावसि।

'...फिर तू दीन की तरह दौड़ा जा रहा है!'

जरा भीतर तो देख, वहां कोई दौड़ बाकी तो नहीं है? वहां कुछ मांग बाकी तो नहीं है? वहां कुछ पाने को शेष तो नहीं है? क्योंकि परमात्मा के मिलने का अर्थ यह है कि अब पाने को कुछ भी शेष न रहा। मिल गया जो मिलना था। आखिरी मिल गया, आत्यंतिक मिल गया; इसके पार मिलने को कुछ भी नहीं। अगर तेरे भीतर अब भी इसके पार मिलने को कुछ हो तो समझना कि परमात्मा नहीं मिला, तू शब्दों के जाल में आ गया जनक! तू मेरे प्रभाव में आ गया जनक। तू सम्मोहित हो गया।

ध्यान रखना, मन को अच्छी बातें मान लेने की बड़ी जल्दी होती है। कोई तुमसे कह दे कि आप तो परमात्म-स्वरूप हैं, कौन इनकार करना चाहता है! आप तो ब्रह्म-स्वरूप हैं, कौन इनकार करना चाहता है! अहंकार भरता है। कोई कह दे, आप तो शुद्ध-बुद्ध नित्य-चैतन्य—कौन इनकार करता है! बुद्धू से बुद्धू भी इनकार नहीं करता जब उससे कहो कि आप शुद्ध-बुद्ध! तो वह कहता है बिलकुल ठीक, अब तुम पहचाने। अभी तक कोई पहचाना नहीं। नासमझ हैं; क्या खाक पहचानेंगे! आप बुद्धिमान हैं, इसलिए पहचाना।

ज्ञान की घोषणाएं कहीं तुम्हारे अहंकार के लिए आधार तो नहीं बन रहीं? कहीं ऐसा तो नहीं है, प्रीतिकर लगती हैं, इसलिए मान लीं? कड़वी बातें कौन मानना चाहता है! कोई तुमसे पापी कहे तो दिल नाराज होता है। कोई तुम्हें पुण्यात्मा कहे तो तुम स्वीकार कर लेते हो। और यह हो सकता है कि जिसने पापी कहा था, वह सत्य के ज्यादा करीब हो।

टाल्सटाय ने लिखा है अपनी आत्मकथा में कि एक दिन सुबह-सुबह मैं चर्च गया तो देखा गांव का सबसे बड़ा धनपति, सुबह के अंधेरे में चर्च में प्रार्थना कर रहा है। तो मैं तो चकित हुआ कि यह आदमी भी प्रार्थना करता है! मैं पीछे खड़े

होकर सुनने लगा। उस धनपति को कुछ पता नहीं था कि कोई और है अंधेरे में। वह धनपति कह रहा था, 'हे प्रभु, मैं महापापी हूं। मुझ जैसा पापी इस संसार में कोई भी नहीं!' वह अपने पापों का कनफेशन कर रहा था, स्वीकार-भाव से सब प्रकट कर रहा था जो-जो पाप उसने किए थे। और शायद, भाव से कर रहा था।

लेकिन तभी सुबह होने लगी। और उसको खयाल आया, मालूम हुआ कि कोई और भी पीछे खड़ा है। उसने देखा—और देखा टाल्सटाय है। वह टाल्सटाय के पास आया। उसने कहा, क्षमा करना, यह बात किसी और तक न जाए। यह जो मैंने कहा है, मेरे और परमात्मा के बीच है। तुमने अगर सुन लिया, अनसुना कर दो। यह बात किसी और तक न जाए, अन्यथा मान-हानि का मुकदमा चलाऊंगा।

टाल्सटाय ने कहा, यह भी खूब रही! तुम परमात्मा के सामने स्वयं घोषणा कर रहे हो, फिर आदमियों से क्या डरते हो?

उसने कहा, तुम इस बात में पड़ो ही मत। अगर तुमने यह बात कहीं भी निकाली, और यहां कोई दूसरा नहीं है, अगर मैंने यह बात कहीं से भी सुनी, तो तुम्हीं पकड़े जाओगे। यह मेरे और परमात्मा के बीच निजी बात है। यह कोई सार्वजनिक बात नहीं है।

तो हम पाप को तो चुपचाप स्वीकार करना चाहते हैं—परमात्मा और हमारे बीच—और पुण्य की हम घोषणा करना चाहते हैं सारे जगत में। करना चाहिए उलटा। पुण्य की घोषणा तो निजी होनी चाहिए—वह परमात्मा और स्वयं के बीच। पाप की घोषणा सार्वलौकिक होनी चाहिए, सार्वजनिक होनी चाहिए।

तो अष्टावक्र ने कहा, कहीं ऐसा तो नहीं है कि ये स्वादिष्ट बातें, ये मधुर बातें, ये वेदों का सार, ये उपनिषदों का सार...! तुझे स्वादिष्ट लग रहा है, यह तो पक्का है; लेकिन स्वादिष्ट लगने से कुछ सत्य थोड़े ही हो जाता है!

आदमी मौत से डरता है, तो जल्दी से मान लेता है, आत्मा अमर है। इसलिए नहीं कि समझ गया कि आत्मा अमर है; मौत के डर के कारण...।

तुमने देखा, यह भारत है। यह पूरा मुल्क मानता है कि आत्मा अमर है, और इससे ज्यादा कायर कौम खोजनी मुश्किल है। होना तो उल्टा चाहिए। आत्मा जिनकी अमर है, उनको कोई गुलाम बना सकता है? लेकिन एक हजार साल तक ये गुलाम बने रहे। आत्मा अमर है!

नहीं, आत्मा अमर है का सिद्धांत हम पकड़े ही इसलिए हैं कि मरने से हम डरे हैं। यह सिद्धांत हमारी सुरक्षा है। हम यह सिद्धांत अनुभव से नहीं जाने हैं। अगर अनुभव से जाना होता तो यह मुल्क तो गुलाम बनाया ही नहीं जा सकता, इस मुल्क को तो कोई दबा ही नहीं सकता, क्योंकि जिसकी आत्मा अमर है, उसको

तुम क्या दबाओगे? ज्यादा से ज्यादा धमकी मार डालने की दे सकते हो, वह धमकी भी नहीं दे सकते तुम इस देश को। आत्मा जिनकी अमर है, उनके ऊपर कोई धमकी न चलेगी।

लेकिन दिखाई उल्टा पड़ता है। भयभीत लोग, मौत से डरे हुए लोग मंत्र-जाप कर रहे हैं आत्मा की अमरता के। क्षुद्र में पड़े हुए लोग विराट की घोषणा कर रहे हैं। क्षुद्र को छिपाने का आयोजन तो नहीं है विराट की चर्चा? पाप को छिपाने का आयोजन तो नहीं है पुण्य की चर्चा?

अगर ऐसा है तो जनक से अष्टावक्र कहने लगे, तू फिर से एक बार भीतर उतर कर देख, ठीक से कसौटी कर ले।

'अत्यंत सुंदर और शुद्ध चैतन्य आत्मा को सुन कर भी कैसे कोई इंद्रिय-विषय में अत्यंत आसक्त होकर मलिनता को प्राप्त होता है!'

श्रुतापि-सुन कर भी!

ध्यान रखना, सुनने से ज्ञान नहीं होता। ज्ञान तो स्वयं के अनुभव से होता है। श्रुति से ज्ञान नहीं होता, शास्त्र से ज्ञान नहीं होता। हिंदुओं ने ठीक किया है कि शास्त्र के दो खंड किए हैं—श्रुति और स्मृति। ज्ञान उसमें कोई भी नहीं है। कुछ शास्त्र श्रुतियां हैं, कुछ शास्त्र स्मृतियां हैं। न तो स्मृति से ज्ञान होता, न श्रुति से ज्ञान होता। श्रुति का अर्थ है सुना हुआ, स्मृति का अर्थ है याद किया हुआ। जाना हुआ दोनों में कोई भी नहीं है।

श्रुत्वाऽपि शुद्धचैतन्यमात्मानमतिसुंदरम्।

ऐसा सुन कर कि आत्मा अति सुंदर है, भ्रांति में मत पड़ जाना, मान मत लेना। जब तक जान ही न ले, तब तक मानना मत। विश्वास मत कर लेना, अनुभव को ही आस्था बनने देना। नहीं तो ऊपर-ऊपर तू मानता रहेगा—आत्मा अति सुंदर है—और जीवन के भीतर वही पुरानी मवाद, वही इंद्रिय-आसक्ति, वही वासना के घाव बहते रहेंगे, रिसते रहेंगे।

'अत्यंत सुंदर और शुद्ध चैतन्य आत्मा को सुन कर भी कैसे कोई इंद्रिय-विषय में अत्यंत आसक्त होकर मलिनता को प्राप्त होता है!'

इसे ध्यान रख! सुनने वाले बहुत हैं। सुन कर मान लेने वाले बहुत हैं। लेकिन उनके जीवन में तो देख। सुन-सुन कर उन्होंने मान भी लिया है, लेकिन फिर भी मलिनता को रोज प्राप्त होते हैं। मलिनता जाती नहीं। जहां मौका मिला, वहां फिर तीसरा फरेब कि तीन सौवां फरेब, फिर फरेब खाने को तैयार हो जाते हैं।

कितनी बार तुमने सोचा कि क्रोध न करेंगे। तुम भलीभांति सुन कर जान चुके हो कि क्रोध पाप है, जहर है, कुछ लाभ नहीं; लेकिन फिर भी जब उठता है तब

तुम खो जाते हो किसी झंझावात में, याद ही नहीं रहती। जब क्रोध जा चुका होता है उजाड़ कर तुम्हारे भीतर की सारी बगिया, तब फिर याद आती है, फिर पश्चात्ताप होता है। पर फिर पछताए होत का जब चिड़िया चुग गई खेत! फिर तुम पछताते हो। यह पुरानी आदत हो गई है। क्रोध कर लिया, पछता लिया। फिर क्रोध कर लिया, फिर पछता लिया। क्रोध और पश्चात्ताप एक-दूसरे के संगी-साथी हो गए हैं; उनमें कुछ फर्क नहीं रहा है। तुम्हारे पश्चात्ताप ने क्रोध को रोका तो नहीं। साफ है कि तुमने क्रोध को अभी देखा नहीं है; सुन-सुन कर मान रखा है कि बुरा है। यह तुम्हारा अपना आत्म-दर्शन नहीं है।

मैं एक कहानी पढ़ता था। बौद्ध कथा है। श्रावस्ती में एक सेठ था—मृगार। उसके लड़के की पत्नी थी विशाखा। विशाखा सुनने जाती थी बुद्ध को। मृगार कभी कहीं सुनने गया नहीं। वह धन-लोलुप धन के पीछे पागल था। वह सबसे बड़ा श्रेष्ठि था श्रावस्ती का। श्रावस्ती भारत की सबसे ज्यादा धनी नगरी थी और मृगार उसका सबसे बड़ा धनपति था।

तुम्हें शायद खयाल में न हो, जो शब्द हिंदी में है सेठ, वह श्रेष्ठि का ही अपभ्रंश है, श्रेष्ठ का अपभ्रंश है। अब तो सेठ गाली जैसा लगता है। लेकिन कभी वह श्रेष्ठतम लोगों के लिए उपयोग किया जाता था।

नगर का सबसे बड़ा, श्रावस्ती का सबसे बड़ा श्रेष्ठि था मृगार, लेकिन कभी बुद्ध को सुनने न गया था। विशाखा उसकी सेवा करती—अपने ससुर की; उसके लिए भोजन बनाती। लेकिन विशाखा को सदा पीड़ा लगती थी कि यह ससुर बूढ़ा होता जाता है और बुद्ध के वचन भी इसने नहीं सुने। जानना तो दूर, सुने भी नहीं। इसका जीवन ऐसे ही धन, पद, वैभव में बीता जा रहा है। यह जीवन यूं ही रेत में गंवाए दे रहा है। यह सरिता ऐसे ही खो जाएगी सागर में पहुंचे बिना।

तो एक दिन जब मृगार भोजन करने बैठा और विशाखा उसे भोजन परोसती थी, तो वह कहने लगी: तात! भोजन ठीक तो है? सुस्वादु तो है?

मृगार ने कहा: सदा तू सुंदर सुस्वादु भोजन बनाती है। यह प्रश्न तूने कभी पूछा नहीं, आज तू पूछती है, बात क्या है? तेरा भोजन सदा ही सुस्वादु होता है।

विशाखा ने कहा: आपकी कृपा है, अन्यथा भोजन सुस्वादु हो नहीं सकता, क्योंकि यह सब बासा भोजन है। मैं दुखी हूं कि मुझे आपको बासा भोजन खिलाना पड़ता है।

मृगार बोला: पागल! बासा! पर बासा तू खिलाएगी क्यों? धन-धान्य भरा हुआ है कोठियों में, जो तुझे चाहिए प्रतिदिन उपलब्ध है। बासा क्यों?

उसने कहा कि नहीं मैं वह नहीं कह रही, आप समझे नहीं। यह जो धन-धान्य है, शायद होगा आपके पिछले जन्मों के पुण्यों के कारण; लेकिन इस जीवन में तो मैंने आपको कोई पुण्य-पुरुषार्थ करते नहीं देखा। इस जीवन में तो मैंने आपको कोई पुण्य-पुरुषार्थ करते नहीं देखा, इसलिए मैं कहती हूं यह सब बासा है। होगा, पिछले जन्मों में आपने कुछ पुण्य किया होगा, इसलिए धनी हैं। लेकिन मैंने अपनी आंखों से जबसे आपके घर में बहू होकर आई हूं, मैंने आपका कोई पुण्य-प्रताप, आपका कोई पुण्य-पुरुषार्थ, आपके जीवन में कोई प्रेम, कोई धर्म, कोई पूजा, कोई प्रार्थना, कोई ध्यान, कुछ भी नहीं देखा। इसलिए मैं कहती हूं, यह पिछले जन्मों के पुण्यों से मिला हुआ भोजन बासा है तात! आप ताजा भोजन कब करेंगे?

मृगार आधा भोजन किए उठ गया। रात भर सो न सका। बात तो सही थी, चोट गहरी पड़ी। दूसरे दिन सुबह विशाखा ने देखा, वह भी बुद्ध के वचन सुनने के लिए मौजूद है, वह भी सुन रहा है। तब सुन-सुन कर वह ज्ञान की बातें करने लगा। वर्ष बीतने लगे। पहले वह ज्ञान की बातें न करता था, अब वह ज्ञान की बातें करने लगा; लेकिन जीवन वैसा का वैसा रहा। फिर विशाखा ने कहा कि तात! आप अब भी बासा ही भोजन कर रहे हैं, अब ज्ञान का बासा भोजन कर रहे हैं। ये बुद्ध के वचन हैं, आपके नहीं। ये उनकी सुन कर अब आप दोहरा रहे हैं। आप अपनी कब कहेंगे? आप जो गीत अपने प्राणों में लेकर आए हैं, वह कब प्रकट होगा? प्रभु, उसे प्रकट करें। कुछ आपके भीतर छिपा पड़ा है झरना, उसे बहाएं! यह अब भी बासा है।

तुम्हारा धन भी बासा है, तुम्हारा ज्ञान भी बासा है। और बासा होना ही पाप है। सब पाप बासे हैं। पुण्य तो सदा ताजा है, सद्यःस्नात! अभी-अभी हुई वर्षा में ताजे खड़े हुए फूल, अभी-अभी ऊगे सूरज की किरणों में नाचती सुबह की ताजी-ताजी पत्तियां—ऐसा पुण्य है।

ज्ञान को सुन कर सब कुछ मत मान लेना। जब तक जान न लो, तब तक रुकना मत।

'सब भूतों में आत्मा को और आत्मा में सब भूतों को जानते हुए भी मुनि को ममता होती है—यही आश्चर्य है।'

अष्टावक्र कहने लगे, मुनियों को देखो, साधु-संन्यासियों को देखो, संतों को देखो! कहते हैं सब भूतों में आत्मा है और आत्मा में सब भूत हैं, फिर भी मुनि को ममता होती है! तो जरा जल्दी न करो जनक! कहीं तुम भी ऐसे मुनि मत बन जाना। ऊपर-ऊपर से तो कहे चले जाते हैं लोग कि हमारी कोई ममता नहीं, सब छोड़ दिया है...!

एक जैन साध्वी, मैं दिल्ली जाता था, तो मुझे मिलने आई। मेरी बातें सुन कर उसे लगने लगा कि वह जिस जाल में है, उसके बाहर हो जाए। मैंने कहा, अपने गुरु से पहले बात कर। उसने अपने गुरु को कही, तो गुरु तो बहुत नाराज हो गए। गुरु ने तो कहा कि मुझसे मिलना चाहते हैं। मुझसे मिले तो बड़े नाराज थे। नाराजगी में भूल ही गए वे। वे कहने लगे कि यह साध्वी अगर छोड़ कर चली जाएगी तो हमारे संप्रदाय की बड़ी हानि होगी। फिर इस साध्वी से हमारी बड़ी ममता है। यह हमारे बुढ़ापे का सहारा है।

वे काफी बूढ़े हो गए थे। मैंने कहा, यह तो बात वैसी की वैसी है जैसे कोई बाप कहता है कि यह बेटा हमारे बुढ़ापे का सहारा है; कोई मां कहती है, यह बेटी हमारे बुढ़ापे का सहारा है। यह तो घर-गृहस्थी की बात हो गई। यह साधु को शोभा नहीं देती। अगर इस साध्वी को ऐसा लग रहा है कि इसके जीवन में स्वतंत्रता घटित होगी इस जाल के बाहर निकलने से, तो तुम्हारा आशीर्वाद दो। अगर तुम्हें इससे ममता है तो अपनी ममता को तुम अपनी समस्या समझो, उसको सुलझाने की कोशिश करो, मरने से पहले ममता छोड़ो।

तब वे थोड़े चौंके। कहने लगे, बात तो ठीक है। ममता होनी नहीं चाहिए, लेकिन ममता है।

बेटे-बेटियों से ममता छूटती है तो शिष्य-शिष्याओं से हो जाती है। ममता थोड़े ही हटती है। घर से छूटती है तो मंदिर से हो जाती है। दूकान से छूटती है तो आश्रम से हो जाती है। ममता थोड़े ही छूटती है। 'मेरा' नये-नये आश्रय बनाता चला जाता है। एक आश्रय उजाड़ो, वह उसके पहले दूसरी जगह आश्रय बना लेता है। एक नीड़ गिराओ, दूसरी जगह नीड़ बना लेता है। लेकिन 'मेरा' तो बचता ही चला जाता है।

अष्टावक्र ने कहा, सब भूतों में आत्मा को और आत्मा में सब भूतों को जानते हुए भी मैं तुमसे कहता हूं जनक, ऐसे मुनि हैं, जिनको ममता होती है। असली आश्चर्य तो यही है। तुम क्या आश्चर्य की बात कर रहे हो कि शुद्ध-बुद्ध आत्मा कैसे संसार में पड़ गई! छोड़ो यह फिक्र। उससे बड़े आश्चर्य मैंने देखे हैं। मुनि हो गए हैं, सब छोड़ दिया है, घोषणा भी कर दी...!

सर्वभूतेषु चात्मानं सर्वभूतानि चात्मनि।
मुनेजनित आश्चर्यं ममत्वमनुवर्तते।।

मैं तुम्हें असली आश्चर्य बताता हूं। जिन्होंने सब छोड़ दिया, फिर भी कुछ छूटा नहीं, ममता मौजूद है—इससे बड़ा चमत्कार तुम देखोगे! साधु भी गृहस्थ है, संन्यासी भी बंधा है। मोक्ष की आकांक्षा करने वाले अभी संसार में ही भटक रहे

हैं। बातें मोक्ष की हैं, प्राण संसार में अटके हैं। तो जरा सोच कर करना, एकदम जल्दी मुनि मत बन जाना। क्योंकि यह चमत्कार होता है।

अष्टावक्र निश्चित ही कठोर गुरु रहे होंगे। कठोर गुरु होना ही चाहिए। गुरु कठोर न हो तो करुणावान नहीं। उसकी कठोरता ही उसकी करुणा है। वे कसने लगे, खूब ठोंकने लगे। जनक भी घबड़ाया होगा। जनक ने तो पहले सोचा होगा कि इतनी ऊंची बातें कहीं, गुरु एकदम छाती से लगा लेंगे कि धन्यभाग! कि तू उपलब्ध हो गया! लेकिन ये गुरु भी खूब हैं! ये अष्टावक्र तो उलटी डांट पिलाने लगे।

मगर अष्टावक्र ने ठीक किया। कसौटियों से गुजर कर ही सोने की परख होती है, आग से गुजर कर ही सोना कुंदन बनता है।

'परम अद्वैत में आश्रय किया हुआ और मोक्ष के लिए भी उद्यत हुआ पुरुष काम के वश होकर क्रीड़ा के अभ्यास से व्याकुल होता है—यही आश्चर्य है।'

आदमी मरते-मरते दम, मर रहा हो, आखिरी क्षण तक भी, मौत द्वार पर दस्तक दे रही हो, तब तक भी कामवासना से पीड़ित होता है। और साधारण आदमी नहीं—परम अद्वैत में आश्रय किया हुआ! जो परम अद्वैत में अपनी आस्था की घोषणा कर चुका है, जो कहता हमने घर बना लिया भगवान में, वह भी! और मोक्ष के लिए उद्यत हुआ भी; वह जो कहता है हम मोक्ष की तरफ प्रयाण कर रहे हैं, वह भी!

'...पुरुष काम के वश होकर क्रीड़ा के अभ्यास से व्याकुल होता है—यही आश्चर्य है।'

पुरानी आदतें जाती नहीं। बोध भी आ जाता है तो पुरानी आदतें लौट-लौट कर हमला करती हैं। आदतें बदला लेती हैं।

मैंने सुना है, एक अंधा और एक लंगड़ा दो मित्र थे—दोनों भिखारी। और दोनों की मित्रता एकदम जरूरी भी थी, क्योंकि एक अंधा था और एक लंगड़ा था। लंगड़ा चल नहीं सकता था, अंधा देख नहीं सकता था। तो अंधा चलता था और लंगड़ा देखता था। लंगड़ा अंधे के कंधों पर बैठ जाता, दोनों भिक्षा मांग लेते। साझेदारी थी भिखारी की दूकान में। लेकिन कभी-कभी झगड़ा भी हो जाता था; जैसा सभी साझेदारों में होता है। कभी एक ज्यादा ले लेता, दूसरा कम ले लेता। या लंगड़ा चकमा दे देता अंधे को, तो झगड़ा हो जाता था। एक दिन झगड़ा इतना बढ़ गया कि मार-पीट हो गई। मार-पीट हो गई और दोनों ने कहा कि अब यह साझेदारी खत्म, यह पार्टनरशिप बंद, अब नहीं करते। अब अपनी तरफ से ही घिसट लेंगे, मगर यह नहीं चलेगा। यह तो काफी धोखा चल रहा है।

कहते हैं, परमात्मा को बड़ी दया आई। पहले आती रही होगी, अब नहीं आती। क्योंकि परमात्मा भी थक गया दया कर-कर के, कुछ सार नहीं। आदमी कुछ ऐसा है कि तुम दया करो तो भी उस तक दया पहुंचती नहीं। परमात्मा भी थक गया होगा। पर यह पुरानी कहानी है, दया आ गई। परमात्मा मौजूद हुआ, प्रकट हुआ। उसने उस दिन सोचा कि आज दोनों को आशीर्वाद दे दूंगा। अंधे के पास जाकर कहूंगा, मांग ले जो तुझे मांगना है। स्वभावतः अंधा मांगेगा कि मुझे आंखें दे दो, क्योंकि वही उसकी पीड़ा है। लंगड़े से कहूंगा, जो तुझे मांगना है तू मांग ले। वह मांगेगा पैर, उसको पैर दे दूंगा। अब दोनों को स्वतंत्र कर देना उचित है।

वह गया, लेकिन रोता हुआ वापस लौटा। परमात्मा रोता हुआ वापस लौटा! क्योंकि अंधे से जब उसने कहा कि मैं परमात्मा हूं, तुझे वरदान देने आया हूं, मांग ले जो मांगना है—उसने कहा कि लंगड़े को अंधा कर दो। जब उसने लंगड़े से कहा तो लंगड़े ने कहा कि अंधे को लंगड़ा कर दो, प्रभु!

ऐसे ही अनुभवों के कारण उसने आना भी जमीन पर धीरे-धीरे बंद कर दिया। कोई सार नहीं है। बीमारी दुगुनी हो गई। आने से कुछ फायदा न हुआ। दया का परिणाम और घातक हो गया।

आदमी की आदतें! दुख भी आदत है! अगर तुम्हारे सामने परमात्मा खड़ा हो जाए तो तुम जो मांगोगे, उससे तुम और दुख खड़ा कर लोगे। तुम्हारी पुरानी आदत ही तो मांगेगी न! अगर अंधे में थोड़ी भी अक्ल होती तो वह कहता प्रभु, जो तुम्हें ठीक लगता हो, मेरे योग्य हो, वह दे दो। क्योंकि मैं तो जो भी मांगूंगा, वह गलत होगा। क्योंकि मैं अब तक गलत रहा हूं। मेरी उसी गलत चेतना में से तो मेरी मांग भी आएगी। नहीं, मैं न मांगूंगा, तुम जो दे दो! तुम्हारी मर्जी पूरी हो! तुम ज्यादा ठीक से देखोगे। तुम मुझे दे दो जो मेरे योग्य हो।

अंधे ने मांगा, वहीं भूल हो गई। लंगड़े ने मांगा, वहीं भूल हो गई। आदतें पुरानी थीं और अभी भी क्रोध का जहर बाकी था। तो परमात्मा भी सामने खड़ा था, फिर भी चूक गए। आदमी के सामने कई बार मोक्ष की घड़ी आ जाती है, फिर भी आदमी चूक जाता है; क्योंकि पुरानी आदतें हमला करती हैं और मोक्ष की घड़ी में बड़ी जोर से हमला करती हैं। क्योंकि आदतें भी अपनी रक्षा करना चाहती हैं। हर आदत अपनी रक्षा करती है, टूटना नहीं चाहती।

मेरे देखे दुनिया में अधिक लोग दुखी इसलिए नहीं है कि दुख के कारण हैं। सौ में निन्यानबे मौके पर तो कोई कारण नहीं, सिर्फ आदत है। कुछ लोगों ने दुख का गहन अभ्यास कर लिया है। वह अभ्यास ऐसा हो गया है कि छोड़ते नहीं बनता। उसमें ही तो उन्होंने अपना सारा जीवन लगाया है, आज एकदम से छोड़ भी कैसे दें?

मैं एक किताब पढ़ रहा था। एक बहुत अनूठी किताब है, सभी को पढ़नी चाहिए, उससे सभी को लाभ होगा। किताब का नाम है: हाउ टू मेक युअरसैल्फ मिजरेबल; वस्तुतः दुखी कैसे हों? और निश्चित ही लिखने वाले ने (डान ग्रीन वर्ग) ने बड़ी खोज की है। उसने सारे नियम साफ कर दिए हैं कि कहीं कोई चूक न रह जाए। सब नियम साफ कर दिए हैं! थोड़े से तुम भी अभ्यास करते हो, उनमें से अनजाने; मगर अगर किताब पढ़ लोगे तो तुम जान-बूझ कर, ठीक से, व्यवस्था से अभ्यास कर सकोगे। शायद कुछ भूल-चूक हो रही हो और तुम्हारा दुख परिपूर्ण न हो पा रहा हो।

दुख के अभ्यासी हैं लोग। कामवासना एक बड़ा प्राचीन अभ्यास है—सनातन-पुरातन! जन्मों-जन्मों में उसका अभ्यास किया है। कभी उससे कुछ पाया नहीं, सदा खोया, सदा गंवाया; लेकिन अभ्यास रोएं-रोएं में समा गया है।

आस्थितः परमाद्वैतं मोक्षार्थेऽपि व्यवस्थितः।

—वह जो मोक्ष के लिए तैयार है और वह जो परम अद्वैत में अपनी आस्था की घोषणा कर चुका है...।

आश्चर्यं कामवशगो विकलः केलिशिक्षया।

केलिशिक्षया—पुरानी कामवासना की शिक्षा के कारण, अभ्यास के कारण!

आश्चर्यं कामवशगो विकलः केलिशिक्षया।

—पुराने अभ्यास के कारण बार-बार विकल हो जाता है।

मौत के क्षण में तक आदमी कामवासना के सपनों से भरा होता है। ध्यान करने बैठता है, तब भी कामवासना के विचार ही मन में दौड़ते रहते हैं। मंदिर जाता, मंदिर में बाहर से दिखाई पड़ता, भीतर से शायद वेश्यालय में हो।

इसलिए अष्टावक्र कहते हैं, जनक, जल्दी मत कर। ये जाल बड़े पुराने हैं। तू ऐसा एक क्षण में मुक्त हो गया?

अष्टावक्र यह नहीं कह रहे हैं कि तू मुक्त नहीं हुआ। अष्टावक्र की तो पूरी धारणा ही यही है कि तत्क्षण मुक्त हुआ जा सकता है। लेकिन वे जनक को सब तरफ से सावचेत कर रहे हैं कि कहीं से भी भ्रांति न रह जाए। यह मुक्ति अगर हो तो सर्वांग हो, यह कहीं से भी अधूरी न रह जाए। कहीं से भी रोगाणु फिर वापस न लौट आएं।

'काम को ज्ञान का शत्रु जान कर भी, कोई अति दुर्बल और अंतकाल को प्राप्त पुरुष काम-भोग की इच्छा करता है—यही आश्चर्य है।'

उद्भूतं ज्ञानदुर्मित्रम् अवधार्य अति दुर्बलः च
अंतकालम् अनुश्रितः कामम् आकांक्षेत आश्चर्यम्!

तू क्या आश्चर्य की बातें कर रहा है जनक, असली आश्चर्य हम तुझे बताते हैं—अष्टावक्र कहते हैं—कि मर रहा है आदमी, सब जीवन-ऊर्जा क्षीण हो गई, सब जीवन बिखर गया, फिर भी कामवासना बची है। सिवाय कड़वे तिक्त स्वाद के कुछ भी नहीं छूटा है। सिवाय विषाद और घावों के कुछ भी नहीं बचा है। सारा जीवन एक विफलता थी, फिर भी कामवासना बची है। कठिन है, दुस्तर है; क्योंकि अभ्यास अति प्राचीन है। तो तू ठीक से निरीक्षण कर ले, निदान कर ले, अंतश्चेतन में उतर, अचेतन में उतर।

वस्तुतः जिसको फ्रॉयड ने अनकांशस, अचेतन कहा है—अष्टावक्र उसी की तरफ इशारा कर रहे हैं—कि तेरे चेतन में तो प्रकाश हो गया, लेकिन तेरे अचेतन की क्या गति है? तेरे बैठक के कमरे में तो सब साफ-सुथरा हो गया, लेकिन तेरे तलघरे की क्या स्थिति है? अगर तलघरे में आग जल रही है तो धुआं जल्दी ही पहुंच जाएगा तेरे बैठकखाने में भी। और अगर तलघरे में गंदगी भरी है तो तू बैठकखाने में कब तक सुवास को कायम रख सकेगा? उतर भीतर सीढ़ी-सीढ़ी। खोज बीजों को अचेतन में, और वहां दग्ध कर ले। और अगर तू वहां न पाए तो फिर ठीक हुआ। तो फिर जो हुआ, ठीक हुआ।

दुख, तृष्णा, काम, लोभ, क्रोध सभी बीमारियां हमारे सतत अभ्यास के फल हैं। यह अकारण नहीं है, हमने बड़ी मेहनत से इनको सजाया-संवारा है। हमने बड़ा सोच-विचार किया है। हमने इनमें बड़ी धन-संपत्ति लगाई है। हमने बड़ा न्यस्त स्वार्थ इनमें रचाया है। यह हमारा पूरा संसार है।

जब कोई आदमी कहता है कि मैं दुख से मुक्त होना चाहता हूं, तो उसे ख्याल करना चाहिए कि वह दुख के कारण कुछ लाभ तो नहीं ले रहा है, कोई फसल तो नहीं काट रहा है? अगर फसल काट रहा है दुख के कारण, तो दुख से मुक्त होना भला चाहे, हो न सकेगा।

अब कुछ लोग हैं जिनका कुल सुख इतना ही है कि जब वे दुख में होते हैं तो दूसरे लोग उन्हें सहानुभूति दिखलाते हैं। तुमने देखा, पत्नी ऐसे बड़ी प्रसन्न है, रेडियो सुन रही है। पति घर की तरफ आना शुरू हुए, तो रेडियो बंद, सिरदर्द...एकदम सिरदर्द हो जाता है! ऐसा मैंने देखा, अनेक घरों में मैं ठहरा हूं, इसलिए कह रहा हूं। मैं देखता रहा कि अभी पत्नी बिलकुल सब ठीक थी, मुझसे ठीक से बात कर रही थी, यह सब, और तब पति के आने का हार्न बजा नीचे और वह गई अपने कमरे में और लेट गई और पति मुझे बताने लगे कि उसके सिर में दर्द है। यह हुआ क्या मामला? मैं यह नहीं कह रहा हूं कि दर्द नहीं है। दर्द होगा,

मगर दर्द के पीछे कारण है गहरा। पति सहानुभूति ही तब देता है, पास आकर बैठ कर सिर पर हाथ ही तब रखता है, जब दर्द होता है। यह स्वार्थ है उस दर्द में। दर्द वस्तुतः हो गया होगा, क्योंकि वह जो आकांक्षा है कि कोई हाथ माथे पर रखे...और पति बिना दर्द के तो हाथ रखता नहीं। अपनी पत्नी के माथे पर कौन हाथ रखता है! वह तो मजबूरी है कि अब वह सिरदर्द बना कर बैठी है, अब करो भी क्या! हालांकि उसको अपना अखबार पढ़ना है किसी तरह, लेकिन सिर पर हाथ रख कर बैठा है।

अब यह सिर पर हाथ रखने की जो भीतर कामना है—कोई सहानुभूति प्रकट करे, कोई प्रेम जाहिर करे, कोई ध्यान दे—अगर यह तुम्हारे दुख में समाविष्ट है, तो तुम लाख कहो हम दुख से मुक्त होना चाहते हैं, तुम मुक्त न हो सकोगे। क्योंकि तुम एक हाथ से तो पानी सींचते रहोगे और दूसरे हाथ से शाखाएं काटते रहोगे। ऊपर से काटते भी रहोगे, भीतर से सींचते भी रहोगे। इससे कभी छुटकारा न होगा। देखना, दुख में तुम्हारा कोई नियोजन तो नहीं है, इनवेस्टमेंट तो नहीं है?

मंजर रहीने-यास है, नाजिर उदास है,
मंजिल है कितनी दूर, मुसाफिर उदास है।
परवाज में कब आएगी रिफ़अत खयाल की
नारस हैं बालो-पर, ताइर उदास है।
तख्लीके-शाहकार का इनकार नहीं अभी,
अशआर बेकरार है, शायर उदास है।
मुद्दत से यात्री को तरसती है मूर्ति,
सुनसान कोहसार का मंदिर उदास है।
एहसासो-फिक्र दोनों का हासिल है इस्तिराद
शायर है मह्वे-यास मुवक्खिर उदास है।

यहां सभी उदास हैं। पक्षी उदास है, उड़ नहीं पाता। हो सकता है, सोने के पिंजड़े से मोह लग गया हो। यहां कवि उदास है, क्योंकि उदासी के गीत तो लोग सुनते हैं और तालियां बजाते हैं। यहां विचारक उदास है, क्योंकि हंसते और आनंदित आदमी को तो लोग पागल समझते हैं, विचारक कौन समझता है? यहां सब उदास हैं। इस उदासी से भरे वातावरण में, उदासी के पार होना बड़ा मुश्किल मालूम होता है। यहां की हवा उदास है। यहां की हवा में कामवासना है, क्रोध है, लोभ है, मोह है। यहां मोक्ष की किरण को उतारना बड़ा कठिन है।

लेकिन जनक के जीवन में किरण उतरी है। उतरी है, इसलिए अष्टावक्र सब तरह से परीक्षा कर लेना चाहते हैं—कहीं भूल-चूक न हो जाए, कहीं कोई छिद्र न रह जाए! इस महाकरुणा के वश, वे ऐसे कठोर वचन जनक को बोलने लगे कि तू जरा देख तो! तू भी कहीं उसी जाल में न पड़ जाना, जिसमें बहुत मुनि पड़े हैं, बहुत ज्ञानी पड़े हैं। बहुत से समझदार नासमझियों में उलझे हैं। बहुत से पंडित शास्त्रों में दबे हैं। और बहुत से त्याग की बातें करने वाले भीतर अभी भी धन की आकांक्षा से भरे हैं। इन सबकी ठीक से तू जांच-पड़ताल कर ले। यह सब न हो, तब तेरी उदघोषणा में सत्य है।

हरि ॐ तत्सत्!

* * *

प्रवचन : 16

धर्म है जीवन का गौरीशंकर

पहला प्रश्नः प्रसिद्ध मनोवैज्ञानिक ए. एच. मैसलो ने मनुष्य की जीवन आवश्यकताओं के क्रम में आत्मज्ञान [Self-actualization] को अंतिम स्थान दिया है। क्या आपके जाने आत्मज्ञान मनुष्य-जीवन की एक अनिवार्य आवश्यकता है, और धर्म, अध्यात्म जैसे संबोधन अनावश्यक रूप से आत्मज्ञान के साथ जोड़ दिए गए हैं? कृपा करके समझाएं।

पहली बात, कि आत्मज्ञान न तो अनिवार्य है और न आवश्यकता है। वैसी भाषा आत्मज्ञान के संबंध में मूलभूत रूप से गलत है। भूख है तो रोटी की आवश्यकता है। देह है तो श्वास की आवश्यकता है। इनके बिना तुम जी न सकोगे। लेकिन आत्मज्ञान के बिना तो आदमी मजे से जीता है। पानी चाहिए, रोटी चाहिए, मकान चाहिए। इनकी तो आवश्यकता है। इनके बिना तुम एक क्षण न जी सकोगे। आत्मज्ञान के बिना तो अधिक लोग जीते ही हैं।

तो पहली तो बात आत्मज्ञान आवश्यकता नहीं। और अनिवार्य तो बिलकुल ही नहीं है। कभी कोई बुद्ध, कभी कोई अष्टावक्र, कोई क्राइस्ट, मुहम्मद उस दशा को उपलब्ध होते हैं। यह इतना अद्वितीय है इस घटना का घटना, कि इसको अनिवार्य तो कहा ही नहीं जा सकता, नहीं तो सबको घटती, प्रत्येक को घटती।

अध्यात्म एक अर्थ में प्रयोजन-शून्य है, अर्थहीन है। इसलिए तो हम इस देश में उसे सच्चिदानंद कहते हैं।

आनंद का क्या अर्थ? आनंद की क्या आवश्यकता? आनंद की क्या अनिवार्यता? परमात्मा के बिना जगत बड़े मजे से चल रहा है। इसलिए तो परमात्मा कहीं दिखाई नहीं देता। उसकी मौजूदगी आवश्यक नहीं मालूम होती—न दुकान में

जरूरत है, न दफ्तर में जरूरत है, न घर में जरूरत है। आत्मज्ञान तो आत्यंतिक आभिजात्य, आत्यंतिक ऐरिस्टोक्रेसी है।

रोटी की जरूरत है; लेकिन माइकल एंजिलो की मूर्तियों की थोड़े ही जरूरत है! उनके बिना आदमी मजे से रह लेगा। छप्पर की जरूरत है, लेकिन कालिदास की क्या जरूरत है? न हों कालिदास के ग्रंथ, कौन सी अड़चन आ जाएगी? क्षुद्र की जरूरत है, विराट की कहां जरूरत है? और अगर विराट तुम्हारी जरूरत हो तो वह भी क्षुद्र हो जाएगा। विराट तो आनंद है, अहोभाव है। विराट को तुम आवश्यकता की भाषा में मत खींचना। परमात्मा को अर्थशास्त्र मत बनाना, इकॉनामिक्स मत बनाना।

इसलिए तो समाजवादी कहते हैं: रोटी, रोजी और मकान। उसमें कहीं परमात्मा को जगह नहीं। इसलिए कम्युनिज्म में परमात्मा को कोई जगह नहीं। थोड़ा सोचो, मार्क्स जैसा अर्थशास्त्री...अगर परमात्मा की कोई आवश्यकता होती, आत्मज्ञान की आवश्यकता होती तो कम्युनिज्म में कुछ जगह रखता। बिलकुल जगह नहीं रखी। शुद्ध अर्थशास्त्र में कोई जरूरत ही नहीं।

सच तो यह है कि तुम्हारे जीवन में परमात्मा की किरण उतरेगी तो बहुत अड़चनें खड़ी होंगी। इसलिए तो बहुत से लोग हिम्मत नहीं करते। परमात्मा की किरण उतरेगी तो तुम जैसे चलते थे फिर वैसे न चल पाओगे। अड़चनें आनी शुरू हो जाएंगी। तुम्हारे जीवन का ढांचा बदलने लगेगा। तुम्हारी शैली बदलेगी। तुम्हारा होने का रूप बदलेगा। तुम्हारी दिशा बदलेगी। तुम बुरी तरह अस्त-व्यस्त हो जाओगे। तुम्हारा जो जमा-जमाया रूप था सब उखड़ेगा। तुम्हारी जड़ें उखड़ जाएंगी। तुम्हें नई भूमि खोजनी पड़ेगी; पुरानी भूमि काम न आएगी। तुम पृथ्वी पर न टिक सकोगे, तुम्हें आकाश का सहारा लेना होगा।

इस बात को तुम जितनी गहराई से समझ लो उतना उपयोगी होगा।

परमात्मा बिलकुल गैर-जरूरी है। इसलिए तो उन थोड़े से लोगों के ही मन में परमात्मा की प्यास पैदा होती है, जिन्हें यह बात समझ में आ गई कि जरूरी में आनंद नहीं हो सकता। जरूरी में ज्यादा से ज्यादा जरूरत पूरी होती है।

तुम्हें भूख लगी, तुमने भोजन कर लिया। भूखे रहो तो तकलीफ होती है, भोजन करके कौन सा सुख मिल जाता है? धूप पड़ती थी, पसीना आता था, तुम परेशान और बेचैन थे। छप्पर के नीचे आ गए, बेचैनी मिट गई। लेकिन छप्पर के नीचे आ जाने से कोई सुख थोड़े ही मिल जाता है।

आवश्यकता के जगत में दुख है और दुख से छुटकारा है; आनंद बिल्कुल नहीं। यही तो तकलीफ है कि एक गरीब आदमी, जिसके पास धन नहीं है, सोचता

है धन मिल जाएगा तो आनंद मिल जाएगा। जब धन मिल जाता है, तब पता चलता है: गरीबी तो मिट गई, धन भी मिल गया, आनंद नहीं मिला।

आवश्यकताओं की तृप्ति में आनंद कहां? आवश्यकताओं की तृप्ति से दुख कम होता जाएगा। और, एक और अनूठी घटना घटती है कि जैसे-जैसे दुख कम होता जाएगा, वैसे-वैसे तुम्हें लगेगा कि सब दुख भी समाप्त हो जाए और आनंद न मिले तो सार क्या है? एक आदमी है जिसे न कोई बीमारी है, न कोई कष्ट है, न कोई आर्थिक परेशानी है, सब सुख-सुविधा है—मकान है, कार है, प्रतिष्ठा है—अब और क्या चाहिए? सब आवश्यकताएं पूरी हो गईं, अब और क्या चाहिए? लेकिन वह आदमी भी कहता है कुछ खाली-खाली है, कुछ लगता है खो रहा है, कुछ मिला नहीं!

जब तक तुम प्रयोजन-शून्य से संबंध न बांधो, जब तक तुम आवश्यकता के ऊपर उठकर न देखो, जब तक तुम्हारे जीवन में कुछ ऐसा न घटे जिसकी कोई आवश्यकता नहीं थी—तब तक आनंद न घटेगा।

आवश्यकता के मिटने से, पूरे होने से दुख नहीं होता, सुविधा हो जाती है; आनंद भी नहीं होता। आनंद तो घटता है तब जब तुम आवश्यकता के पार उठते हो—अर्थ-शून्य में, फूलों में, संगीत में, काव्य में। कोई जरूरत नहीं है। वैजनर हो या न हो, शेक्सपियर हो या न हो, रवींद्रनाथ हों या न हों—क्या सार है? खाओगे कविताओं को, पीयोगे, ओढ़ोगे? लेकिन यह तो मैं इसलिए नाम ले रहा हूं कि तुम्हें समझ में आ जाएं। इनमें भी थोड़ा-बहुत अर्थ हो सकता है। परमात्मा में उतना भी अर्थ नहीं है। आत्मज्ञान तो बिलकुल ही निरर्थक है। उसका होने का रस तो है, अर्थ बिलकुल नहीं। उसे तुम कमोडिटी, बाजार में बिकने वाली वस्तु न बना सकोगे।

जिस दिन कोई व्यक्ति इस सत्य को समझने में समर्थ हो जाता है कि जब तक मैं आवश्यकता की पूर्ति खोजता रहूंगा, तब तक मैं एक वर्तुल में घूमूंगा। रोज भूख लगेगी, रोज खाना कमा लूंगा, रोज खाना खा लूंगा, फिर भूख मिट जाएगी, कल फिर भूख लगेगी। फिर भोजन, फिर भूख, फिर भोजन। भोजन से कुछ सुख न मिलेगा; सिर्फ भूख से जो दुख मिलता था, वह न होगा।

सांसारिक आदमी की परिभाषा यही है—जो केवल सुविधा खोज रहा है, असुविधा न हो। आध्यात्मिक आदमी का अर्थ यही है कि जो इस सत्य को समझ गया कि सुविधा सब भी मिल जाए तो जीवन में फूल नहीं खिलते, न सुगंध उठती, न गीत बजते। नहीं, जीवन की वीणा खाली ही पड़ी रह जाती है।

इसलिए मैं धर्म को आभिजात्य कहता हूं। आभिजात्य का अर्थ है: इसका

कोई प्रयोजन नहीं है। यह प्रयोजन-हीन, प्रयोजन-शून्य या कहो प्रयोजन-अतीत। और तुम्हारे जीवन में जब भी कभी कोई प्रयोजन-अतीत उतरता है, वहीं थोड़ी सी झलक आनंद की मिलती है; जैसे प्रेम में। प्रेम का क्या अर्थ है, क्या सार है? खाओगे? पीयोगे? ओढ़ोगे? क्या करोगे प्रेम का? अगर कोई तुमसे पूछने लगे कि क्या पागल हो रहे हो, प्रेम से फायदा क्या है? बैंक-बैलेंस तो बढ़ेगा नहीं। मकान बड़ा बनेगा नहीं। प्रेम से फायदा क्या है? क्यों समय गंवाते हो?

इसलिए तो राजनीतिज्ञ प्रेम-व्रेम के चक्कर में नहीं पड़ता; वह सारी शक्ति पद पर लगाता, प्रेम पर नहीं। धन का दीवाना, धन का आकांक्षी, सारी शक्ति धन को कमाने में लगाता है। प्रेम, वह कहता है, अभी नहीं! अभी फुर्सत कहां?

फिर प्रेम का प्रयोजन भी कुछ नहीं दिखाई देता—एक तरह का पागलपन मालूम होता है।

तुम व्यावहारिक लोगों से पूछो, वे कहेंगे, प्रेम यानी पागलपन। लेकिन प्रेम में थोड़ी सी झलक मिलती है उसकी, जो प्रयोजन-हीन है, जिसका कोई अर्थ नहीं; फिर भी परम रसमय है; फिर भी परम विभामय है; फिर भी सच्चिदानंद है।

कोई आदमी बैठकर अपनी सितार बजा रहा है। तुम उससे पूछो कि 'क्या मिलेगा इससे?' वह उत्तर न दे पाएगा। 'क्या सार है इस तार को ठोकने, खींचने, पीटने से? बंद करो। कुछ काम करो, कुछ काम की बात करो। कुछ उपजाओ, कुछ पैदा करो! फैक्टरी बनाओ, खेत में जाओ! ये तार छेड़ने से क्या सार है?' लेकिन जिसको तार छेड़ने में रस आ गया, वह कभी-कभी भूखा भी रह जाना पसंद करता है और तार नहीं छोड़ता।

विन्सेंट वानगॉग भूखा-भूखा मरा। उसके पास इतने ही पैसे थे...उसका भाई उसे इतने ही पैसे देता था कि सात दिन की रोटी खरीद सकता था। तो वह तीन दिन खाना खाता, चार दिन भूखा रहता। और जो पैसे बचते, उनसे खरीदता रंग, कैनवस, और चित्र बनाता। चित्र उसके एक भी बिकते नहीं। क्योंकि उसने जो चित्र बनाए, वे कम से कम अपने समय के सौ साल पहले थे। दुनिया की सारी प्रतिभा समय के पहले होती है। वस्तुतः प्रतिभा का अर्थ ही यही है, जो समय के पहले हो। कोई खरीददार न था उन चित्रों का। अब तो उसका एक-एक चित्र लाखों में बिकता है; दस-दस लाख रुपये में एक-एक चित्र बिकता है। तब कोई दस पैसे में भी खरीदने को तैयार न था। वह भूखा ही जीया, भूखा ही मरा। घर के लोग हैरान थे कि तू पागल है!

आदमी की भूख पहली जरूरत है, लेकिन कुछ मिल रहा होगा वानगॉग को, जो किसी को दिखाई नहीं पड़ रहा था। कोई रसधार बह रही होगी! नहीं तो क्यों,

क्या प्रयोजन? न प्रतिष्ठा मिल रही है, न नाम मिल रहा है, न धन मिल रहा है; भूख मिल रही, पीड़ा मिल रही, दरिद्रता मिल रही—लेकिन वह है कि अपने चित्र बनाए जा रहा है। जब वह चित्र बनाने लगता तो न भूख रह जाती, न देह रह जाती—वह देहातीत हो जाता। जब उसके सारे चित्र बन गए, जो उसे बनाने थे, तो उसने आत्महत्या कर ली। और वह जो पत्र लिख कर छोड़ गया, उसमें लिख गया कि अब जीने में कुछ अर्थ नहीं रहा।

अब यह बड़े मजे की बात है। वह लिख गया कि जो मुझे बनाना था, बना लिया; जो मुझे गुनगुनाना था, गुनगुना लिया; जो मुझे रंगों में ढालना था, ढाल दिया; जो मुझे कहनी थी बात, कह दी; जो मेरे भीतर छिपा था, वह प्रगट हो गया; अब कुछ अर्थ नहीं है रहने का।

वह जो अर्थहीन चित्र बना रहा था, वही उसका अर्थ था; जब उसका काम चुक गया, वह विदा हो गया। जीवन में जैसे कोई और अर्थ था नहीं!

क्या फायदा रोटी रोज खा लो, फिर भूख लगा लो; फिर रोटी रोज खा लो, फिर भूख लगा लो? हर रोटी नई भूख ले आती है, हर भूख नई रोटी की मांग ले आती है। यह तो एक वर्तुल हुआ, जिसमें हम घूमते चले जाते हैं। इससे सार क्या है, तुमने कभी सोचा?

एक आदमी अगर अस्सी साल जीए तो अस्सी साल में उसने किया क्या? जिसको तुम अर्थपूर्ण प्रक्रियाएं कहते हो—रोटी, रोजी, मकान—उसने किया क्या? जरा तुम गौर करो। न मालूम कितने हजारों मन भोजन उसने मल-मूत्र बना दिया। इतना ही काम किया। जरा सोचो, अस्सी साल में उसने कितने मल-मूत्र के ढेर, अगर वह लगाता ही चला जाता तो कितने ढेर लग जाते, पहाड़ खड़े कर देता। बस इतना ही उसका काम है। पीछे तुम मल-मूत्र का एक पहाड़ छोड़ कर विदा हो जाओगे। इसको तुम अर्थ कहते हो? लेकिन यही अर्थ जैसा मालूम पड़ता है। इसका ही अर्थशास्त्र है।

मैं इसीलिए परमात्मा को अर्थ नहीं कहता, क्योंकि अर्थ देने से ही तो वह अर्थशास्त्र का हिस्सा हो जाएगा। मैं उसे कहता हूं 'अर्थातीत'। वह कोई आवश्यकता नहीं है। और जब तक तुम आवश्यकताओं में उलझे हो, तब तक तुम उस तरफ आंख न उठा सकोगे। इसलिए मैं कहता हूं, जब कोई समाज बहुत समृद्ध होता है, तभी धर्म में गति होती है, अन्यथा नहीं होती।

यह मेरी बात बड़ी मुश्किल में डालती है लोगों को। क्योंकि लोग पूछने लगते हैं: 'तो फिर क्या गरीब धार्मिक नहीं हो सकता?' मैं यह नहीं कहता। गरीब भी धार्मिक हो सकता है, लेकिन गरीब समाज कभी धार्मिक समाज नहीं

हो सकता। व्यक्तिगत रूप से गरीब भी इतना प्रतिभावान हो सकता है कि धार्मिक हो जाए, जीवन की व्यर्थता को समझ ले; जिसको हम अर्थ कहते हैं, उसकी व्यर्थता समझ ले। तो फिर जो अर्थातीत है, वही अर्थ हो जाता है। लेकिन वह बड़ी रूपांतरण की, बड़ी क्रांति की बात है। लेकिन समृद्ध समाज निश्चित रूप से धार्मिक हो जाता है।

मेरे देखे तो वही समृद्ध समाज है जो धार्मिक हो जाए। भारत जब अपने स्वर्ण-शिखर पर था, जब जरूरतें पूरी थीं, खलिहान भरे थे, खेतों में फसलें थीं, लोग भूखे न थे, पीड़ित न थे, परेशान न थे, तब धर्म ने ऊंचे शिखर छुए, तब भगवदगीता उतरी, तब अष्टावक्र की महागीता उतरी, तब उपनिषद गूंजे, तब बुद्ध और महावीरों ने इस देश को जगाया। वह स्वर्ण-शिखर था।

अब वैसा स्वर्ण-शिखर पश्चिम जा चुका है। अब अगर धर्म की कोई भी संभावना है तो पश्चिम में है, पूरब में नहीं है। पूरब के साथ धर्म का अतीत है, पश्चिम के साथ धर्म का भविष्य है। तुमने अपने हाथ गंवाया। तुमने यह सोचकर गंवाया कि क्या रखा है धन में, संपदा में! कुछ भी नहीं रखा है, यह भी सच है। लेकिन जब धन-संपदा होती है तभी पता चलता है कि कुछ भी नहीं रखा है। इतनी सार्थकता उसमें है—यह दिखाने की। और जब तुम्हारे जीवन में सब होता है और तुम पाते हो कुछ भी नहीं हुआ, तो पहली दफा एक हूक उठती है कि अब खोजें उसे, जो आवश्यकता नहीं है।

और अनिवार्य तो बिलकुल ही नहीं है परमात्मा। अनिवार्य का तो अर्थ यह होता कि तुम चाहे करो चाहे न करो, हो कर रहेगा। अनिवार्य मौत है, समाधि नहीं। अनिवार्य तो मृत्यु है, ध्यान नहीं। अनिवार्य बुढ़ापा है, धर्म नहीं। अनिवार्य इतना ही है कि यह जो क्षणभंगुर है, बह जाएगा। शाश्वत आएगा कि नहीं, यह अनिवार्य नहीं है। शाश्वत तो तुम खोजोगे तो आएगा। खोजोगे, भटकोगे, बार-बार पा लोगे और खो जाएगा, बड़ी मुश्किल से आएगा। अनिवार्य तो कतई नहीं है। अनिवार्य का तो यह मतलब है कि तुम बैठे रहो, कुछ न करो, होने वाला है, होकर रहेगा। मौत जैसा होगा परमात्मा फिर; जैसे सभी आदमी मरते हैं, ऐसे सभी आदमी आत्मज्ञान को उपलब्ध हो जाएंगे। नहीं, न तो अनिवार्य है और न आवश्यकता है। आत्मज्ञान खोजने से होगा, गहन साधना से होगा, बड़ी त्वरा से होगा, दांव पर लगाओगे अपने को, तो होगा। आत्मज्ञान भाग्य नहीं है कि हो जाएगा, लिखा है विधि में। विधि में जो लिखा है, वह तो क्षुद्र है; वह होता रहेगा।

चौदह साल के हो जाओगे तो कामवासना पैदा होगी। अस्सी साल के हो जाओगे तो मौत आ जाएगी। पचास के पार होने लगोगे तो बुढ़ापा आ जाएगा।

कामवासना अनिवार्य है; चौदह साल के हुए कि हर बच्चे में हो जाती है। अगर किसी बच्चे में न हो तो कुछ गड़बड़ है, तो चिकित्सा की जरूरत है। होनी ही चाहिए; अनिवार्य है; प्राकृतिक है। लेकिन अध्यात्म अनिवार्य नहीं है और न प्राकृतिक है। हो जाए तो चमत्कार है। जब हो जाए किसी को तो आश्चर्य है: जो नहीं घटना चाहिए, वह घटा।

इसलिए तो हम सदियों तक याद रखते हैं बुद्ध को, कि जो नहीं घटना था वह घटा; जिसकी कोई अपेक्षा न थी, वह घटा; जिसकी कोई संभावना न थी, वह घटा। हजारों साल बीत जाते हैं; बुद्धों को हम नहीं भूल पाते। उनकी याद हमें सताती है। कोई तार हमारे हृदय में बजता रहता है। असंभव भी हुआ है।

इस पृथ्वी पर सबसे ज्यादा असंभव घटना आत्मज्ञान है। जब मैं कहता हूं असंभव, तो मैं यह नहीं कह रहा हूं कि नहीं घटने वाली; घटती है, घट सकती है, लेकिन अनिवार्यता नहीं है। ऐसा नहीं है कि तुम कुछ न करोगे और अपने से घट जाएगी। प्राकृतिक नहीं है, अति-प्राकृतिक है।

पूछा है कि 'क्या आपके जाने आत्मज्ञान मनुष्य-जीवन की एक अनिवार्य आवश्यकता है?'

दोनों बात नहीं है। अनिवार्य हो तो फिर तुम्हें कुछ करने की जरूरत न रही। तुम्हें बहुत कुछ करना पड़ेगा, तब भी घट जाए तो चमत्कार है। तब भी पक्का नहीं है, आश्वासन नहीं है कि घट ही जाएगी, कोई गारंटी नहीं है। बड़ी अभूतपूर्व घटना है: उतार कर लाना है सीमा में असीम को; उतार कर लाना है देह में परमात्मा को; उतार कर लाना है शून्य को मन में; महाशून्य के लिए जगह बनानी है। अनिवार्य तो बिलकुल नहीं है। अनिवार्य तो वही है जो हो गया है। वासना हो गई है, घर बस गया है, धन की दौड़ चल रही है, पद की दौड़ चल रही है। राजनीति अनिवार्य है, धर्म अनिवार्य नहीं है।

इसलिए तो हमने इस देश में धार्मिक व्यक्ति को समादर दिया। हमने सम्राटों को आदर नहीं दिया, क्योंकि इसमें क्या है? सभी सम्राट होना चाहते हैं। नहीं हो पाते, यह दूसरी बात है; लेकिन सभी होना चाहते हैं, सभी की आकांक्षा है। यह होना कुछ विशेष नहीं। यह बड़ी साधारण वात है। पद पर हो जाना कुछ विशेष बात नहीं।

एक गांव में बुद्ध का आगमन हुआ था। तो उस गांव के वजीर ने अपने राजा को कहा कि बुद्ध आते हैं, हम स्वागत के लिए गांव के बाहर चलें। राजा अकड़ीला था। उसने कहा, 'जाने की हमें क्या जरूरत है? और बुद्ध हैं क्या? भिखारी ही हैं। आ जाएंगे अपने आप! हमारे जाने न जाने को क्या जरूरत है?'

वह बूढ़ा वजीर तो यह सुन कर रोने लगा। उसने अपना इस्तीफा लिख दिया। उसने कहा, 'यह मेरा इस्तीफा ले लें, यह त्यागपत्र! मुझे क्षमा करें, मैं चला! अब तुम्हारी छाया में भी बैठना उचित नहीं।'

उस राजा ने कहा, 'मामला क्या है? इसमें इतने नाराज होने की बात क्या है? मैंने कुछ बुरी बात तो कही नहीं। मैं सम्राट हूं, वे भिखारी हैं। उनके लिए मुझे लेने जाने की जरूरत क्या है?'

उस वजीर ने कहा, 'बस बात खत्म हो गई। अब मैं तुम्हारे पास न बैठ सकूंगा। तुम अपने लिए वजीर खोज लो। क्योंकि ऐसे आदमी के पास क्या बैठना, जिसे इतनी भी समझ न हो कि राजनीति तो साधारण है, राजा होना तो साधारण है। लेकिन यह बुद्ध का भिखारी हो जाना असाधारण है, अपूर्व है, अद्वितीय है। यहां कुछ घटा है। जाओ, उनके चरणों में गिरो! यह सौभाग्य तुम्हारा कि वे इस गांव में आते हैं। और मैं तो चला! तुम्हारे पास बैठना कुसंग है।'

यह ठीक कह रहा है वजीर। इस बूढ़े के पास आंखें हैं। इसके पास कुछ समझ है, कुछ परख है।

धन का हमने समादर नहीं किया है। हमने समादर कुछ और ही बात का किया है—बोध का, संन्यास का, त्याग का। उन्होंने जिन्होंने छोड़ा, उन्होंने जिन्होंने ऊपर आंखें उठाईं और आकाश की तरफ देखा, उनका हमने सम्मान किया है।

पश्चिम में इतिहास लिखा गया, पूरब में इतिहास नहीं लिखा गया; हमने पुराण लिखे। पश्चिम के विचारक बड़े हैरान होते हैं कि भारत में इतिहास क्यों नहीं लिखा गया! वे समझते हैं, पुराण तो कथा, कल्पना...!

लेकिन हमने इतिहास जान कर नहीं लिखा, क्योंकि इतिहास तो होता है साधारण घटनाओं का; पुराण होता है असाधारण घटनाओं का। इसलिए तो कल्पना जैसा मालूम होता है पुराण, क्योंकि उस पर भरोसा नहीं आता कि यह घटा भी होगा। पुराण का अर्थ होता है जो कभी-कभी घटता है। इतिहास का अर्थ होता है जो रोज घटता है, जो पुनरुक्ति है। नेपोलियन हो, कि नादिरशाह हो, कि तैमूरलंग हो, कि चंगेज हो, कि हिटलर हो, कि स्टेलिन हो, कि माओ हो—यह रोज की घटना है; इससे इतिहास बनता है। ये तो अखबार की कतरनें हैं, जिनसे इतिहास बनता है।

बुद्ध का घटना अनहोना है। नहीं घटना था और घटा। जैसे अचानक आधी रात में सूरज ऊग आए, कि अंधेरे में किरण उतर आए और हम पकड़ भी न पाएं और खो जाए, और हमारे हाथ भी न लगे और खो जाए। हम ठगे और अवाक रह जाएं, आए और चली जाए। गूंजे एक गीत, हम ठीक से सुन भी न पाएं, क्योंकि

हम अपने शोरगुल से भरे हैं, और गीत विदा हो जाए। एक स्मृति भर रह जाए, और हमें खुद ही शक होने लगे कि यह गीत सुना था? ऐसा आदमी देखा था? हमें खुद ही भरोसा न आए। हम खुद संदेह में पड़ने लगें। जैसे-जैसे स्मृति फीकी होने लगे और दूर होने लगे, वैसे-वैसे हमीं को भरोसा न आए: ऐसा हुआ था?

पुराण का अर्थ होता है: जो कभी-कभी होता है; हजारों साल में कभी-कभी होता है। वैसी अद्वितीय घटनाओं के संग्रह का नाम पुराण है। पुराण पर भरोसा आता ही नहीं। इतिहास तो रद्दी है, इतिहास तो कूड़ा-कर्कट है; कचरे का ढेर है, जो रोज होता है।

पुराने दिनों में लोग सुबह उठ कर गीता पढ़ते थे या धम्मपद पढ़ते थे या कुरान पढ़ते थे, अब उठ कर अखबार पढ़ते हैं। जो रोज होता है...।

तुमने अखबार में कभी खयाल किया, तुम जो पढ़ते हो वह रोज होता है! फिर भी तुम रोज उसी को पढ़ते हो। तुमने अखबार में कुछ नया होते देखा? किसी ने कभी अखबार में नया होते देखा? अखबार से ज्यादा पुरानी चीज तुमने देखी? कहते हो, नया अखबार है! दो दिन का पुराना हो जाए तो फिर तुम नहीं पढ़ते।

मैं एक जगह रहता था, तो मेरे पास एक पागल आदमी रहता था। उसको अखबारों का बड़ा शौक था। वह सब मोहल्ले के अखबार इकट्ठे कर लेता। शायद अखबारों के कारण पागल हो गया हो, कुछ पता नहीं। लेकिन जब मैं गया वह पागल ही था। वह मुझसे भी आकर जो भी अखबार वगैरह होते, सब उठा कर ले जाता। कभी मैंने कहा उसको कि तू सात-सात आठ-आठ दिन पुराने अखबार उठा कर ले जाता है, इनका तू करेगा क्या? वह बोला, अखबार क्या पुराने, क्या नए! अरे जब पढ़ो—तभी नये! जब हमने पढ़े ही नहीं, तो हमारे लिए तो नए।

उस पागल आदमी ने बड़ी बुद्धिमानी की बात कही। कहा कि क्या नये और क्या पुराने!

तुम अखबार पढ़ते हो, तुमने कभी इस पर खयाल किया कि यही तुम रोज-रोज पढ़ते हो। कुछ नया घटता है कभी? नया तो कुरान में घटा है, धम्मपद में घटा है, अष्टावक्र में घटा है। पुराने लोग ज्यादा होशियार थे। वे वही पढ़ते थे जो अघट है, अनिर्वचनीय है, पकड़ में नहीं आता। नहीं होना था, फिर भी हो जाता है। वे दुर्लभ फूल खोजते थे, तुम कूड़ा-कर्कट खोजते हो। दुर्लभ फूलों की खोज में वे भी धीरे-धीरे दुर्लभ हो जाते थे। अघट की खोज में धीरे-धीरे अघट की घटने की संभावना उनके भीतर भी बन जाती थी।

इसलिए मैं तुमसे कहना चाहता हूं: न तो अनिवार्य और न आवश्यक। धर्म

इस जगत में सबसे गैर-अनिवार्य बात है और सबसे अनावश्यक। इसलिए तो रूस है, बीस करोड़ लोग बिना धर्म के जी रहे हैं, कौन सी अड़चन है? सच तो यह है, बहुत मजे से जी रहे हैं। चिंता-फिकर मिटी। सब सुख-सुविधा से जी रहे हैं। शायद कुछ थोड़े से लोगों को अड़चन है, मगर सौ में निन्यानबे आदमियों को कोई अड़चन नहीं है। कोई एकाध है सौ में, कोई सोल्जेनित्सिन या कोई और, कोई एकाध है जिसको अड़चन है। मगर उस एकाध की क्या गणना? लोकतंत्र तो भीड़ के लिए जीता है। निन्यानबे को तो कोई मतलब नहीं है। उन्हें शराब मिल जाए, सुंदर पत्नी मिल जाए, मकान मिल जाए, कार मिल जाए, खाने-पीने की जगह मिल जाए—पर्याप्त है। तुम कितने क्षुद्र से राजी हो जाते हो! तुम ना-कुछ से राजी हो जाते हो। तुम्हारी दीनता तो देखो! अष्टावक्र कहते हैं, यह तुम्हारा मालिन्य तो देखो! कैसे मलिन हो तुम, कितने क्षुद्र से राजी हो जाते हो!

दुनिया में धर्म अगर बिलकुल विदा हो जाए तो बहुत थोड़े लोगों को अड़चन होगी। कोई गौतम बुद्ध पैदा होगा तो उसे अड़चन होगी। लेकिन बाकी को तो कोई अड़चन न होगी। अपूर्व है धर्म। कभी-कभी खिलने वाला फूल है, रोज नहीं खिलता। कभी-कभी खिलने वाला फूल है!

मेरे पास कुछ दिनों तक एक माली था। वह एक पौधा ले आया। वह मुझसे कहने लगा, इसके पांच सौ रुपए देने हैं, जिससे खरीदा। मैंने कहा, 'पागल इस एक पौधे के पांच सौ रुपये, इसका इतना मूल्य? मामला क्या है, इस पौधे की खूबी क्या है?'

उसने कहा, 'इसमें फूल खिलता है, लेकिन वह बारह साल में एक बार खिलता है।'

तो मैंने कहा, 'फिर देने लायक है। फिर तू पांच सौ नहीं हजार भी दे। तू ले जा। क्योंकि जब बारह साल में फूल खिलता है तो अद्वितीय है। ऐसे मौसमी फूल हैं, दो सप्ताह चार सप्ताह में खिल जाते हैं। बारह साल, तो थोड़ा धर्म जैसा फूल है। इसे तू जरूर लगा। इसे मेरे बगीचे में होना ही चाहिए। हम प्रतीक्षा करेंगे इसकी, जब खिलेगा।'

और जब फूल खिला—वह रात को ही खिलता—पूर्णिमा की रात को वह खिला, तो सारा पड़ोस, दूर-दूर से लोग उसे देखने आने लगे। वह कभी-कभी खिलता, उसके दर्शन रोज-रोज नहीं होते।

बुद्ध-पुरुष कभी-कभी खिलते हैं। वह सहस्रार का कमल कभी-कभी खिलता है। उसकी आकांक्षा मत करो जो रोज खिलता है, जो रोज मिलता है। उस क्षुद्र में कुछ भी नहीं है। उसकी आकांक्षा करो जो अपूर्व है, अद्वितीय है,

अनिर्वचनीय, पकड़ के बाहर है। उसे चाहो जो असंभव है। जिस दिन तुमने असंभव को चाहा, उसी दिन तुम धार्मिक हुए। असंभव की वासना—धर्म की मेरी परिभाषा है।

तरतूलियन का बड़ा प्रसिद्ध वचन है, कि मैं ईश्वर में भरोसा करता हूं, क्योंकि ईश्वर असंभव है। असंभव है! इसलिए भरोसा करता हूं। संभव में क्या भरोसा करना! संभव में भरोसा करने के लिए कोई बुद्धिमानी चाहिए, कोई बड़ी प्रतिभा चाहिए? संभव में भरोसा तो बुद्धू से बुद्धू को आ जाता है। असंभव में भरोसे के लिए तुम्हारे भीतर श्रद्धा के पहाड़ उठें, गौरीशंकर निर्मित हो, तो असंभव की श्रद्धा होती है। असंभव की चाह है धर्म। 'पैशन फॉर द इंपॉसिबल!'

और तुमने पूछा है कि 'धर्म, अध्यात्म जैसे संबोधन अनावश्यक रूप से आत्मज्ञान के साथ जोड़ दिए गए हैं?'

नहीं, जरा भी नहीं। वे संबोधन बड़े सार्थक हैं। धर्म का अर्थ होता है: स्वभाव। वह बड़ा सांकेतिक शब्द है। धर्म का अर्थ रिलिजन या मज़हब नहीं होता। रिलिजन या मज़हब को तो हम संप्रदाय कहते हैं। धर्म का अर्थ तो बड़ा गहरा है। जिसके कारण इस्लाम, धर्म है; और जिसके कारण ईसाइयत, धर्म है; और जिसके कारण जैन, धर्म है; और जिसके कारण हिंदू, धर्म है; जिसके कारण ये सारे धर्म, धर्म कहे जाते हैं—वह जो सबका सारभूत है, उसका नाम धर्म है। ये सब उस धर्म तक पहुंचने के मार्ग हैं, इसलिए संप्रदाय हैं।

ईसाइयत एक संप्रदाय हुई, हिंदू एक संप्रदाय है, जैन एक संप्रदाय है, बौद्ध एक संप्रदाय है, इस्लाम एक संप्रदाय है। धर्म तो वह है जहां तक ये सभी संप्रदाय पहुंचा देते हैं। इसलिए इस्लाम को धर्म कहना उचित नहीं, हिंदू को धर्म कहना उचित नहीं—संप्रदाय! 'संप्रदाय' शब्द अच्छा है। इसका अर्थ होता है: मार्ग, जिससे हम पहुंचें। जिस पर पहुंचें, वह धर्म है।

'धर्म' बड़ा अनूठा शब्द है। उसका गहरा अर्थ होता है: स्वभाव; हमारा जो आत्यंतिक स्वभाव है; हमारे भीतर के आखिरी केंद्र पर जो छिपा है बीज की तरह, उसका प्रगट हो जाना।

हम परमात्मा को बीज की तरह लिए घूम रहे हैं। हम जन्मों-जन्मों तक घूमते रहे हैं परमात्मा को बीज की तरह लिए। जब तक हम उस बीज को भूमि न देंगे—ध्यान की—तब तक धर्म का वृक्ष खड़ा न होगा। अगर धर्म से परिचित होना है तो ध्यान में गहरे उतरना पड़े। क्योंकि ध्यान भूमि बनता है, और धर्म का बीज ध्यान की भूमि में अंकुरित होता है।

दुनिया में धर्म नहीं हैं। हां, कभी-कभी धार्मिक व्यक्ति होते हैं। जो हैं, वे सब

संप्रदाय हैं। तो धर्म शब्द व्यर्थ नहीं है। ऐसे जबरदस्ती आत्मज्ञान के ऊपर नहीं थोप दिया गया है।

और अध्यात्म भी बड़ा बहुमूल्य शब्द है। उसका भी वही मतलब होता है: वह, जो तुम्हारी निजता है। समझने की कोशिश करो।

तुम्हारे पास दो तरह की चीजें हैं। एक तो जो तुम्हें दूसरों ने दी हैं, जो तुम्हारी निजी नहीं हैं: जैसे भाषा। जब तुम पैदा हुए थे तो तुम कोई भाषा ले कर न आए थे। भाषा तुम्हें दी गई। मौन तुम ले कर आए थे। भाषा तुम्हें दी गई। मौन अध्यात्म है, भाषा सामाजिक है। जो तुम ले कर आए थे, जो तुम्हारा है, निजी है—वह अध्यात्म है। जो उधार है, बासा है, वह अध्यात्म नहीं है। जो भी तुम्हें दूसरों ने दे दिया है, वह अध्यात्म नहीं है।

तुम्हारे पास बहुत ज्ञान हो सकता है जो तुमने विश्वविद्यालय से सीखा, शास्त्रों से सीखा, गुरुओं से सीखा—वह अध्यात्म नहीं है। जिस दिन तुम्हारा अंतश्चेतन जागेगा, तुम्हारी आंख खुलेगी, तुम्हारे अपने ज्ञान का प्रादुर्भाव होगा—उसका नाम अध्यात्म है।

अध्यात्म का कोई शास्त्र नहीं होता और अध्यात्म की कोई किताब नहीं होती और अध्यात्म को उधार पाने का कोई उपाय नहीं है। अध्यात्म कोई वस्तु नहीं जो हस्तांतरित हो सके। अध्यात्म है तुम्हारा आत्यंतिक निज रूप, तुम्हारी निजता। जिस दिन तुम सब उधार को छांटकर अलग कर दोगे; कहते जाओगे: यह भी मैं नहीं, यह भी मैं नहीं; नेति, नेति; तुम इनकार करते जाओगे और वैसी घड़ी बचेगी जब तुम इनकार न कर सकोगे; जिसे तुम्हें कहना पड़ेगा, यही मैं हूं—उस दिन अध्यात्म! तो साक्षी-भाव ही अध्यात्म है; बाकी तो सब गैर-अध्यात्म है।

ये शब्द बड़े प्यारे हैं। इन शब्दों का अर्थ समझोगे तो तुम्हारे भीतर शब्दों का अर्थ सुनते-सुनते, समझते-समझते ही कुछ घटना घटनी शुरू हो जाएगी। एक छोटी सी चिनगारी महावन को जला देती है। ये छोटे-छोटे शब्द नहीं हैं, ये छोटी-छोटी चिनगारियां हैं।

दूसरा प्रश्न : गुरु शिष्य को सीधे भी देखता है लेकिन फिर भी उसे विभिन्न परीक्षाओं से जान-बूझ कर गुजारता है। क्या इससे शिष्य का आत्मज्ञान तीव्र और शुद्धतर होता है? कृपा करके समझाएं।

गुरु देखता है तुम्हारे तीन रूप—तुम जो थे; तुम जो हो; तुम जो हो सकते हो। तुम जो थे, उससे तुम्हें छुटकारा दिलाना है। तुम्हारे अतीत से तुम्हें मुक्ति दिलानी है। तुम्हारे अतीत को पोंछ डालना है, साफ कर देना है; वह कचरा है जो तुम्हारे दर्पण पर इकट्ठा हो गया। तुम्हें अतीत से विच्छिन्न करना है, यह पहला काम।

फिर तुम जो हो, उसके प्रति तुम्हें जगाना है। क्योंकि तुम्हें उसका बिलकुल पता नहीं कि तुम कौन हो। तुम जो रहे हो अब तक, तुम्हारा अतीत इतना बोझिल हो गया है, उससे तुम इस भांति दब गए हो कि तुम्हारा वर्तमान तुम्हें दिखाई नहीं पड़ता। और वर्तमान बड़ा छोटा सा क्षण है, बड़ा आणविक—इतना छोटा क्षण है कि तुम उसे पकड़ भी नहीं सकते। तुमने देखा कि यह रहा वर्तमान कि वह गया। इतना कहने में कि यह रहा वर्तमान, वर्तमान अतीत हो जाता है। इतने समय में तो वर्तमान गया। वर्तमान को कहने के लिए शब्द भी जुटाओ, उतनी देर में वर्तमान जा चुका होता है। वर्तमान तो बड़ी पतली धार है, बड़ी सूक्ष्म! वहां तो तुम शांत साक्षी रहोगे तो ही पकड़ पाओगे।

तो तुम्हें अतीत से छुटकारा दिलाना है; तुम्हें वर्तमान में जगाना है; और भविष्य...। अगर तुम अतीत में जकड़े रहे तो अतीत ही तुम्हारे भविष्य का निर्णायक होता है, अतीत ही तुम्हारे भविष्य को बनाता है। मुर्दा तुम्हारे भविष्य को भी नष्ट करता चला जाता है। क्योंकि तुम भविष्य की जो योजना बनाओगे, वह कहां से लाओगे? तुम्हारे अतीत से लाओगे। अतीत के अनुभव के आधार पर ही तुम भविष्य के भवन खड़े करोगे। वे पुनरुक्तियां होंगी। वह फिर-फिर वही दोहराना होगा। थोड़े-बहुत हेर-फेर कर लोगे, रंग बदल लोगे, थोड़ा रूप बदल लोगे; लेकिन होगा वह अतीत ही सजाया हुआ, संवारा हुआ। लाश ही होगी—अच्छे वस्त्रों में शृंगारित। भविष्य की तुम योजना जो भी बनाओगे, अतीत से आएगी; वह अतीत का प्रोजेक्शन है, प्रक्षेपण होगा।

तो गुरु की चेष्टा होगी कि वह तुम्हें अतीत को भविष्य में प्रक्षेपित न होने दे। नहीं तो तुम्हारा अतीत तो नष्ट हुआ, तुम्हारा भविष्य भी नष्ट हो जाएगा। गुरु की चेष्टा होगी कि तुम्हें अतीत से मुक्त करवा दे और गुरु की चेष्टा होगी कि तुम्हें भविष्य की चिंता और विचारणा से भी मुक्त करवा दे। क्योंकि भविष्य का सारा विचार भविष्य को नष्ट करना है। भविष्य का विचार कैसे हो सकता है? भविष्य

तो वही है जो अभी आया नहीं। भविष्य तो वही है जिसका तुम्हें कोई पता नहीं। भविष्य तो अभी कोरी स्लेट है, कोरा कागज है, जिस पर कुछ लिखा नहीं गया।

अभी तुम भविष्य पर अगर कुछ लिखना शुरू कर दोगे तो तुम भविष्य को खराब कर लोगे। उसका कोरापन घर आने के पहले ही खराब हो जाएगा।

तो वर्तमान में तुम्हें जगाना है; अतीत से तुम्हें छुटकारा दिलाना है; भविष्य के सपनों को अवरुद्ध करना है। इन तीन कामों के लिए गुरु सारी की सारी चेष्टा करता है। तुम्हें जगाता; फिर परीक्षाएं भी खड़ी करता है कि तुम जागे या नहीं। क्योंकि तुम्हारी नींद इतनी गहरी है कि कई बार तुम नींद में ही सपना देख लेते हो कि जाग गए। तुम्हें ऐसे सपने याद होंगे जिनमें तुमने नींद में, सपने में समझ लिया कि जाग गए। सुबह उठ कर पता चला कि सपना तो झूठा था ही; सपने में जागे, वह भी झूठा था। बहुत डर है इस बात का कि जागने की बातें सुन-सुन कर कहीं तुम जागने का सपना न देखने लगो! वह यथार्थ नहीं होगा।

इसलिए अष्टावक्र जनक की खूब कस कर कसौटी करने लगते हैं। मुझे भी देखना पड़ता है कि कहीं तुम किसी नये सपने में न पड़ जाओ! कहीं अध्यात्म का सपना न देखने लगो! सपने सब सपने हैं—संसार के हों कि अध्यात्म के। सपने से मुक्त हो जाना है—तो अध्यात्म। और तुम्हें जल्दी बातें पकड़ जाती हैं। क्योंकि जिस-जिस बात से अहंकार की तृप्ति हो, वह तत्क्षण पकड़ जाती है। जैसे किसी ने कहा कि तुम तो ब्रह्मस्वरूप हो—पकड़ी! कि इसमें तो कोई अड़चन होती नहीं। इसलिए तो इतने करोड़ों लोग इस बात को मान लेते हैं कि हम ब्रह्मस्वरूप हैं। इसको पकड़ने में देर नहीं लगती। पापी से पापी आदमी भी जब सुनता है उदघोष उपनिषदों का, अष्टावक्र का—सिंह गर्जना—कि तुम परमेश्वर हो, तो वह भी सोचता है कि बिलकुल ठीक है, यह तो हम पहले से जानते थे। कहते नहीं थे कि कोई मानेगा नहीं; लेकिन जानते तो हम पहले से थे ही। पाप इत्यादि तो सब सपना है!

हालांकि तुम किए जाते हो पाप। अब तुम एक नई तरकीब खोज लेते हो कि यह तो सब माया है। चोरी तुम किए चले जाते हो, बेईमानी तुम किए चले जाते हो—अब तुम कहते हो, यह सब माया है।

तुम अक्सर पाओगे, जहां इस तरह के शुद्ध वेदांत की बातें होती हैं, वहां तुम महापापियों को बैठे देखोगे और प्रसन्न पाओगे! वहीं उनको प्रसन्नता मिलती है, और कहीं तो मिल नहीं सकती। और तो जहां भी वे जाते हैं, कोई कहता है, यह ब्लैकमार्केट करने वाला जा रहा है; कोई कहता, यह चोर है; कोई कहता, यह बेईमान है, यह महापापी है। वह जहां शुद्ध अध्यात्म बह रहा है, वहीं उनको थोड़ी शांति मिलती है। वहां उनको लगता है कि बिलकुल ठीक बात हो रही है। पाप

इत्यादि सब झूठे हैं!

तुम साधु-संतों के पास पापियों को इकट्ठा देखोगे। उनके वचन उनके अहंकार को बड़ी तृप्ति देते हैं : चलो, कोई तो जगह है जहां हम प्रफुल्लित हो कर बैठ सकते हैं कि कोई पाप इत्यादि नहीं है, यह सब माया है। न कुछ किया, न कुछ किया जा सकता है। कर्ता हम हैं ही नहीं, न हम भोक्ता हैं—हम तो साक्षी हैं!

तो गुरु को देखना पड़ता है कि कहीं यह साक्षी की धारणा तुम्हारे लिए आत्मघाती तो न हो जाएगी। जल्दी से यह घोषणा हो जाती है। अभी जनक और अष्टावक्र की बातें सुन कर अनेक लोगों ने मुझे पत्र लिख दिए कि 'आपने खूब जगा दिया! और हमको ज्ञान हो गया!' एक मित्र ने लिखा कि अब तो मैं जाग कर जा रहा हूं, कि मैं स्वयं परमब्रह्म हूं। वे गए भी! वे पत्र लिख कर गए, वे चले ही गए पत्र लिख कर! परीक्षा देने तक का मौका उन्होंने नहीं दिया। वे तो सिर्फ घोषणा करके गए!

'स्वभाव' ने पत्र लिख दिया कि 'मैं जाग गया! धन्यवाद प्रभु कि आपने बता दिया कि मैं भगवान हूं।' न इतना किया, वे सिर घुटा लिए उसी जोश में! लक्ष्मी मुझसे कहने लगी कि ऊषा आ कर रोती है (उनकी पत्नी) । मैंने लक्ष्मी को कहा, तू ऊषा को कह, तू बिलकुल फिकर न कर। ऐसे कहीं कोई...ऐसे कहीं स्वभाव जागने वाले नहीं। सिर घुटाने से क्या होता है, देख चोटी बचा ली है! उसी में सब बच गया! चोटी क्यों बचाई स्वभाव ने? हिंदू चोटी तो बचाएगा ही!

मैंने उनकी पत्नी को खबर भेज दी कि तू बिलकुल घबड़ा मत, ऊषा। जब तक मैं ही न कहूं, ये जाग गये, तब तक तू फिकर मत कर। ऐसे तो ये कई करवटें लेंगे और फिर-फिर सो जाएंगे। उत्तर मैंने उनके प्रश्न का दिया नहीं था, मैंने...कि जरा तुम सुन लो पहले अष्टावक्र किस तरह जनक की परीक्षा करते हैं, फिर तुम्हारा उत्तर दे देंगे। अब अष्टावक्र की परीक्षा चल रही है जनक के लिए। वह सब सोचना, गौर से सोचना।

मन बड़ा बेईमान है! मन बड़ा कुशल है धोखा देने में! दूसरों को धोखा देता ही देता, अपने को भी दे लेता है। जागोगे निश्चित! जागना है! जागरण तुम्हारा स्वभाव है, तुम्हारे भीतर पड़ा है! लेकिन जल्दी ही मान लोगे, बहुत जल्दी मान लोगे, तो गुरु को तुम्हारी टांग खींचनी पड़ेगी। फिर तुम्हें चारों खाने चित्त...! अगर तुम न गिराए गए तो तुम किसी खतरे में पड़ सकते हो।

जागरण निश्चित घटता है—घटना चाहिए भी! कभी-कभी तीव्रता से भी घटता है। कभी-कभी तत्क्षण भी घटता है। लेकिन फिर भी गुरु को ध्यान रखना पड़ता है कि कहीं वह किसी की भी भ्रामक दशा में सहयोगी तो न बन जाएगा। हालांकि तुम्हें कभी-कभी चोट भी लगेगी, क्योंकि तुम कुछ मान कर चलते थे और

मैं कह देता हूं, नहीं यह नहीं हुआ। तो तुम्हें चोट भी लगेगी। वह मजबूरी है। उसके लिए मुझे क्षमा करना। लेकिन चोट मुझे करनी ही पड़ेगी। अगर मैं चोट न करूं और तुम्हें किसी भ्रांति में चलने दूं तो मैं तुम्हारा गुरु नहीं, तुम्हारा संगी-साथी नहीं; फिर तुम्हारा शत्रु हूं; फिर मैंने तुम पर करुणा न की, मैंने तुम पर प्रेम न किया। तुम्हारे अहंकार को अगर मैं किसी भी कारण भरूं तो मैं तुम्हारा दुश्मन हूं। तुम्हारे अहंकार को तो मिटाना है। तुम्हारे अहंकार को तो ऐसे मिटा देना है कि उसका बीज बिलकुल दग्ध हो जाए।

अब ध्यान रखना, कहीं स्वभाव जा कर चोटी न घुटा लें। अब कोई सार नहीं है घुटाने से। अब तो मैंने कह दिया, अब कुछ मतलब नहीं है। अब तुम घुटा भी लो तो कोई फर्क नहीं पड़ता।

चेष्टा तो है समझने की, स्वभाव की! गहन चेष्टा है! बड़ी तीव्र आकांक्षा है! जागना चाहते हैं। जागना चाहते हैं, इसीलिए तो कभी-कभी नींद में भी जागने का सपना देख लेते हैं। आकांक्षा शुभ है। आकांक्षा होनी चाहिए। एक अर्थ में धन्यभागी है ऐसा व्यक्ति, क्योंकि कम से कम उनसे तो बेहतर है जो नींद में भी जागने का सपना नहीं देखते। कम से कम जागने का सपना ही सही। लेकिन जागने की आकांक्षा होगी, तभी तो जागने का सपना देखोगे! अगर अहंकार संन्यास से भी भरते हो तो भी शुभ है एक अर्थ में कि संन्यास से भर रहे हो अहंकार, संन्यास की आकांक्षा तो है ही! अब थोड़े और आगे जाना है। इस आकांक्षा को परिशुद्ध करना पूरा। जागना ही है, सपना क्या देखना जागने का? जागने के सपने से कुछ सार न होगा।

इस प्रभु की यात्रा के रास्ते पर कई पड़ाव पड़ेंगे, जहां तुम्हारा सो जाने का मन होगा। शक्तियां जगेंगी, तब तुम्हारा सो जाने का मन होगा। तुम कहोगे, 'आ गए, बस हो गया! देखो शक्ति जग गई!'

एक मुसलमान युवक मेरे पास साधना करता था। बड़ी गहन आकांक्षा से साधना में लगा था। बड़ी अटूट उसकी निष्ठा थी। वह एक दिन मेरे पास आया और उसने कहा कि घटना घट गई; मालूम होता है, आत्मज्ञान हो गया।

मैंने कहा, 'हुआ क्या?'

तो उसने कहा, 'मैं एक बस में बैठा था। और ऐसे बस मुड़ी पहाड़ी के किनारे तो मुझे लगा कि मेरे सामने जो आदमी बैठा है वह कहीं गिर तो न जाएगा! और जैसे ही मुझे लगा, कि वह गिर गया। तो मैंने सोचा कि कहीं मेरे विचार ने तो इसको नहीं गिरा दिया। पर मैंने कहा, संयोग की बात भी हो सकती है। तो मैंने एक दूसरी दफे, जब मुड़ी बस, तो मैंने एक दूसरे आदमी पर ध्यान किया और सोचा कि यह

आदमी गिरेगा! वह आदमी गिर गया! तब मैं थोड़ा घबड़ाया कि यह मामला क्या है! पर फिर भी मैंने सोचा एक परीक्षा और कर लेनी चाहिए। तीसरी दफे जब बस मुड़ी तो एक बहुत मोटे आदमी पर, जिसके गिरने की संभावना ही नहीं थी, जो ऐसा फंसा बैठा था कि सीट ही छोटी पड़ रही थी, बस पूरी भी उलट जाए तो वह शायद न उलटे—उसको सोचा कि यह गिर जाए, वह गिर गया!

तो फिर बोला, फिर तो मुझे एकदम घबड़ाहट हो गई। घबड़ाहट भी हुई और आनंद भी आया। मैंने कहा कि यह तो मालूम होता है शक्ति हाथ में आ रही है।

अब वस्तुतः उसे घट रहा था; फिर भी मुझे कहना पड़ा, यह पागलपन है।

यह एकाग्रता की क्षमता है। अगर तुम ध्यान करते-करते बहुत एकाग्र हो जाओ और उस एकाग्रता में कोई विचार तुम सोचो, वह तत्क्षण घट जाएगा। इसलिए समस्त योगशास्त्रों ने कहा है, इसके पहले कि तुम ध्यान की एकाग्रता में उतरो, तुम्हें शुभ विचारों से भर जाना चाहिए। क्योंकि अगर ध्यान की एकाग्रता के बाद अशुभ विचार तुम्हारे भीतर चलते रहे तो उनके परिणाम आने शुरू हो जाएंगे।

इसलिए पतंजलि ने, इसके पहले कि धारणा, ध्यान, समाधि साधो—यम, नियम, प्राणायाम, प्रत्याहार, इन सबके साधने की बात कही। इतने परिशुद्ध हो जाओ कि जब ध्यान की ऊर्जा उठे तो तुम्हारे पास गलत विचार तो हो ही नहीं।

इसलिए महावीर ने कहा, ध्यान के पहले अहिंसा का भाव गहरा कर लो। बुद्ध ने कहा, ध्यान के पहले करुणा का भाव गहरा कर लो।

बुद्ध ने तो यह भी कहा कि हर ध्यान के बाद, उठने के पहले ध्यान से, सारे जगत के प्रति करुणा का फैलाव करना। हर ध्यान को करुणा पर पूरा करना, करुणा से शुरू करना; अन्यथा खतरा है, क्योंकि अगर जरा भी गलत विचार घूम जाए ध्यान की स्थिति में तो वह विचार परिणामकारी हो जाएगा। उस विचार में एक बल आ जाता है। वह विचार दूसरे व्यक्ति में प्रवेश कर जाएगा।

शक्ति जागनी शुरू होती है, उसे भी गुरु को रोकना पड़ता है। कल्पनाएं सत्य मालूम होने लगती हैं, उसे भी गुरु को रोकना पड़ता है।

भ्रांति जन्मों-जन्मों की है। उस भ्रांति का बड़ा फैलाव है। ऐसा ही समझो कि इस बगीचे में जन्मों-जन्मों से कूड़ा-कर्कट ऊगता रहा है, घास-पात ऊगता रहा है। अब तुमने गुलाब बो दिए, लेकिन इस बात की बहुत संभावना है कि तुम्हारे गुलाब पर घास चढ़ दौड़ेगा, उसे दबा लेगा। शायद गुलाब का पता ही नहीं चलेगा। जन्मों-जन्मों से तुम्हारे मन की भूमि आक्रांत रही है व्यर्थ से, असार से। तो जब सार की थोड़ी सी क्षमता भी पैदा होगी, तत्क्षण असार उसे दबा लेगा। गुरु को चेष्टा रखनी होगी कि असार सार को दबा न पाए। स्वप्न सत्य पर हावी न हो पाए।

इसलिए बहुत सी परीक्षाओं से गुजारना होगा।

गुरु की मौजूदगी ही परीक्षा है। गुरु जब तुम्हारी आंख में आंख डाल कर देखता है, तभी परीक्षा चल रही है। गुरु के पास होने का अर्थ ही यह होता है कि तुम चौबीस घंटे कसे जा रहे हो। और इस कसने से घबड़ाना मत, इस कसने के लिए तैयार रहना। और गुरु को धन्यवाद देना कि मुझे ऐसा छोड़ मत देना, मुझे कसते चलना। क्योंकि यात्रा लंबी है, अनजान है, अपरिचित है! मुझे तो कुछ पता नहीं, कहीं भटक न जाऊं! भटकाव की संभावना ज्यादा है, पहुंचने के बजाय; क्योंकि भटकाव हमारा पुराना अभ्यास है।

तीसरा प्रश्न : हमारी संन्यास-दीक्षा के समय आप जिस कागज पर हमारे नये नाम और अपने हस्ताक्षर अंकित करते हैं, उसका एक बड़ा हिस्सा कोरा ही रह जाता है। उस पर क्या लिखते हैं जो कोरा रह जाता है? प्रभु, उस कोरेपन के पीछे क्या रहस्य है?

वही तुम्हारे संन्यास के लिए सूत्र है। जो नाम लिखता हूं तुम्हारा कोने में, उसे तो आज नहीं कल भूल जाना, उसे तो मिटा देना। कोरा कागज ही रह जाए! तुम कोरे रह जाओ! तुम्हें पता ही न रहे, तुम कौन हो, क्या हो! तुम्हें पता न रहे, कोई तादात्म्य। तुम्हारी सारी सीमाएं गिर जाएं, तुम कोरे कागज रह जाओ!

इसलिए जान कर ही एक कोने में तुम्हारा नाम लिख देता हूं, वह भी नीचे। ऊपर कोरा आकाश!

तुमने कभी चीनी झेन फकीरों की बनाई हुई चित्रकला देखी? उनके चित्र वास्तविक चित्र हैं। उनके चित्र में तुम पाओगे, बड़ा कैनवस होता, लंबा, और नीचे कोने में जरा सी पेंटिंग होती है। बड़ा विराट आकाश और जरा से कोने में...! वे ठीक-ठीक सूचना दे रहे हैं। वे कह रहे हैं, आदमी का जाना हुआ बस ऐसा है—जरा सा कोने में! आदमी का बनाया हुआ बस ऐसा है—जरा सा कोने में! फिर विराट आकाश है।

पश्चिम में जो पेंटिंग होती है, उसमें आकाश होता ही नहीं। सब भरा होता है, पूरा कैनवस भरा होता है। सब रंग डालते हैं, कोरा कुछ छोड़ते नहीं। जब पश्चिम पहली दफा झेन पेंटिंग को पहचानने लगा तो बड़ा चकित हुआ कि इतने बड़े कागज पर इतनी सी पेंटिंग! इतनी सी पेंटिंग तो थोड़े से कागज पर हो जाती है! यह इतना कागज खाली क्यों छोड़ा है? वह खाली बड़ा राज है, वह रहस्य है, वह सूचक है। वह खाली ही सच है; बाकी तो थोड़ी सी लहरें हैं। सागर ही सच है।

यह पृथ्वी तो हमारी बड़ी छोटी सी है। यह बड़ा आकाश!

इस अनुपात को मत भूलना। इसलिए कोने में नीचे दस्तखत कर देता हूं, तुम्हारा नाम लिख देता हूं। और पूरा कागज खाली छोड़ देता हूं, ताकि बार-बार तुम्हें याद आती रहे कि तुम्हारा नाम तो बस जरा सा कोने में है। वह भी एक दिन भूल ही जाना है। अनाम हो जाना है, तभी संन्यास पूर्ण होता है। कोरे कागज जैसे हो जाना है।

सूफियों की एक किताब है, जो बिलकुल कोरी है। उस जैसी बढ़िया कोई किताब नहीं। उस किताब में कुछ लिखा नहीं है। कोई सात सौ आठ सौ साल पुरानी किताब है। एक गुरु से दूसरे गुरु को दी जाती रही। एक गुरु ने एक शिष्य को दे दी, फिर वह अपने शिष्य को दे गया, हाथ-हाथ चलती रही है। अभी भी सुरक्षित है। अभी भी सात सौ साल के बाद शिष्य उसे पढ़ते हैं खोल कर। उसमें कुछ लिखा नहीं है। वह कोरे कागज हैं। उस किताब को सूफी छापना चाहते थे, कोई पब्लिशर छापने को राजी नहीं। फिर किसी ने हिम्मत की और छापा। लेकिन उसने भी जब छापा उसको तो कोई बीस-पच्चीस पन्ने भूमिका के लिखवा लिए।...खराब हो गई किताब! भूमिका में सब इतिहास दे दिया कि किसने शुरू की यह किताब, फिर किसके हाथ में रही, फिर किसके हाथ में गई। मगर उससे सब खराब हो गया। वह किताब कोरी ही होनी चाहिए। मगर कौन राजी होगा कोरी किताब छापने को! लोग कहेंगे, कुछ हो भी तो छापने को तो छापें। इसमें तो कुछ है नहीं।

राजस्थान में एक महिला हैः भूरिबाई! अदभुत महिला है! जब भी मैं राजस्थान जाता था, वह जरूर मुझे मिलने आती थी। बहुत थोड़ी सी महिलाएं भारत में होंगी, जो उस कोटि की हैं। बिलकुल देहाती है, उसे कुछ पता भी नहीं; मगर सब पता है। वह मुझसे कहने लगी कि 'बापजी, आप मेरे गांव आना! मैंने एक किताब लिखी है, उसका उदघाटन करना।'

मैंने कहा, 'तू किसी और को धोखा देना। तेरी किताब मैं समझ गया, उसमें क्या होगा। तू उसे यहीं ले आना, मैं यहीं उदघाटन कर दूंगा।

तो वह ले आई एक दफा, सिर पर रख कर लाई, बड़ी सुंदर पेटी में सजा कर लाई! उसके भक्त...उसके भक्त हैं! वह महिला है योग्य! उसके भक्त साथ में आए। उसकी किताब का मैंने उदघाटन कर दिया। कुछ भी नहीं, एक छोटी सी पुस्तिका थी अंदर, खाली! कुछ उसमें लिखा नहीं था। वह लिखना-पढ़ना जानती भी नहीं।

जब पहली दफा मेरे शिविर में आई तो जो उसके साथ आए थे, भक्त, वे तो सब ध्यान करने लगे, वह उठ कर अपनी कोठरी में चली गई। उसके भक्तों ने जा कर कहा कि हम आए ही यहां इसलिए हैं कि ध्यान करें, आपने ध्यान नहीं किया?

वह कहने लगी कि तुम बापजी से पूछ लेना। वे मेरे पास आए। उन्होंने कहा, यह मामला क्या है? भूरिबाई कहती है, बापजी से पूछ लेना।

'बापजी' मुझे कहना नहीं चाहिए, क्योंकि वह होगी सत्तर-अस्सी साल को। मैंने कहा, वह ठीक कहती है। क्योंकि जो मैंने कहा था वही उसने किया। मैंने कहा था, कुछ न करो, शांत साक्षी हो जाओ!

वे उसके पास गए। उन्होंने कहा, उन्होंने तो ऐसा कहा। वह कहने लगी कि ठीक कहा। वहां तो बड़ी भीड़-भाड़ थी, उपद्रव था। कई लोग कुछ-कुछ कर रहे थे। मैं इस कोठरी में आ कर बैठ गई, मैंने कुछ न किया, बड़ा ध्यान लगा।

फिर वह अपने गांव वापस गई तो गांव के लोगों ने पूछा कि वहां से क्या लाई, तो उसने अपनी कोठरी पर 'चुप' लिखवा दिया। उसने कहा कि इतना ही समझी मैं तो, वे कहे तो बहुत सी बातें, लेकिन मेरी बुद्धि में ज्यादा नहीं समाता, मैं तो गैर-पढ़ी लिखी हूं; 'चुप'—इतना ही मेरी समझ में आया। वह अपनी कोठरी पर लिखवा रखा है कि इतना उनकी बातों में से मैं समझ पाई। कहते तो वे बहुत कुछ हैं, इतना मैं पकड़ पाई। वही मैं तुमको कह सकती हूं।

वह जो कोरा कागज है, वह कहता है 'चुप'। वह जो कोरा कागज है, वही कुरान है, वही धम्मपद, वही अष्टावक्र की संहिता है। उस कोरे कागज के लिए ही सारे शास्त्रों ने चेष्टा की है कि तुम्हारी समझ में कोरा कागज पढ़ना आ जाए। शून्य को समझाने के लिए शब्दों का सहारा लिया है; लेकिन शब्दों को समझाने के लिए नहीं—शून्य को समझाने के लिए। मौन में ले जाने के लिए भाषा का प्रयोजन है।

तुम साक्षी बनो! तुम कोरे भीतर शून्य के साक्षी बनो! वहीं निर्वाण घटित होता है, समाधि घटित होती है!

चौथा प्रश्न : कल आपने मोह और ज्ञान के गंगा-तट जाने की कथा कही। उसमें मोह तो गंगा में स्नान कर प्रेम को उपलब्ध हो गया, लेकिन ज्ञान का क्या हुआ? कृपाकर ज्ञान की नियति पर भी थोड़ा प्रकाश डालें!

वह अभी भी भटक रहा है। ज्ञान अभी भी भटक रहा है।

ज्ञान बड़ी अकड़ी हुई बात है। तुम पंडित से ज्यादा अहंकारी और किसको पाओगे? धनी भी उतना अहंकारी नहीं होता, जितना अहंकारी तथाकथित ज्ञानी हो जाता है। जिसको यह लगता है कि मुझे मालूम है, उसकी अकड़ का क्या कहना!

तो ज्ञान तो राजी न हुआ कल्प-गंगा में उतरने को। कल्प-गंगा ने तो दोनों को कहा था—ज्ञान और मोह दोनों खड़े थे किनारे। ज्ञान और मोह को तुम ऐसा समझ लो कि हृदय और बुद्धि, संकल्प और समर्पण, भाव और विचार—नाम कुछ भी दे दो। दोनों खड़े थे। गंगा ने कहा, 'आओ प्यारे! स्नान कर लो मुझमें! हो जाओ पवित्र! नहलाऊंगी तुम्हें! शुद्ध कर दूंगी! नया कर दूंगी! पुनर्जीवन होगा तुम्हारा!'

मोह तो उतर गया; क्योंकि मोह तो भाव है, हृदय है; तर्क नहीं है वहां। उसने तो निमंत्रण स्वीकार कर लिया। उसने कहा कि चलो, देखें। वह तो उतर गया। उसने तो डुबकी मार ली। वह तो जब निकला तो पुराना जा चुका था, नया हो चुका था। मोह प्रेम हो गया। हृदय समाधि बन गया। भाव रस में डूब गया।

ज्ञान अकड़ा खड़ा रहा। उसने कहा, कौन मुझे शुद्ध करेगा? यह किस तरह की बात? मुझे और शुद्ध? मैं शुद्ध हूं! यह साधारण सी गंगा का जल मुझे शुद्ध करेगा? अरे मैं शास्त्रों का ज्ञाता! मुझे कौन शुद्ध करेगा? मैं दूसरों को शुद्ध कर दूं!

वह अकड़ा खड़ा रहा। वह मोह पर हंसा भी कि यह भी क्या पागल बातों में आ रहा है! वह अभी भी भटक रहा है। वह अभी भी वहीं खड़ा है, अब भी हंस रहा है। पंडित सदा ही हंसता है प्रेमी पर। लेकिन प्रेमी ही हैं जो पाते हैं।

तुमसे एक और कथा कहता हूं।

एक राजा के दो बेटे थे। राजा के पास बहुत धन था। एक बेटे का नाम ज्ञान था, एक बेटे का नाम प्रेम था। राजा बड़ी चिंता में था कि किसको अपना राज्य सौंप जाए। किसी फकीर को पूछा कि कैसे तय करूं? दोनों जुड़वां थे, साथ-साथ पैदा हुए थे। उम्र में कोई बड़ा-छोटा न था; नहीं तो उम्र से तय कर लेते। दोनों प्रतिभाशाली थे, दोनों मेधावी थे, दोनों कुशल थे। कैसे तय करें?

बाप का मन बड़ा डांवाडोल था, कहीं अन्याय न हो जाए! फकीर से पूछा। फकीर ने कहा, 'यह करो। दोनों बेटों को कह दो कि यही बात निर्णायक होगी। तुम जाओ और सारी दुनिया में बड़े-बड़े नगरों में कोठियां बनाओ। जो कोठियां बनाने में पांच साल के भीतर सफल हो जाएगा, वही मेरे राज्य का उत्तराधिकारी होगा।'

ज्ञान चला। उसने कोठियां बनानी शुरू कर दीं। मगर पांच साल में सारी पृथ्वी पर कैसे कोठियां बनाओगे? हजारों बड़े नगर हैं! कुछ कोठियां बनायीं, उसका धन भी चुक गया, सामर्थ्य भी चुक गई, थक भी गया, परेशान भी हो गया। और फिर बात भी मूढ़तापूर्ण मालूम पड़ी, इससे सार क्या है?

पांच साल बाद जब दोनों लौटे तो ज्ञान तो थका-मांदा था, भिखमंगे की हालत में लौटा। सब जो उसके पास थी संपदा, वह सब लगा दी। कुछ कोठियां जरूर बन गईं, लेकिन इससे क्या सार? वह बड़ा पराजित और विषाद में लौटा।

प्रेम बड़ा नाचता हुआ लौटा। बाप ने पूछा, कोठियां बनाईं? प्रेम ने कहा कि बना दीं, सारी दुनिया पर बना दीं। सब बड़े नगरों में क्या, छोटे-छोटे नगरों में भी बना दीं। समय काफी था।

बाप भी थोड़ा चौंका। उसने पूछा कि यह तेरा बड़ा भाई, यह तेरा दूसरा भाई, यह तो थका-हारा लौटा है कुछ नगरों में बना कर; तूने कैसे बना लीं? प्रेम ने कहा कि मैंने मित्र बनाए, जगह-जगह मित्र बनाए। सभी मित्रों की कोठियां मेरे लिए खुली हैं। जिस गांव में जाऊं वहीं, एक क्या दो-दो, तीन-तीन कोठियां हैं। मकान मैंने नहीं बनाए, मैंने मित्र बनाए। यह आदमी मकान बनाने में लग गया, इसलिए चूक हो गई। मकान तो मेरे लिए खुले खड़े हैं, कोठियां मेरे लिए तैयार हैं, जगह-जगह तैयार हैं। जहां आप कहें, वहां मेरी कोठी। हर नगर में मेरी कोठी!

एक तो ढंग है प्रेम का और एक ढंग है ज्ञान का। ज्ञान से अंततः विज्ञान पैदा हुआ। ज्ञान की आखिरी संतति विज्ञान है। विज्ञान से अंततः टेक्नोलॉजी पैदा हुई। विज्ञान की संतति टेक्नोलॉजी है; तकनीक है।

प्रेम से भक्ति पैदा होती है। भक्ति प्रेम की पुत्री है। भक्ति से भगवान पैदा होता है। वह दोनों दिशाएं बड़ी अलग हैं।

ज्ञान के मार्ग से जो चला है, वह कहीं न कहीं विज्ञान में भटक जाएगा। इसलिए तो पश्चिम विज्ञान में भटक गया। यूनानी विचारकों से पैदा हुई पश्चिम की सारी परंपरा। वह ज्ञान के...उनकी बड़ी पकड़ थी। अरस्तू, प्लेटो! तर्क और विचार और ज्ञान! जानना है! जान कर रहेंगे! उस जानने का अंतिम परिणाम हुआ कि अणुबम तक आदमी पहुंच गया। मौत खोज ली और कुछ सार न आया।

पूरब प्रेम से चला है। तो हमने समाधि खोजी। हमने कुछ अनूठा आकाश खोजा—जहां सब भर जाता है, सब पूरा हो जाता है। अब तो पश्चिम परेशान है, अपने ही ज्ञान से परेशान है।

अलबर्ट आइंस्टीन मरने के पहले कह कर मरा है कि 'अगर मुझे दुबारा जन्म मिले तो मैं वैज्ञानिक न होना चाहूंगा—कतई नहीं! प्लंबर होना पसंद कर लूंगा, वैज्ञानिक होना पसंद नहीं करूंगा।' बड़ी पीड़ा में मरा है कि क्या सार? जानने का क्या सार? होने में सार है।

प्रेम भी जब तक झुके नहीं तब तक भक्ति नहीं बनता। ज्ञान भी अगर झुक जाए तो ध्यान बन जाता है। लेकिन ज्ञान झुकने को राजी नहीं होता। प्रेम झुकने को बड़ी जल्दी राजी हो जाता है।

अगर ज्ञान भी उतर गया होता गंगा में—समझ लो, उतरा नहीं, उतर गया होता—उसने भी निमंत्रण स्वीकार कर लिया होता, डुबकी मार ली होती, तो जैसे

मोह प्रेम बन कर निकला, ज्ञान ध्यान बन कर निकल सकता था। लेकिन किनारे पर अकड़ा खड़ा रह गया, तो विज्ञान बन गया, तो टेक्नोलॉजी बन गई। तो सब चीजें खराब होती चली गईं।

ऐसा नहीं है कि ज्ञान की वृत्ति वाले व्यक्ति के लिए मार्ग नहीं; झुक जाए वह भी तो उसके लिए भी मार्ग है। प्रेमी झुकता है तो प्रार्थना पैदा होती है; ज्ञानी झुकता है तो ध्यान पैदा होता है। प्रार्थना भी परमात्मा पर ले जाती है; ध्यान भी परमात्मा पर ले जाता है। भाषा अलग होगी। जब ध्यानी परमात्मा पर पहुंचेगा तो वह कहेगा, आत्मा! क्योंकि दूसरे का कोई उपाय नहों है ध्यान में। जब प्रेमी परमात्मा पर पहुंचता है तो वह आत्मा नहीं कहता; वह कहता है, तुम्हीं हो, मैं कहां!

ये सिर्फ भाषा के भेद हैं। दोनों एक ही महाशून्य पर पहुंच गए हैं। एक उसे आत्मा कहता है, एक उसे परमात्मा कहता है। ये भाषा के भेद हैं। अगर तुम्हारी विचार पर बहुत पकड़ हो तो ध्यान का मार्ग पकड़ो; डुबकी मगर लगाओ। इधर रही गंगा! यह मैं कहता हूं कि आ जाओ, ले लो डुबकी! मैं तुम्हें नया कर दूंगा।

अगर विचार पर बहुत पकड़ है, कोई हर्जा नहीं। जो मोह तक को रूपांतरित कर देती है गंगा, वह विचार को न कर पाएगी? मोह तक को रूपांतरित कर दिया प्रेम में, तो विचार की क्या ताकत है? विचार तत्क्षण ध्यान में रूपांतरित हो जाता है। लेकिन झुकना पड़े। बिना झुके कुछ भी नहीं! बिना समर्पित हुए कुछ भी नहीं!

पांचवां प्रश्न : ऐसा लगता है कि पृथ्वीचारी जनक पहली बार आकाश को देख कर आश्चर्यचकित होते हैं। तो आकाश—विहारी अष्टावक्र को संसार देख कर ही आश्चर्य होता है। क्या सच ही संसार और मोक्ष एक-दूसरे के लिए इतने आश्चर्य के विषय हैं? वे परस्पर-विरोधी हैं या एक-दूसरे के पूरक हैं?

न तो विरोधी और न पूरक। जंब एक होता है तो दूसरा होता ही नहीं। ऐसा समझो कि प्रकाश और अंधेरा एक-दूसरे के विरोधी हैं या एक-दूसरे के पूरक? न पूरक न विरोधी; क्योंकि जब प्रकाश होता है तो अंधेरा नहीं होता, जब अंधेरा होता है तो प्रकाश नहीं होता। पूरक होने के लिए तो दोनों को साथ-साथ होना चाहिए। विरोधी होने के लिए भी दोनों को साथ-साथ होना चाहिए। लेकिन एक ही होता है, दूसरा तो बचता ही नहीं।

जब तुम्हारे जीवन में आकाश का अनुभव आना शुरू होता है, पृथ्वी खो जाती है। इसलिए तो उस परम दशा को प्राप्त लोगों ने कहा कि यह पृथ्वी माया है। माया

का अर्थ है, भ्रम हो गई, खो गई, स्वप्नवत हो गई। जब पृथ्वी का सपना पकड़ता है तुम्हें जोर से तो आत्मा, ब्रह्म, ईश्वर सब स्वप्नवत हो जाते हैं।

जिसके लिए पृथ्वी सच है, उसके लिए आत्मा माया है। जिसके लिए आत्मा सच है, उसके लिए पृथ्वी माया हो जाती है। लेकिन दोनों साथ-साथ कभी नहीं होते; एक ही होता है।

ऐसा समझो कि रस्सी में सांप दिखाई पड़ गया। तो जब तक सांप दिखाई पड़ता है तब तक रस्सी दिखाई नहीं पड़ती। फिर जब दीया ले आए और रस्सी दिखाई पड़ गई, तो सांप दिखाई नहीं पड़ता। तो तुम क्या कहोगे?—एक-दूसरे के पूरक हैं या एक-दूसरे के विरोधी? न तो पूरक न विरोधी। क्योंकि दोनों कभी साथ-साथ होते नहीं। एक ही है। एक ही भ्रांति में दूसरे जैसा भासता है।

आकाश ही है, परमात्मा ही है—तुम्हारे देखने के ढंग में जरा भूल है! तो तुम आकार में उलझ जाते हो, निराकार को नहीं देख पाते। तो तुम रूप में उलझ जाते हो, अरूप को नहीं देख पाते। गुण को तो पकड़ लेते हो, निर्गुण छूट जाता है। फिर जब तुम्हारी समझ गहन होती है, प्रगाढ़ होती है और तुम अरूप को देखने लगते हो तो रूप खो जाता है। तब तुम निराकार को देखने लगते हो तो आकार खो जाता है। और इसलिए आश्चर्य पैदा होता है।

जनक आश्चर्यचकित हैं, क्योंकि जब पहली दफा आकाश दिखाई पड़ा तो पृथ्वी एकदम खो गई। जिस पर सदा से खड़े थे, अचानक वह पैरों के नीचे से खिसक गई जमीन। तो वे आश्चर्य से भरे हैं! वे कहते हैं, 'आश्चर्य, आश्चर्य! यह हुआ क्या! यह कैसे हुआ!'

अष्टावक्र भी आश्चर्य से भरे हैं। वे आकाश की तरफ से जब देखते हैं तो पृथ्वी वहां कहीं भी नहीं है। तो वे कहते हैं कि आश्चर्य! तुझे आश्चर्य होता है आकाश को देख कर, मुझे आश्चर्य हो रहा है तेरा पृथ्वी की बातें सुन कर।

दोनों का आश्चर्य बिलकुल ठीक है। क्योंकि जिसने रस्सी में सांप देखा था, जब उसे पता चलेगा कि यह रस्सी है तो वह आश्चर्यचकित होगा। जो सदा से जानता रहा कि रस्सी रस्सी है, वह भी आश्चर्यचकित होगा कि किसी ने इसमें सांप देख लिया। दोनों आश्चर्यचकित होंगे।

एक ही हो सकता है। परमात्मा और पदार्थ दो चीजें नहीं हैं। सत्य और संसार दो चीजें नहीं हैं। जब हम सत्य को गलत ढंग से देखते हैं और हमारी व्याख्या गलत होती है—तो संसार। जब हम संसार को ठीक से देख लेते हैं और व्याख्या ठीक हो जाती है—तो सत्य। परमात्मा को ही देखते हैं हम हर हाल। कुछ भी देखो, परमात्मा को ही देखते हो। और कुछ है ही नहीं, जिसको देख सकते हो। हां, तुम्हारे

देखने में अगर थोड़ी भ्रांति हो, तुम्हारी आंख में अगर थोड़ी खराबी हो, तो जो तुम्हें दिखाई पड़ता है, जो तुम देख लेते हो, वह जो दिखाई पड़ रहा है उससे भिन्न हो जाता है। लेकिन जो दिखाई पड़ रहा है, वह तो वही का वही है—शाश्वत, सनातन! उसमें कोई रूपांतरण नहीं होता है।

आदमी की भूल है संसार। आदमी की गलत व्याख्या है संसार। रात अंधेरे में तुम देख लेते हो—तुम्हारा ही लंगोट टंगा है—और वह लंगोट में दो हाथ जैसे मालूम पड़ते हैं। लंगोटी लटकी है, तो लगता है कोई आदमी खड़ा है। तुम्हीं टांग आए दिन में, और रात तुम्हीं बाहर जाने से डरने लगते हो कि वहां कोई आदमी खड़ा मालूम होता है! लंगोट अब भी लंगोट है। लंगोट ने डराने का तुम्हें कुछ भी नहीं किया है। मगर तुम घबड़ा सकते हो।

कभी अंधेरे में तुमने देखा, अंधेरे रास्ते पर एकांत में चलते हुए अपने ही जूते की आवाज ऐसी लगती है कि कोई पीछे आ रहा है! घबड़ाहट पकड़ने लगती है। छोटी-छोटी चीजें भ्रम दे जाती हैं। उन सभी भ्रमों का जोड़ संसार है। जब भ्रम टूट जाते और वही दिखाई पड़ जाता है, जो है—तो परमात्मा। परमात्मा यानी जो है; संसार यानी जैसा हमने देख लिया है।

छठवां प्रश्नः मैं कभी-कभी अपने शरीर पर गैरिक वस्त्र देख कर चकित हो उठता हूं। जीवन में मैंने अनगिनत स्वप्न देखे, उनमें यह स्वप्न कहां था कि मैं संन्यासी भी होऊंगा! मैंने तो सदा साधु-संन्यासियों का मखौल ही उड़ाया किया। कहीं ऐसा तो नहीं है कि उनमें से किसी सच्चे संन्यासी ने मुझे यह वरद शाप दिया कि तुम्हारी देह पर भी गैरिक वस्त्र उतर जाएं?

सब सपने आदमी देखता है; संन्यास का सपना तो कभी नहीं देखता। क्योंकि संन्यास सपना नहीं—सपनों से जागना है। तुमने जो सपने देखे बहुत, वे सपने ही जब हार गए, थक गए और पराजित हो गए; जब उन सपनों में से तुम कुछ भी न निचोड़ पाए, तो संन्यास फलित हुआ।

संन्यास संसार की महत्वाकांक्षा की पराजय से फलित होता है। धन पाया तो व्यर्थ, नहीं पाया तो दुखदायी। पद पाया तो व्यर्थ, नहीं पाया तो दुखदायी। दौड़-दौड़ कर, कभी पा कर कभी न पा कर, हर हाल दुख पाया।

'मैत्रेय' का प्रश्न है। मैत्रेय मुझे मिले तब वे पार्लियामेंट के सदस्य थे, एम.पी. थे। राजनीति में उनकी दौड़ थी। बने रहते वहां तो अभी कहीं न कहीं चीफ मिनिस्टर होते। बड़ी संभावना थी। जवाहर लाल के प्रिय पात्रों में से थे। तो मेरे चक्कर में

न पड़ते, तो या तो जेल में होते या चीफ मिनिस्टर होते, दो में से कुछ होते। क्योंकि जयप्रकाश के भी वे प्रिय पात्र थे। दोनों से बचा लिया मैंने उन्हें।

लेकिन मैं समझ पाता हूं उनका प्रश्न। उन्होंने कभी सपना भी नहीं देखा होगा। राजनीतिज्ञ कहीं सपना देखता है संन्यासी होने का!

राजनीति और धर्म बड़े विपरीत आयाम हैं। उनसे ज्यादा विपरीत और कुछ भी नहीं। राजनीति है महत्वाकांक्षा; धर्म है महत्वाकांक्षा से शून्य हो जाना। राजनीति है पद-प्रतिष्ठा की दौड़, दूसरों पर काबू पाने की दौड़; और धर्म है अपने मालिक होने की आकांक्षा। ये बड़ी भिन्न बाते हैं। दूसरे के स्वामी होने की जो आकांक्षा है, वह राजनीति; अपने स्वामी होने की जो आकांक्षा है, वह धर्म।

इसलिए तो संन्यासियों को हम स्वामी कहते हैं। इससे तुम यह मत समझ लेना कि तुम किसी दूसरे के स्वामी, मैं तुमको बना रहा हूं। ऐसी भ्रांति हो सकती है कि हमको स्वामी बना दिया, अब हम सबके स्वामी हैं! ऐसा मत सोच लेना। अपने बस, इतने हो गए तो काफी है। अपना ही कोई स्वामी हो जाए तो पर्याप्त है। और जो अपना स्वामी नहीं है, वह दूसरों के स्वामी होने की चेष्टा कर रहा है; उसकी यात्रा असफल होना निश्चित है। जो अभी अपना भी स्वामी नहीं हो पाया, वह किसका स्वामी हो पाएगा?

इसलिए जिनको तुम राजनेता कहते हो, वे अपने अनुयायियों के भी अनुयायी होते हैं, वे अपने गुलामों के भी गुलाम होते हैं। अखबारों में उनकी तस्वीरें देख कर बहुत चकित मत हो जाना। वे छोटे-छोटे लुच्चे-लफंगों, गुंडों से दबे होते हैं। वे पीछे खड़े रहते हैं। उन गुंडों की कहीं अखबारों में तस्वीर नहीं छपती। लेकिन उनके इशारों पर चलते होते हैं। चलना ही पड़ेगा। जिसको तुम्हें अपने पीछे चलाना है, उसके इशारे पर चलना होगा।

तुम्हारे अनुभव में सिर्फ एक ही बात होगी, क्योंकि तुम सभी राजनीतिज्ञ नहीं हो। पत्नी को तुम्हें अपने पीछे चलाना हो तो तुम्हें मालूम है पत्नी की एक-एक आकांक्षा पूरी करनी होती है तो ही वह तुम्हारे पीछे चलती है। वह कहती है, आप मालिक, मैं दासी! मगर दासी होने का मतलब समझते हैं? जब तक आप उसके दास न हो जाओ, वह दासी नहीं। लिखती है 'आपकी दासी', मगर मतलब साफ है। वह आपके पीछे-पीछे चलती है, जब भांवर पड़ती हैं; लेकिन अगर उसको जिंदगी भर अपने पीछे चलाना हो तो बड़े छिपे रूप में आपको उसके पीछे चलना होता है। नहीं तो वह आपके पीछे नहीं चलेगी। यह तो साझेदारी है: तुम हमारे पीछे तो हम तुम्हारे पीछे। यह तो सांठ-गांठ है।

राजनेता जिनको अपने पीछे चला रहा है, राजनेता उनके पीछे चलता होता है। वह लौट-लौट कर देखता रहता है, लोग कहां जा रहे हैं, उसी तरफ जाने लगता है। असली कुशल राजनीतिज्ञ का अर्थ ही यही है।

कुछ कुशल राजनीतिज्ञ नहीं होते तो उनकी अकुशलता का कारण क्या होता है? इतना ही होता है—अकुशल राजनीतिज्ञ वही है कि जो यह सोचने लगता है दुनिया मेरे पीछे चल रही है। वह झंझट में पड़ता है। मोरारजी देसाई से पूछो! अकुशल राजनीतिज्ञ की अकुशलता यही है कि वह सोचता है सब मेरे पीछे चल रहे हैं; मैं जहां जाऊंगा वहां दुनिया जाएगी। वह गलती में है। कुशल राजनीतिज्ञ वह है जो देख लेता है, लोग किस तरफ जा रहे हैं, उसी तरफ उनके आगे-आगे चलने लगता। समाजवाद? समाजवाद सही! यही तो हम भी चाहते हैं!

मुल्ला नसरुद्दीन अपने गधे पर भागा जा रहा था। एक बाजार में लोगों ने उसे रोक लिया और पूछा कि कहां जा रहे हो? उसने कहा, मुझसे मत पूछो, मेरे गधे से पूछो! क्योंकि मैं राजनीतिज्ञ हूं। पहले मैंने बहुत कोशिश की इस गधे को चलाने की, मगर गधा है। हम बाएं चलाएं, वह दाएं जाए। बीच बाजार में मखौल उड़े! भीड़ इकट्ठी हो जाए, कि अरे नसरुद्दीन, तुम्हारे गधे पर भी बस नहीं! क्या करें? फिर हमें समझ में आया कि गधे के साथ राजनीति करनी चाहिए। अब गधा जिस तरफ जाता है हम उसी तरफ जाते हैं। दुनिया यही समझती है कि हम गधे को चला रहे हैं, मगर गधा हमको चला रहा है।

'मैत्रेय जी' राजनीति में थे। उन्होंने कभी सपना नहीं देखा होगा संन्यासी होने का, यह सच है। लेकिन रह कर राजनीति में कुछ भी न पाया। उस न पाने से संन्यास की तरफ वृत्ति हुई। उस न पाने से वे दूसरी दिशा में झुकना शुरू हुए। राजनीतिज्ञ तो थे, लेकिन उनके पास राजनीतिज्ञ की प्रतिभा नहीं थी, बेईमानी नहीं थी। बड़े सरल आदमी हैं। संन्यास उन्हें स्वाभाविक पड़ा। राजनीति में वे बड़ी उलझन में पड़े थे। राजनीति में बड़ी बेचैनी में थे। अड़चन थी। वह उनके अनुकूल न था। वह उतने ओछे और छोटे आदमी नहीं थे।

वहां सफलता उनकी है जो जितने ओछे हैं, जितने छोटे हैं। वहां सफलता उनकी है, जो जितने नीचे उतर आएं। वहां कोई आदमी अगर सरल हो, सीधा-सादा हो, तो वहां सफलता नहीं है। वे गलत दिशा में पड़ गए थे। वह दिशा उनके लिए नहीं थी।

शायद संन्यासियों का मजाक भी वे इसीलिए उड़ाते रहे होंगे, क्योंकि हम मजाक भी अकारण नहीं उड़ाते। अक्सर तो ऐसा होता है कि हम मजाक उन्हीं की उड़ाते हैं जिनसे हमारी ईर्ष्या होती है। जैसे तुम पाओगे, सरदारों का मजाक पूरे

मुल्क में उड़ाई जाता है। उसमें कुछ कारण है: सरदारों से ईर्ष्या है। ईर्ष्या के कारण भी साफ हैं: सरदार तुमसे ज्यादा मजबूत। गर्दन दबा दे तो तुम्हारी चीं बोल जाए! तो पूरे भारत में सरदार पास में खड़ा हो तो तुम्हें बेचैनी तो होती है, कि यह आदमी ज्यादा ताकतवर है, अब इससे बदला कैसे लो! इससे झगड़ा-झांसा करने में सार नहीं है। तो हम मजाक उड़ाते हैं, हम मखौल करते हैं। वह मखौल झूठ है। वह ईर्ष्या के कारण है।

पश्चिम में यहूदियों का मजाक उड़ाया जाता है। जितनी मजाकें हैं, यहूदियों के खिलाफ हैं। उसके भी पीछे कारण हैं। यहूदी की प्रतिभा से बड़ी ईर्ष्या है। जहां यहूदी पैर रख दे, वहां से दूसरों को हट जाना पड़ता है। जितनी नोबल प्राईज यहूदियों को मिलती उतनी दुनिया में किसी को नहीं मिलती। एक तरफ सारी दुनिया और एक तरफ यहूदी अकेले। उनकी संख्या ज्यादा नहीं है, लेकिन नोबल प्राईज वे इतनी मार ले जाते हैं कि चकित होना पड़ता है कि मामला क्या है!

इस सदी को जिन तीन लोगों ने प्रभावित किया है, वे तीनों के तीनों यहूदी थे—मार्क्स, फ्रायड, आइंस्टीन। यह सारी सदी, बीसवीं सदी, यहूदियों से प्रभावित है। यह सारी सदी यहूदियों के आधार से चल रही है। हिटलर इसीलिए कम्युनिज्म के खिलाफ था, क्योंकि वह कहता था कि यह भी यहूदियों का षडयंत्र है। यह जो मार्क्स है, यह इसने एक नई तरकीब निकाली है दुनिया पर कब्जा करने को। मगर आधी दुनिया पर कब्जा कर भी लिया है। फिर फ्रायड है; उसने सारे मनोविज्ञान पर कब्जा कर लिया है। आदमी के मनस के संबंध में मालिक हो गया है। उधर अलबर्ट आइंस्टीन है; उसने सारे विज्ञान पर कब्जा कर लिया है।

यहूदी जहां पैर रख दे—राजनीति में रखे तो राजनीति में, बाजार में रखे, धन की दौड़ में रखे तो धन में—वह सब जगह पराजित कर देता है लोगों को। उसके पास प्रतिभा है। उस प्रतिभा से बेचैनी होती है, ईर्ष्या होती है। तो मजाक में बदला लेते हैं हम।

मजाक का खयाल रखना। तुम उसी का मजाक उड़ाते हो जिससे तुम्हारी ईर्ष्या होती है।

तो मैत्रेय से मैं कहता हूं: संन्यासियों का तुमने मखौल उड़ाया होगा, क्योंकि संन्यासी से तुम्हारे भीतर मन में बड़ी ईर्ष्या रही होगी कि यह तुम्हें होना था और तुम नहीं हो पाए।

किसी संन्यासी के वरद शाप के कारण नहीं—तुम्हारे भीतर ही संन्यासी में लगाव था, रस था। तुम संन्यासी की उपेक्षा नहीं कर सकते थे। और तुम यह भी नहीं मान सकते थे कि संन्यासी सही है, क्योंकि अगर संन्यासी सही तो तुम गलत

हो। तो मखौल उड़ाते थे। लेकिन कहीं तुम्हें लगता रहा होगा अचेतन में, कि संन्यासी सही है, उसकी दिशा सही है। वह तुम्हारी आत्म-सुरक्षा (डिफेंस) का उपाय था—मजाक।

अगर तुम मुझे मिले होते, कभी भी मिले होते तो तुम चक्कर में पड़ते। क्योंकि मैं कुछ ऐसा संन्यासी हूं, जो संन्यासी जैसा है ही नहीं। इसलिए बहुत लोग मेरे चक्कर में पड़ जाते हैं। जो संन्यासियों के सदा खिलाफ रहे वे आ कर मेरे पास संन्यास ले लेते हैं। जो धर्म के सदा खिलाफ रहे, वे मेरे पास आ कर ध्यान करने लगते हैं। मेरे पास नास्तिक आते हैं और कहते हैं, 'बड़ी मुश्किल और आस्तिकों से तो हम लड़ लेते हैं, आपसे लड़ना नहीं हो पाता।' मैं नास्तिक, महानास्तिक—मुझसे लड़ोगे कैसे? तुम एक नास्तिक चाल चलो, मैं दो नास्तिक चाल चलता हूं। मेरी आस्तिकता, नास्तिकता के विपरीत नहीं है—नास्तिकता के ऊपर है। मैं नास्तिकता को सीढ़ी बना लेता हूं। मैं कहता हूं, चलो यह खेल भी थोड़ी देर खेल लें। नास्तिक हो तो चलो नास्तिकता का खेल खेल लें। नास्तिकता मेरे लिए आस्तिकता की सीढ़ियां बन गई। संसार को मैंने संन्यास की सीढ़ी बनाया। इसलिए जो किसी भी प्राचीन परंपरागत संन्यासी से प्रभावित न होंगे, वे मेरी प्रतीक्षा ही कर रहे हैं। वे जब भी मेरे संपर्क में आएंगे, उनको डूब जाना पड़ेगा।

मैंने कुछ फूल चुने
मैंने कुछ गीत बुने
अपनी महफिल को सजाने के लिए
अपने जीवन को बिताने के लिए
खाए कितने ही फरेब
अपने मन को बहलाने को
कच्चे धागों से कई जाल बुने
मैंने कुछ फूल चुने।
आसपास अपने बुनी सपनों की ठंडी छाया
मन लुभाती रहीं सुंदर काया
फिर भी यह आस की माया
मैंने दिन-रैन कभी चैन नहीं क्यों पाया!
मैंने कुछ गीत बुने गीत सुने
जो सुने सर धुने
इन मधुर गीतों की लय में खोकर
मुस्कुराते हुए भोले मन को

मैंने बहलाया है
रूप-रस पाने का भ्रम खाया है!
मैंने जो फूल चुने
मैंने जो गीत बुने
मन को उन फूलों ने
उन गीतों ने गर्माया है
नौजवानी के हसीं ख्वाबों ने
चंद रातों में, मुलाकातों में
मुझको बहलाया है
रूप माया में मगर
सुख मेरे मन ने कहां पाया है!

तो 'मैत्रेय जी' तुम्हारे सपने थे सब, खूब तुमने बुने। वे सब सपने थे, टूटने को ही थे। उनमें शांति न मिली, सुख न मिला, छाया न मिली। ज्वर मिला, बीमारी मिली, तनाव मिला, संताप मिला—शांति न मिली! संसार से थके-हारे को, महत्वाकांक्षा से थके हारे को—संन्यास के अतिरिक्त और शरण कहां! हारे को हरिनाम!

आखिरी प्रश्नः मैं तेरे मैकदे के काबिल हूं,
यह हरगिज मैंने कहा नहीं।
इम्तिहां और भी बाकी हैं क्या,
क्या है, जो मैंने सहा नहीं?

मैं तेरे मैकदे के काबिल हूं,
यह हरगिज मैंने कहा नहीं।

इसीलिए तुम मेरे मैकदे के काबिल हो। जिसने यह कहा कि मैं काबिल हूं, वह नाकाबिल है। जिसने कहा, मेरी कोई योग्यता नहीं, उसे मैं अपनी मधुशाला में भरती कर लेता हूं। योग्यों की यहां कोई जगह नहीं। अहंकारियों के लिए यहां कोई उपाय नहीं।

'मैं तेरे मैकदे के काबिल हूं
यह हरगिज मैंने कहा नहीं।'

ठीक इसीलिए, बिलकुल ठीक इसीलिए, मेरे द्वार तुम्हारे लिए खुले है। यह मेरी मधुशाला तुम्हारा मंदिर है। यहां न ज्ञानियों की जरूरत है; न पंडितों की। यहां

न पुण्यात्माओं की जरूरत है; न साधु-महात्माओं की। यहां तो उनकी जरूरत है जो विनम्र हैं और झुकने की जिनकी तैयारी है।

'इम्तिहां और भी बाकी हैं क्या,
क्या है, जो मैंने सहा नहीं?'

कोई इम्तिहां बाकी नहीं है। अगर तुमने जो सहा है, उसे मूर्च्छा में नहीं सहा है तो फिर कोई इम्तिहां बाकी नहीं है। तुमने जो सहा है, अगर होशपूर्वक सह लिया है तो तुम आ गए हो साक्षी के किनारे; वह घटना घटने के ही करीब है, किसी भी क्षण घट सकती है। लेकिन अगर मूर्च्छा में सहा है तो एक इम्तिहान बाकी है। और वह है जागने का। जो-जो मूर्च्छा में सहा है, अब उसे जाग कर सह लो। जो भी तुम जाग कर सह लोगे उससे तुम मुक्त हो जाओगे।

जब से तेरी लगन लगी है हमें
हम परीदा-हवास रहते हैं।
दिल की दूरी अगर न हायल हो
पास ही तेरे दास रहते हैं।
जब से तेरी लगन लगी है हमें
हम परीदा-हवास रहते हैं।

तब से हमारी बुद्धि का होश उड़ गया! जिनकी बुद्धि का होश उड़ गया है, वही मेरे काम के हैं।

जब से तेरी लगन लगी है हमें
हम परीदा-हवास रहते हैं।
दिल की दूरी अगर न हायल हो
पास ही तेरे दास रहते हैं।

बस जरा सी दूरी रह गई है। वह दूरी है तुम्हारे मूर्च्छित हृदय की। वहां थोड़ा जागरण का दीया जल जाए, फिर कोई दूरी नहीं। और वही मूर्च्छा सब दुखों का कारण है।

बेहिस वीरानी छाई है
अलबेले अरमां रूठे
अक्ल ने कैसी बेदर्दी से
दिल की बस्ती लूटी है!

बुद्धि ने तुम्हें लूटा है। तुम बुद्धि के हाथों लूटे गए हो।

बेहिस वीरानी छाई है
अलबेले अरमां रूठे
अक्ल ने कैसी बेदर्दी से

दिल की बस्ती लूटी है!
गुमसुम रहते हैं दुख सहते
हाले-दिल किससे कहते?
अपने-आप से छूट गए हम
तेरी गली क्या छूटी है!

वह जो प्रभु की गली है—प्रेमगली अति सांकरी तामें दो न समाय—वह जो प्रभु की गली है, जहां केवल एक ही समा सकता है, वह छूट गई उसी दिन, जिस दिन तुम हुए।

गुमसुम रहते हैं दुख सहते
हाले-दिल किससे कहते?
अपने-आप से छूट गए हम
तेरी गली क्या छूटी है!

अगर उस गली में फिर, अगर उस वृंदावन की गली में फिर प्रवेश करना हो-तब अपने को छोड़ो! उतनी सी दूरी है। बस तुम्हारे 'मैं' की दूरी ही एकमात्र दूरी है। एक ही कदम उठाना है—'मैं' से 'न-मैं' में; अहंकार से निर-अहंकार में—और शेष सब अपने से हो जाता है। मधुशाला के द्वार खुले हैं। तुम 'मैं' को बाहर रख कर आ सको तो यह मैकदा तुम्हारा है।

हरि ॐ तत्सत्!

* * *

प्रवचन : 17

परीक्षा के गहन सोपान

अष्टावक्र उवाच।

इहामुत्र विरक्तस्य नित्यानित्यविवेकिनः।
आश्चर्यं मोक्षकामस्य मोक्षादेव विभीषिका।।53।।
धीरस्तु भोज्यमानोऽपि पीड्यमानोऽपि सर्वदा।
आत्मानं केवलं पश्यन् न तुष्यति न कुप्यति।।54।।
चेष्टमानं शरीरं स्वं पश्यत्यन्यशरीरवत्।
संस्तवे चापि निंदायां कथं क्षुभ्येत् महाशयः।।55।।
मायामात्रमिदं विश्वं पश्यन् विगतकौतुकः।
अपि सन्निहिते मृत्यौ कथं त्रस्यति धीरधीः।।56।।
निस्पृहं मानसं यस्य नैराश्येऽपि महात्मनः।
तस्यात्म ज्ञानतृप्तस्य तुलना केन जायते।।57।।
स्वभावादेव जानानो दृश्यमेतन्न किंचन।
इदं ग्राह्यमिदं त्याज्यं स किं पश्यति धीरधीः।।58।।
अन्तस्त्यक्तकषायस्य निर्द्वन्द्वस्य निराशिषः।
यदृच्छयागतो भोगो न दुःखाय न तुष्टतेये।।59।।

एक फूल का खिल जाना ही,
उपवन का मधुमास नहीं है।
बाहर घर का जगमग करना,
भीतर का उल्लास नहीं है।

ऊपर से हम खुशी मनाते,
पर पीड़ा न जाती घर से।
अमराई के लहराने पर भी,
सुलगा करते हैं भीतर से।
रेतीले कण की तृप्ति से,
बुझती अपनी प्यास नहीं है।
एक फूल का खिल जाना ही,
उपवन का मधुमास नहीं है।

इधर गरजता काला बादल,
आग उगलता सागर गहरा।
कुटि पुरानी संन्यासिन पर,
अवसादों का निशि-दिन पहरा।
इक पहरे का सो जाना ही,
मुक्ति का आभास नहीं है।
एक फूल का खिल जाना ही,
उपवन का मधुमास नहीं है।

खतरा इसका है कि एक फूल के खिल जाने को कोई समझ ले वसंत का आगमन हो गया! जब तक कि पूरे प्राण ही न खिल जाएं, जब तक कि पूरी चेतना ही कमलों से न ढक जाए, जब तक कि सारा अंतस्तल प्रकाश से मंडित न हो जाए...।

एक किरण के उतर लेने को सूर्य का आगमन मत मान लेना, और एक फूल के खिल जाने को मधुमास मत मान लेना। इसलिए गुरु के द्वारा परीक्षा जरूरी है। हम इतने अंधेरे में रहे हैं, इतने जन्मों, जीवनों, कि जरा सी भी तृप्ति की झलक—और हमें लगता है आ गया मोक्ष का द्वार! जरा सी सुगंध—लगता है पहुंच गए उस महा उपवन में। आंख में प्रकाश का सपना भी डोल जाए तो लगता है—हो गया सूर्योदय।

हमारा लगना भी ठीक है, क्योंकि हमने कभी दुख के सिवाय कुछ जाना नहीं। सुख की जरा सी पुलक, सिहरन, जरा सा रोमांच हमें आह्लादित कर जाता है। हम नर्क में ही जीए हैं; स्वर्ग का स्वप्न भी हमें तृप्ति देता मालूम पड़ता है।

लेकिन गुरु की जरूरत ही यही है कि वह हमें जगाए जाए; वह कहे, अभी बहुत फूल खिलने को हैं; वह हमें रुकने न दे, वह हमें बढ़ाए चले; वह

कहे चलेः और आगे, और आगे...! वह तब तक हमें न ठहरने दे, जब तक कि समस्त जीवन सुगंध से न भर जाए; जब तक कि प्राणों का कोना-कोना ही प्रकाश से आच्छादित न हो जाए; जब तक कि हम स्वयं प्रकाश-रूप न हो जाएं; हमारे भीतर सिवाय प्रकाश के और कुछ भी न बचे। तभी जानना कि हुआ वसंत का आगमन।

एक फूल का खिल जाना ही,
उपवन का मधुमास नहीं है।
और एक पहरे का सो जाना ही,
मुक्ति का आभास नहीं है।

इसलिए जनक का यह जो आनंद है, इसको अष्टावक्र ने चुपचाप स्वीकार नहीं कर लिया। इसकी वे बड़ी कसौटी करने लगे। कहीं ऐसा तो नहीं है कि बहुत दिन का भूखा-प्यासा रूखी-सूखी रोटी पा गया है और समझ रहा है कि मिल गया अंतिम? ऐसा तो नहीं है कि बहुत थका-मांदा धूप का, जरा सी छाया में बैठ गया है—चाहे खजूर के वृक्ष की छाया ही क्यों न हो—और सोचता है, आ गया कल्पवृक्ष के नीचे? क्योंकि हम जो भी देखते हैं, वह हमारे अतीत अनुभव से देखते हैं।

एक गरीब आदमी को एक रुपया पड़ा हुआ मिल जाए तो आह्लादित हो जाता है। अमीर को एक रुपया पड़ा हुआ मिले, तो कुछ भी पड़ा हुआ नहीं मिला। रुपया वही है, लेकिन गरीब अपने अतीत से तौलता है, अमीर अपने अतीत से तौलता है। बहुत है उसके पास; उसमें एक रुपये के जुड़ने से कुछ भी नहीं जुड़ता। गरीब के पास कुछ भी नहीं है; उसमें एक रुपये का जुड़ जाना, जैसे सारे जगत की संपदा का जुड़ जाना है। रुपया तो वही है, लेकिन हमारी प्रतीति तुलनात्मक और सापेक्ष होती है। हम अपने ही अनुभव से देखते हैं।

मैं कल एक छोटी सी कहानी पढ़ता था। एक भूतपूर्व महाराजा ने अपने संस्मरणों में लिखी है, कि उन्होंने एक नये नौकर को नौकरी पर रखा। और उसे हुक्म दियाः झिनकू, पीकदान उठा कर ला। झिनकू की समझ में नहीं आया। पीकदान शब्द उसने कभी सुना ही नहीं था। थूकने के लिए भी स्वर्णपात्र होते हैं, यह उसका अनुभव न था। कोने में ही रखा है स्वर्णपात्र—हीरे-जवाहरातों से जड़ा।

सम्राट ने फिर कहा कि समझ में नहीं आया रे? अबे, वह कोने में जो स्वर्णपात्र रखा है, उसे उठा कर ला।

झिनकू ने पीकदान में झांक कर देखा और बोलाः तनिक रुको हजूर! एह में कौन्हों मूरख थूकी मरा है। मेहतरवा बुलाई...।

पीकदान गरीब का अनुभव नहीं है! वह तो कहीं भी थूकता रहता है; सारी पृथ्वी पीकदान है। और स्वर्णपात्र! थूकने के लिए सोने का पात्र!

हम अपने अनुभव से तौलते हैं। हम जो भी व्याख्या करते हैं जीवन की, वह व्याख्या हमसे आती है।

तो अष्टावक्र सोचते हैं: जनक ने कभी जाना नहीं यह अहोभाव, यह आश्चर्य, यह अपूर्व घटना कभी घटी नहीं—कहीं ऐसा तो नहीं है, एक फूल के खिल जाने को मधुमास का आगमन समझ बैठा हो?

जिसने फूल देखे ही नहीं, जो मरुस्थलों में ही जीया हो, वह एक फूल के आगमन को भी मधुमास समझ सकता है। उसके भीतर की भूख धोखा दे सकती है। इसी तरह तो मृग-मरीचिका पैदा होती है। मरुस्थल में जब कोई भटक जाता है, घंटों और दिनों की प्यास से जब घिर जाता है, तो मृग-मरीचिका पैदा होती है। यही आदमी अगर तृप्त हो, इसके पास जल की बोतल हो, सुराही हो और जब प्यास लगे, तब यह अपना जल पी ले—तो मृग-मरीचिका नहीं होती। लेकिन जब प्यास बहुत हो जाती है और प्राण तड़पने लगते हैं, और मरुस्थल में कहीं कोई उपाय नहीं देखता कि कहीं कोई जलधार है, कि कोई मरूद्यान है, फिर भ्रम होने शुरू होते हैं। फिर किरणों के ही नियम के आधार पर इसे दूर मरूद्यान दिखाई पड़ने लगता है। मरूद्यान का धोखा किरणों के कारण जितना होता है, उससे भी ज्यादा प्यास के कारण होता है। प्यास इतनी है कि जो नहीं है, उसे भी देख लेने की आकांक्षा होने लगती है। प्यास इतनी है कि जो नहीं है, उसका भी स्वप्न हम साकार कर लेते हैं।

प्यासे को मृग-मरीचिका का भ्रम हो जाता है। भयभीत को रस्सी में सांप दिख जाता है। रस्सी में सांप नहीं होता—भय में होता है। अगर बहुत बार सांप से मुकाबला हुआ हो और बहुत बार सांप का दंश झेला हो और सांप की घबड़ाहट प्राणों में बैठ गई हो, तो रस्सी में सांप दिख जाए, इसमें आश्चर्य नहीं। रस्सी में सांप नहीं होता—देखने वाले की आंख और उसके भय में होता है, उसे आरोपित कर लेता है।

तो अष्टावक्र परीक्षा ले रहे हैं इसीलिए। हो भी सकता है सूर्योदय हुआ हो, और हो भी सकता है सिर्फ अंधेरे में रहने के कारण प्रकाश का सपना देखा हो।

फिर दूसरी बात—इसके पहले कि हम सूत्र में उतरें—जिसके अनुभव में आता है, अनुभव तो सत्य है। जैसे मैंने जाना तो वह मेरे लिए सत्य है—तुमसे कहा, वह असत्य होना शुरू हो गया। सत्य कहते ही असत्य होना शुरू हो जाता है। जब तक मैंने अपने भीतर रखा—जो मैंने जाना—तब तक वह सत्य है; क्योंकि

मैंने जाना, अनुभव किया, वह मेरी प्रतीति है, मेरा साक्षात्कार है। जैसे ही तुमसे कहा, शब्द बनाए, व्यवस्था दी, संवाद किया, तुम तक पहुंचाया—वह असत्य होना शुरू हो गया। पहले तो जब मैंने शब्दों में बांधा निःशब्द को, तब बहुत कुछ टूट गया। जब मैंने विराट को भरा छोटे से आंगन में, तब बहुत कुछ छूट गया। जब सुबह की ताजगी को शब्दों की मंजूषा में कैद किया, तब कुछ मर गया। जैसे सुबह का सूरज निकला है, नाचती किरणें हरे वृक्षों को पार करती हैं, वृक्ष मस्ती में मदमाते हैं, सुबह की हवा आनंद से नाचती-भागती है, खिलखिलाती, ठिठलाती है—इस सबको तुम एक छोटी सी पेटी में बंद कर लो। तुम जाओ उस जगह जहां सूरज की किरणें वृक्ष से छन-छन कर जमीन पर गिर रही हैं और हवा ने जहां पत्तों के साथ रास रचाया है, और जहां गंध है, और जहां सुबह का ताजा माधुर्य है—तुम इसे एक पेटी में बंद कर लो। पेटी तुम उठा कर ले आओ—खाली पेटी ही आती है! शायद थोड़ी-बहुत भनक आ जाए सुगंध की। लेकिन कैसे बांधोगे प्रकाश को? और सुगंध भी पेटी में बंद होते ही जल्दी ही दुर्गंध हो जाएगी।

जो जाना जाता है, वह तो है शून्य में, मौन में, प्रगाढ़ निःशब्द में; फिर जैसे ही शब्द में रखा—अस्त-व्यस्त हुआ। फिर कठिनाई यही नहीं है। शब्द में रखने से आधा सत्य तो मर जाता है, आधा भी बच जाए तो बहुत; यह कहने वाले की कुशलता पर निर्भर है।

इसलिए दुनिया में ज्ञानी तो बहुत होते हैं, सदगुरु बहुत नहीं। सदगुरु का अर्थ है: जिसने जाना और जो ऐसी कुशलता से कह देता है कि सत्य का कुछ अंश तो पहुंच ही जाए तुम तक। शिष्य तक कुछ पहुंच जाए, ऐसी कुशलता का नाम सदगुरु है। ज्ञानी तो बहुत होते हैं।

बुद्ध को किसी ने पूछा है एक दिन कि ये दस हजार भिक्षु हैं तुम्हारे, वर्षों से तुम्हारे साथ हैं, जीवन अर्पित किया है, साधना की है, साधना में लगे हैं, इनमें से कितने बुद्धत्व को उपलब्ध हुए? बुद्ध ने कहा: इनमें से बहुत उपलब्ध हुए हैं, बहुत उपलब्ध हो रहे हैं, बहुत उपलब्ध होने के मार्ग पर हैं। कुछ चल पड़े हैं, कुछ पहुंचने के करीब हैं, कुछ पहुंच भी गए हैं।

पूछने वाले ने कहा, इस पर भरोसा नहीं आता, क्योंकि इनमें से आप जैसा तो कोई भी नहीं दिखता। बुद्ध हंसने लगे। उन्होंने कहा: यह सच है। बुद्ध होने से ही कोई दिखाई नहीं पड़ता, जब तक कि बुद्धत्व को अभिव्यक्ति न दे; जब तक कि बुद्धत्व को बोले न; जब तक कि बुद्धत्व को गुनगुनाए नहीं, गीत न बनाए; जब तक कि बुद्धत्व को बांधे नहीं छंद और मात्रा में; जब तक कि बुद्धत्व को दूसरे तक पहुंचाए नहीं। जब तक बुद्धत्व संवादित न हो, तब तक पता कैसे चले? और जब

तक मैं जीवित हूं, तब तक ये बोलेंगे भी नहीं। क्योंकि ये कहते हैं, जब आप मौजूद हैं तो हम बोलें क्या? आपकी मौजूदगी में क्या बोलें? इनमें बहुत पहुंच गए हैं। बहुत तो बोलेंगे भी नहीं, क्योंकि बोलना एक अलग कुशलता है।

पा लेना एक बात है, बोलना बड़ी दूसरी बात है। पा लेने वाले को जैनशास्त्र कहते हैं: केवली, जिन। और बता देने वाले को जैनशास्त्र कहते हैं: तीर्थंकर। हजारों 'केवली' होते हैं, तब कहीं एकाध तीर्थंकर होता है। तीर्थंकर का अर्थ है: जो खुद ही पार नहीं हुआ, बल्कि जिसने घाट बनाया, नाव बनाई, औरों को भी बिठाया नाव में, घाट से उतारा और चलाया। तीर्थ यानी घाट। तीर्थंकर यानी घाट को बनाने वाला; खुद तैर कर तो बहुत लोग पार हो जाते हैं, लेकिन दूसरों को नाव पर ले जाने वाला।

पर ध्यान रखना, जैसे ही—बड़े से बड़ा तीर्थंकर हो, बड़ा से बड़ा सद्गुरु हो—जैसे ही शब्द देता अनुभव को, अनुभव झूठ होने लगता है। उसमें से कुछ तो तत्क्षण मरने लगता है; अंश ही पहुंचता है। फिर पहुंचने वाले पर निर्भर है कितना पहुंचेगा। पहले तो बोलने वाले पर निर्भर है कितना भर पाएगा; फिर सुनने वाले पर निर्भर है कितना खोल पाएगा!

तो सभी सुन रहे हो तुम, लेकिन सभी उतना ही न खोल पाओगे, एक जैसा न खोल पाओगे। कोई बहुत खोल लेगा, कोई तुम्हारे पास में ही बैठा हुआ गदगद हो जाएगा और तुम चौंकोगे कि क्या यह आदमी पागल है! उसने कुछ तुमसे ज्यादा खोल लिया। उसके हृदय तक बात पहुंच गई। तुम्हारे शायद सिर में ही गूंजती रह गई। शायद तुम शब्दों का ही हिसाब बिठाते रहे। उस तक मर्म पहुंच गया।

फिर तुम पर निर्भर है कि कितना तुम खोलोगे। लेकिन फिर कुछ सत्य मरेगा तुम्हारे खोलने में। जो बांधा गया है शब्दों में, वह शब्दातीत है। फिर शब्द से तुम्हें शब्दातीत को छांटना होगा; शब्द से फिर तुम्हें अर्थ को अलग करना होगा; फिर शब्द की परिधि तोड़नी होगी, सीमा तोड़नी होगी, असीम को फिर मुक्त करना होगा।

एक पक्षी को, अनंत के पक्षी को पिंजरे में रख कर मैं तुम्हें देता हूं। उनमें से बहुत से तो ऐसे हैं कि पिंजरे के सौंदर्य पर मोहित हो जाएंगे, पक्षी को भूल जाएंगे। बहुत से तो ऐसे हैं, पिंजरे को सिर पर ले कर चलने लगेंगे, पक्षी की उन्हें याद नहीं आएगी, पहचान भी न होगी।

पिंजरे के लिए पिंजरा नहीं दिया था; भीतर एक जीवंत पक्षी है, उसके दिए दिया था। पिंजरा तो बनाया ही इसलिए था कि पक्षी तुम तक पहुंच जाए, नहीं तो मेरे हाथ से उड़ेगा और तुम तक कभी पहुंचेगा नहीं।

इसलिए शब्द का, शास्त्र का पिंजरा है; सिद्धांत का, भाषा का पिंजरा है। उसे जितना सुंदर बना सकें, बनाने की कोशिश की जाती है, ताकि उसके सौंदर्य से तुम उसके भीतर प्रवेश पाने की आकांक्षा से भरो; ताकि तुममें प्यास उठे कि जो बाहर से इतना सुंदर है पिंजरा, भीतर भी देखें! लेकिन बहुत हैं, जो पिंजरे को सम्हाल कर रख लेंगे; वे पंडित हो जाएंगे। वे दोहराने लगेंगे मेरे शब्दों को; वे मेरे पिंजरे को ले कर घूमने लगेंगे और दिखाने लगेंगे लोगों को कि देखो, कैसा सुंदर पिंजरा है! कैसा सुंदर दर्शनशास्त्र, कैसा प्यारा सिद्धांत, कैसा हृदयग्राही मंतव्य, कैसी बात कही, कैसी भा गई मन को, कैसी रच गई, कैसी रंग से भरी, कैसी इंद्रधनुषी! मगर भूल जाएंगे कि पिंजरे के लिए पिंजरा नहीं दिया था। कुछ उनमें से पिंजरे के भीतर छिपे पक्षी को भी पहचान लेंगे, लेकिन उसे पिंजरे से मुक्त न कर पाएंगे; वह पिंजरे में ही बंद रहेगा। अगर बहुत ज्यादा दिन बंद रह गया, तो पक्षी की उड़ने की क्षमता खो जाएगी।

मुझसे शब्द मिलें तो देर मत करना, उसे जल्दी निःशब्द में खोल लेना। तुम मुझसे जो सुनो, देर मत करना, उसे ध्यान में जल्दी ही रूपांतरित कर लेना। क्योंकि जितनी देर हो जाएगी, उतनी ही कठिनाई हो जाएगी। इधर सुनो, उधर ध्यान में मुक्त कर लेना। इधर मैं पिंजरा तुम्हारे हाथ में दूं, तुम रुकना मत! पिंजरा हाथ में लेते ही द्वार खोलना, पक्षी को मुक्त कर लेना। अगर ज्यादा देर हो गई, तुमने कहा कल करेंगे, तुमने कहा परसों करेंगे, तुमने कहा जब सुविधा होगी तब करेंगे, अभी तो नोट-बुक में लिख लें, फिर पीछे अर्थ निकाल लेंगे, फिर सोच लेंगे, जल्दी क्या है? सुविधा से, मौके पर—तो तुम जब अर्थ निकालने जाओगे, तब तक अर्थ मर चुका होगा; शब्द ही रह जाएंगे, पिंजरा ही रह जाएगा। तुमने अगर पक्षी मुक्त न किया, तो पक्षी मर चुकेगा। फिर तुम जब खोलोगे भी, तो लाश मिलेगी; उसके प्राण तो जा चुके होंगे, क्योंकि उसके प्राण तो अनंत के हैं, उसके प्राण तो शून्य के हैं, उसके प्राण तो आकाश के हैं। वह पक्षी पिंजरे में रहने को बना नहीं। देह पड़ी रह जाएगी, प्राण का पखेरू तो उड़ जाएगा। फिर तुम उस देह की कितनी ही पूजा करो, तो भी उसमें प्राण न आएंगे। ऐसे ही तो तुम पूजा कर रहे हो मंदिरों में, मस्जिदों में, गुरुद्वारों में—मरे पक्षियों की पूजा कर रहे हो! अब प्राण डाले नहीं जा सकते हैं। तुमने अवसर खो दिया।

सदगुरु से जब वचन निकले तो उसे तत्क्षण खोल लेना; उसमें एक क्षण की भी देरी खतरनाक है; जब वह गर्म-गर्म हो तभी खोल लेना; जब उसकी ऊष्मा समाप्त न हो गई हो...।

जब मैं तुम्हें दे रहा हूं कुछ तो वह गर्म है, ताजा है। तुम उसे रख कर मत बैठ जाना। तुम जा कर अपने फ्रिज में मत रख देना कि जब सुविधा होगी तब खोल लेंगे, जब जरूरत होगी तब निकाल लेंगे। वह मर जाएगा, उसकी ऊष्मा खो जाएगी; प्राण-पखेरू जा चुके होंगे, देह पड़ी रह जाएगी।

सत्य की पड़ी हुई देहों का नाम ही शास्त्र है। फिर तुम सिर पर रखो गीता और कुरान और बाइबिल, और लाख करो पूजा और लाख पटको सिर, चढ़ाओ फूल, अर्चना—सब व्यर्थ है; सब बिलकुल व्यर्थ है! इस आयोजन से अब कुछ होने वाला नहीं।

तो जब सदगुरु बोले, उसे तत्क्षण खोल लेना। इधर मैं बोलता जाऊं, उधर तुम खोलते चले जाना। तुम शब्द में बहुत ज्यादा मत उलझना; तुम अर्थ को मुक्त करते चले जाना। तुम फूल में मत उलझना, तुम तो सुवास को मुक्त करते चले जाना। तुम तो पिंजरे को भूल ही जाना। तुम तो मेरे साथ उड़ना आकाश में, तो ज्यादा पा सकोगे।

साधारणतः तो ऐसा नहीं होगा। तुम मुर्दा-मुर्दा पाओगे।

फिर अगर तुमने किसी दूसरे को कहा, जो तुमने मुझसे सुना, तब तो वह मरे से भी गया-बीता है; वह सड़ी हुई लाश है। और ऐसा ही हुआ है। ऐसे ही संप्रदाय बनते हैं। मैंने तुमसे कहा, तुम किसी और को कहोगे, वह किसी और को कहेगा, पीढ़ियां दूसरी पीढ़ियों से कहेंगी, एक समय दूसरे समय से कहेगा—उतरता चला जाता है। फिर सड़ती जाती है लाश। इसलिए तो धर्मों से इतनी दुर्गंध आती है और धर्मों के नाम पर इतने कत्ल होते हैं। और धर्मों से प्रेम नहीं फैला दुनिया में, घृणा फैली है। और धर्मों से संघर्ष हुआ, हत्याएं हुईं, युद्ध हुए; प्रार्थना नहीं उतरी, परमात्मा का द्वार नहीं खुला। धर्मों से शैतान की शक्ति बढ़ी, परमात्मा की शक्ति नहीं बढ़ी। क्योंकि तुम जिसे धर्म कहते हो, वह सड़ी हुई लाश है।

अष्टावक्र पूछने लगे, बार-बार चोट करने लगे जनक को। क्योंकि जब गुरु देता है, तो वह यह जानना चाहता है कि तुम तक जीवित पहुंचा? जीवंत पहुंचा? ऊष्ण था तभी पहुंचा? तुमने खोला ठीक-ठीक? कहीं तुम शब्द से तो आंदोलित नहीं हो गए? कहीं यह जनक पिंजरा ही तो नहीं हिला रहा है? इसके भीतर पक्षी भी है? जीवित पक्षी है? उस जीवित पक्षी को मुक्त करने की चेष्टा इसने की है या केवल शब्द-जाल में पड़ गया? क्योंकि जो-जो अष्टावक्र ने कहा, वही-वही जनक ने दोहरा दिया है—सिर्फ 'आश्चर्य' शब्द जोड़-जोड़ कर वही-वही दोहरा दिया है। तो कहीं यह पुनरुक्ति तो नहीं? कहीं यह यांत्रिक स्मृति तो नहीं? कहीं यह जनक बहुत स्मृतिवान व्यक्ति तो नहीं? यह वस्तुतः इसे हो रहा है जो यह कह रहा है?

तो अष्टावक्र सब तरफ से खोदने लगे। ये सूत्र उनकी खुदाई के हैं। इनमें बड़ी करुणा है और बड़ी कठोरता भी। कठोरता, कि जनक तो अहोभाव की बात कर रहे हैं और अष्टावक्र परीक्षा लेने लगे। करुणा, क्योंकि परीक्षा अगर समय पर न ली जाए और समय खो जाए, तो फिर बात बेमौसम की हो जाती है, फिर उसका कुछ अर्थ नहीं रह जाता। तो अभी-अभी ताजी-ताजी परीक्षा वे ले रहे हैं कि वह जो मैंने तुझे कहा है वह पहुंच गया तेरे हृदय तक? बन गया तेरा रक्त, मांस-मज्जा? तूने उसे रूपांतरित कर लिया अपने प्राणों में? वह तेरे अस्तित्व का हिस्सा हो गया? या केवल बुद्धि में भटकती हुई बात है? कि बुद्धि में भटकते हुए शब्द और विचार हैं? तू कहां से कह रहा है? तेरे भीतर हो गया—वहां से कह रहा है? या तूने मुझे सुन लिया और तू मेरे सामने ही मुझ ही को दोहरा रहा है? तू कहीं ग्रामोफोन का रिकार्ड तो नहीं?

इसका खतरा है ही। क्योंकि सदगुरुओं के वचनों की एक खूबी है कि वे बड़े प्यारे हैं। वे इतने प्यारे हैं कि उन पर भरोसा कर लेने का मन होता है। वे इतने प्यारे हैं कि उन पर विश्वास जगता है। यही खतरा है। अगर सत्य पर विश्वास जग गया तो खतरा है। खतरा यही है कि सत्य कभी विश्वास नहीं बन सकता। विश्वास तो सदा झूठ हो जाता है। विश्वासमात्र झूठ है। सत्य से जगनी चाहिए श्रद्धा, विश्वास नहीं।

मैंने तुम्हें एक बात कही, मैंने तुम्हें बड़ी प्यारी बात कही—तुम उससे मोहित हुए। तुमने मान ली कि बात इतनी प्यारी है कि सच होगी ही, कि जिसने कही उससे तुम्हें प्यार है, तो झूठ कैसे होगी? तो तुमने विवाद भी न किया, तुमने तर्क भी न किया। तुमने चुपचाप स्वीकार कर लिया। तुमने एक विश्वास बनाया, तुम उस विश्वास के सहारे जीने लगे—तुम झूठ के सहारे जीने लगे। मैंने कही थी, सच ही थी, लेकिन तुमने विश्वास बनाया तो झूठ हो गई; श्रद्धा बननी चाहिए।

क्या फर्क है श्रद्धा और विश्वास में? जब हम दूसरे को बिना अपने किसी अनुभव की गवाही के मान लेते हैं तो विश्वास। जब हम दूसरे को अपने अनुभव की कसौटी पर कस कर मानते हैं तो श्रद्धा। श्रद्धा अनुभव है। विश्वास दूसरे का अनुभव है, तुम्हारा नहीं। इससे सावधान रहना।

तो यह जो जनक कह रहा है विश्वास है या श्रद्धा, इसकी ही कसौटी अष्टावक्र करने लगे हैं।

अष्टावक्र ने कहा:

इहामुत्र विरक्तस्य नित्यानित्यविवेकिनः।
आश्चर्यं मोक्षकामस्य मोक्षादेव विभीषिका।।

'जो इहलोक और परलोक के भोग से विरक्त है जनक, और जो नित्य और

अनित्य का विवेक रखता है, और मोक्ष को चाहने वाला है, वह भी मोक्ष से भय करता है—यही तो आश्चर्य है!'

तेरे भीतर कहीं मोक्ष का भय तो नहीं बचा है?

इसे समझना, यह बड़ा अदभुत सूत्र है! मोक्ष का भय? तुम कहोगे, मोक्ष का भय? स्वतंत्रता का भय? हम सभी स्वतंत्र होना चाहते हैं। यह बात क्या हुई कि स्वतंत्रता का भय? स्वतंत्रता से कौन भयभीत है?

लेकिन तुम्हें पता नहीं। अष्टावक्र ठीक कह रहे हैं। इस जगत में बहुत कम लोग हैं, जो स्वतंत्र होना चाहते हैं। सौ में निन्यानबे आदमी तो बातें करते हैं स्वतंत्रता की, लेकिन स्वतंत्र होना नहीं चाहते। परतंत्रता में बड़ी सुरक्षा है। मुक्त होने में बड़ा खतरा है, जोखिम! इसलिए लोग एक परतंत्रता से दूसरी परतंत्रता में उतर जाते हैं। बस, परतंत्रता बदल लेते हैं, लेकिन स्वतंत्र कभी नहीं होते। पूंजीवाद साम्यवाद बन जाता है, लेकिन कुछ फर्क नहीं होता। परतंत्रता वहीं की वहीं। एक की गुलामी दूसरे की गुलामी से बदल जाती है, मगर फर्क कोई भी नहीं पड़ता। आदमी स्वतंत्र होना ही नहीं चाहता।

तो इसे हम समझें। स्वतंत्रता का भय है। और मोक्ष तो परम स्वतंत्रता है, उसका तो बड़ा भय है।

जो बात अष्टावक्र ने उठाई है, उसे पांच हजार साल के बाद पश्चिम में मनोविज्ञान अब समझ पा रहा है। पश्चिम के बहुत बड़े मनोवैज्ञानिक, ऐरिक फॉम ने इस पर बड़ा जोर दिया, बड़ी खोज की है इस संबंध में—फीयर ऑफ फ्रीडम; स्वतंत्रता का भय! हम चाहते हैं कि कोई हमें बांध ले। इसीलिए तो लोग हमें बांध पाते हैं। तुम सोचते हो लोग बांध लेते हैं इसलिए तुम बंधे हो, तो तुम गलती में हो। जो नहीं बंधना चाहता, उसे कोई भी नहीं बांध सकता। तुम बंधना चाहते हो, इसलिए लोग बांध लेते हैं। तुम्हारे बंधने की चाह पहले है, बांधने वाला बाद में आता है। पहले मांग, फिर पूर्ति। तुम पुकारते हो कि कोई बांध ले, तो बांधने वाला आ जाता है। फिर तुम चीखते-चिल्लाते हो कि मुझे बांध लिया गया।

मेरे पास लोग आते हैं। वे कहते हैं, 'बड़े बंधन में हैं! पत्नी है, बच्चे हैं!' मगर किसने तुम्हें कहा था? कौन तुम्हारे पीछे पड़ा था? और लाख लोग पीछे पड़े थे, अगर तुम्हें नहीं बंधना था तो कौन बांध सकता था? तुम भाग निकले होते। घर में आग लगी हो और तुम घर के भीतर बैठे हो, लाख तुम्हें लोग समझाएं कि अरे बैठे रहो, कोई हर्जा नहीं—तुम बैठ न सकोगे। तुम कहोगे, 'हो गई समझदारी की बातें, मैं बाहर चला। तुम बैठो!' तुम भाग खड़े होते, अगर तुम्हें बंधन दिखाई

पड़ता। लेकिन बंधन तुम्हें दिखाई पड़ा नहीं था।

और मजा यह है कि अगर यह पत्नी मर जाए तो बहुत संभावना है कि जल्दी ही तुम दूसरा विवाह करोगे। पत्नी के मरने के बाद ज्यादा दिन याद न रख सकोगे। मन नई कल्पनाएं करने लगेगा। मन कहेगा, 'सभी स्त्रियां थोड़े ही एक जैसी होती हैं? यह दुष्ट मिल गई थी तो भाग्य की बात, अब सभी थोड़े ही दुष्ट मिल जाएंगी? दुनिया में अच्छी स्त्रियां भी हैं। अपनी पत्नी को छोड़ कर सभी स्त्रियां अच्छी हैं ही। कोई अच्छी स्त्री मिल जाएगी तो जीवन में सुख हो जाएगा।' फिर तुम खोजने लगे। देर नहीं लगेगी, जल्दी ही तुम फिर बंधन में पड़ जाओगे, फिर तुम चीखने-पुकारने लगोगे कि मैं बंधन में पड़ गया।

तुम्हीं बनाते हो अपने बंधन, क्योंकि बिना बंधन के रहने के लिए बड़ा साहस चाहिए। अनबंधा रहने के लिए बड़ा साहस चाहिए। क्योंकि बिना बंधन के रहने का अर्थ हुआ कि न कोई सुरक्षा है, कल का पता नहीं क्या होगा! पत्नी तुम क्यों खोज लाए हो?—कल की व्यवस्था के लिए। कल अगर तुम्हारे जीवन में कामवासना उठेगी तो कौन तृप्त करेगा? तो तुमने पत्नी खोज ली है, जो कल भी मौजूद होगी। पत्नी ने पति खोज लिया है; क्योंकि कल की क्या सुरक्षा है, भोजन कौन देगा, मकान कौन देगा, वस्त्र कौन देगा, अलंकरण कौन देगा! कल की सुरक्षा तुमने कर ली है, परसों की सुरक्षा कर ली है। लोगों ने आगे तक की सुरक्षा कर रखी है। फिर उस सुरक्षा में बंध गए हैं।

तुमने एक मकान बना लिया, तुमने बैंक में बैलेंस इकट्ठा कर लिया, तुमने धन-प्रतिष्ठा बना ली—अब तुम कहते हो, बड़ा बंध गया हूं! लेकिन कौन तुम्हें बांधता है? तुम बंधे हो इसलिए कि बंधन में कुछ सुरक्षा है—कल अगर बीमार हुए तो क्या होगा? मरने लगे तो क्या होगा?

मुहम्मद के जीवन में उल्लेख है, उनको जो कुछ मिलता दिन भर में, वे खाने-पीने के बाद जो बचता सांझ को बांट देते, रात भिखारी होकर सो जाते। यह उनके जीवन भर की व्यवस्था थी। जिस रात मरे, उनकी पत्नी ने यह सोच कर कि मौत करीब आती है, चिकित्सक कहते हैं बचने का अब कोई उपाय नहीं है, दवा-दारू की जरूरत पड़े, रात वैद्य बुलाना पड़े, हकीम बुलाना पड़े—तो उसने पांच रुपये बचा कर रख लिए, पांच दीनार बचा कर रख लिए।

बारह बजे रात मोहम्मद बड़े तड़पने लगे। उन्होंने अपनी पत्नी को बुलाया और कहा कि देख, मुझे लगता है कि मेरे जीवन भर का जो नियम था, वह टूटा जा रहा है मरने का वक्त। मैंने कल के लिए कभी कोई व्यवस्था नहीं की। और मुझे आज डर लग रहा है कि घर में कुछ रुपये हैं। अगर हों, तो जल्दी उन्हें तू बांट दे, नहीं

तो परमात्मा के सामने आखिरी दिन लज्जित होना पड़ेगा। वह मुझसे पूछेगा : तो फिर आखिरी दिन तूने रुपये बचा लिए?

पत्नी तो घबड़ा गई कि इन्हें पता कैसे चला! उसने जल्दी से पांच दीनार जो बचाए थे, निकाल कर दे दिए कि क्षमा करें, मुझसे भूल हो गई! मैं तो यह सोच कर कि रात-बेरात, आधी रात जरूरत पड़ सकती है, फिर मैं कहां मांगूंगी?

तो मुहम्मद ने कहा : पागल, जिसने हर बार दिया है, हर दिन दिया है, इतने दिन तक दिया...। कभी हम भूखे मरे? कभी जरूरत पूरी नहीं हुई, ऐसा हुआ? जो सुबह देता है, सांझ देता है, वह आधी रात न दे सकेगा? तू जरा दरवाजे पर तो जा कर देख!

वह पांच दीनार ले कर गई, वहां एक भिखारी खड़ा है; वह कहता है, मुझे पांच दीनार की जरूरत है। वे पांच दीनार उस भिखारी को दे दिए गए।

मुहम्मद ने कहा : देख, लेने भी वही आ जाता है, देने भी वही आ जाता है। हम नाहक चिंता खड़ी कर लेते हैं। फिर चिंता में बंधते हैं, फिर बंधन से पीड़ित होते हैं और चिल्लाते हैं। अब मैं निश्चिंत हुआ। अब मैं उसके सामने सिर उठा कर खड़ा हो सकूंगा कि तू ही मेरा एकमात्र भरोसा था। तेरे अलावा मैंने भरोसा और किसी चीज में न रखा।

जिसका परमात्मा में भरोसा है, उसको फिर कोई बंधन नहीं। लेकिन परमात्मा में हमारा भरोसा नहीं है; भरोसा हमारा हजार और चीजों में है—इंश्योरेंस कंपनी में है, बैंक में है, स्त्री में है, पति में है, मित्रों में, परिवार में, पिता में, पुत्र में, सरकार में, और हमारे हजार भरोसे हैं!

नास्तिक भी जो अपने को कहता है, वह भी नास्तिक नहीं है। बैंक का जहां तक सवाल है, वह भी आस्तिक है; इंश्योरेंस कंपनी का जहां तक सवाल है, वह भी आस्तिक है; सिर्फ भगवान के संबंध में वह आस्तिक नहीं है।

आस्तिक का अर्थ है : जिसने अपना सारा भरोसा परमात्मा में रखा, जिसने सारा भरोसा जीवन की ऊर्जा में रखा, अस्तित्व में रखा।

जैसे ही रुपये बांट दिए, मुहम्मद हंसे और उन्होंने कहा : अब शुभ हुआ, अब ठीक घड़ी आ गई, अब मैं निश्चिंत जा सकता हूं। चादर उन्होंने अपने मुंह पर डाल ली और कहते हैं, प्राण उड़ गए। पत्नी ने चादर उघाड़ी, वहां तो लाश पड़ी थी, मुहम्मद जा चुके थे। जैसे वे पांच दीनार अटकाए थे! जैसे उनके कारण वे बेचैन थे, बोझ था, बंधन था!

हम कहते तो हैं कि हम स्वतंत्र होना चाहते हैं; लेकिन स्वतंत्र होने के लिए हम जो व्यवस्था करते हैं वही हमें बांध लेती है।

तुमने देखा, धन की आदमी आकांक्षा क्यों करता है? इसलिए ताकि स्वतंत्र हो। धन से स्वतंत्रता मिलती है, ऐसा खयाल है। ऐसी भ्रांति है कि जितना धन होगा, उतनी तुम्हारी स्वतंत्रता होगी; जहां जाना होगा जा सकोगे; जिस होटल में ठहरना होगा, ठहर सकोगे; हवाई जहाज में उड़ना होगा, हवाई जहाज में उड़ोगे; महल में रहना होगा, महल में रहोगे; जिस स्त्री को चाहोगे वह तुम्हारे पैर दाबेगी; जो कुछ तुम करना चाहोगे, कर सकोगे। धन स्वतंत्रता देता है, इस आशा में आदमी धन इकट्ठा करता है। लेकिन धन इकट्ठा करने में ही बंध जाता है, बुरी तरह बंध जाता है! धन का बोझ भारी हो जाता है और छाती उसके नीचे टूटने लगती है।

यह तो हमारी साधारण स्वतंत्रता है। फिर परम स्वतंत्रता का नाम मोक्ष है।

अष्टावक्र कहते हैं: 'सुन जनक, जो इहलोक और परलोक के भोग से विरक्त है और जो नित्य और अनित्य का विवेक रखता है...।'

जैसा तेरी बातों से लग रहा है। तेरी बातों से ऐसा लग रहा है कि तू तो बिलकुल मुक्त हो गया! न इस लोक की तेरी कोई आकांक्षा है, न परलोक की तेरी कोई आकांक्षा है। न तू यहां कुछ चाहता है, न स्वर्ग में कुछ चाहता है। और ऐसा लगता है तेरी बातों से कि तुझे तो विवेक उत्पन्न हो गया। तुझे तो पता है: अनित्य क्या है, नित्य क्या है; सार क्या, असार क्या? तुझे तो दिखाई पड़ गया है, ऐसा मालूम होता है। तुझे दर्शन हो गया है, ऐसा मालूम होता है। लेकिन फिर भी मैं तुझसे पूछता हूं कि मोक्ष को चाहने वाला मोक्ष से ही भय करे, इस आश्चर्य का तुझे पता है? कहीं तेरे भीतर मोक्ष से भी तो भय नहीं है अभी। अगर है, तो यह सब बातचीत है, जो तू कर रहा है। उस भय के कारण तू बंधा ही रहेगा, तू संसार निर्मित करता रहेगा।

हमने भय के कारण ही संसार निर्मित किया है। संसार यानी हमारे भय का विस्तार। और तब एक बड़े मजे की बात, कि तुम्हारा भगवान भी तुम्हारे भय का विस्तार; और तुम्हारा स्वर्ग भी तुम्हारे भय का विस्तार; तुम्हारा पुण्य भी तुम्हारे भय का विस्तार। तुम अगर पुण्य भी करते हो तो इसी भय से कि कहीं नरक न जाना पड़े। तुम अगर पाप भी नहीं करते तो इसी भय से कि कहीं नरक न जाना पड़े। तुम अगर पुण्य करते हो तो इसी भय से कि कहीं स्वर्ग न खो जाए, स्वर्ग की अप्सराएं और कल्पवृक्ष और शराब के बहते झरने न खो जाएं। तुम अगर मंदिर और मस्जिद में जाकर सिर टेक आते हो, तो सिर्फ इसीलिए कि परमात्मा अगर कहीं हो तो नाराज न हो जाए।

तुम्हारा धर्म तुम्हारे भय से निकलता है—अधर्म हो गया। इस जहर से अमृत

न निकलेगा; इससे तो जहर ही निकलता है। भय से जो निकलता है, वह संसार है। तुम उसे परमात्मा कहो, स्वर्ग कहो, बहिश्त कहो, जो तुम कहना चाहो, लेकिन एक बात याद रखना, भय से संसार के अतिरिक्त और कुछ भी नहीं निकलता। भय से मोक्ष कैसे निकलेगा? यह तो ऐसा होगा जैसे रेत से कोई निचोड़ ले तेल को। नहीं, यह होता नहीं।

भय से मोक्ष नहीं निकलता। अभय से मोक्ष निकलता है। फिर मोक्ष का भय क्या है? अष्टावक्र क्यों कहते हैं कि देख ले तू अपने भीतर खोजबीन करके, कहीं मोक्ष का भय तो नहीं है?

मोक्ष का भय क्या है? मोक्ष का भय महामृत्यु का भय है। मोक्ष तुम्हारी मृत्यु है। तुम्हारे मुक्त होने का एक ही अर्थ है : तुम्हारा बिलकुल मिट जाना। तब जो शेष बचेगा वही मोक्ष है; तुम जहां बिलकुल न रहोगे; तुम्हारी रूपरेखा भी न बचेगी; तुम बिलकुल खो जाओगे जहां।

मृत्यु में तो आदमी बचता है, मोक्ष में बिलकुल नहीं बचता। मृत्यु में तो शरीर खोता है; मन बचता है, अहंकार बचता है, संस्कार बचते हैं, सब कुछ बच जाता है, सिर्फ शरीर बदल जाता है। मृत्यु में तो केवल वस्त्र बदलते हैं; पुराने जीर्ण-शीर्ण वस्त्र छूट जाते हैं, नये वस्त्र मिल जाते हैं। मोक्ष में शरीर भी गया, संस्कार भी गए, अहंकार भी गया, मन भी गया; तुमने जो जाना, अनुभव किया—सब गया। तुम गए! तुम पूरे के पूरे गए, समग्रता से गए! फिर जो शून्य बचता है, तुम्हारे अभाव में, तुम्हारी गैर मौजूदगी में जो बचता है—वही मोक्ष है, वही परमात्मा है, वही सत्य है। तुम तो ऐसे चले जाओगे जैसे प्रकाश के आने पर अंधकार चला जाता है। मोक्ष के आने पर तुम न बचोगे—मोक्ष महामृत्यु है।

उपनिषद कहते हैं; गुरु महामृत्यु है। क्योंकि गुरु के माध्यम से मोक्ष की तरफ चलना पड़ता है। गुरु सिखाता ही है मरने की कला।

अष्टावक्र ठीक कहते हैं:

आश्चर्यं मोक्षकामस्य मोक्षादेव विभीषिका।

मैंने देखा है, अष्टावक्र कहते हैं कि मोक्ष की कामना करने वाले लोग भी मोक्ष से ही डरे होते हैं। जनक तू जरा गौर से देख ले, कहीं तेरे भीतर भी कोई भय की रेखा तो नहीं है। अगर है, तो फिर मोक्ष की ये बातें सब व्यर्थ हैं, अनर्गल प्रलाप हैं, पागल का प्रलाप हैं! इनमें फिर कुछ भी सार नहीं।

मोक्ष का स्वर तो तुम्हारे भीतर तभी फूटता है, जब तुम्हारे सब स्वर बंद हो जाते हैं। जब तुम्हारी सब आवाज खो जाती है, तभी उस महासंगीत में तरोबोर होने की घड़ी आती है। तुम खाली करो सिंहासन! सिंहासन पर बैठे-बैठे मोक्ष नहीं है।

जब तक तुम हो, तब तक मोक्ष नहीं है। जैसे ही तुम न हुए, मिटे, झुके, खोए—मोक्ष है! मोक्ष था ही सदा से—तुम्हारे कारण दिखाई न पड़ता था; तुम ओट थे; तुम पर्दा थे; तुम ही अड़चन थे; तुम ही बाधा थे।

अब बड़ी अड़चन उठी। मोक्ष का तो अर्थ ही यह है कि जिसने इस सचाई को पहचान लिया कि मैं ही रोग हूं। मोक्ष का अर्थ तुम्हारी मुक्ति नहीं है; मोक्ष का अर्थ है—तुमसे मुक्ति। जिसने पहचान लिया कि मैं ही रोग हूं, सारे रोग का आधार मैं ही हूं, और जिसने कहा कि ठीक अब मैं यह आधार छोड़ता हूं, अब मैं न होने की तैयारी दिखलाता हूं, अब मैं मरने को राजी हूं; हो-हो कर देख लिया, कुछ पाया नहीं; हो-हो कर देख लिया, सिवाय खोने के कुछ भी नहीं हुआ; हो-हो कर देख लिया, अनेक बार होकर देख लिया, कितने जन्मों तक होकर देख लिया, काफी देर हो चुकी है। तुम बहुत बार होकर देख लिए, हर होना खाली गया। अब जरा न होकर देख लें। मोक्ष का मतलब इतना है : कि होकर देख लिया, असफल हुए; अब जरा न होकर देख लें।

'जनक, कहीं तेरे भीतर कुछ भय तो नहीं है?'

मोक्षकामस्य मोक्षात् एव विभीषिका आश्चर्यम्!

अष्टावक्र कहते हैं : तू आश्चर्य की बात करता है, सुन, बड़े आश्चर्य मैं तुझे बताता हूं! बड़े से बड़ा आश्चर्य यह है कि मोक्ष की कामना करने वाला भी मरने से डरता है। और जो मरने से डरता है, वह मोक्ष को कैसे उपलब्ध होगा? मोक्ष तो महामृत्यु है।

मुल्ला नसरुद्दीन और उसकी पत्नी खाना खा रहे थे, तभी रेडियो पर राग मल्हार आने लगा। 'वाह-वाह!' मुल्ला ने कहा, 'क्या प्यारी चीज है।'

'क्या?' पत्नी ने जरा जोर से पूछा।

'मैंने कहा, क्या प्यारी चीज है!' मुल्ला ने और जरा जोर से दोहराया।

पत्नी बोली, 'इस रेडियो को बंद करो तो कुछ सुनाई दे। इस बेसुरी आऽऽऽ आऽऽऽ के कारण तुम्हारी बात सुनाई ही नहीं दे रही है।'

मुल्ला उसी मल्हार राग की बात कर रहा है, जिसको पत्नी कह रही है यह बेसुरी आऽऽऽ आऽऽऽ इसके कारण तुम्हारी बात ही सुनाई नहीं दे रही।

वह जो मोक्ष का स्वर है, किन्हीं को तो मल्हार राग मालूम होती है, किन्हीं को सिर्फ आऽऽऽ आऽऽऽ...। क्या लगा रखा है शोरगुल! जो भयभीत हैं, उन्हें तो वह व्यर्थ का शोरगुल मालूम होता है। क्योंकि उन्होंने व्यर्थ के शोरगुल को सार्थक समझ रखा है, इसलिए सार्थक उन्हें व्यर्थ मालूम होने लगा। वे उल्टे खड़े हैं, शीर्षासन कर रहे हैं। लेकिन जिन्होंने व्यर्थ को व्यर्थ जान लिया है, उन्हें तत्क्षण वह

जो मोक्ष की ध्वनि है, जो तुम्हारी मृत्यु में थोड़ी सी आती है—वह राग मल्हार हो जाती है, वह जीवन का महासंगीत हो जाता है।

अगर तुमने जीवन से कुछ भी समझा है तो एक बात तो समझो कि जीवन बिलकुल असार है। इसमें सार जैसा कुछ भी तो नहीं है। दौड़ो-धूपो, आपा-धापी, खूब करो श्रम—हाथ कुछ भी लगता नहीं है। यह बड़ा आश्चर्य है! और फिर भी तुम मरना नहीं चाहते। फिर भी तुम मिटना नहीं चाहते। फिर भी तुम कहते हो, कोई तरकीब बताएं कि मैं सदा बना रहूं, सदा-सदा बना रहूं! क्या करोगे सदा बने रह कर?

कहते हैं, जब सिकंदर पूरब आया तो उसके दरबारियों में से एक ज्ञानी ने उसे कहा कि तू पूरब जा रहा है, मार्ग में कहीं एक ऐसा स्थान है, जहां जल का एक झरना है मरुस्थल में, उसे जो पी लेता है वह अमर हो जाता है। अब तू जा ही रहा है, तो उसकी भी खोज कर लेना; शायद मिल जाए; शायद यह कथा ही न हो, सच हो।

सिकंदर ने अपने सैनिकों को सचेत कर दिया कि खोजबीन करते रहना। कहीं भी ऐसी जरा भी भनक पड़े, कान में अफवाह पड़े, मुझे खबर कर देना। खबर आ गई। बीच एक रेगिस्तान से गुजरते वक्त खबर आई कि यहीं है वह झरना। सिकंदर ने उसकी खोज कर ली। वह सारे सिपाहियों को बाहर छोड़ कर, सैनिकों को बाहर छोड़ कर उतरा उस गुफा में, जहां वह झरना था। वह उतर गया गुफा में, सीढ़ियों से उतर कर झरने में खड़ा हो गया, बड़ा आह्लादित था कि इस झरने के जल को पी कर अब मैं सदा-सदा के लिए अमर हो जाऊंगा। उसने चुल्लू भी भर ली। तभी एक कौआ बैठा है पास ही चट्टान पर। वह कहने लगाः रुक! सिकंदर तो बहुत घबड़ाया कौए को बोलते सुन कर। उसने कहाः घबड़ा मत, मेरी बात सुन ले इसके पहले कि तू पानी पीए, क्योंकि मैं पी कर बड़ी झंझट में पड़ गया हूं।

सिकंदर ने कहाः क्या झंझट? कौए ने कहाः मैंने भी इसकी बड़ी खोज की, बामुश्किल मैं आ पाया। मैं कौओं का राजा हूं, जैसा तू आदमियों का राजा है। मैं कोई छोटा-मोटा कौआ नहीं हूं। तू शाही कौए से बात कर रहा है। बामुश्किल मैं खोज पाया, मैंने हजारों कौए इस खोज में लगा दिए थे, आखिर इसका पता चल गया, आखिर मैं आ गया और मैंने यह पी भी लिया—पी कर मैं फंस गया। अब मैं मरना चाहता हूं, क्योंकि सदियां बीत गईं तब से मैं जिंदा हूं। अब मैं मरना चाहता हूं, मर नहीं सकता। सिर पटकता हूं चट्टानों पर, कोई सार नहीं। जहर पी लेता हूं, कुछ सार नहीं। गर्दन में फांसी लटका कर लटक जाता हूं, कुछ सार नहीं। कोई उपाय मेरे मरने का नहीं है। यह पानी बड़ा खतरनाक है सिकंदर!

सिकंदर ने पूछा: तू, और मरना क्यों चाहता है?

उस कौए ने कहा: अब क्या करूं? वही-वही राग, वही-वही उपद्रव, कब तक देखूं? मिलता तो कुछ है ही नहीं—दौड़-धूप, दौड़-धूप, दौड़-धूप...! अब तो मैं उनसे ईर्ष्या करने लगा जो मर जाते हैं; कम से कम शांति तो मिल जाती है। मुझसे ज्यादा अशांत इस पृथ्वी पर कोई नहीं सिकंदर! फिर तेरी मर्जी!

कहते हैं, सिकंदर ने हाथ से पानी नीचे गिरा दिया। सीढ़ियां चढ़ कर वापस लौट आया। पानी उसने पीया नहीं।

कहानी सच हो या झूठी, मगर कहानी बड़ी सार्थक है। तुम्हीं सोचो, अगर तुम अमर हो जाओ, क्या करोगे? यह पचास-साठ-सत्तर साल की जिंदगी तो किसी तरह कट जाती है। यह कोई बड़ी जिंदगी नहीं है। सत्तर साल आदमी जीता है, उसमें से बीस-पच्चीस साल तो सोने में निकल जाते हैं; आठ घंटा रोज सोया तो एक तिहाई तो सोने में निकल गया। पंद्रह-बीस साल पढ़ने-लिखने में, स्कूली उपद्रव में निकल गए, तब कुछ होश ही नहीं था। बचे बीस—एक साल—तो दफ्तर, फैक्टरी, दुकान, मजदूरी, पत्नी, बच्चे, हजार उपद्रव! मंदिर, मस्जिद—इसमें निकल गए। तुम्हारे पास बचता क्या सत्तर साल में? सात मिनट भी बचते हैं?

लेकिन तुम जरा सोचो कि अगर मरो ही न, तो कैसी असुविधा न खड़ी हो जाएगी? जिसको जीवन की यह व्यर्थता दिखाई पड़ती है, वह अमरत्व की आकांक्षा नहीं करता। वह कहता है: 'हे प्रभु! महामृत्यु घटित हो, ऐसी मृत्यु घटित हो कि फिर जीवन न मिले।' इसी को हम आवागमन से मुक्ति कहते हैं। यही तो पूरब की बड़ी से बड़ी निधि और खोज है। पश्चिम अभी बचकाना है। अभी पश्चिम जीवन से ऊबा नहीं। पूरब बड़ा प्राचीन है, बड़ा प्रौढ़ है—जीवन से ऊब गया। पश्चिम के तो विचारक सोच कर हैरान होते हैं कि यह मामला क्या है? बुद्ध, महावीर, पतंजलि, अष्टावक्र, लाओत्सु—ये सब यही एक बात करते हैं कि कैसे छुटकारा हो? यह मामला क्या है? अरे जीवन छूटने के लिए है? जीवन को थोड़ा लंबा करो, नई औषधियां खोजो, नये उपाय खोजो, आदमी लंबा जीए, खूब जीए! ये लोग क्या पागल हैं? ये सारे बुद्धपुरुष, इनका दिमाग फिर गया है? ये कहते हैं कि कैसे आवागमन से छुटकारा हो?

पश्चिम अभी बचकाना है। अभी पश्चिम को जीवन का अनुभव नहीं। पूरब ने जीवन का बड़ा लंबा अनुभव लिया है और पाया: यह बिलकुल ही असार है। 'पानी केरा बुदबुदा!' क्षणभंगुर है! और भीतर कुछ भी नहीं। फूटता है तो शून्य हाथ लगता है। प्याज की तरह है: पर्त-पर्त उघाड़ते चलो, नई पर्तें निकलती आतीं,

निकलती आतीं; एक दिन शून्य, कुछ हाथ नहीं लगता। दौड़ो-धापो, कहीं पहुंचते नहीं, जहां के तहां खड़े-खड़े मर जाते हो। कहीं पहुंचे हो तुम? चले तो हो—कोई तीस साल चल लिया, कोई पचास साल चल लिया, कोई साठ साल चल लिया—लेकिन कहीं पहुंचे हो? कहीं ऐसा लगता है कि कोई पहुंचना हुआ, कोई मंजिल आई? मार्ग ही मार्ग...घूमते रहते! कहीं पहुंचना तो होता नहीं, तृप्ति तो कुछ होती नहीं। एक अतृप्ति दूसरी अतृप्ति में ले जाती है; दूसरी अतृप्ति तीसरी अतृप्ति में। दो अतृप्तियों के बीच थोड़ी सी आशा रहती कि शायद तृप्ति हो; बाकी तृप्ति कभी होती नहीं; संतोष कभी आता नहीं। संतुष्टि इस जगत में है ही नहीं।

जन्म-मरण से छुटकारे की आकांक्षा मोक्ष है।

अष्टावक्र ने कहा कि तू जरा गौर से देख, जरा हाथ में खुर्दबीन ले कर देख जनक! कहीं भी भय तो नहीं है मरने का? नहीं तो यह सब बात, ऊंची-ऊंची बात, बात की बात रह जाएगी। अगर तेरे प्राण में यह उतर गई हो, तो तुझे मरने को राजी होना चाहिए; तुझे महामृत्यु के लिए राजी होना चाहिए। तब तो तुझे अहोभाव से नाचता हुआ मृत्यु के स्वागत के लिए जाना चाहिए।

जो नाचता हुआ, गीत गुनगुनाता हुआ मृत्यु के स्वागत को गया है, उसी ने जीवन को जाना है। जो डरते और कंपते मृत्यु की तरफ जा रहे हैं, वे जीवन को नहीं जाने, नहीं पहचाने। और चूंकि जीवन को नहीं पहचाने, इसलिए मृत्यु का अर्थ भी नहीं समझ पाते। मृत्यु तो छुटकारा है। मृत्यु तो विश्राम है। लेकिन अगर मरते समय तुम्हारे मन में यह कामना रही कि फिर हो जाऊं, फिर हो जाऊं; मरते वक्त अगर तुम्हारे मन में यह कामना रही कि अभी थोड़ी देर और जी जाता, और जी जाता—तो तुम फिर लौट आओगे, तुम्हारी वासना तुम्हें फिर खींच लाएगी। वासना के धागे फिर तुम्हें वापस किसी गर्भ में ले आएंगे। मरते वक्त जो कहता हैः अहो, धन्यभागी मैं, आश्चर्य कि अब मैं जा रहा हूं और फिर कभी न आऊंगा!

बुद्ध ने ऐसी चेतना को अनागामिन कहा है—जो जाता है और फिर कभी नहीं आता, फिर जिसका आगमन कभी नहीं होता। बुद्ध ने कहाः धन्य हैं वे जो अनागामिन हैं—मरते क्षण जो पूरे मर जाते हैं और जो कहते हैं यह यात्रा समाप्त हुई, यह व्यर्थ की दौड़-धाप बंद हुई, यह सपना अब और नहीं देखना है!

मोक्षकामस्य मोक्षात् एव विभीषिका आश्चर्यम्।

—तो तू जरा देख, उस पर आश्चर्य कर अगर कहीं भय हो।

'धीर-पुरुष तो भोगता हुआ भी और पीड़ित होता हुआ भी नित्य केवल आत्मा को देखता हुआ न प्रसन्न होता है और न क्रुद्ध होता है।'

धीरस्तु भोज्यमानोऽपि पीड्यमानोऽपि सर्वदा।
आत्मानं केवलं पश्यन् न तुष्यति न कुप्यति।।

कहने लगे अष्टावक्र कि जनक, देख, जो वस्तुतः ज्ञान को उपलब्ध हो गया, जो धीर-पुरुष है, वह फिर न तो प्रसन्न होता है और न क्रुद्ध होता है। हानि हो तो अप्रसन्न नहीं, लाभ हो तो प्रसन्न नहीं। मान हो तो प्रसन्न नहीं, अपमान हो तो क्रुद्ध नहीं। तू जरा भीतर देख, अगर तेरा सम्मान हो, तो तू प्रसन्न होगा? अगर तेरा अपमान हो, तो तू नाराज होगा? अगर तू हारे जीवन में—आज तू सम्राट है कल भिखारी हो जाना पड़े—तो तेरे चित्त में कोई अंतर पड़ेगा? अगर रेखा-मात्र का भी अंतर पड़ता हो, तो अभी जल्दी मत कर। यह घोषणा बड़ी है जो तू कर रहा है, यह घोषणा मत कर। फिर यह घोषणा अयोग्य है और खतरनाक है, क्योंकि कहीं इस घोषणा का तू भरोसा करने लगे कि यह सत्य है, तो फिर तू सत्य को कभी भी न पा सकेगा।

गुरु की यह सतत चेष्टा दिखाने की, कि कहीं तुम किसी भ्रांत धारणा को जो नहीं हुई है, ऐसा मत मान लेना कि हो गई है। बड़ी अनिवार्य है गुरु की यह उपदेशना, बड़ी करुणामयी है! क्योंकि मन तो बड़े जल्दी मानने को होता है कि हो गया और जब बिना किए हो रहा हो तो दिक्कत ही क्या? पतंजलि के साथ तो यह खतरा नहीं है, अष्टावक्र के साथ बहुत खतरा है। इसलिए पतंजलि कोई परीक्षा भी नहीं लेते, अष्टावक्र परीक्षा लेते हैं।

यह तुमने खयाल किया? पतंजलि के साथ कोई खतरा नहीं है; वे एक-एक इंच बढ़ाते हैं। वे उतना ही बढ़ाते हैं जितना संभव है साधारण मनुष्य को बढ़ना। छलांग वहां नहीं है। और एक सीढ़ी चढ़ो तो ही दूसरी सीढ़ी पर चढ़ सकते हो। पहली सीढ़ी अगर नहीं चढ़ पाए तो दूसरी पर चढ़ ही न पाओगे। इसलिए पतंजलि परीक्षा की कोई व्यवस्था नहीं करते। लेकिन अष्टावक्र ने परीक्षा की व्यवस्था की—करनी ही पड़ी। क्योंकि अष्टावक्र तो कहते हैं कोई सीढ़ी नहीं; चाहो तो तत्क्षण, अभी इसी क्षण मुक्त हो सकते हो! यह सुन कर कई पागल तत्क्षण घोषणा कर देंगे कि हम मुक्त हो गए। इन पागलों को खींच कर इनकी जगह लाना पड़ेगा। इनके लिए सूत्र दिए जा रहे हैं।

'जो अपने चेष्टारत शरीर को दूसरे के शरीर की भांति देखता है, वह महाशय पुरुष स्तुति और निंदा में भी कैसे क्षोभ को प्राप्त होगा?'

चेष्टमानं शरीरं स्वं पश्यत्यन्यशरीरवत्।

जो अपने शरीर को भी ऐसा देखता है जैसे किसी और का शरीर है; जो अपने शरीर को भी अपना नहीं मानता; जिसने अपने शरीर से भी उतनी ही दूरी कर ली

है जितनी दूसरे के शरीर से है। जैसे तुम्हारे शरीर को कोई चोट पहुंचाए, तो मुझे चोट नहीं लगती—ऐसा ही मेरे शरीर को कोई चोट पहुंचाए और तब भी मैं जानता रहूं कि मुझे चोट नहीं लगती; जैसे यह किसी और का शरीर है। तो ही...।

'जो अपने चेष्टारत शरीर को दूसरे के शरीर की भांति देखता है, वह महाशय पुरुष स्तुति और निंदा में कैसे क्षोभ को प्राप्त होगा?'

संस्तवे चापि निंदायां कथं क्षुभ्येत् महाशयः।

यह 'महाशय' शब्द बड़ा प्रिय है। बना है महा आशय से—जिसका आशय महान हो गया; जो क्षुद्र आशयों से नहीं बंधा है; शरीर के और मन के, वृत्ति के और विचार के आशय जिसके जीवन में नहीं रहे; जिसने अपने समस्त आशय, अपनी समस्त आकांक्षाएं परमात्मा के चरणों में, महत के चरणों में समर्पित कर दी हैं।

'महाशय' बड़ा अनूठा शब्द है। हम तो साधारण उपयोग करते हैं। कोई घर आता है तो कहते हैं: आइए महाशय, बैठिए! लेकिन उपयोग ठीक है। हमें यह मान कर चलना चाहिए कि दूसरा महाशय है; किसी क्षुद्र प्रेरणा से नहीं आया होगा, प्रभु-प्रेरणा से आया है। इसलिए तो हम अतिथि को देवता कहते हैं। अतिथि आया है तो प्रभु ही आया है। जो आया है वह महाशय है। चोर भी आया है तो भी किसी महाशय से आया होगा। ऐसी प्रतीति साधु-स्वभाव की होनी चाहिए।

कहते हैं: 'वह महाशय पुरुष स्तुति और निंदा में कैसे क्षोभ को प्राप्त होगा?' तो तू देख जनक, तुझे क्षोभ होगा? तेरी स्तुति करूं तो तुझे प्रसन्नता होगी?

प्रसन्नता भी क्षोभ है। क्षोभ का मतलब होता है: तरंगें उठ आना; क्षुब्ध हो जाना। क्रोध तो क्षोभ है ही, प्रसन्नता भी क्षोभ है। दुखी होना तो क्षोभ है ही, सुखी होना भी क्षोभ है; क्योंकि दोनों हालत में चित्त तरंगों से भर जाता है, क्षुब्ध हो जाता है। जो सुख और दुख के पार है, वही क्षुब्ध होने के पार है। उसे फिर कोई क्षुब्ध नहीं कर पाता।

तो वे कहते हैं कि अगर तेरा कोई अपमान करे जनक, तो तू क्षुब्ध होगा? तेरा कोई सम्मान करे तो तू क्षुब्ध होगा? तुझमें कोई अंतर पड़ेगा—कोई भी अंतर पड़ेगा? अंतर-मात्र पड़े तो तू जो अभी कह रहा है, वह तूने मेरी सुनी बात दोहरा दी। और सत्य को पुनरुक्त नहीं करना चाहिए। सत्य को अनुभव करना चाहिए।

'जो इस विश्व को माया-मात्र देखता है और जो कौतुक को पार कर गया है, वह धीरपुरुष मृत्यु के आने पर भी क्यों भयभीत होगा?'

जिसकी जिज्ञासा, कुतूहल, अज्ञान सब बीत गए; जिसको अब पूछने को कुछ नहीं बचा है, जो पूछने की यात्रा समाप्त कर चुका; जिसके सब प्रश्न गिर गए हैं।

विगतकौतुकः!

यह शब्द प्यारा है। जिसके मन में अब पूछने के लिए कुछ भी नहीं है, प्रश्न ही नहीं है।

मायामात्रमिदं विश्वं पश्यन् विगतकौतुकः।

'जो इस विश्व को मायामात्र देखता है और जो कौतुक को पार कर गया है...।'

अपि सन्निहिते मृत्यौ कथं त्रस्यति धीरधीः।

'...क्या मृत्यु को पास आया हुआ देख कर वह भयभीत होगा?'

क्या जरा भी भय की रेखा उसमें उठेगी? तू तो देख, आ रही जैसे मृत्यु, खड़ी तेरे द्वार पर दस्तक दे रही मृत्यु, आ गए यमदूत अपने भैंसों पर सवार हो कर—तू उनका स्वागत करके उनके साथ जाने को तत्पर होगा कि जरा भी तेरा मन झिझकेगा? अगर जरा भी झिझक रह गई हो, तो फिर तू अभी विगतकौतुक नहीं। अगर जरा भी झिझक रह गई हो, तो अभी श्रद्धा का जन्म नहीं हुआ। अगर जरा भी झिझक रह गई हो, तो अभी बहुत कुछ करने को बाकी है, क्रांति घटी नहीं। तू समझा बुद्धि से, अभी प्राणों से नहीं समझा। तूने जाना ऊपर से, अभी अंतरतम में प्रकाश का दीया नहीं जला।

'जिस महात्मा का मन मोक्ष में भी स्पृहा नहीं रखता और जो आत्मज्ञान से तृप्त है, उसकी तुलना किसके साथ हो सकती है?'

'जिस महात्मा का मन मोक्ष में भी स्पृहा नहीं रखता...।'

निस्पृहं मानसं यस्य नैराश्येऽपि महात्मनः।

जो इतना ज्यादा वासना के पार हो गया कि मोक्ष की भी वासना नहीं है। हो तो हो, न हो तो न हो—यह आत्यंतिक स्थिति है। जब मोक्ष की भी वासना नहीं होती, तभी मोक्ष फलित होता है। यह मोक्ष का विरोधाभास है।

कल मैं एक सूफी फकीर का जीवन पढ़ता था। वह बड़ा धनपति था—फकीर होने के पहले। दमिश्क में रहता था। और दमिश्क की जो बड़ी प्रसिद्ध मस्जिद है, जगत-प्रसिद्ध मस्जिद है, उसके मन में यह आकांक्षा थी कि वह उस मस्जिद का व्यवस्थापक हो जाए, वह उसके नियंत्रण में चले। वह बड़े सम्मान की बात थी। वह दमिश्क का सबसे ऊंचा पद था—उस मस्जिद का व्यवस्थापक हो जाना। तो वह धनी तो था ही, सब काम छोड़ कर वह सुबह मस्जिद में प्रवेश करने वाला पहला व्यक्ति होता और सांझ मस्जिद को छोड़ने वाला आखिरी व्यक्ति होता। वह दिन भर नमाज में लीन रहता। वह चौबीस घंटे तन्मय होकर प्रार्थना करता—इस आशय से भीतर कि जब लोग मुझे इतनी प्रार्थना में देखेंगे, तो आज नहीं कल,

मस्जिद में आने वाले लोगों का यह भाव होगा ही कि इतने बड़े नमाजी के रहते हुए कोई और दूसरा व्यवस्थापक हो!

नमाज में उसका रस न था। रस तो इसमें था कि लोग देख लें। लोगों ने देखा भी। महीने बीते, साल भी बीतने लगा; लेकिन कोई परिणाम दिखाई न पड़े। ईश्वर से तो कुछ उसे लेना-देना भी न था; वह तो सिर्फ प्रदर्शन था। साल पूरा हो गया तो उसने कहा, यह तो फिजूल की बात है। अगर साल भर में गांव के लोगों को इतना भी पता नहीं...कि कोई आकर कहता भी नहीं मुझसे कि तुम व्यवस्थापक हो जाओ। तो उस रात उसने कहा कि व्यर्थ है यह। बात छोड़ दी। उसने उस रात परमात्मा से प्रार्थना की कि मुझे क्षमा कर। मैंने भी कहां की व्यर्थ बात में साल भर गंवाया! साल भर अगर तेरे को पाने की प्रार्थना की होती, तो शायद तेरे ही दर्शन हो जाते। मगर इन मूढ़ों को कुछ अक्ल न आई। मगर मैं भी मूढ़ हूं, मुझे क्षमा कर!

उस रात उसने बड़े निस्पृह मन से प्रार्थना की, उसमें कुछ मांग न थी! वह प्रार्थना करके उठ कर द्वार पर आया कि देखा कि गांव के लोग इकट्ठे हो रहे हैं। उसने पूछा: मामला क्या है? लोगों ने कहा: हम सबने मिल कर तय किया कि तुम उस मस्जिद के व्यवस्थापक हो जाओ। साल भर से हम देखते हैं, तुम जैसा कोई नमाजी कभी हुआ!

वह तो बड़ा हैरान हुआ कि आज तो मैंने छोड़ी आकांक्षा और आज ही आकांक्षा पूरे होने का दिन आ गया! लेकिन तब उसे होश भी आया। उसने कहा कि क्षमा करो मित्रो, साल भर तो मैं आकांक्षा करता था, तब तुम कहां थे? अब तुम आए हो जबकि मैं आकांक्षा छोड़ चुका। जब आकांक्षा छोड़ने से ऐसा फल मिलता है तो अब आकांक्षा न करूंगा; अब तुम व्यवस्थापक किसी और को बना लो।

और उसे इतना बोध हुआ इस घटना से कि वह सब छोड़-छाड़ कर फकीर हो गया। 'मलिक बिन दीनार' उसका नाम था। कहते हैं कि उसने मोक्ष की भी आकांक्षा नहीं की फिर। स्वर्ग की आकांक्षा का तो सवाल ही नहीं; उसने आकांक्षा ही नहीं की। जब मरा तो किसी बुजुर्ग को सपने में दिखाई दिया और बुजुर्ग ने पूछा: क्या खबर है? वहां कैसा हुआ?

क्योंकि जिस दिन मलिक बिन दीनार मरा, उसी दिन एक और फकीर मरा—हसन नाम का एक फकीर मरा। दोनों की बड़ी ख्याति थी। तो पूछा बुजुर्ग ने कि तुम दोनों साथ-साथ मरे, एक ही समय मरे, तो मोक्ष के दरवाजे पर एक साथ पहुंचे होओगे, पहले प्रवेश किसको मिला?

मलिक बिन दीनार ने कहा कि मैं भी बड़ा चकित हूं, पहले प्रवेश मुझको मिला। और मैंने पूछा प्रभु को कि मुझे प्रवेश पहले देने का क्या कारण है? क्योंकि

हसन मुझसे ज्यादा बुद्धिमान है। हसन मुझसे ज्यादा ज्ञानी है। हसन के पास तो मैं भी सीखने जाता था। तो प्रभु ने कहा : तुझसे ज्यादा ज्ञानी है, वह तुझसे ज्यादा त्यागी है; लेकिन उसके मन में मोक्ष की आकांक्षा थी और तेरे मन में मोक्ष की आकांक्षा न थी! तू पहले प्रवेश का हकदार है।

मोक्ष की आकांक्षा भी जिसकी छूट गई हो; जिस महात्मा का मन मोक्ष की भी स्पृहा न करता हो और जो आत्मज्ञान से तृप्त है, और जो अपने होने से तृप्त है; जिसकी तुष्टि अपने में है; जो अब कुछ भी नहीं मांगता; जो कहता है मेरा होना काफी है, काफी से ज्यादा है; और मुझे चाहिए क्या—जो ऐसा कहता है! जो कहता है, मैंने अपने को जान लिया, भर पाया, खूब पाया, मिल गया सब, अब मुझे कुछ भी नहीं चाहिए!

'आत्मज्ञान से जो तृप्त है...।'

तस्यात्म ज्ञानतृप्तस्य तुलना केन जायते।

'...उसकी तुलना किसी से भी नहीं हो सकती।'

तो हे जनक, तेरे मन में मोक्ष की स्पृहा तो नहीं है? अभी भी तेरे मन में मुक्त होने की आकांक्षा तो नहीं है? तुझे जो यह आत्मज्ञान हुआ है, जैसा तू कह रहा है कि हो गया, इससे परितृप्त हो गया तू? अब और तो कुछ नहीं चाहिए? तेरी तृप्ति पूरी हो गई? अब तू कुछ और तो न मांगेगा? अगर प्रभु तेरे सामने आ जाए और कहे कि सुन जनक, तुझे क्या चाहिए, मैं देने को तैयार हूं—तो तेरे पास मांगने को कुछ होगा, या तू सिर्फ धन्यवाद देगा? तू कुछ मांगेगा या धन्यवाद देगा? तू यह कहेगा कि आपने दे दिया सब, अब मुझे कुछ चाहिए नहीं। अब तो कुछ भी नहीं चाहिए, ऐसा तू कह सकेगा बिना किसी अड़चन के? जरा सी भी भीतर द्वंद्व की स्थिति न बनेगी, मन तेरा न कहेगा कि अरे, अब प्रभु कहते हैं तो थोड़ा कुछ मांग ही लो? जन्मों-जन्मों तक आकांक्षा की, अब घड़ी आई, शुभ घड़ी कि परमात्मा स्वयं कहता है कुछ मांग लो, मेरे वरदहस्त आज तुम्हें लुटाने को तैयार हैं, खड़े हैं तुम्हारी झोली भरने को—तो तेरा मन झोली फैला तो न देगा?

ये सारी बातें अष्टावक्र कहने लगे, ताकि जनक अपने को देख ले कहां है।

'जो जानता है कि यह दृश्य स्वभाव से ही कुछ भी नहीं है, वह धीरबुद्धि कैसे देख सकता है कि यह ग्रहण करने योग्य है और यह त्यागने योग्य?'

यह बड़े महत्व का सूत्र है इन सब सूत्रों में महत्व का सूत्र है। इस सूत्र का अर्थ है कि अष्टावक्र कहते हैं कि जनक देख, इन सारी बातों को सुन कर—मैंने कहा कि धीरपुरुष धन में आकांक्षा न रखेगा; मैंने कहा कि धीरपुरुष मोक्ष में भी आकांक्षा न रखेगा; मैंने कहा, धीर-पुरुष साम्राज्य में, महल में, संपत्ति के विस्तार

में आकांक्षा न रखेगा—इससे ऐसा तो नहीं होता कि तेरे मन में एक सवाल उठ रहा हो : तो मैं इस सबका त्याग कर दूं? यह बड़ी बारीक बात है। मेरी ये बातें सुन कर तेरे मन में ऐसा तो नहीं हो रहा है कि इस सबका त्याग कर दूं? क्योंकि धीरपुरुष तो धन की आकांक्षा नहीं रखता, महल की आकांक्षा नहीं रखता, सुख-सुविधा की आकांक्षा नहीं रखता, तो मैं इन सबको छोडूं और जंगल चला जाऊं—अगर तेरे मन में ऐसा हो रहा हो, तो अभी तू धीरपुरुष नहीं। क्योंकि धीरपुरुष न तो वस्तु की आकांक्षा करता है, न वस्तु के त्याग की आकांक्षा करता है। तो तेरे भीतर कहीं भोग बचा है?

इसके लिए अब तक के सूत्र कहे कि अगर कहीं भी भोग की आकांक्षा बची है तो खोज ले।

अब यह बड़ा सूत्र, उससे भी बड़ा सूत्र है कि वे कहते हैं : अब मैं तुझसे यह पूछता हूं कि हो सकता है भोग न बचा हो, त्याग की आकांक्षा तो नहीं है कहीं?

क्योंकि त्याग की आकांक्षा भोग का ही दूसरा रूप है। त्याग की आकांक्षा भोग ही है—सिर के बल खड़ा, कुछ फर्क नहीं। भोग कहता है पकड़ो, त्याग कहता है छोड़ो; लेकिन पकड़ने और छोड़ने में जिस पर ध्यान होता है, वह तो एक ही चीज है—धन, कामिनी या कांचन। भोग कहता है : 'और स्त्रियां।' त्याग कहता है : 'बिलकुल नहीं।' लेकिन दोनों की नजर तो स्त्री पर होती है या पुरुष पर होती है। भोग कहता है : 'और-और धन!' त्याग कहता है : 'बिलकुल नहीं; और-और त्याग!' लेकिन दोनों के मन में अभी 'और' तो होता है।

न भोगी को तुम तृप्त पाओगे, न त्यागी को। क्योंकि त्यागी सोचता है अभी और त्याग करना है, और भोगी सोचता है अभी और भोग करना है। बड़े मजे की बात है, दोनों की दृष्टि 'और' पर लगी है—और! इस 'और' को ठीक से समझना, इस 'और' में ही सारा संसार समाया है।

तुम भोगी को भी बेचैन पाओगे। वह कहता है कि है, कार तो है, लेकिन और बड़ी चाहिए; मकान है, लेकिन और बड़ा चाहिए। तुम त्यागी के भीतर खोजो। त्यागी कहता है, किए तो उपवास, लेकिन और! त्याग किया तो, लेकिन और! अभी और बहुत कुछ छोड़ने को है। क्रोध छोड़ा, माया छोड़ी, मोह छोड़ना है, प्रतिष्ठा छोड़नी है, अहंकार छोड़ना है। लेकिन 'और' की दौड़ तो बराबर जारी है। न भोगी तृप्त है, न त्यागी तृप्त है।

स्वभावादेव ज्ञानानो दृश्यमेतन्न किंचन।
इदं ग्राह्यमिदं त्याज्यं स किं पश्यति धीरधीः।।

जो वस्तुतः धीर हो गया, जो वस्तुतः धैर्य को उपलब्ध हो गया, जो वस्तुतः

शांत हो गया और जिसने वस्तुतः जान लिया कि ये सब दृश्य स्वभाव से ही कुछ भी नहीं हैं—उसके मन में न तो ग्रहण करने की कोई वासना उठती, और न त्याग की कोई वासना उठती है।

भोगी और योगी में बहुत अंतर नहीं है; वे एक ही सिक्के के दो पहलू हैं। भोगी और त्यागी में कोई भेद नहीं है; वे एक ही तर्क की दो व्याख्याएं हैं। मगर तर्क एक ही है। वास्तविक धीर तो वही है जो दोनों के पार हो गया।

देखते हैं, परीक्षा कैसी कठिन होती जाती है! जनक को कैसे कसते जाते हैं सब तरफ से, भागने की कोई जगह नहीं दे रहे हैं! अभी तक भोग का खंडन किया था, तो एक उपाय था जनक को भागने का, कि जनक सोचता कि ठीक है, अष्टावक्र कहते हैं कि यह सब ज्ञानी नहीं करता—धन, माया, मद, पद, व्यवस्था, साम्राज्य, महल, यह सब नहीं करता। तो एक छुटकारे की जगह थी—तो ठीक है, सब छोड़ दूंगा।

अहंकार ज्ञान के दावे में छोड़ भी सकता है। अगर इस पर ही कसौटी हो जाए कि तुमने जो वक्तव्य दिया है जनक, कि मैं जाग गया, यह वक्तव्य तभी सही सिद्ध होगा, जब तुम यह सब छोड़ दो, क्योंकि जागा हुआ आदमी इन सब चीजों में नहीं होता—तो अहंकार की यह खूबी है, सूक्ष्म खूबी कि अहंकार इसके लिए भी राजी हो जाएगा। जनक कहताः अच्छा, अगर यही कसौटी है, हम पूरी किए देते हैं! मैं जाता यह सब छोड़ कर! यह रहा पड़ा साम्राज्य, मैं चला!

लेकिन उससे कुछ सिद्ध न होता। उससे यह बिलकुल भी सिद्ध न होता कि साम्राज्य स्वप्नवत हुआ। क्योंकि स्वप्न न तो पकड़े जा सकते हैं और न छोड़े जा सकते हैं। जब तुमसे कोई कहे कि मैंने लाखों रुपये त्याग कर दिए तो समझ लेना कि त्याग नहीं हुआ, हिसाब जारी है। तब तुम पक्का समझ लेना कि यह आदमी अभी भी हिसाब कर रहा है कि इसने कितने रुपये छोड़ दिए; रुपये अभी भी बहुत वास्तविक हैं।

मेरे एक मित्र हैं, उन्होंने लाखों रुपये छोड़े हैं। मुझसे बुजुर्ग हैं। कई वर्ष हो गए, तब उन्होंने छोड़े; मगर जब भी मैं उनसे मिलने जाता था तो वे किसी न किसी बहाने यह बात निकाल ही देते कि मैंने लाखों रुपयों पर लात मार दी। एक दफा सुना मैंने, दो दफे सुना, तीसरी दफे मैंने उनसे कहा कि सुनें, नाराज न हों। यह लात आपने कब मारी थी?

कहने लगे, कोई तीस-पैंतीस साल पहले की बात है, लाखों पर लात मार दी!

मैंने कहा, यह लात आपने मारी, लेकिन लग नहीं पाई। इसको दोहराते क्यों हैं? तीस-पैंतीस साल की बात गई-बीती हो गई, इसको दोहराते क्यों हैं? वह लाखों का हिसाब अभी भी कायम है? पहले अकड़ कर चलते रहे होंगे कि मेरे पास लाखों हैं, अब अगड़ कर चलते हैं कि लाखों पर लात मार दी—अकड़ वहीं की वहीं है! पहली अकड़ से दूसरी अकड़ थोड़ी ज्यादा खतरनाक है। क्योंकि पहली अकड़ तो दिखाई भी पड़ जाती है, दूसरी दिखाई भी नहीं पड़ती, अति सूक्ष्म है।

जनक के लिए वह दरवाजा खुला रखा था इतनी देर तक अष्टावक्र ने, अब उसे भी बंद कर दिया। अब जनक को भागने की कोई जगह नहीं रही। अब तो जागने की ही जगह रही, भागने की कोई जगह नहीं रही। अब तो सीधे सत्य को स्वीकार करना होगा कि या तो हुआ है तो हुआ है; या नहीं हुआ है तो नहीं हुआ है। बचने का कोई उपाय नहीं है।

स्वभावादेव ज्ञानानो दृश्यमेतन्न किंचन।

अरे, जिसे सब माया दिखाई पड़ने लगी, उसे कैसा छोड़ना, कैसा पकड़ना!

इदं ग्राह्यमिदं त्याज्यं स किं पश्यति धीरधीः।

उसे तो कुछ दिखाई ही नहीं पड़ता कि इसमें पकड़ना और छोड़ना क्या?

धीर-पुरुष ऐसा नहीं कहता कि सोना मिट्टी है। धीर-पुरुष कहता है: सोना सोना है, मिट्टी मिट्टी है; पर दोनों अर्थहीन, दोनों सारहीन। वह कहता है: महल में बैठो तो, महल के बाहर बैठो तो—सब बराबर हैं, दोनों सपने हैं। अमीर का सपना है, गरीब का सपना है; सफल का सपना है, असफल का सपना है—दोनों सपने हैं। सपने बदलने से कुछ भी न होगा। एक रात तुमने सपना देखा कि डाकू हो, दूसरी रात सपना देखा कि संत हो—दोनों सपने हैं, दोनों का कोई मूल्य नहीं है। न तुम डाकू हो, न तुम साधु हो।

तुम जब तक अपने को कोई तादात्म्य देते हो तब तक भ्रांति जारी रहेगी। तुम तो परम शून्य हो, तुम तो परम प्रज्ञा हो, तुम तो परम साक्षी हो।

त्याग भी तो कृत्य हुआ! जैसे भोग कृत्य है, वैसे त्याग भी कृत्य है। और अष्टावक्र का पूरा क्रांति-सूत्र यही है: कर्ता नहीं, भोक्ता नहीं—साक्षी। छोडा, वह भी कर्म हुआ। पकड़ा, वह भी कर्म हुआ। दोनों में तुम कर्ता हो गए, दोनों में अहंकार निर्मित होगा। कृत्य से अहंकार निर्मित होता है। तुम साक्षी हो जाओ।

'जिसने अंतःकरण के कषाय को त्याग दिया है और जो द्वंद्व-रहित और आशा-रहित है, ऐसे पुरुष को दैवयोग से प्राप्त वस्तु से न दुख होता है और न सुख होता है।'

'जिसने अंतःकरण से कषाय को त्याग दिया...।'

अंतःकरण से कषाय को त्यागने का अर्थ है: जिसने जाग कर देख लिया कि कषाय मेरे नहीं; जिसने दीया जला कर देख लिया कि मैं तो सिर्फ प्रकाश हूं, और मैं कोई भी नहीं। न क्रोध मेरा, न मोह मेरा। पकड़ने-छोड़ने की बात नहीं; इतना जानने की बात है कि दोनों मेरे नहीं। न भोग मेरा, न त्याग मेरा।

'जिसने अंतःकरण से कषाय को त्याग दिया है और जो द्वंद्व-रहित और आशा रहित है...।'

अब न तो कोई द्वंद्व है भीतर, क्योंकि दो बचे नहीं, सिर्फ साक्षी बचा है। साक्षी सदा एक है। और यह शब्द बड़ा अदभुत है: निरद्वंद्वस्य निराशिषः। जो द्वंद्व से रहित और आशा से रहित है! अब जो कोई भी आशा नहीं करता कि ऐसा हो, वैसा हो; यह मिले, वह मिले—जिसके लिए कल समाप्त हो गया!

दो कल हैं हमारे आज के दोनों तरफ। एक कल है बीता हुआ, उससे द्वंद्व पैदा होता है। एक कल है आने वाला, उससे आशा जगती, वासना जगती। जिसने अतीत के कल को छोड़ दिया, जिसने कह दिया कि जो भी मैं अब तक था, सब सपना था—वह मुक्त हुआ अतीत से। और जिसने सब आशा छोड़ दी, जिसने कहा जो मैं हूं वह काफी हूं, अब मुझे कुछ और होना नहीं, कहीं और जाना नहीं; जहां हूं वहीं मेरा घर है; जहां हूं, वैसा होना ही मेरा स्वभाव है; जैसा हूं, तैसा ही होना मेरा नियति है, अन्यथा की कोई चाह नहीं—उसने भविष्य को मिटा दिया। जिसने अतीत और भविष्य को पोंछ डाला, वह शाश्वत में प्रवेश कर जाता है।

अंतस्त्यक्तकषायस्य निर्द्वन्द्वस्य निराशिषः।
यदृच्छयागतो भोगो न दुःखाय न तुष्टये।।

उसे जो मिल जाए, वह दैवयोग से, भाग्य से—सुख मिले तो, दुख मिले तो।

यह समझना। यह सूत्र याद रखना, भूलना मत। तुम कहते हो: जो मिलता है, अपने कृत्य से, कर्म से...। यह कर्म की फिलॉसफी नहीं है। यह साक्षी का दर्शन है। अष्टावक्र कहते हैं: उसे दुख मिलता है तो वह कहता है: दैवयोग, प्रभु इच्छा, अदृश्य की इच्छा! दुख मिलता तो, सुख मिलता तो! न तो सुख में वह कहता है कि मेरे कारण मिला, न दुख में कहता है मेरे कारण मिला। वह तो कहता है, मैं तो सिर्फ देखनेवाला हूं; यह मिलना न मिलना उसकी लीला! फिर कैसा खेद! न तो फिर प्राप्त वस्तु में दुख है और न सुख है।

जीसस ने सूली पर आखिरी क्षण में कहा है: तेरी मर्जी पूरी हो! मेरी मर्जी मत सुन! मैं क्या कहता हूं, इस पर ध्यान मत दे! तेरी मर्जी पूरी हो! क्योंकि मैं तो जो भी कहूंगा वह गलत होगा और तू जो भी कहेगा, वही ठीक है। मैं चाहूं या न चाहूं, वही हो जो तेरी मर्जी है!

जब भी तुम प्रभु से प्रार्थना करते हो और कहते हो ऐसा कर दे, वैसा कर दे—तभी तुम्हारी प्रार्थना विकृत हो गई, खंडित हो गई, प्रार्थना न रही। तुम तो प्रभु को सुझाव देने लगे। तुम तो कहने लगे मैं तुझसे ज्यादा समझदार, तू यह क्या कर रहा है?

एक सूफी फकीर हुआ, उसके दो बेटे थे—जुड़वां बेटे, बड़े प्यारे बेटे थे! और बड़ी देर से बुढ़ापे में पैदा हुए थे। उसका बड़ा मोह था उन पर। वह एक दिन मस्जिद में प्रवचन दे कर लौटा, घर आया, तो वह आते ही से रोज पूछता था कि आज बेटे कहां हैं? अक्सर तो वे मस्जिद जाते थे, आज नहीं गए थे सुनने। उसने पूछा पत्नी से, बेटे कहां हैं? उसने कहा, आते होंगे, कहीं खेलते होंगे, तुम भोजन तो कर लो! उसने भोजन कर लिया। भोजन करके उसने फिर पूछा कि बेटे कहां हैं? क्योंकि ऐसा कभी न हुआ था, वे भोजन उसके साथ ही करते थे। तो उसने कहा, इसके पहले कि मैं बेटों के संबंध में कुछ कहूं, एक बात तुमसे पूछती हूं। अगर कोई आदमी बीस साल पहले अमानत में कुछ मेरे पास रख गया था, दो हीरे रख गया था, आज वह वापस मांगने आया, तो मैं उसे लौटा दूं कि नहीं?

फकीर ने कहा, यह भी कोई पूछने की बात है? यह भी तू पूछने योग्य सोचती है? लौटा ही देने थे, मेरे से पूछने की क्या बात थी? उसके हीरे उसे वापस कर देने थे, इसमें हमारा क्या लेना-देना है? तू मुझसे पूछने को क्यों रुकी?

उसने कहा, बस, ठीक हो गया। पूछने को रुक गई थी, अब आप आ जाएं!

वह कमरे में ले गई, दोनों बेटे मुर्दा पड़े थे। पास के एक मकान में खेल रहे थे और छत गिर गई। फकीर ने देखा, बात को समझा, हंसने लगा। कहा: तूने भी ठीक किया। ठीक है, बीस साल पहले कोई हमें दे गया था, अदृश्य, दैवयोग, परमात्मा या जो नाम पसंद हो—आज ले गया, हम बीच में कौन? जब ये बेटे नहीं थे, तब भी हम मजे में थे, अब ये बेटे नहीं हैं तो हम फिर वैसे हो गए जैसे हम पहले थे। इनके आने-जाने से क्या भेद पड़ता है! तूने ठीक किया। तूने मुझे ठीक जगाया।

जो भी हो रहा है, वह मेरे कारण हो रहा है—इससे ही 'मैं' की भ्रांति पैदा होती है। जो हो रहा है, वह समस्त के कारण हो रहा है, मैं सिर्फ द्रष्टा-मात्र हूं—ऐसी समझ प्रगाढ़ हो जाए, ऐसी ज्योति जले अकंप, निर्धूम, तो साक्षी का जन्म होता है।

अष्टावक्र ने जनक को कहा: तू देख ले अपने को इन सब बातों पर कस कर। अगर इन सब बातों पर ठीक उतर जाता हो, तो तूने जो घोषणा की, वह परम घोषणा है। अगर इन बातों पर ठीक न उतरता हो, तो अपनी घोषणा वापस ले ले।

क्योंकि झूठी घोषणाएं खतरनाक हैं। तू मुझे सुन कर विश्वास मत बना, तू मुझे सुन कर श्रद्धा को जगा! तू सत्य में स्वयं जाग। मेरी जाग तेरी जाग नहीं हो सकती और मेरी रोशनी तेरी रोशनी नहीं हो सकती। मेरी आंखें मेरे काम आएंगी और मेरे पैर से मैं चलूंगा। तुझे तेरे पैर चाहिए और तेरी आंखें चाहिए और तेरी रोशनी चाहिए। तू ठीक से पहचान ले, तू मुझसे प्रभावित तो नहीं हो गया है?

कृष्णमूर्ति निरंतर कहते हैं: किसी से प्रभावित मत होना। वे ठीक कहते हैं। वह अष्टावक्र का ही सूत्र है। किसी से प्रभावित मत होना। जागो, अनुकरण में मत पड़ जाना। अनुकरण तो सिर्फ नाटक है, अभिनय है; जीवन का उससे कुछ लेना-देना नहीं।

यही मैं तुमसे भी कहता हूं। मुझे सुनो, लेकिन सुन लेना काफी नहीं है। सुनते-सुनते जागो! जो सुनो, उसको पकड़ कर मत बैठ जाना। नहीं तो पिंजरा हाथ लगेगा, पक्षी उड़ जाएगा या मर जाएगा। जो सुनो, उसे जल्दी खोल लेना, गुन लेना। जो सुनो, उसे जल्दी रूपांतरित करना; पचाना; नहीं तो अपच हो जाएगा। उसे पचाना! वह तुम्हारा खून बने, तुम्हारे खून में बहे, तुम्हारी हड्डी बने, तुम्हारी मज्जा बने, तुम्हारा प्राण बने—तो श्रद्धा!

श्रद्धा का अर्थ है: पचाया हुआ। विश्वास का अर्थ है: अनपचा।

विश्वास बोझ हो जाता है; श्रद्धा मुक्ति लाती है!

हरि ॐ तत्सत्!

* * *

प्रवचन : 18

विस्मय है द्वार प्रभु का

पहला प्रश्नः मनोवैज्ञानिक विक्टर ई. फ्रैंकल ने 'अहा-अनुभव' [Aha-Experiance] एवं 'शिखर-अनुभव' [Peek-Experiance] की चर्चा करके मनोविज्ञान को नया आयाम दिया है। क्या आप कृपा करके इसे अष्टावक्र एवं जनक के आश्चर्य-बोध के संदर्भ में हमें समझाएंगे?

पहली बातः जिसे फ्रैंकल ने 'अहा-अनुभव' कहा है, वह 'अहा' तो है, अनुभव बिलकुल नहीं। अनुभव का तो अर्थ होता है 'अहा' मर गई। अहा का अर्थ ही होता है कि तुम उसका अनुभव नहीं बना पा रहे; कुछ ऐसा घटा है, जो तुम्हारे अतीत-ज्ञान से समझा नहीं जा सकता, इसीलिए तो अहा का भाव पैदा होता है; कुछ ऐसा घटा है जो तुम्हारी अतीत-शृंखला से जुड़ता नहीं, शृंखला टूट गई; अनहोना घटा है, अपरिचित घटा है, असंभव घटा है; जिसे न तुमने कभी सोचा था, न विचारा था, न सपना देखा था—ऐसा घटा है।

परमात्मा जब तुम्हारे सामने खड़ा होगा, तो न तो वह कृष्ण की तरह होगा बांसुरी बजाता हुआ और न जीसस की तरह होगा सूली पर लटका हुआ और न राम की तरह होगा धनुष-बाण हाथ में लिए हुए। अगर राम की तरह धनुष-बाण हाथ में लिए खड़ा हो, तो तुम्हारे अनुभव से मेल खा जाएगा। तुम कहोगेः ठीक है, प्रभु द्वार आ गए। अहा पैदा नहीं होगा; अनुभव बन जाएगा; तुम्हारी धारणा में बैठ जाएगा। थोड़े-बहुत चौंकोगे, लेकिन चौंक इतनी गहरी न होगी कि तुम्हारे अतीत से तुम्हारे भविष्य को अलग तोड़ जाए।

अहा का अर्थ होता है ऐसी चौंक कि जैसे बिजली कौंध गई और एक क्षण में जो अतीत था वह मिट गया, उससे तुम्हारा कोई संबंध न रहा। कुछ ऐसा घटा, जिसकी तुम्हें सपने में भी भनक न थी। असंभव घटा! अज्ञेय द्वार पर खड़ा हो गया! न जिसके लिए कोई धारणा थी, न विचार था, न सिद्धांत था; जिसे समझने में तुम असमर्थ हो गए बिलकुल; जिस पर तुम्हारी समझ का ढांचा न बैठ सका; जो तुम्हारी समझ के सारे ढांचे तोड़ गया—उसी अवस्था में ही अहा का भाव पैदा होता है।

इसलिए अहा, पहली तो बात खयाल रखना, अनुभव नहीं है। अनुभव का तो अर्थ होता है प्रत्यभिज्ञा हो गई, रिकॅगनीशन हो गया, तुम पहचान गए कि अरे, यह गुलाब का फूल! लेकिन गुलाब के फूल की प्रत्यभिज्ञा, पहचान तभी हो सकती है, जब अतीत में देखे गए फूलों जैसा ही हो। अगर ऐसा हो जैसा कि अतीत में कभी जाना ही नहीं, तो तुम पहचान न सकोगे; तुम ठगे खड़े रह जाओगे; तुम्हारा मन एकदम स्तब्ध हो जाएगा। तुम्हारे मन की चलती विचारधारा एकदम खंडित हो जाएगी। उस खंडित विचारधारा में, उस निर्विचार-क्षण में जो घटता है, वही अहा है, वह अनुभव नहीं है। अनुभव तो सभी मन के हैं। वह अनुभवातीत अनुभव है। कहने को अनुभव कहो, अनुभव नहीं है।

उस अनुभवातीत अवस्था की तीन श्रेणियां हैं। पहली : जैसे ही किसी व्यक्ति को अनजान और अपरिचित की प्रतीति होती है, उसका सान्निध्य मिलता है—संबोधि कहो, समाधि कहो, परमात्मा कहो—जैसे ही तुम्हारे पास उस अनजान की तरंगें आती हैं, तुम तरंगायित होते हो, तो जो पहला भाव उठता है, वह होता है : आह! मुझे, और हुआ! इस पर भरोसा नहीं आता कि मुझे, और हो सकता है! बुद्ध को हुआ होगा, कृष्ण को हुआ होगा, क्राइस्ट को हुआ होगा—मुझे! पहली असंभावना तो यह दिखती है कि मुझ पापी को, मुझ ना-कुछ को, मुझ गिरे हुए को, मुझे हुआ! आह!

तो पहला अनुभव तो यह होता है कि जैसे एक छाती में छुरी चुभ गई। तुमने कभी सोचा ही नहीं था कि तुम्हें हो सकता है।

तुमने कभी सोचा, परमात्मा तुम्हें मिल सकता है? सदा किसी और को मिला है। तुमने न तो इतनी याद की है उसकी कभी कि तुम मान लो कि मुझे मिलेगा; न तुमने ऐसा कोई पुण्य-अर्जन किया है कि मान लो कि मुझे मिलेगा। तुम्हारे पास अर्जित क्या है? हजार-हजार भूलें की हैं, हजार-हजार पाप किए हैं, हजार-हजार नासमझियां की हैं—और की हैं ऐसा ही नहीं, अब भी जारी हैं।

तो जब पहली दफे परमात्मा उतरता है तो अपने पर भरोसा नहीं आता। तो

पहली तो चोट उठती है: आह! मुझे! नहीं, नहीं, ऐसा कैसे हो सकता है! तुम यह मान ही नहीं पाते कि यह प्रसाद तुम पर भी बरस सकता है।

लेकिन मैं तुमसे कहता हूं कि यह सभी पर बरस सकता है। यह प्रसाद है, इसके पाने के लिए तुम्हें अर्जित करने की जरूरत ही नहीं। यह कुछ ऐसी चीज नहीं जिसे तुम मोल-तोल कर लो, जिसे तुम खरीद लो—त्याग से, तपश्चर्या से। जो त्याग से मिलता है, वह कुछ और होगा, परमात्मा नहीं। जो तपश्चर्या से मिलता है, वह कुछ और होगा, परमात्मा नहीं। क्योंकि जो तुम्हारे करने से मिलता है वह तुमसे छोटा होगा, तुमसे बड़ा नहीं हो सकता। जो तुम्हारे कृत्य से मिलता है, जो तुम्हारी मुट्ठी में बंधा है, उसका मूल्य ही क्या; वह विराट नहीं होगा। तुम्हारे कृत्य से जो मिलता है, वह कर्ता से तो बड़ा नहीं हो सकता। कर्ता तो अपने कृत्य से सदा बड़ा होता है।

तुम एक चित्र बनाते हो; कितना ही सुंदर चित्र हो, लेकिन चित्रकार से बड़ा तो नहीं हो सकता। चित्रकार से पैदा हुआ है, चित्रकार बड़ा होगा। तुमने एक गीत रचा; कितना ही सुंदर हो, कितना ही मनमोहक हो, लेकिन गीतकार से बड़ा तो नहीं हो सकता। तुमने वीणा बजाई; कैसी ही रस की धार बहे, लेकिन वीणा-वादक से तो बड़ी नहीं हो सकती; जिससे बहती है, उससे तो छोटी ही होगी।

अगर तुम्हारे कृत्य से परमात्मा मिले, तो तुमसे छोटा होगा। इसलिए तो लोगों को जो परमात्मा मिलते हैं, वे बहुत परमात्मा नहीं हैं; वे उनसे छोटे हैं; वे उनके ही मन के खेल हैं; उनकी ही आकांक्षाओं, वासनाओं के रूप हैं। वे सपने की भांति हैं, यथार्थ नहीं।

वास्तविक परमात्मा तो प्रसाद-रूप मिलता है। वहां तुम्हारा कृत्य होता ही नहीं, न तुम्हारा पुण्य होता है; न तुम्हारा ध्यान, न तुम्हारा तप। वहां कुछ भी नहीं होता—वहां तुम भी नहीं होते। जब तुम मिटते हो, तब वह प्रसाद बरसता है। जब तुम सिंहासन खाली कर देते हो, तब वह राजा आता है।

तो पहली तो चोट लगती है: आह! तुम मान सकते थे कि किसी और को मिला, उसने बड़ी तपश्चर्या की थी, जन्मों-जन्मों तक पुण्य अर्जन किया था। तुम्हें मिला! तो पहला अनुभव तो है: आह! जब तुम थोड़े सम्हलते हो, जब तुम सम्हल कर जो हो रहा है उसे देखते हो; जिसे हो रहा है, उसकी फिकर छोड़ देते हो, क्योंकि अब तो यह हो ही गया इस पर रुकना क्या; जो हो रहा है, जब तुम्हारी नजर उस पर जाती है—तो भाव उठता है: अहा! अपूर्व हो रहा है, अनिर्वचनीय हो रहा है!

'अहा' शब्द बड़ा प्यारा है। यह किसी भाषा का शब्द नहीं है। हिंदी में कहो तो अहा है, अंग्रेजी में कहो तो अहा है, चीनी में कहो तो अहा है, जर्मन में कहो

तो अहा है। यह किसी भाषा का शब्द नहीं है—यह भाषाओं से पार है। जिसको भी होगा...इकहार्ट को हो तो उसको भी निकलता है अहा, और रिंझाई को हो तो उसको भी निकलता है अहा, और कबीर को हो तो उसको भी। सारी दुनिया में जहां भी किसी ने परमात्मा का अनुभव किया है, वहीं अहा का उदघोष हुआ है।

लेकिन यह भी दूसरी सीढ़ी है। पहले तुम अपने पर चौंकते हो कि मुझे हुआ, फिर तुम इस पर चौंकते हो कि परमात्मा हुआ! फिर इन दोनों के पार एक तीसरा बोध है, जिसे हम कहें: अहो! वही जनक को हो रहा है। तीसरा बोध है; फिर न तो यह सवाल है कि मुझे हुआ, न यह सवाल है कि परमात्मा हुआ। फिर सब्जेक्ट और आब्जेक्ट, मैं और तू के पार हो गई बात। हुआ, यही आश्चर्य है; होता है, यही आश्चर्य है।

तरतूलियन ने कहा है कि परमात्मा असंभव है; हो नहीं सकता, लेकिन होता है। तब तीसरी बात उठती है: अहो!

ऐसा समझो, आह-हृदय धक्क से रह गया; ठिठक कर रह गया; अवाक! एक पूर्ण विराम आ गया। दौड़े चले जाते थे, न मालूम कहां-कहां दौड़े चले जाते थे; पैर ठिठक गए; दौड़ बंद हो गई, सब रुक गया, श्वास तक ठहर गई। आह...! जो श्वास आह में बाहर गई, वह भीतर नहीं लौटती। थोड़ी देर सब शून्य हो गया। सम्हले—श्वास भीतर वापस लौटी।

यह जो श्वास का भीतर लौटना है, यह बड़ा नया अनुभव है। क्योंकि तुम तो मिट गए आह में; अब श्वास भीतर लौटती है एक शून्य-गृह में, मंदिर में। और अब यह श्वास लौटती है—वह जो बाहर खड़ा है परमात्मा, उसकी सुगंध से भरी हुई, उसकी गंध से आंदोलित, उसकी शीतलता, उसके प्रकाश की किरणों में नहाई हुई, उसके प्रेम में पगी! जैसे ही यह श्वास भीतर जाती है, तो अहा! पहले तुम चौंक कर रह गए थे, श्वास बाहर की बाहर रह गई थी; अब श्वास भीतर आती है तो श्वास के बहाने परमात्मा भीतर आता है। तुम्हारा रोआं-रोआं खिल जाता है, कली-कली फूल बन जाती है, हजार-हजार कमल खिल जाते हैं तुम्हारे चैतन्य की झील पर। अहा!

और तब दोनों मिट जाते हैं—न तो तुम हो, न परमात्मा है; दोनों एक हो गए, सीमाएं खो गईं। महामिलन होता है! जहां न मैं मैं हूं, न तू तू है—तब अहो! आह है: अवाक हो जाना। अहा है: अवाक+आश्चर्य। अहो है: आश्चर्य+अवाक+कृतज्ञता।

तो आह तो घट सकती है नास्तिक को भी। आह तो घट सकती है वैज्ञानिक को भी। जब वैज्ञानिक भी कोई नई खोज कर लेता है, तो धक्क रह जाता है, भरोसा

नहीं आता, आह निकल जाती है। आह तो घट सकती है गणितज्ञ को भी। कोई सवाल जब बरसों तक उलझाए रहा हो, जब हल होता है, तो वर्षों तक उलझाए रहने के कारण इतना तनाव पैदा हो जाता है और जब हल होता है तो सारा तनाव गिर जाता है, बड़ी शांति मिलती है। इससे धर्म का अभी कोई संबंध नहीं है। आह तो घट सकती है गैर-धार्मिक को भी। जब हिलेरी एवरेस्ट पर पहुंचा तो आह निकल गई। इससे कुछ ईश्वर का लेना-देना नहीं है। कोई कभी नहीं पहुंच पाया था वहां, ऐसी अनहोनी घटना घटी थी। इससे हिलेरी का ईश्वरवादी होना जरूरी नहीं है।

जब पहली दफे आदमी चांद पर चला होगा तो आह निकल गई होगी; भरोसा न आया होगा कि मैं चल रहा हूं चांद पर! सदियों-सदियों से आदमी ने सपना देखा...हर बच्चा चांद को पकड़ने के लिए हाथ उठाए पैदा होता है। 'पहली दफा मैं, पहुंच गया हूं चांद पर!' लेकिन इससे भी ईश्वर का कोई लेना-देना नहीं है।

जब अहा पैदा होती है, तो अहा पैदा हो सकती है कवि को, चित्रकार को, मूर्तिकार को। आह तो पैदा हो सकती है—वैज्ञानिक को, गणितज्ञ को, तर्कशास्त्री को। अहा पैदा होती है—एक कदम और: अवाक+आश्चर्य—कवि को, मनीषी को, संगीतज्ञ को। जब संगीतज्ञ किसी ऐसी धुन को उठा लेता है, जिसे कभी नहीं उठा पाया था, जब वह धुन बजने लगती है, जब वह धुन वास्तविक हो जाती है, सघन होने लगती है, जब धुन चारों तरफ बरसने लगती है! या कवि जब कोई गीत गुनगुना लेता है, जिसे गुनगुनाने को जीवन भर तड़पा था, शब्द नहीं मिलते थे, भाव नहीं बंधते थे, जब पंक्तियां बैठ जाती हैं, जब लय और छंद पूरे हो जाते हैं...।

अहा थोड़ी रहस्यमय है। आह बहुत व्यवहारिक है। और अहो धार्मिक है वह घटती है केवल रहस्यवादी समाधिस्थ व्यक्ति को। वह संबोधि में घटती है।

ये जो जनक के वचन हैं, ये अहो के वचन हैं। सम्हाले नहीं सम्हल रही है बात। हर वचन में कहे जाते हैं: अहो! अहो!! इसमें बड़ी कृतज्ञता का भाव है, बड़ा गहन धन्यवाद है। पहली दफा आस्था का जन्म हुआ है, पहली दफे अंधेरे में आस्था की किरण उतरी है। अब तक माना था, सोचा था, विचारा था कि परमात्मा है—अब परमात्मा भीतर आ गया है, अब प्रत्यक्ष है!

रामकृष्ण से विवेकानंद ने पूछा कि मुझे परमात्मा को दिखाएंगे? मुझे परमात्मा को सिद्ध करके बताएंगे? मैं परमात्मा की खोज में हूं। मैं तर्क करने को तैयार हूं।

रामकृष्ण सुनते रहे। और रामकृष्ण ने कहा: तू अभी देखने को राजी है कि थोड़ी देर ठहरेगा? अभी चाहिए?

थोड़े विवेकानंद चौंके। क्योंकि औरों से भी पूछा था—वे पूछते ही फिरते थे। बंगाल में जो भी मनीषी थे, उनके पास जाते थे कि ईश्वर है? तो कोई सिद्ध करता था, प्रमाण देता था—वेद से, उपनिषद से। और यहां एक आदमी है अपढ़, वह कह रहा हैः अभी या थोड़ी देर रुकेगा? जैसे कि घर में रखा हो, जैसे कि खीसे में पड़ा हो परमात्मा!

अभी! यह सोचा ही नहीं था विवेकानंद ने कि कोई ऐसा भी पूछने वाला कभी मिलेगा कि अभी। और इसके पहले कि वह कुछ कहें, रामकृष्ण खड़े हो गए। इसके पहले कि विवेकानंद उत्तर देते, उन्होंने अपना पैर विवेकानंद की छाती से लगा दिया, और विवेकानंद के मुंह से जोर की चीख निकलीः आह! और वे गिर पड़े और कोई घंटे भर बेहोश रहे।

जब वह होश में आए तो आंखें आंसुओं से भरी थीं, 'आह' 'अहा' हो गई थी। जब उन्होंने रामकृष्ण की तरफ देखा तो 'अहो' में रूपांतरण हुआ 'अहा' का। वे गदगद हो गए। उन्होंने पैर पकड़ लिए रामकृष्ण के और कहाः अब मुझे कभी छोड़ना मत! मैं नासमझ हूं! मैं कभी छोडूं भी, भागूं भी; लेकिन मुझे तुम कभी मत छोड़ना! यह हुआ क्या?

विवेकानंद पूछने लगेः मुझे किस लोक में ले गए? सब सीमाएं खो गईं, मैं खो गया, अपूर्व शांति और आनंद की झलक मिली! तो परमात्मा है!

विचार ठिठक जाए—आह। भाव ठिठक जाए—अहा। तुम्हारी समग्र आत्मा ठिठक जाए—अहो।

फ्रैंकल ने महत्वपूर्ण काम किया है कि मनोविज्ञान में उसने अहा अनुभव की बात शुरू की। लेकिन फ्रैंकल कोई रहस्यवादी संत नहीं। उसे संबोधि का या ध्यान का कोई पता नहीं। इसलिए वह 'अहा' तक ही जा पाया, 'अहो' की बात नहीं कर पाया है। और उसकी 'अहा' भी बहुत कुछ 'आह' से मिलती-जुलती है, क्योंकि उसके स्वयं के कोई अनुभव नहीं हैं। यह तर्क-सरणी से, विचार की प्रक्रिया से उसने सोचा है कि ऐसा भी अनुभव होता है। इकहार्ट हैं, तरतूलियन हैं, कबीर हैं, मीरा हैं—इनके संबंध में सोचा है। सोच-सोच कर उसने यह सिद्धांत निर्धारित किया। लेकिन फिर भी सिद्धांत मूल्यवान है; कम से कम किसी ने तर्क से भरे हुए खोपड़ियों में, कुछ तो डाला कि इसके पार भी कुछ हो सकता है! लेकिन फ्रैंकल की बात प्राथमिक है। उसे खींच कर 'अहो' तक ले जाने की जरूरत है, तभी उसमें दिव्य आयाम प्रविष्ट होता है।

दूसरा प्रश्नः हम मनुष्यों ने किस महत आकांक्षा के वश अपनी अनुपम आश्चर्यबोध क्षमता का त्याग कर दिया है? कृपा करके इसे समझाएं।

प्रत्येक बच्चा आश्चर्य की क्षमता से भरा हुआ पैदा होता है। प्रत्येक बच्चा कुतूहल और जिज्ञासा में जीता है। और प्रत्येक बच्चा छोटी-छोटी चीजों से ऐसा अह्लादित होता है कि हमें भरोसा नहीं आता है। नदी के किनारे, कि सागर के किनारे सीपियां बीन लेता है, शंख बीन लेता है—और सोचता है हीरे-जवाहरात बीन रहा है! कंकड़-पत्थर लाल-पीले—हरे इकट्ठे कर लेता है। मां-बाप समझाते हैं कि फेंक, कहां बोझ ले जाएगा? वह छिपा लेता है अपने खीसों में। रात मां उसके बिस्तर में से पत्थर निकालती है, क्योंकि सब खीसे से पत्थर बिखर जाते हैं। वह छिपा-छिपा कर ले आता है।

हमें दिखाई पड़ते हैं पत्थर; उसे दिखाई पड़ते हैं हीरे। अभी उसकी आश्चर्य की क्षमता मरी नहीं। अभी उसके प्राण पुलकित हैं। अभी परमात्मा के घर से नया-नया, ताजा-ताजा आया है। अभी आंखें रंगों को देख पाती हैं; अभी आंखें धूमिल नहीं हो गईं, धुंधली नहीं हो गईं। अभी कान स्वरों को सुन पाते हैं। अभी हाथ स्पर्श करने से मर नहीं गए हैं, अभी जीवंत चेतना है, अभी संवेदनशीलता है। इसलिए बच्चा छोटी-छोटी चीजों में किलकारी मारता है।

तुमने छोटे बच्चे को देखा?...अकारण!...इतनी छोटी बात में कि तुम्हें ही भरोसा नहीं आता कि कोई इतनी छोटी बात में इतना प्रसन्न कैसे हो सकता है! लेकिन धीरे-धीरे वह क्षमता मरने लगती है; हम उसे मारते हैं; इसलिए मरने लगती है। बड़े-बूढ़े बच्चे की जिज्ञासा में रस नहीं लेते। बड़े-बूढ़ों के लिए अड़चन है। बच्चे की जिज्ञासा उन्हें एक उपद्रव है, एक उत्पात है। पूछे ही चला जाता है। उनके पास उत्तर भी नहीं हैं। इसलिए बार-बार उसका पूछना उन्हें बेचैन भी करता है, क्योंकि उत्तर भी उनके पास नहीं हैं। या जो उत्तर उनके पास हैं, उन्हें खुद भी पता है, वे थोथे हैं। और बच्चों को धोखा देना मुश्किल है।

बच्चा पूछता है: यह पृथ्वी किसने बनाई है? और तुम कहो: परमात्मा ने। तो वह पूछता है: परमात्मा को किसने बनाया? तुम डांटते-डपटते हो। डांटने-डपटने से तुम सिर्फ इतना कह रहे हो कि तुम्हारा उत्तर थोथा है। बच्चे ने तुम्हारा अज्ञान दिखा दिया। उसने कह दिया: पिताजी, किसको धोखा दे रहे हो? दुनिया भगवान ने बनाई! वह पूछता है: भगवान को किसने बनाया? तुम कहते हो: चुप रह नासमझ, जब बड़ा होगा तो जान लेगा।

तुमने बड़े होकर जाना? लेकिन सिर्फ तुम टाल रहे हो। तुम छुटकारा कर रहे हो। तुम कह रहे हो : मुझे मत सता, मुझे खुद ही पता नहीं। लेकिन इतना कहने की तुम्हारी हिम्मत नहीं कि मुझे पता नहीं है। जब बच्चे ने पूछा, पृथ्वी किसने बनाई, संसार किसने बनाया—काश, तुम ईमानदार होते और कहते कि 'मैं भी खोज रहा हूं! पता चलेगा तो मैं तुझे कहूंगा। तुझे कभी पता चल जाए तो मुझे कह देना। मगर मुझे पता नहीं है।' तो आश्चर्य की क्षमता मरती नहीं।

स्कूल जाता बच्चा और शिक्षकों से पूछता, संसार किसने बनाया—और वे कहते कि 'हमें पता नहीं, हम खोजते हैं, लेकिन अभी तक कुछ पता नहीं चला, बड़ा रहस्य है। तुम भी खोजना।' नहीं, लेकिन मुश्किल है, बाप का अहंकार है कि बाप, और न जाने! बाप यह बात मान ही नहीं सकता। बाप क्या हो गया, सब बातों का जानकार हो जाना चाहिए! कोई स्त्री मां क्या बन गई, हर बात की जानकार हो गई! कोई आदमी प्राइमरी स्कूल में पढ़ाने क्या लगा, सौ रुपए की नौकरी क्या मिल गई—वह हर चीज का जानकार हो गया!

तो शिक्षक का अहंकार है, बाप का अहंकार है, मां का अहंकार है, बड़े भाइयों का, परिवार के लोगों का, समाज का अहंकार है—और छोटा सा बच्चा इतने अहंकारों में तुम सोचते हो बच सकेगा? अबोध, उसका नाजुक आश्चर्य—तुम्हारे अहंकारों में दबेगा, पिस जाएगा, मर जाएगा। तुम सब उसे पीस डालोगे। जहां जाएगा, वहीं डांट-डपट खाएगा। जहां जिज्ञासा उठाएगा, वहीं उसे ऐसा अनुभव होगा कि कुछ गलती की; क्योंकि जिससे भी जिज्ञासा करो वही कुछ ऐसे भाव से लेता है जैसे कोई भूल हो रही। जिससे प्रश्न पूछो वही नाराज हो जाता है; या ऐसा उत्तर देता है जिसमें कोई उत्तर नहीं है। अगर फिर उत्तर पूछो तो कहता है, नासमझी की बात है।

छोटे-मोटे लोगों की बात छोड़ दो, जिनको तुम बड़े-बड़े ज्ञानी कहते हो उनकी भी यही हालत है।

जनक ने एक दफा बड़े शास्त्रार्थ का आयोजन करवाया। उस समय के बड़े ज्ञानी याज्ञवल्क्य भी उसमें शास्त्रार्थ में गए। जनक ने हजार गऊएं खड़ी रखीं थीं महल के द्वार पर कि जो जीत जाए, ले जाए। याज्ञवल्क्य महापंडित थे। उन्होंने अपने शिष्यों को कहा कि गऊएं धूप में खड़ी हैं, तुम इनको ले जाओ, विवाद मैं पीछे कर लूंगा। इतना भरोसा रहा होगा अपने विवाद की क्षमता पर। बड़ा अहंकारी व्यक्तित्व रहा होगा। और सचमुच, वे पंडित थे, उन्होंने विवाद में सभी को हरा दिया। लेकिन वे जमाने भी अदभुत थे! एक स्त्री खड़ी हो गई विवाद करने को। गार्गी उसका नाम था। उसने याज्ञवल्क्य को प्रश्न पूछे, उसने मुश्किल में डाल दिया।

स्त्री, पुरुषों से ज्यादा बच्चों के करीब है। इसलिए तो स्त्री उम्र भी पा जाती है तो भी उसके चेहरे पर एक भोलापन और बचकानापन होता है; वही तो उसका सौंदर्य है। स्त्री बच्चों के करीब है, क्योंकि अभी भी रो सकती है, अभी भी हंस सकती है। पुरुष बिलकुल सूख गए होते हैं।

तो और तो सब पंडित थे, उन सूखे पंडितों को याज्ञवल्क्य ने हरा दिया, एक रसभरी स्त्री खड़ी हो गई। और उसने कहा कि सुनो, मुझसे भी विवाद करो। वे दिन अच्छे थे, तब तक स्त्रियां विवाद से वर्जित न की गई थीं। याज्ञवल्क्य के बाद ही स्त्रियों को विवाद से वर्जित कर दिया गया और कहा गया कि वे वेद न पढ़ सकेंगी। यह महत अनाचार हुआ। लेकिन इसके पीछे कारण था: गार्गी! गार्गी ने याज्ञवल्क्य को पसीने-पसीने कर दिया। कोई भी बच्चा कर देता, इसमें गार्गी की कोई खूबी न थी। खूबी इतनी ही थी कि अभी वह आश्चर्य-भाव से भरी थी। वह पूछने लगी प्रश्न। उसने सीधा सा प्रश्न पूछा। पंडितों ने तो बड़े जटिल प्रश्न पूछे थे, उनके उत्तर भी याज्ञवल्क्य ने दे दिए थे।

जटिल प्रश्न का उत्तर देना सदा आसान है। सरल प्रश्न का उत्तर देना सदा कठिन है। क्योंकि प्रश्न इतना सरल होता है कि उसमें उत्तर की गुंजाइश नहीं होती। जब प्रश्न बहुत कठिन हो तो उसमें बहुत गुंजाइश होती है; इस कोने, उस कोने, हजार रास्ते होते हैं। जब प्रश्न बिलकुल सीधा-सरल हो; जैसे कोई पूछ ले कि पीला रंग यानी क्या? तुम क्या करोगे? प्रश्न बिल्कुल सीधा सरल है। तुम कहोगे: पीला रंग यानी पीला रंग। वह कहे: यह भी कोई उत्तर हुआ? पीला रंग यानी क्या? समझाओ!

अब पीला रंग इतनी सरल बात है, इसको समझाने का उपाय नहीं है, इसकी परिभाषा भी नहीं बना सकते। परिभाषा भी पुनरुक्ति होगी। अगर तुम कहो पीला रंग पीला रंग, तो यह तो पुनरुक्ति हुई। यह कोई परिभाषा हुई? यह तो तुमने वही बात फिर दोहरा दी, बात तो वहीं की वहीं रही, प्रश्न अटका ही रहा।

गार्गी ने कोई बड़े कठिन प्रश्न नहीं पूछे; सीधी-सादी स्त्री रही होगी। वहीं मुश्किल खड़ी हो गई। अगर वह भी उलझी स्त्री होती तो याज्ञवल्क्य ने उसे हरा दिया होता। वह पूछने लगी: मुझे तो छोटे-छोटे प्रश्न पूछने हैं। यह पृथ्वी को किसने सम्हाला हुआ है?

याज्ञवल्क्य तभी डरा होगा कि यह झंझट की बात है, यह कोई शास्त्रीय प्रश्न नहीं है। तो याज्ञवल्क्य ने जो पौराणिक उत्तर था दिया कि कछुए ने सम्हाला हुआ है, कछुए के ऊपर पृथ्वी टिकी है। यह उत्तर बचकाना है। यह उत्तर बिलकुल झूठा है। गार्गी पूछने लगी: और कछुआ किस पर टिका है? यह बच्चे का प्रश्न है।

इसलिए मैं कहता हूं गार्गी ने उलझन खड़ी कर दी, क्योंकि वह सीधी-सादी, आश्चर्य से भरी हुई स्त्री रही होगी। कछुआ किस पर खड़ा है?

याज्ञवल्क्य को घबराहट तो बढ़ने लगी होगी, क्योंकि यह तो मुश्किल मामला है। यह तो अब पूछती ही चली जाएगी। तुम बताओ, हाथी पर खड़ा है। तो हाथी किस पर खड़ा है? तुम कहां तक जाओगे? आखिर में यह तो हल नहीं होने वाला।

तो उसने सोचा कि इसे चुप ही कर देना उचित है; जैसा कि सभी पंडित, सभी शिक्षक, सभी मां-बाप बजाय उत्तर देने के चुप करने में उत्सुक हैं। किसी तरह मुंह बंद कर दो! तो उसने कहाः सब परमात्मा पर खड़ा हुआ है, सभी को उसने सम्हाला हुआ है।

गार्गी ने कहाः बस अब एक प्रश्न और पूछना है, परमात्मा को किसने सम्हाला है?

इसलिए मैं कहता हूं, यह बिलकुल बच्चों जैसा प्रश्न था—सीधा-सरल। बस याज्ञवल्क्य क्रोध में आ गया। उसने कहा, यह अतिप्रश्न है गार्गी! अगर आगे पूछा तो सिर धड़ से गिरा दिया जाएगा!

यह भी कोई उत्तर हुआ? मगर यही उत्तर सब बाप देते रहे हैं कि अगर ज्यादा पूछा तो पिटाई हो जाएगी! सिर धड़ से अलग कर दिया जाएगा! सिर गिर जाएगा गार्गी, अगर और तूने पूछा आगे! यह अतिप्रश्न है।

अतिप्रश्न का क्या मतलब होता है? कोई प्रश्न अतिप्रश्न हो सकता है? या तो सभी प्रश्न अतिप्रश्न हैं—तो पूछो ही मत, फिर उत्तर ही मत दो। या फिर किसी प्रश्न को अतिप्रश्न कहने का तो इतना ही अर्थ हुआ कि मुझे इसका उत्तर मालूम नहीं, यह मत पूछो। तुम्हें उत्तर मालूम नहीं है, इसलिए प्रश्न अति हो गया! इससे तुम नाराज हो गए!

और वह आखिरी दिन था भारत के इतिहास में, उसके बाद फिर स्त्रियों को वेद पढ़ने की मनाही कर दी गई, शास्त्र पढ़ने की मनाही कर दी गई, क्योंकि स्त्रियां खतरनाक थीं। वे छोटे बच्चों की तरह थीं। वे झंझटें खड़ी करने लगीं पंडितों को। भारत में एक अंधेरी रात शुरू हुई स्त्रियों के लिए। उनसे सारे सोच-विचार के उपाय छीन लिए गए।

यही हमने बच्चों के साथ किया है। तो बच्चा कब तक अपने आश्चर्य के भाव को बचा कर रखे? देर-अबेर समझ जाता है कि कोई मेरे प्रश्नों में उत्सुक नहीं है, कोई मेरे आश्चर्य का साथी नहीं है; और जहां-जहां मैं आश्चर्य भाव प्रकट करता हूं, जहां-जहां मैं उत्सुकता लेता हूं, हर आदमी ऐसा भाव प्रकट करता है कि मैं कोई पाप कर रहा हूं। बच्चा इन इशारों को समझ जाता है। वह अपने आश्चर्य

को पीने लगता है, रोकने लगता है, दबाने लगता है। जिस दिन बच्चा अपने आश्चर्य को दबाता है, उसी दिन बचपन की मौत हो जाती है। उस दिन के बाद वह बूढ़ा होना शुरू हो जाता है। उस दिन के बाद फिर जीवन में विकास नहीं होता, सिर्फ मृत्यु घटती है।

पूछा है कि 'किस महत आकांक्षा के वश हम अपनी अनुपम आश्चर्यबोध-क्षमता का त्याग कर देते हैं?'

महत आकांक्षा है: लोग स्वीकार करें! बच्चा चाहता है: बाप स्वीकार करे, मां स्वीकार करे। क्योंकि बच्चा उन पर निर्भर है। वह चाहता है कि मां प्रेम करे, बाप प्रेम करे—तो ऐसा कोई काम न करूं, जिससे बाप नाराज हो जाता है या बाप को बेचैनी होती है, अन्यथा प्रेम रुक जाएगा। ऐसी कोई बात न पूछूं, जिससे मां नाराज होती है। ऐसी कोई बात न पूछूं जिससे शिक्षक नाराज होता है। धीरे-धीरे प्रेम पाऊं, स्वीकार पाऊं; दूसरे मेरे जीवन में सहयोगी बनें—इस आधार पर आश्चर्य की मृत्यु हो जाती है। बच्चा आश्चर्य को छोड़ देता है, अहंकार को पकड़ लेता है। यह सब अहंकार की आकांक्षा है कि लोगों में सम्मान मिले, अपमान न मिले, सभी लोग मुझे स्वीकार करें; सब लोग कहें कितना अच्छा, कितना शांत, कितना सौम्य बच्चा है!

पूछने वाला उपद्रवी मालूम पड़ता है। सीमा से ज्यादा पूछने वाला विद्रोही मालूम पड़ने लगता है। अगर हर चीज पर पूछताछ करते चले जाओ, तो बड़ी अड़चन हो जाती है।

मैं छोटा था तो मेरे घर के लोग मुझे किसी सभा इत्यादि में नहीं जाने देते थे कि तुम्हारे पीछे हमारा तक नाम खराब होता है; क्योंकि मैं रुक ही नहीं सकता था। कोई स्वामी जी बोल रहे हैं, मैं खड़ा हो जाऊंगा बीच में—और सारे लोग नाराजगी से देखेंगे कि यह बच्चा आ गया गड़बड़! मैं बिना पूछे रह ही नहीं सकता था। और ऐसा उत्तर मैंने कभी नहीं पाया, जिसके आगे और प्रश्न करने की संभावना न हो। तो स्वाभाविक था कि स्वामी लोग नाराज हों। कॉलेज से मुझे निकाल दिया गया, क्योंकि मेरे शिक्षक ने कहा कि हम नौकरी छोड़ देंगे अगर तुम इस क्लास में ...। या तो तुम छोड़ दो या हम छोड़ दें।

फिलॉसफी पढ़ने कॉलेज गया था और फिलॉसफी पढ़ाने वाला प्रोफेसर कहता है कि तुम अगर प्रश्न पूछोगे तो हम नौकरी छोड़ देंगे। तो हद हो गई! तो क्या खाक फिलॉसफी पढ़ाओगे? दर्शनशास्त्र पढ़ाने बैठे हो, प्रश्न पूछने नहीं देते!

उनकी कठिनाई भी मैं समझता हूं—अब तो और अच्छी तरह समझता हूं उनकी कठिनाई! क्योंकि पढ़ना-लिखना हो ही नहीं सकता था। मेरे पूछने का अंत

नहीं था और उनके पास इतनी हिम्मत न थी कि वे किसी प्रश्न पर कह दें कि मुझे इसका उत्तर नहीं मालूम—वह अड़चन थी। वह कुछ न कुछ उत्तर देते और मैं उनके उत्तर में से फिर भूल निकाल लेता।

ऐसा हुआ कि आठ महीने तक पहले पाठ से हम आगे बढ़े ही नहीं। तो उनकी घबड़ाहट भी मैं समझता हूं, मगर एक छोटी सी बात से हल हो जाता; वे कह देते, मुझे मालूम नहीं—बात खत्म हो जाती। मैं उनसे यही कहता कि आप इतना कह दो कि मुझे मालूम नहीं, फिर मैं आपको परेशान नहीं करूंगा। फिर बात खत्म हो गई। अगर आप कहते हो मुझे मालूम है तो यह विवाद चलेगा, चाहे जिंदगी मेरी खराब हो जाए और आपकी खराब हो जाए।

आठ महीने बीत गए तो उनको लगा, यह तो अब मुश्किल मामला है, यह परीक्षा का वक्त आने लगा, औरों का क्या होगा?

धीरे-धीरे यह हालत हो गई कि और विद्यार्थियों ने तो आना ही बंद कर दिया क्लास में कि सार ही क्या, ये दो आदमी लड़ते हैं, आगे तो बात बढ़ती ही नहीं! बढ़ सकती भी नहीं। क्योंकि ऐसा कोई भी उत्तर नहीं है जिसमें प्रश्न न पूछे जा सकें। हर उत्तर नये प्रश्न पैदा कर जाता है।

हां, अगर उन्होंने जरा भी विनम्रता दिखाई होती, बात हल हो गई होती। मैंने उनसे बार-बार कहा कि आप एक दफे कह दो कि मुझे इसका उत्तर नहीं मालूम, बात खत्म हो गई; फिर अशिष्टता है आपसे पूछना। लेकिन आप कहते हो मालूम है, तो मजबूरी है, फिर मुझे पूछना ही पड़ेगा।

उन्होंने तो इस्तीफा दे दिया, वे तीन दिन छुट्टी लेकर घर बैठ गए। उन्होंने कहा, मैं तो आऊंगा ही तब जब यह विद्यार्थी वहां नहीं रहेगा!

आश्चर्य को तुम बचने नहीं देते। अब यह स्वाभाविक था, क्योंकि मेरी परीक्षा के पत्र उन्हीं के हाथ में थे। यह तो तय ही था कि मैं फेल होने वाला हूं। इसमें तो कोई शक-सुबहा नहीं था। उनको भी लगता था कि धीरे-धीरे मुझे समझ आ जाएगी कि परीक्षा करीब आ रही है, तो अब मुझे चुप हो जाना चाहिए। मैंने उनको कहा, परीक्षा वगैरह की मुझे चिंता नहीं है। यह प्रश्न अगर हल हो गया तो सब हल हो गया।

अगर हम सम्मान चाहते हैं तो स्वभावतः हमें राजी होना होगा—लोग जो कहते हैं वही मान लेने को राजी हो जाना होगा।

तो तुमने पूछा है: 'किस कारण से, किस महत आकांक्षा से आश्चर्य मर जाता है?'

अहंकार की आकांक्षा से आश्चर्य मर जाता है। सफल होना है तो आश्चर्य से काम नहीं चलेगा। आश्चर्य से भरे हुए लोग असफल होंगे ही। वे कहीं भी

सफल नहीं हो सकते, क्योंकि सफल होने के लिए दूसरों का साथ जरूरी है। सफल होने के लिए सम्मान पाना जरूरी है। सफल होने के लिए...दूसरों के बिना सफलता का उपाय कहां है?

अगर तुम असफल होने को राजी हो तो फिर तुम्हारे आश्चर्य को कोई भी मार नहीं सकता। लेकिन यह बड़ा कठिन है। असफल होने को कौन राजी होगा! अगर तुम ना-कुछ होने को राजी हो तो तुम्हारा आश्चर्य कोई भी मार नहीं सकता।

लेकिन अहंकार की स्वाभाविक आकांक्षा होती है: सर्टिफिकेट हों, पुरस्कार मिलें; शिक्षक सम्मान करें; मां-बाप सम्मान करें; गांव, नगर, समाज सम्मान करे; लोग कहें कि देखो, कैसा सुपुत्र हुआ! लेकिन तब आश्चर्य मरेगा। तुम्हारे भीतर का काव्य मर जाएगा। तुम्हारे भीतर का कुतूहल मर जाएगा। तुम्हारे भीतर की वह जो तरंगायित, रहस्य अनुभव करने की क्षमता है, वह जड़ हो जाएगी! तुम पथरीले हो जाओगे। तुम्हारे जीवन की रसधार सूख जाएगी। तुम एक मरुस्थल हो जाओगे। सफल हो जाओगे, लेकिन सफल होने में जीवन गंवा दोगे; मरने के पहले मर जाओगे।

मैं तुमसे कहता हूं: असफल रहना, कोई फिकर नहीं; आश्चर्य को मत मरने देना! क्योंकि आश्चर्य परमात्मा तक पहुंचने का द्वार है। भरो अपने को आश्चर्य से! जितना विराट तुम्हारा आश्चर्य हो, जितनी गहन तुम्हारी जिज्ञासा हो, उतनी ही बड़ी संभावना है तुम्हारे भीतर विराट के उतरने की। पूछोगे, पुकारोगे, खोजोगे—तो मिलेगा।

जीसस ने कहा है: खटखटाओ, तो द्वार खुलेंगे! पूछो, तो उत्तर मिलेगा। मांगो, तो भर दिए जाओगे!

लेकिन अगर तुम्हारे भीतर संवेदनशीलता ही नहीं, तुम पूछते ही नहीं, तुम खोजते ही नहीं, तुम यात्रा पर जाते ही नहीं, तुम बैठे हो गोबर-गणेश की तरह...। हालांकि सब तुम्हारी बड़ी प्रशंसा करते हैं कि देखो, गणेशजी कितने अच्छे मालूम होते हैं!

अक्सर ऐसा होता है कि जितना गोबर-गणेश बच्चा हो, मां-बाप उसकी उतनी ही प्रशंसा करते हैं। बैठा रहे मिट्टी के लौंदे जैसा, तो कहते हैं देखो गणेशजी कैसे प्यारे! मगर यह तो मर गया बच्चा, पैदा होने के पहले मर गया। अगर बच्चा उपद्रवी है...उपद्रवी का मतलब ही यह होता है कि मां-बाप की धारणाओं को तोड़ता है। उपद्रवी का अर्थ ही होता है कि ऐसे प्रश्न उठाता है जिनके उत्तर मां-बाप के पास नहीं; ऐसी जीवन-शैली सीखता है, जिसकी स्वीकार की क्षमता और हिम्मत मां-बाप में नहीं। अगर मां-बाप आस्तिक हैं तो बच्चा ऐसे प्रश्न उठाता है जिनसे

नास्तिकता की गंध आती है। अगर मां-बाप परंपरावादी हैं तो बच्चा ऐसी बातें उठाता है, जिनसे लीक टूटती, परंपरा टूटती। बच्चा लकीर का फकीर नहीं है।

तो सारा समाज, इतना बड़ा समाज, राज्य, पुलिस, अदालतें—सब आश्चर्य की हत्या करने को बैठे हैं। जब तुम्हारा आश्चर्य मर गया तब तुम यंत्रवत हो गए, फिर तुम योग्य हो गए, काम के हो गए, कुशल हो गए। फिर तुम पूछोगे नहीं, तुम प्रश्न नहीं उठाओगे; तुम चुपचाप जो कहा जाएगा, करोगे।

देखा, मिलिटरी में यही करते हैं वे! मिलिटरी में घंटों कवायद करवाते रहते हैं। कहते हैं: बाएं घूम, दाएं घूम! कोई पूछे कि तीन-तीन चार-चार घंटे, बाएं-दाएं घूम क्यों करवा रहे हो? उसके पीछे बड़ा मनोवैज्ञानिक कारण है। वे व्यक्ति के भीतर व्यक्तित्व को मारना चाहते हैं। वे कहते हैं: जब हम कहें बाएं घूम तो तुम बाएं घूमो। तुम्हारे भीतर ऐसा प्रश्न नहीं उठना चाहिए: क्यों?

किसी साधारण आदमी से सड़क पर खड़े होकर कहो कि बाएं घूम तो वह कहेगा: क्यों? स्वाभाविक है, किसलिए बाएं घूमें? अब कोई कारण हो तो बाएं घूमें, लेकिन मिलिट्री में अगर तुम कहो कि किसलिए बाएं घूमें, क्या कारण है—तो तुम गलत बात पूछ रहे हो। कारण पूछने का सवाल नहीं—आज्ञा मानना है। तुम्हारे मस्तिष्क को इस तरह से ढालना है कि तुमसे जो कहा जाए, तुम बिना सोचे कर सको—यही कुशलता है; एफीसिएंसी। क्योंकि सोचने में तो समय लगता है। तुमसे कहा, बाएं घूमो; तुम सोचने लगे कि घूमें कि न घूमें कि फायदा क्या कि मतलब क्या; और फिर दाएं घूमना पड़ेगा और फिर यहीं आना पड़ेगा, तो थोड़ी देर में घूम कर लोग यहीं आ जाएंगे, हम यहीं खड़े रहें, सार क्या है—तो तुम सैनिक नहीं बन सकते।

सैनिक बनने का अर्थ ही यही है कि तुम्हारे भीतर विचार की कोई भी ऊर्मि न रह जाए, विचार की कोई तरंग न रह जाए; तुम बिलकुल जड़वत हो जाओ; जब कहा बाएं घूम, तो तुम ऐसे यंत्रवत घूम जाओ कि तुम चाहो भी अपने को रोकना तो न रोक सको।

विलियम जेम्स ने उल्लेख किया है कि पहले महायुद्ध के वक्त वह एक होटल में बैठा हुआ है। अपने मित्रों से बात कर रहा है। तभी बाहर से एक युद्ध से रिटायर सैनिक अंडों की एक टोकरी लिए सिर पर जा रहा है। उसने मजाक में, सिर्फ यह दिखाने के लिए कि आदमी कैसा यांत्रिक हो जा सकता है, होटल में जोर से कहा: अटेंशन! वह जो सैनिक बाहर जा रहा था अंडे की टोकरी लिए, वह अटेंशन में खड़ा हो गया। उसको नौकरी छोड़े भी दस साल हो गए हैं! वे सारे अंडे सड़क पर गिर कर, बिखर कर टूट गए। वह बड़ा नाराज हुआ। उसने कहा: यह किस

नासमझ ने अटेंशन कहा? विलियम जेम्स ने कहा कि तुम्हें मतलब? हम अटेंशन कहने के हकदार हैं, तुम मत होओ अटेंशन!

उसने कहा: यह भी हो सकता है? तीस साल तक, अटेंशन यानी अटेंशन—अब तो वह खून में समा गया है। ऐसी मजाक करनी ठीक नहीं।

यह यंत्रवतता सैनिक में पैदा करनी पड़ती है। तभी तो एक सैनिक को कहा—मारो, गोली चलाओ! तो वह यह नहीं पूछता कि इस आदमी ने मेरा बिगाड़ा क्या, जिस पर मैं गोली चलाऊं? वह यह नहीं सोचता कि इसकी पत्नी होगी घर, इसके बच्चे होंगे; जैसे मेरी पत्नी और मेरे बच्चे हैं। वह यह नहीं सोचता कि इसकी बूढ़ी मां होगी, शायद इसी पर निर्भर होगी। वह यह नहीं सोचता कि इसका बूढ़ा बाप होगा, शायद आंखें खो गई होंगी; यही उसके जीवन की लकड़ी है, सहारा है। वह कुछ नहीं सोचता। 'गोली मार!'—तो वह गोली मारता है, क्योंकि वह यंत्रवत है।

जिस आदमी ने हिरोशिमा पर ऐटम बम गिराया और एक ऐटम बम के द्वारा एक लाख आदमी दस मिनिट के भीतर राख हो गए, वह वापस लौट कर सो गया। जब सुबह उससे पत्रकारों ने पूछा कि तुम रात सो सके? उसने कहा, क्यों? खूब गहरी नींद सोया! आज्ञा पूरी कर दी, बात खत्म हो गई। इससे मेरा लेना-देना ही क्या है कि कितने लोग मरे कि नहीं मरे? यह तो जिन्होंने पॉलिसी बनाई, वे जानें; मेरा क्या? मुझे तो कहा गया कि जाओ, बम गिरा दो फलां जगह—मैंने गिरा दिया। काम पूरा हो गया, मैं निश्चिंत भाव से आ कर सो गया।

एक लाख आदमी मर जाएं तुम्हारे हाथ से गिराए बम से, और तुम्हें रात नींद आ जाए—थोड़ा सोचो, मतलब क्या हुआ? एक लाख आदमी! राख हो गए! इनमें से तुम किसी को जानते नहीं, किसी ने तुम्हारा कुछ कभी बिगाड़ा नहीं, तुमसे किसी का कोई झगड़ा नहीं। इनमें छोटे बच्चे थे जो अभी दूध पीते थे, जिन्होंने किसी का कुछ बिगाड़ना भी चाहा हो तो बिगाड़ नहीं सकते थे। इनमें गर्भ में पड़े हुए बच्चे थे, मां के गर्भ में थे, अभी पैदा भी न हुए थे—उन्होंने तो कैसे किसी का क्या बिगाड़ा होगा! एक छोटी बच्ची अपना होमवर्क करने सीढ़ियां चढ़ कर ऊपर जा रही थी, वह वहीं की वहीं राख होकर चिपट गई दीवाल से! उसका बस्ता, उसकी किताबें सब राख होकर चिपट गए!

लाख आदमी राख हो गए और यह आदमी कहता है, मैं रात सो सका मजे से!

यह सैनिक है। सैनिक का मतलब इतना है कि वह आज्ञा का पालन करे। दुनिया में आज्ञापालन करने वालों के कारण जितना नुकसान हुआ है, आज्ञा न

पालन करने वालों के कारण नहीं हुआ। और अगर एक अच्छी दुनिया बनानी हो तो हमें आज्ञा मानने की ऐसी अंधता तोड़नी पड़ेगी। हमें व्यक्ति को इतना विवेक देना चाहिए कि वह सोचे कि कब आज्ञा माननी, कब नहीं माननी।

थोड़ा सोचो, यह आदमी यह कह सकता था कि ठीक है, आप मुझे गोली मार दें, लेकिन लाख आदमियों को मैं मारने नहीं जाऊंगा। अगर मेरे मरने से लाख आदमी बचते हैं तो आप मुझे गोली मार दें। थोड़ा सोचो कि जिस सैनिक को भी कहा जाता कि हिरोशिमा पर बम गिराओ, ऐटम, वह कह देता मुझे गोली मार दें मैं तैयार हूं, मगर मैं गिराने नहीं जाता—दुनिया में एक क्रांति हो जाती।

क्या आदमी ने इतना बल खो दिया है, विचार की इतनी क्षमता खो दी है? मगर इसी के लिए कवायद करवानी पड़ती है, ताकि धीरे-धीरे, धीरे-धीरे विचार की क्षमता खो जाए।

सैनिक और संन्यासी दो छोर हैं। संन्यासी का अर्थ है: जो ठीक उसे लगता है वही करेगा, चाहे परिणाम कुछ भी हो। और सैनिक का अर्थ है: जो कहा जाता है वही करेगा, चाहे परिणाम कुछ भी हो। संन्यासी बगावती होगा ही, बुनियादी रूप से होगा। इसलिए मैं कहता हूं: धार्मिक आदमी विद्रोही होगा ही। अगर कोई आदमी धार्मिक हो और विद्रोही न हो, तो समझना कि धार्मिक नहीं है। उसने सैनिक होने को संन्यासी होना समझ लिया है। वह मंदिर भी जाता है, पूजा कर आता है; लेकिन उसकी पूजा कवायद का ही एक रूप है। उसे कहा गया है कि ऐसी पूजा करो तो वह कर आता है, घंटी ऐसी बजाओ तो बजा आता है, पानी छिड़को, गंगाजल डालो, तिलक-टीका लगाओ—वह कर आता है; लेकिन यह सब कवायद है। यह आदमी धार्मिक नहीं है; क्योंकि धार्मिक आदमी तो वही है जो अपने अंतरविवेक से जीता है।

यह दुनिया धर्म के बड़े विपरीत है। यहां तीन सौ धर्म हैं जमीन पर, मगर यह दुनिया धर्म के बड़े विपरीत है। ये तीन सौ धर्म सभी धर्म के हत्यारे हैं। इन्होंने सब धर्म को मिटा डाला है और मिटाने की पूरी चेष्टा है। धर्म मिट जाता है, अगर तुम आज्ञाकारी हो जाओ। मैं तुमसे यह नहीं कहता कि अनाज्ञाकारी हो जाओ, खयाल रखना। मेरी बात का गलत अर्थ मत समझ लेना। मैं तुमसे कहता हूं: विवेकपूर्ण...। फिर जो ठीक लगे आज्ञा में, बराबर करो; और जो ठीक न लगे, फिर चाहे कोई भी परिणाम भुगतना पड़े, कभी मत करो। तब तुम्हारे जीवन में फिर से आश्चर्य का उदभव होगा। फिर से तुम्हारे प्राणों पर जम गई राख झड़ेगी और अंगारा निखरेगा और दमकेगा। उस दमक में ही कोई परमात्मा तक पहुंचता है।

परमात्मा तक पहुंचने का मार्ग सैनिक होना नहीं है—परमात्मा तक पहुंचने का मार्ग संन्यासी होना है। और संन्यासी का अर्थ है : जिसने निर्णय किया कि सब जोखिम उठा लेगा, लेकिन अपने विवेक को न बेचेगा; सब जोखिम उठा लेगा, अगर जीवन भी जाता हो तो गंवाने को तैयार रहेगा, लेकिन अपनी अंतस-स्वतंत्रता को न बेचेगा।

स्वतंत्रता का अर्थ स्वच्छंदता नहीं है। स्वतंत्रता का अर्थ विवेक है। स्वतंत्रता का अर्थ परम दायित्व है कि मैं अपना उत्तरदायित्व समझ कर स्वयं जीऊंगा, अपने ही प्रकाश में जीऊंगा; उधार, परंपरागत, लकीर का फकीर होकर नहीं। क्योंकि दुनिया की स्थितियां बदलती जाती हैं और लकीरें नहीं बदलतीं। दुनिया रोज बदलती जाती है, नक्शे पुराने बने रहते हैं। दुनिया रोज बदलती जाती है, आदेश पुराने हैं। अब तुम वेद से आदेश लोगे, भटकोगे नहीं तो क्या होगा? तुम कुरान से आदेश लोगे, गीता से आदेश लोगे, भटकोगे नहीं तो क्या होगा? पढ़ो गीता, समझो गीता; लेकिन आदेश सदा स्वयं की आत्मा से लेना। उपदेश ले लेना जहां से भी लेना हो, आदेश कहीं से भी मत लेना। उपदेश और आदेश का यही फर्क है।

उपदेश का अर्थ है : जहां भी शुभ बात सुनाई पड़े, सुन लेना, गुन लेना, समझ लेना। लेकिन आदेश कहीं से मत लेना। आदेश के लिए तो तुम्हारे भीतर बैठा परमात्मा है, उसी से लेना।

आश्चर्य की क्षमता मर गई है, क्योंकि तुमने अहंकार को चाहा; अहंकार की आकांक्षा में मर गई है। अगर तुम चाहते हो आश्चर्य फिर से जागे, तो अहंकार की चट्टानों को हटाओ—बहेगा झरना आश्चर्य का। और वह आश्चर्य तुम्हें ताजा कर जाएगा, कुंआरा कर जाएगा, नया कर जाएगा। फिर से तुम देखोगे दुनिया को जैसा कि देखना चाहिए। ये हरे वृक्ष कुछ और ही ढंग से हरे हो जाएंगे। ये गुलाब के फूल किसी और ढंग से गुलाबी हो जाएंगे।

यह जगत बड़ा सुंदर है, लेकिन तुम्हारी आंखों का आश्चर्य खो गया है; तुम्हारी आंखों पर पत्थर जम गए हैं। यह जगत अपूर्व है, क्योंकि प्रभु मौजूद है यहां, यह प्रभु से व्याप्त है! यहां पत्थर-पत्थर में परमात्मा छिपा है; इसलिए कोई पत्थर पत्थर नहीं है, यहां सिर्फ कोहिनूर ही कोहिनूर हैं। हर पत्थर से उसी का नूर प्रकट हो रहा है, उसी की रोशनी है। मगर तुम्हारे पास आश्चर्य की आंख चाहिए।

इसलिए तो जीसस ने कहा है : धन्य हैं वे जो छोटे बच्चों की भांति हैं, क्योंकि वे ही मेरे प्रभु के राज्य में प्रवेश पा सकेंगे। यहां वे आश्चर्य के संबंध में ही इंगित कर रहे हैं।

तीसरा प्रश्न : गुरु शिष्यों के साथ क्या कभी छिया-छी का खेल भी खेलता है? कृपा करके कहें।

छिया-छी ही तो पूरा का पूरा संबंध है गुरु और शिष्य का। कभी-कभी खेलता है, ऐसा नहीं; बस वही तो संबंध है। और न केवल गुरु और शिष्य के बीच वैसा संबंध है, परमात्मा और सृष्टि के साथ भी वैसा ही संबंध है। गुरु और शिष्य तो उसी विराट खेल को छोटे पैमाने पर खेलते हैं जिसे बड़े पैमाने पर परमात्मा सृष्टि के साथ खेल रहा है।

यहां परमात्मा सब जगह छिपा है, पुकार रहा है जगह-जगह से : 'आओ, मुझे छुओ, खोजो!' जिस दिन तुम उसकी पुकार सुन लोगे और तुम उसे खोजने लगोगे, उस दिन तुम पाओगे कि खोजने में इतना आनंद है कि तुम शायद कहने लगो कि जल्दी मत करना प्रकट हो जाने की।

तुम कभी छोटे थे, जब तुमने खेला बच्चों का खेल छिया-छी का। एक ही कमरे में बच्चे खड़े हो जाते हैं छिप कर, कोई बिस्तर के नीचे दब गया है, कोई कुर्सी के पीछे छिप गया है—और सबको पता है कि कौन कहां है, क्योंकि सभी धीरे-धीरे आंख खोल कर देख रहे हैं कि कौन कहां है, फिर भी खेल चलता है। जिसने देख लिया है, वह भी इधर-उधर दौड़ता है; वहां नहीं आता जहां कि तुम छिपे हो, क्योंकि खेल तो खेलना है; नहीं तो अगर सीधे चले आए, जहां तुम छिपे हो तो खेल खत्म हो गया। तुम्हें भी पता है कि वह कहां से आ रहा है। तुम भी देख रहे हो, वह भी देख रहा है; फिर भी खेल चल रहा है।

आत्यंतिक अर्थों में यही अर्थ है लीला का। परमात्मा ऐसा नहीं छिपा है कि मिले नहीं; ऐसा छिपा है कि तुम हाथ बढ़ाओ और मिल जाए। लेकिन जिस दिन तुम समझोगे कि इतने पास छिपा है, तुम कहोगे जरा खेल चलने दो।

चुभते ही तेरा अरुण बाण
बहते कण-कण से फूट-फूट
मधु के निर्झर से सजल गान
मेरे छोटे जीवन में
देना न तृप्ति का कणभर
रहने दो प्यासी आंखें
भरती आंसू के सागर
तुम मानस में बस जाओ
छिप दुख की अवगुंठन से

मैं तुम्हें ढूंढने के मिस
परिचित हो लूं कण-कण से
तुम रहो सजल आंखों की
सित-असित मुकुरता बन कर
मैं सब कुछ तुमसे देखूं
तुमको न देख पाऊं पर।

भक्त कहता है: सब तुमसे देखूं; तुम मेरी आंखों में छिप जाओ; मैं तुम्हारे द्वारा ही सब देखूं—फिर भी तुम्हें न देख पाऊं। और यह खेल चलता रहे।

तुम मानस में बस जाओ
छिप दुख की अवगुंठन से
मैं तुम्हें ढूंढने के मिस
परिचित हो लूं कण-कण से
—ढूंढता फिरूं तुम्हें! और तुम्हें ढूंढने के बहाने...
मैं तुम्हें ढूंढने के मिस
—तुम्हें ढूंढने के बहाने...
परिचित हो लूं कण-कण से!

खोजता फिरूं, एक-एक कण में तुम्हें पुकारता फिरूं! लहर-लहर में तुम्हें झांकता फिरूं—और इस बहाने सारे अस्तित्व से परिचित हो लूं!

शायद परमात्मा के छिपने का राज और रहस्य भी वही है कि तुम उसे खोजने के बहाने इस अस्तित्व के महारहस्य से परिचित हो जाओ। वह तब तक छिपा ही रहेगा जब तक कि इस जगत के समग्र रहस्य से तुम परिचित नहीं हो जाते। तुम एक जगह उसे खोज लोगे, वह दूसरी जगह छिप जाएगा कि चलो अब दूसरी जगह से भी परिचित हो लो। तुम यहां उसे खोज लोगे, वह वहां छिप जाएगा, ताकि तुम वहां से भी परिचित हो लो। ऐसे वह तुम्हें लिए चलता है, तुम्हें अपने पीछे दौड़ाए चलता है।

जब भक्त समझ पाता है ठीक से कि यह खेल है, चिंता मिट जाती है उसी क्षण। फिर खोजना एक तनाव नहीं रह जाता, एक आनंद हो जाता है। फिर खोजने में कोई अधैर्य भी नहीं होता।

मेरे छोटे जीवन में
देना न तृप्ति का कणभर!

फिर तो भक्त कहता है, मुझे तृप्त मत कर देना, क्योंकि मैं तृप्त हो गया तो फिर तुम्हें न खोजूंगा। तुम्हें खोजना—इसके मुकाबले क्या तृप्ति में रस हो सकता है? तुम्हारी प्रतीक्षा, तुम्हारा इंतजार—इससे ज्यादा और रस कहां हो सकता है?

मेरे छोटे जीवन में
देना न तृप्ति का कणभर
रहने दो प्यासी आंखें
भरती आंसू के सागर

तुम फिकर मत करना, तुम ज्यादा परेशान मत हो जाना कि मेरी आंख के आंसू सागर बनाए दे रहे हैं। तुम फिकर मत करना। इसमें मुझे आनंद आ रहा है। मैं रसमग्न हूं। यह मैं दुख से नहीं रो रहा हूं!

भक्त आनंद से रोने लगता है, अहोभाव से रोने लगता है। उसके आंसुओं में फूल हैं, कांटे नहीं; शिकायत नहीं, शिकवा नहीं; प्रार्थना है, कृतज्ञता-ज्ञापन है, आभार है, शुक्रिया है!

जो बड़े पैमाने पर परमात्मा और सृष्टि के बीच हो रहा है, एक छोटे पैमाने पर वही खेल गुरु और शिष्य के बीच है। और छोटे पैमाने पर तुम खेलना सीख जाओ तो फिर बड़े पैमाने पर खेल सकोगे, इतना ही उपयोग है।

जैसे एक आदमी तैरना सीखने जाता है तो नदी के किनारे तैरना सीखता है; एकदम से नदी की गहराइयों में नहीं चला जाता, डूबेगा नहीं तो। किनारे पर, जहां उथला-उथला जल है, जहां गले-गले जल है, वहां तैरना सीखता है; फिर धीरे-धीरे गहराई में जाना शुरू होता है।

गुरु, जैसे किनारा है परमात्मा का; वहां तुम थोड़ा खेल सीख लो; वहां तुम थोड़ी क्रीड़ा कर लो। फिर जब तुम कुशल हो जाओ तैरने में और तुम जब खेल के नियम सीख जाओ और लीला का अर्थ समझ जाओ—तो फिर जाना गहन में, गहरे में! फिर उतरना सागरों में।

तो गुरु तो केवल पाठ है परमात्मा में उतरने का। इसलिए जो बड़े पैमाने पर सृष्टि में हो रहा है, वही छोटे पैमाने पर गुरु और शिष्य के बीच घटता है।

ठीक तुमने पूछा, छिया-छी का खेल ही घटता है।

एक बात गुरु तुमसे कहता है, तुम उसे पूरी करने लगते हो; वह तत्क्षण दूसरी कहने लगता है। तुम एक बात मानने-मानने के करीब आते कि वह सब उखाड़ डालता है। तुम घर बनाने को होते कि वह आधार गिरा देता है। तुम जल्दी में हो कि किसी तरह हल हो जाए; गुरु इतनी जल्दी में नहीं है। गुरु कहता है कि जो जल्दी हल हो जाएगा, वह कोई हल न हुआ। यह जीवन का ऐसा प्रगाढ़ रहस्य है कि यह जल्दी हल नहीं हो सकता। ये कोई मौसमी फूल के पौधे नहीं हैं। ये बड़े दरख्त हैं जो आकाश को छूते हैं; जो हजारों साल जीते हैं; जो चांद-तारों से बात करते हैं; इनमें प्रतीक्षा...!

मैंने सुना है, महर्षि कश्यप की पत्नी को बड़ी आकांक्षा थी कि एक ऐसा पुत्र हो जो महासत्व हो। साधारण पुत्र की आकांक्षा नहीं थी। कश्यप की पत्नी थी, साधारण पुत्र की आकांक्षा भी क्या करती! कम से कम कश्यप जैसा तो हो। कश्यप से बड़ा हो, ऐसी आकांक्षा थी। महासत्व हो, बोधिसत्व हो, बुद्ध जैसा हो! तो उसने बड़ी प्रार्थनाएं कीं। कहते हैं, ईश्वर उस पर प्रसन्न हुआ। और विनीता उसका नाम था, उसे एक डिम्ब दिया गया कि उससे महासत्व संतान होगी। लेकिन वह बड़ी हैरान हुई। जैसा नियम होना चाहिए कि नौ महीने में बच्चा पैदा हो, बच्चे की कोई खबर ही नहीं। नौ महीने क्या, सालों बीतने लगे। वह बड़ी परेशान हुई। वह जल्दी में थी कि बच्चा होना चाहिए। वह बूढ़े होने के करीब आ गई तो उसने डिम्ब फोड़ डाला। बच्चा निकला, लेकिन आधा निकला। जो बच्चा पैदा हुआ, पुराणों में उसी का नाम अरुण है। वही बच्चा बाद में सूर्य का सारथी बना।

अरुण जब पैदा हुआ तो उसने बड़े क्रोध से अपनी मां से कहा कि सुन, तू महासत्व संतान चाहती है, लेकिन महाप्रतीक्षा करने की तेरी कुशलता और क्षमता नहीं है। तूने बीच में ही अंडा फोड़ दिया! मैं अभी आधा ही बढ़ पाया हूं।

पर मां ने कहा, प्रतीक्षा हो गई, सालों बीत गए। तो उस बेटे ने कहा फिर महासत्व संतान की आकांक्षा नहीं करनी चाहिए। फिर साधारण बच्चा चाहिए तो नौ महीने में मिल जाता है। महासत्व चाहिए तो महाप्रतीक्षा चाहिए।

शिष्य तो बड़ी जल्दी में होते हैं। उन्हें तो लगता है, अभी हो जाए, कोई दे दे तो झंझट मिटे। तुम्हें रस नहीं है खोज का। गुरु जानता है कि खोज में रस इतना हो जाए जब कि तुम यह भी कह सको कि अब न भी मिलेगा तो चलेगा; खोज ही इतनी रसपूर्ण है, कौन फिकर करता है! उसी दिन मिलता है। इसे तुम खयाल में रख लेना गांठ बांध कर।

मैं फिर से दोहरा दूं: जिस दिन तुम यह कहने में समर्थ हो जाओगे कि अब तू जान, मिलने-जुलने की हमें फिकर नहीं; लेकिन खोज इतनी आनंदपूर्ण है, हम खोज करते रहेंगे, तू छिपता रह। उसी दिन खोज व्यर्थ हो गई, उसी दिन छिपने का कोई अर्थ न रहा। जब खोज ही मिलन का आनंद बन गई और जब मार्ग ही मंजिल मालूम होने लगा, तो फिर मंजिल छिप नहीं सकती; उसी दिन मिलन घटता है। महाप्रतीक्षा चाहिए।

तुम अमर प्रतिज्ञा हो, मैं
पग विरह पथिक का धीमा।
आते-जाते मिट जाऊं,

पाऊं न पंथ की सीमा।
पाने में तुमको खोऊं,
खोने में समझूं पाना।
यह चिर अतृप्ति हो जीवन,
चिर तृष्णा हो मिट जाना।
मेघों में विद्युत-सी छवि,
उनकी बन कर मिट जाती;
आंखों की चित्रपटी में,
जिसमें मैं आंक न पाऊं।
वह आभा बन खो जाते,
शशि किरणों की उलझन में
जिसमें उनको कण-कण में
ढूंढूं, पहचान न पाऊं।

एक अनंत प्रतीक्षा चाहिए, महत प्रतीक्षा चाहिए।

तो गुरु कई बार तुमसे कहता है: अभी हुआ जाता, अभी हुआ जाता, बस होने को ही है! वह सिर्फ इसलिए, ताकि तुम खोज में लगे रहो; ताकि तुम्हारा धैर्य बंधा रहे। 'पहुंचे, पहुंचे'—गुरु कहता जाता है—'देखो किनारा करीब आ रहा है, पक्षी उड़ते दिखाई पड़ने लगे! देखो दूर किनारे वृक्ष दिखाई पड़ने लगे, अब हम पहुंचते हैं!' ताकि तुम्हारी हिम्मत बंधी रहे।

तुम्हारी हिम्मत बड़ी कमजोर है। और जैसे ही तुम किसी स्थिति में थिर होने लगते हो, किसी मकान के नीचे घर बनाने लगते हो और किसी पड़ाव को मंजिल समझने लगते हो—तत्क्षण गुरु डेरा उखाड़ देता है। वह कहता है, चलो बस हो गया, अभी मंजिल बहुत है। अभी बहुत दूर जाना है। अभी यहां घर नहीं बना लेना है। ऐसी छिया-छी चलती है। धीरे-धीरे तुम इस राज को समझने लगते हो। अनुभव से ही समझ में आता है। धीरे-धीरे तुम समझने लगते हो कि वास्तविक बात पाना नहीं है, खोजना है। वास्तविक बात पहुंच जाना नहीं है, पहुंचने की चेष्टा करते रहना है। वास्तविक बात यात्रा है, मंजिल नहीं। हालांकि मैं समझता हूं, तुम्हारी बड़ी जल्दी है किसी तरह मंजिल मिल जाए; कोई चोर-दरवाजा हो, वहां से पहुंच जाएं या कोई रिश्वत चलती हो तो किसी द्वारपाल को रिश्वत दे दें और अंदर हो जाएं; या कोई शार्टकट! मगर न कोई शार्टकट है, न कोई चोर दरवाजा है, न रिश्वत चलती है। न तुम्हारे पुण्य से कुछ होगा, न तुम्हारी तपश्चर्या से कुछ होगा।

अनंत यात्रा है परमात्मा। परमात्मा मंजिल है, इस भाषा में सोचा कि तुम भूल

में पड़ोगे। क्योंकि मंजिल का मतलब है: फिर उसके बाद बैठ गए, फिर कुछ भी नहीं। परमात्मा सतत जीवन है, इसलिए बैठना तो घट ही नहीं सकता, यात्रा होती रहेगी। परमात्मा प्रक्रिया है—वस्तु नहीं। वस्तु की तरह सोचोगे तो भ्रांति होगी, भूल होगी। परमात्मा प्रक्रिया है—चलते रहने में, जीते रहने में, बहते रहने में। जैसे नदी बही जाती है सागर की तरफ और सागर उड़-उड़ कर नदी की तरफ बहता रहता है—ऐसे ही साधक खोजते रहते परमात्मा को, परमात्मा साधकों को खोजता रहता है। यह खेल छिया-छी का है।

जिस दिन समझ में आ जाएगा कि यह खेल है, तनाव समाप्त हो जाएगा, फिर खेल में पूरा मजा आएगा। हम तो ऐसे पागल हैं कि खेल में भी तनाव बना लेते हैं। तुमने देखा दो आदमी ताश खेल रहे हों, कैसा सिर भारी कर लेते हैं, लड़ने-मारने को उतारू हो जाते हैं! तलवारें खिंच जाती हैं शतरंज के खेलों में! लोगों ने एक-दूसरे की हत्या कर दी है शतरंज खेलते हुए। ऐसे पगला जाते हैं! और कुछ भी नहीं है वहां। न हाथी हैं, न घोड़े हैं, न राजा हैं, न कुछ है—लकड़ी के, या बहुत हुए हाथी-दांत के। सब नकली हैं, मगर ऐसा रस पैदा हो जाता है कि जी-जान की बाजी लग जाती है।

लोग खेल में इतनी गंभीरता ले लेते हैं और साधक वही है जो गंभीरता में भी खेल ले ले।

संसारी वही है जो खेल को भी गंभीर बना लेता है। और संन्यासी वही है जो गंभीरता को भी खेल बना लेता है।

तुम अमर प्रतिज्ञा हो, मैं
पग विरह पथिक का धीमा!
सुनो—
तुम अमर प्रतिज्ञा हो, मैं
पग विरह पथिक का धीमा।
आते-जाते मिट जाऊं,
पाऊं न पंथ की सीमा।

भक्त कहता है: पंथ की सीमा कहां पानी, किसको पानी, पाकर करना क्या?

आते-जाते मिट जाऊं,
पाऊं न पंथ की सीमा।
पाने में तुमको खोऊं,
खोने में समझूं पाना!

यही छिया-छी का अर्थ है।

यह चिर अतृप्ति हो जीवन
चिर तृष्णा हो मिट जाना!

तुम्हें खोजते-खोजते मिट जाऊं! तुम्हारी तृष्णा बनी ही रहे! तुम्हारी प्यास जलती ही रहे! मैं तुम्हें पाकर तृप्त नहीं हो जाना चाहता—भक्त कहता है। भक्त कहता है, तुम्हारी अतृप्ति इतनी प्यारी!

मेघों में विद्युत-सी छवि
उनकी, बन कर मिट जाती।

कभी-कभी बनेगी परमात्मा की छवि, मिटेगी परमात्मा की छवि!

आंखों की चित्रपटी में,
जिससे मैं आंक न पाऊं।

वह बनेगी और मिटेगी इतनी शीघ्रता से कि तुम्हारे मन में तुम उसको संजो न पाओगे। तुम मन में प्रतिमा न बना पाओगे। तुम्हारा अहोभाव अहोभाव ही रहेगा। तुम यह न कह पाओगे: मैंने जान लिया।

इसलिए उपनिषद कहते हैं: जो कहता है मैंने जान लिया, उसने नहीं जाना। और जो कहता है मुझे कुछ भी पता नहीं, शायद उसे पता हो।

मेघों में विद्युत-सी छवि,
उनकी, बन कर मिट जाती।
आंखों की चित्रपटी में,
जिससे मैं आंक न पाऊं।

कोई प्रतिमा नहीं बन पाती। झलक आती और जाती—और इतनी त्वरा से, इतनी तीव्रता से कि तुम मुट्ठी नहीं बांध पाते। बांधोगे भी तो मुट्ठी खाली रह जाएगी। परमात्मा मुट्ठी में बांधा नहीं जा सकता—न शब्दों में, न सिद्धांतों में, न शास्त्रों में। कहीं भी उसकी छवि तुम बांध न पाओगे। वह अरूप अरूप ही रहता। दर्शन भी हो जाते हैं, फिर भी अरूप रहता। मिल भी जाता, फिर भी पाने को सदा शेष रहता।

वह आभा बन खो जाते,
शशि किरणों की उलझन में
जिसमें उनको कण-कण में
ढूंढूं, पहचान न पाऊं।

भक्त को जल्दी नहीं है। और जिसे जल्दी नहीं है, जल्दी ही घटना घट जाती है। और जिसे बहुत जल्दी है, उसे अनंत-अनंत काल तक भटकना पड़ता है और घटना नहीं घटती।

अगर तुम चाहते हो अभी मिल जाए परमात्मा, तो तुम अनंत प्रतीक्षा के लिए राजी हो जाओ। कह दो: जब मिलना हो मिल जाना, कुछ जल्दी नहीं है। हम खोजते रहेंगे, हम खोज में बहुत तृप्त हैं। हम अतृप्ति में भी बहुत तृप्त हैं। हमारे ये विरह के आंसू भी बड़े आनंदपूर्ण हैं।

आखिरी प्रश्न: आप भीतर के प्रकाश की इतनी बात करते हैं, लेकिन मेरा अनुभव कुछ और है। जब भी ध्यान में मेरे विचार शांत होते हैं तो मेरे भीतर एक घना अंधकार घिरता है, जो ठंडा और प्रीतिकर लगता है। कृपापूर्वक समझाएं कि यह क्या है?

सुबह होने के पूर्व रात गहन रूप से अंधेरी हो जाती है। और अंधेरे के गर्भ से ही सुबह का जन्म होता है। तो जब मैं तुमसे निरंतर बात करता हूं प्रकाश की, तुम यह मत समझ लेना कि तुम भीतर जाओगे तो तत्क्षण प्रकाश मिल जाएगा। पहले तो गुजरना पड़ेगा गहन रात्रि से। उसी रात्रि के अंत पर सुबह है, प्रकाश है।

ईसाई फकीरों ने इस अवस्था को 'डार्क नाइट ऑफ द सोल' कहा है—आत्मा की अंधेरी रात। सिर्फ ईसाई फकीरों ने ऐसा प्यारा नाम दिया है, किसी और ने नहीं और बड़ा ठीक किया है। क्योंकि सभी शास्त्र, कुरान, वेद, उपनिषद परमात्मा के प्रकाश-रूप की बात करते हैं—वह आत्यंतिक बात है। लेकिन जब साधक भीतर उतरेगा तो प्रकाश एकदम से नहीं मिलता। और अगर एकदम से मिलता हो तो जरा संदेह करना; क्योंकि वह प्रकाश कल्पना का होगा, वास्तविक नहीं हो सकता। वह तुमने सुन-सुन कर, शास्त्रों में पढ़-पढ़ कर कि परमात्मा प्रकाश-रूप है, प्रकाश रूप...। और कई तो ऐसे पागल हैं जिनका हिसाब नहीं!

चार-छह दिन पहले एक व्यक्ति ने संन्यास लिया। उन्होंने कहा कि मैंने बालयोगेश्वर से दीक्षा ली है, तो उन्होंने मुझे समझाया था कि आंख को अंगूठे से दबाने से प्रकाश का अनुभव होता है, बड़ा अनुभव होता है। मैं दबाता हूं आंख, बड़ा अनुभव होता है। तो वह मैं जारी रखूं कि बंद करूं?

अब क्या पागल हो? आंख को दबाओगे अंगूठे से तो तिलमिलाहट पैदा होने से रोशनी मालूम होती है; वह तो किसी को भी मालूम होती है; उससे अध्यात्म का कोई संबंध है? कोई भी आंख को जोर से दबाएगा तो तिलमिलाहट पैदा होती है, तिलमिलाहट से रोशनी मालूम होती है। वह रोशनी तो सिर्फ आंख के दबाने के कारण मालूम हो रही है। इसको तुम आध्यात्मिक प्रकाश समझ रहे हो?

और वे दो साल से यही काम कर रहे हैं। उसमें उनकी आंखें भी खराब हो

गई हैं। क्योंकि जब बहुत आंखों को दबाओगे...। और फिर धीरे-धीरे रस आने लगा, तो फिर और ज्यादा दबाने लगे। क्योंकि जितना दबाओ उतना प्रकाश दिखाई पड़ता है, गजब हो रहा है! इसको बालयोगेश्वर ज्ञान कहते हैं। आंख में दबाने से जो रोशनी पैदा होती है—यह ज्ञान है।

अब यह मामला ऐसा है कि किसी की भी आंख दबा दो, उसको रोशनी दिखाई पड़ती है; वह भी चकित हो जाता है कि यह तो बात बिलकुल ठीक हो रही है! हमें पता ही नहीं था, बड़ा सीधा-सुगम उपाय मिल गया!

या फिर ऐसे लोग हैं जो कहते हैं, रोशनी की भीतर धारणा करो। आंख बंद कर लो, दोनों आंखों के मध्य में देखो कि एक दीये की ज्योति जल रही है या एक प्रकाश का बिंदु, उस पर ध्यान रखो। अगर तुम ऐसी कल्पना करोगे तो धीरे-धीरे कल्पना प्रगाढ़ हो जाएगी। तुम्हें रोशनी दिखाई पड़ने लगेगी, मगर यह झूठी रोशनी है।

धर्म ज्योति ने पूछा है यह प्रश्न। ठीक हो रहा है! अंधेरी रात से गुजर कर ही जो सुबह होगी, जिस सुबह को तुम नहीं ला सकते, जो अपने आप आती है सुबह, वह अंधेरी रात से गुजर कर आती है। तुम अंधेरी रात में शांति से गुजरो, जाओ। प्रकाश करीब आने से पहले रात बहुत अंधेरी हो जाएगी।

मगर शुभ हो रहा है, क्योंकि अंधेरे के साथ एक ठंडा और प्रीतिकर भाव है। तो बिलकुल शुभ हो रहा है। भय न हो अंधेरे से, प्रेम हो अंधेरे से, तो सुबह ज्यादा दूर नहीं। अगर भय हो तो तुम भागने लगोगे। भागने लगे तो सुबह से दूर हो जाओगे। भागोगे तो अंधेरे से, दूर हो जाओगे सुबह से।

और ठंडा, शीतल...बिलकुल शुभ हो रहा है। ठंडा और शीतल ही है अंधेरे का अनुभव। वह तो भय के कारण हम अनुभव नहीं कर पाते। बचपन से ही अंधेरे के संबंध में हमारी गलत धारणा हो जाती है। बच्चा डरता है अंधेरे से, क्योंकि अकेला रह जाता है। अंधेरे में घबराता है कि कोई आ न जाए, कुछ मार न दे, कोई चोट न कर दे, कुछ गिर न पड़े। छोटा बच्चा! वह भय बैठ जाता है।

और फिर मनुष्य-जाति के इतिहास में भी आज से कोई दस हजार, बीस हजार साल पहले जब आदमी जंगलों में था, गुफाओं में था, आग का आविष्कार न हुआ था—तो रात बड़ी घबराने वाली थी। क्योंकि रात को ही जंगली जानवर हमला करते थे, दिन तो किसी तरह गुजर जाता था, रात में हमला होता था। दिन में तो सूरज की रोशनी होती थी, आदमी अपने को बचा लेता, भाग जाता। रात को सिंह गरजते और शिकार करते। और हजार तरह के जंगली जानवर थे, उन सबके बीच बचना बड़ा कठिन था। तो रात के साथ उन सबका जोड़ हो गया।

मनोवैज्ञानिक कहते हैं कि प्रत्येक मनुष्य के अचेतन मन में वह गुफा-मानव

का अनुभव अभी तक पड़ा है, वह गया नहीं। वह शरीर की स्मृति में समाविष्ट हो गया है। तो इसलिए हम अंधेरे से डरते हैं। अब तो कोई कारण भी नहीं है, घर में बैठे हैं, बिजली पास में है, जब बटन दबाओ रोशनी हो जाए, कोई झंझट भी नहीं है ऐसी। देश में अनुशासन-पर्व चल रहा है—कोई उपद्रव नहीं है, कोई डर का कारण नहीं है। अपने कमरे में बैठे हैं, तो भी अंधेरे से घबरा रहे हैं। वह बीस हजार साल पहले आदमी का जो अनुभव था, वह तुम्हारी नस-नस में समाया हुआ है। तुम भी उसी आदमी से पैदा हुए हो। शृंखला उसी से बंधी है। वह बात भूली नहीं है, वह बहुत गहरे में पड़ी है। तो अंधेरे से डर लगता है। अंधेरे से आदमी भयभीत होता है।

लेकिन जो आदमी अंधेरे से भयभीत होता है और डरता है, वह भीतर जा ही न सकेगा। उसकी अंतर्यात्रा ही न हो सकेगी। अंतर्यात्रा में अंधेरे से तो पार होना ही पड़ेगा। अंतर्यात्रा अंतर्गुहा में प्रवेश है।

शुभ हो रहा है। जाओ—आनंदपूर्वक, शांतिपूर्वक! सुबह भी करीब है। अंधेरा बढ़ने लगे, उतना ही भरोसा जगा लेना कि अब सुबह करीब आती है, अब करीब आती है।

एक ही बात ध्यान रखना: इस अंधेरे से मोह मत बना लेना। एक तो खतरा है भय का कि आदमी घबड़ा कर भाग जाए। और दूसरा खतरा है, क्योंकि यह ठंडा और प्रीतिकर मालूम हो रहा है, इससे मोह मत बना लेना; नहीं तो तुम सुबह को पैदा न होने दोगे। तुम्हारा मोह ऐसा हो जाएगा कि तुम इसको पकड़ोगे। तुम धीरे-धीरे मोह के कारण अंधेरे से जकड़ जाओगे।

बहुत लोग हैं, जिन्होंने इसी तरह की जकड़नें पैदा कर ली हैं।

मेरे पास इतने लोग आते हैं, मैं चकित होता हूं! देखता हूं कोई आदमी उदासी से पकड़े हुए है अपने को, जकड़े हुए है। वह कहता है कि मुझे उदासी नहीं चाहिए, लेकिन सब उपाय करता है कि उदास हो जाए। बातें करता है कि मुझे उदासी से बाहर खींचो, लेकिन जब मैं उसे समझा रहा होता हूं तब मैं देख रहा होता हूं कि वह सुन भी नहीं रहा है। वह शायद मेरी बातों को सुन कर भी उदास हो जाएगा। ऐसे भी लोग मैंने देखे, वे मुझे सुन कर कहने लगे कि हम पहले से ही उदास थे, आपकी बातें सुन कर और उदास हो गए।

'मैंने तुम्हें कौन-सी बात कही?'

आपने प्रकाश की और आनंद की इतनी बात कही कि उससे हमें ऐसा लगने लगा कि अरे, यह तो हम बड़े चूक रहे हैं! और उदासी आ गई। तो हमारा जीवन बेकार ही गया!

देखते हैं, मैं प्रकाश की बात कर रहा हूं, परमात्मा की, कि तुम उठो, जागो, खोजो। वे कहते हैं, कि हम और सुस्त होकर गिर पड़े कि मार डाला! हम तो सोचते थे, सब ठीक चल रहा है। आपने और यह कहां की बात कह दी? इससे हम और भी उदास हो गए।

लोग दुख से संबंध बना लेते हैं। फिर संबंध ऐसे हो जाते हैं प्राचीन और आदत के, कि छूटना भी चाहो तो छूटते नहीं। एक हाथ से छूटते हो, दूसरे हाथ से बनाए चले जाते हो। इसका थोड़ा खयाल रखना।

कल मैं एक गीत पढ़ता थाः

एक उदास तनहाई
जिंदगी को रास आई!

कुछ लोग हैं, जिन्हें उदासी और अकेलापन रास आ जाता है। क्योंकि किसी के साथ रहो तो झंझट तो आती है। तुम जानते होः साथ यानी झंझट। इसलिए तो आदमी साथ से भागता है। किसी के भी साथ रहो तो थोड़ी-बहुत झंझट होगी, क्योंकि जहां दो बर्तन हुए, थोड़ी आवाज, कलह होना शुरू होती है। वहीं चुनौती भी है। लेकिन इससे आदमी डर सकता है, भाग सकता है कि इससे तो अकेले बेहतर। अकेले राम—कोई झंझट नहीं!

मगर अकेले राम तो हो गए, लेकिन चुनौती नहीं रही; सीता नहीं रही, रावण नहीं रहे! अकेले राम तो हो गए, लेकिन रामलीला खत्म! तो तुम तो राम से भी ज्यादा समझदार हो गए। राम का सारा व्यक्तित्व निखरा, क्योंकि अकेले राम नहीं थे; बड़ी चारों तरफ जीवन के संघर्ष की स्थिति थी। उसमें से व्यक्तित्व निखरता है। तो अकेले में एक तरह की मुर्दा शांति है।

एक उदास तनहाई
जिंदगी को रास आई
दिल में तेरी चाहत भी
ले के रंगे-यास आई।
आशिकी शक-ए-बाइ
क्यों न मेरे पास आई?
कितने जाम खाली हैं
कितने जाम छलके हैं
इश्क की फजाओं में
वहम के महलके हैं
हुस्न की जियाओं में

सोच के धुंधलके हैं
मेरी आरजुओं के
रंग कितने हलके हैं
आह, क्यों मेरी फितरत
रोशनी से घबराई?
आह, क्यों मेरी फितरत
रोशनी से घबराई?
खलअतों की शैदाई
जलवतों से शरमाई
एक उदास तनहाई
जिंदगी को रास आई।

तुम कहीं इस उदासी से रास मत आ जाना। इस उदासी से संग-साथ मत बना लेना। इस उदासी से गठबंधन मत कर लेना। इस उदासी से विवाह मत कर बैठना। यह ठंडी है और प्रीतिकर है।

आह, क्यों मेरी फितरत
रोशनी से घबराई?

और अगर इससे तुमने बहुत संबंध बना लिया तो फिर तुम रोशनी से घबड़ाने लगोगे।

कुछ लोग हैं जो अंधेरे से घबड़ाते हैं; अंधेरे से घबड़ा कर भागते हैं तो रोशनी तक नहीं पहुंच पाते। फिर कुछ लोग हैं, जो रोशनी से घबड़ाने लगते हैं; क्योंकि अंधेरे से उनका प्रेम बन जाता है।

जिसने पूछा है, धर्म ज्योति ने, उसके लिए यह खतरा है, इसलिए मैं कह रहा हूं। उसके लिए खतरा है कि वह इस अंधेरे, उदासी, शांति से कहीं बहुत ज्यादा संबंध न बना ले। अगर यह संबंध ज्यादा बन गया तो फिर सुबह, हो सकती थी जो सुबह, वह भी न हो पाएगी।

इसलिए गुजरो अंधेरे से—आनंद से गुजरो, गीत गुनगुनाते गुजरो। अंधेरा निश्चित ही ठंडा और शीतल है, बड़ा विश्रामदायी है! लेकिन खयाल रखना, अंधेरा केवल गर्भ है उजाले का। अंधेरा केवल निषेध है। विधेय तो प्रकाश है। पहुंचना तो प्रकाश पर है। अंधेरे से गुजरो, अंधेरे में निखरो, नहाओ, लेकिन जाना तो प्रकाश पर है।

अगर कोई व्यक्ति अंधेरे में ही रह जाए तो शांत तो हो सकता है, लेकिन उसके जीवन में प्रेम पैदा न होगा।

बुद्ध ने कहा है: अगर ध्यान लग जाए और करुणा पैदा न हो, तो समझना कि कहीं कुछ चूक हो गई; होते-होते बात रह गई। अंधेरे में आदमी ध्यान को तो उपलब्ध हो सकता है, लेकिन जब प्रकाश का उदय होगा, तभी प्रेम को उपलब्ध होगा। और जब ध्यान और प्रेम दोनों एक साथ फलते हैं, तभी व्यक्ति के वृक्ष में फल और फूल दोनों आए; तभी कोई वस्तुतः सफल और सुफल हुआ।

धर्म ज्योति को खतरा है, क्योंकि वह प्रेम से बड़ी डरी हुई है। उसने जीवन में प्रेम जाना नहीं। वह पहले से ही कुछ गलत गुरुओं के चक्कर में पड़ गई, जिन्होंने समझा दिया कि प्रेम पाप है; जिन्होंने समझा दिया कि शरीर पाप है; जिन्होंने समझा दिया कि संबंध संसार है, इससे तो पार जाना है। उन्होंने उसे बहुत घबड़ा दिया। उनसे वह छूट भी गई, लेकिन बड़े गहरे अचेतन में उनकी धारणाएं अब भी पड़ी रह गई हैं। इसलिए इस बात का डर है कि कहीं अंधेरे से गठबंधन न बन जाए।

तो ध्यान रखना, रोशनी से घबड़ाना मत। रोशनी करीब आए तो आंख बंद मत कर लेना। रोशनी करीब आए तो दरवाजा बंद मत कर लेना। क्योंकि परमात्मा के मार्ग पर भला अंधेरा हो, परमात्मा की उपलब्धि पर प्रकाश है। उसकी प्रतीक्षा करते रहना—अंधेरी रात में भी! अंधेरी रात में भी उसे पहचानने की कोशिश जारी रहे।

कुमुद-दल से वेदना के दाग को
पोंछती जब आंसुओं से रश्मियां
चौंक उठतीं अनिल के विश्वास छू
तारिकाएं चकित-सी अनजान-सी
अवनि अंबर की रुपहली सीप में
तरल मोती-सा जलधि जब कांपता
तैरते घन मृदुल हिम के पुंज से
ज्योत्सना के रजत पारावार में
सुरभि बन जो थपकियां देता मुझे
नींद के उच्छवास-सा वह कौन है!

अंधेरे में भी जो तुम्हें थपकियां दे, खयाल रखना: वही है!

सुरभि बन जो थपकियां देता मुझे
नींद के उच्छवास-सा वह कौन है!

वह जो नींद में भी आकर तुम्हें घेर लेता है, वह भी वही परमात्मा है। अंधेरे की तरह तुम्हें जो घेर लेता, वह भी वही परमात्मा है। शीतल छांह जो अंधेरे की मालूम होती है, वह भी उसी की शीतल छांह है। वह जो मीठा शांतिदायी,

विश्राममयी भाव घेर लेता है अंधेरे में, वह भी उसी के पास होने की खबर है; कहीं पास ही वह मौजूद है!

उसे भूलना मत और उसकी खोज जारी रखना। जो आज सोया है, वह कल जागेगा। जो आज अंधेरे में दबा है—उभरेगा। क्षितिज पर उसकी लाली जल्दी ही दिखाई देने लगेगी।

मुझे यह महसूस हो रहा है मेरा खुदा
ख्वाबगाहे-गफलत में सो रहा है
मेरा दिले-बेकरार मुद्दत से रो रहा है
शिकस्त है यह कि आजमाइश
कि रब्बे-आलम कि लुत्मोंअकराम की नुमाइश
बफूरे-वहशत ने जिंदगी का सुहाग लूटा
तिलिस्म कैफे-शबाब लूटा
मुझे यह महसूस हो रहा है
कि खालिके-जीस्त सो रहा है।
बशर मुहब्बत से
जीस्त के हुस्ने-रंग से हाथ धो रहा है।
कभी तो जागेगा सोने वाला
कभी तो इस सबकी तीरगी को
मिटाएगा सुबह का उजाला।
कभी तो जागेगा सोने वाला
कभी तो इस सबकी तीरगी को
मिटाएगा सुबह का उजाला।

वह होगा—होने ही वाला है! निश्चित ही है! जब रात आ गई तो सुबह दूर नहीं। जब अंधेरा घना होने लगा और तारों की छांव गहरी होने लगी, तो सूरज करीब आने लगा। जल्दी ही क्षितिज पर फैल जाएगी उसकी लाल रेखा।

प्रतीक्षा करो! प्रार्थना करो! आशा को जगाए रखो! आंख खोल कर पुकारते रहो! अंधेरा भी उसका है, प्रकाश भी उसका है! मृत्यु भी उसकी, जीवन भी उसका। इसलिए सब जगह उसे पहचानते रहो।

हरि ॐ तत्सत्!

* * *

प्रवचन : 19

संन्यास का अनुशासन: सहजता

जनक उवाच।

हंतात्मज्ञस्य धीरस्य खेलतो भोगलीलया।
न हि संसारवाहीकैर्मूढ़ैः सह समानता।।60।।
यत्पदं प्रेप्सवो दीनाः शक्राद्याः सर्वदेवताः।
अहो तत्र स्थितो योगी न हर्षमुपगच्छति।।61।।
तज्ज्ञस्य पुण्यपापाभ्यां स्पर्शो ह्यन्तर्न जायते।
न ह्यकाशस्य धूमेन दृश्यमानोऽपि संगतिः।।62।।
आत्मवेदं जगत्सर्वं ज्ञातं येन महात्मना।
यदृच्छया वर्तमानं तं निषेद्धुं क्षमेत कः।।63।।
आब्रह्मस्तम्बपर्यन्ते भूतग्रामे चतुर्विधे।
विज्ञस्यैव हि सामर्थ्यमिच्छानिच्छाविवर्जने।।64।।
आत्मानमद्वयं कश्चिज्जानति जगदीश्वरम्।
यद्वेति तत्स कुरुते न भयं तस्य कुत्रचित्।।65।।

अष्टावक्र ने बड़ी कठिन परीक्षा ली। और जनक जैसे सद्यः, अभी-अभी पैदा हुए आत्मज्ञानी की; अभी-अभी जन्म हुआ; अभी-अभी प्रकाश की किरण उतरी। अभी सम्हल भी नहीं पाए जनक। अभी आश्चर्य की तरंगें उठी जा रही हैं। अभी भरोसा भी नहीं बैठा कि जो हो गया है, वह हो भी गया! भरोसा बैठने में थोड़ा समय लगता है। जितनी बड़ी घटना हो, जितनी अज्ञात घटना हो, उतना ही ज्यादा समय लगता है। अभी तो गदगद हैं जनक। हृदय में नई-नई तरंगें उठ रही हैं। जो हुआ है वह हो भी सकता है—इस पर भरोसा नहीं आ रहा है। जो हुआ है, वह

मुझे हो सकता है—इस पर तो और भी भरोसा नहीं आ रहा। जो हुआ है, वह इतने तत्क्षण हो सकता है—इस पर कैसे भरोसा आए!

बड़े गहन अहोभाव से भरे जनक। और अष्टावक्र बड़ी कठोर परीक्षा लेते हैं; जैसे अभी-अभी पैदा हुआ बच्चा हो और परीक्षा शुरू हो गई।

लेकिन उस कठोरता में करुणा है। उस कठोरता में जनक का सारा भविष्य है। और यह परीक्षा तत्क्षण ही ली जा सकती है। अगर थोड़ी देर हो जाए और ज्ञान की ताजगी समाप्त हो जाए, तो फिर परीक्षा लेनी कठिन है।

इसे थोड़ा समझने की कोशिश करें।

जब ताजा-ताजा ज्ञान है, तब तरल होता है; तब उसे नये रूप दिए जा सकते हैं, नये ढांचे दिए जा सकते हैं। जैसे छोटा सा अंकुर निकलता है, उसे हम कैसे ही झुका लें और किन्हीं दिशाओं में मोड़ दें, कोई भी ढंग दे दें। फिर बड़ा पुराना वृक्ष है, उसे झुकाना मुश्किल हो जाता है—टूट जाएगा, झुकेगा नहीं!

तो ज्ञान जब पैदा हो, तभी अवसर है। देर हो जाए, आश्चर्य समाप्त हो जाए, तो ज्ञान ठोस हो गया, तरलता खो गई। वह जो अग्नि पैदा हुई थी, वह विलीन हो गई। वह जो लावा बहा था, वह जम गया, पत्थर हो गया। फिर उसकी परीक्षा बड़ी कठिन है और परीक्षा व्यर्थ भी है। क्योंकि फिर बड़ी तोड़-फोड़ करनी पड़ेगी।

इसलिए अष्टावक्र ने एक क्षण भी न खोया। इधर जनक आश्चर्य से भरे हैं, उधर अष्टावक्र ने कसना शुरू कर दिया।

जनक ने इन सूत्रों में, आज के सूत्रों में, उत्तर दिया है। जो परीक्षा ली जा रही है उसके प्रति अपने हृदय के भाव प्रकट किए हैं—वे बड़े अनूठे हैं। जनक न तो नाराज हुए; जरा भी नाराज हो जाते तो असफल हो जाते; जरा भी उद्विग्न हो जाते तो असफल हो जाते। क्या कहते हैं, यह उतना सवाल नहीं है—कैसे परीक्षा के लिया? करुणा को पहचाने अष्टावक्र की या कठोरता को? अगर कठोरता को पहचानते और करुणा को भूल जाते तो उसका अर्थ हुआ कि जनक का अहंकार अभी भी मरा नहीं। अहंकार ही कठोरता को पहचानता है। जहां अहंकार खो गया वहां तो सिर्फ महाकरुणा ही ज्ञात होती है। वहां तो गुरु गरदन पर तलवार भी रख दे तो फूलों का हार ही रखा हुआ मालूम होता है। वहां तो गुरु मार भी डाले तो भी शिष्य मरने को तत्पर होता है। क्योंकि गुरु के हाथ से मौत—इससे शुभ और क्या होगा! इससे महाजीवन और क्या हो सकता है! यह तो गुरु की महा अनुकंपा है कि वह गरदन को अलग कर दे, तो तुम पिंजरे से मुक्त हो जाओ। अगर मृत्यु भी दे गुरु और अहंकार न हो, तो करुणा का दर्शन होगा। और अगर अहंकार हो और गुरु महाजीवन भी देता हो, तो भी संदेह उठेंगे।

हजार संदेह उठ सकते थे जनक के मन में। पहली तो बात यह उठ सकती थी कि मुझ पर संदेह किया जा रहा है? पहला तो संदेह यह उठ सकता था कि मुझ पर संदेह किया जा रहा है? अगर ऐसा संदेह उठ आता तो श्रद्धा खो जाती। तो वह जो संवाद चल रहा था गुरु और शिष्य के बीच, रुक जाता, सेतु टूट जाता। दूसरी बात यह उठ सकती थी कि कहीं अष्टावक्र को ईर्ष्या तो नहीं हो गई? मुझ में यह जो ज्ञान का प्रादुर्भाव हुआ है, कहीं अष्टावक्र ईर्ष्यालु तो नहीं हो गए? कहीं ऐसा तो नहीं है कि शिष्य के जीवन में उठती इस क्रांति को देख कर मन में जलन पैदा हुई हो?

अगर ऐसा भाव उठता तो फिर शिष्य शिष्य नहीं रह गया। फिर तो शिष्य और गुरु के बीच हजारों-हजारों योजन का फासला हो गया। फिर तो एक-दूसरे की आवाज पहुंचानी असंभव है। फिर तो वे दूसरे अलग लोकों के वासी हो गए।

नहीं, न तो ऐसा संदेह उठा कि गुरु को मेरे पर संदेह है, न ऐसा भाव उठा कि गुरु ईर्ष्या से भरा है; न ही जनक ने अपने पक्ष में बोलने की चेष्टा की।

नहीं तो साधारणतः जब भी कोई तुमसे कुछ कहे और तुम्हें परीक्षा का संदेह हो तो तुम तत्क्षण सुरक्षा को तत्पर हो जाते हो। तुम तर्क देने लगते हो, विवाद करने लगते हो। तुम हजार सिद्धांत खड़े करके बताने लगते हो कि नहीं, मैं ठीक हूं।

अगर जनक ने जरा भी कोशिश की होती कि मैं ठीक हूं तो वे गलत हो गए होते। क्योंकि ठीक सिद्ध करने की कोशिश गलत आदमी ही करता है। अगर कोई भी तर्क दिया होता और यह सिद्ध करने की कोशिश की होती बौद्धिक रूप से कि नहीं, आप गलत हैं, मैं ठीक हूं—तो इस कोशिश में ही गलत हो गए होते।

जीवन का गणित बड़ा विरोधाभासी है। यहां जो सिद्ध करने चला है कि मैं ठीक हूं, वह गलत सिद्ध हो जाएगा। क्योंकि ठीक हूं, ऐसी सिद्ध करने की आकांक्षा ही तुम्हारे अचेतन में तभी उठती है जब तुम्हें भीतर पता ही होता है कि तुम गलत हो। आत्मरक्षा का भाव भीतर गलत की प्रतीति से पैदा होता है—भय के कारण कि कहीं बात खुल तो न जाएगी? कहीं मेरे भीतर का राज जाहिर तो न हो जाएगा? यह तो गुरु पर्दे उठाने लगा! यह तो मुझे नग्न किए दे रहा है!

नहीं, ऐसी बात भी नहीं उठी।

जनक के ये सूत्र तुम सुनोगे, ये चकित करने वाले सूत्र हैं। परीक्षा कठोर थी, गुरु की आंख तेज तलवार की धार की तरह थी। और गुरु ने जरा भी रहम न किया था। गुरु बड़ा बेरहम था। और गुरु ने चोट पूरी की थी, जितनी की जा सकती थी। और गुरु ने सब दरवाजों से चोट की थी; कहीं से भागने की जगह न छोड़ी थी। पहले भोग के दरवाजे रोक दिए, फिर त्याग का भी दरवाजा रोक दिया। बचने का

उपाय न छोड़ा था। गुरु ने खूब कसा था, सब तरफ से कसा था। अगर थोड़ी भी संभावना होती जनक के भीतर अंधकार की, तो इन सूत्रों का जन्म नहीं हो सकता था। कोई अंधकार की संभावना नहीं रह गई थी।

जनक ने ऐसे उत्तर दिया जिसमें आत्मरक्षा का भाव बिलकुल नहीं; ऐसे उत्तर दिया जिसमें तर्क-सरणी है ही नहीं। उत्तर कहना भी ठीक नहीं है। जनक ने जो उत्तर दिया है, वह प्रतिध्वनि है, उत्तर नहीं। गुरु ने दर्पण सामने रख दिया था, जनक ने अपना हृदय सामने रख दिया; उस दर्पण में जो झलका, वे ही ये सूत्र हैं। जरा भी अपने को ओट में छिपाने की कोशिश न की। जरा भी चौंक कर संदेह से न भरे। जरा भी तर्क को बीच में न लाए। जैसे गुरु ने कुछ परीक्षा ही नहीं ली है, इसी तरह जनक ने उत्तर दिए।

पहला सूत्र, जनक ने कहा: 'हंत, भोगलीला के साथ खेलते हुए आत्मज्ञानी धीरपुरुष की बराबरी संसार को सिर पर ढोने वाले मूढ़ पुरुषों के साथ कदापि नहीं हो सकती है।'

पहला शब्द है: 'हंत!' उसमें सारी श्रद्धा उंडेल दी। 'हंत' बड़ा प्यारा शब्द है। जैनों में उसका पूरा रूप है 'अरिहंत'। बौद्धों में उसका रूप है 'अर्हत'। हिंदू संक्षिप्त 'हंत' का उपयोग करते हैं। हंत का, अरिहंत का, अर्हत का अर्थ होता है, जिसने अपने शत्रुओं पर विजय पा ली—काम, क्रोध, लोभ, मोह, भोग, त्याग, इहलोक, परलोक! जिसने अपनी समस्त आकांक्षाओं पर विजय पा ली, जो निष्कांक्षा को उपलब्ध हुआ है, वही है अरिहंत।

सूत्र की उदघोषणा करते हैं जनक, अष्टावक्र को अरिहंत कह कर—परम श्रद्धा से! इससे बड़ा शब्द नहीं है भाषा में। अरिहंत का अर्थ होता है: भगवान, अरिहंत का अर्थ होता है: आखिरी चैतन्य की दशा, जिसके पार फिर कुछ भी नहीं है। जो-जो हटाना था, हटा दिया। जो-जो गिराना था, गिरा दिया। जो-जो मिटाना था, मिटा दिया। जो-जो जीतना था, जीत लिया। अब कुछ भी नहीं बचा! शुद्ध चैतन्य का सागर रह गया। वैसी दशा का नाम है 'अरिहंत'।

और हंत का एक अर्थ और भी है जो बड़ा कीमती है। हम तो इसका एक ही तरह से उपयोग करते हैं साधारण भाषा में। जब कोई आदमी अपने को मार लेता है तो हम कहते हैं: आत्महंता। हंत का अर्थ होता है, जिसने अपने को मिटा लिया; जिसने अपने को समाप्त कर दिया; जिसके भीतर 'मैं' न रहा; जिसके भीतर अहंकार न रहा; जिसने अपने को बिलकुल समाप्त कर दिया; जिसने अपनी कोई रूप-रेखा न बचाई, नाम-पता न छोड़ा; जो शून्यवत हुआ; जो महाशून्य हुआ; निर्वाण को उपलब्ध हुआ; जिसने वस्तुतः आत्मघात कर लिया!

तुम जिन्हें आत्मघात कहते हो वे आत्मघात नहीं हैं, वे तो केवल शरीर-घात हैं। एक आदमी गोली मार कर मर जाता है, इसको आत्मघात नहीं कहना चाहिए। क्योंकि आत्मा तो नहीं मरती। अहंकार तो नहीं मरता। सच तो यह है कि अहंकार के कारण ही उसने शरीर को मिटा डाला है। अहंकार पर चोट पड़ रही थी; दांव लग गया था; मुश्किल दिखता था बचना; दिवाला निकल रहा था; कि पत्नी भाग गई थी; कि पराजित हो गया था; चुनाव में हार गया था—आत्महत्या कर ली। 'आत्महत्या' कहनी नहीं चाहिए—'शरीर-हत्या', 'देह-हत्या'। मन, अहंकार सब मौजूद है। फिर जन्म ले लेगा। देर नहीं लगेगी। फिर किसी देह में उतर जाएगा।

लेकिन ज्ञानी वस्तुतः आत्महंता है। वह अपने को मिटा ही डालता है पूरा का पूरा। और उसके मिट जाने में ही परमात्मा का होना है। जब तुम खो जाते हो, तभी प्रभु होता है। जहां तुम नहीं हो, वहीं भगवान है।

तुम्हारा मिलन भगवान से कभी न हो सकेगा। तुम जब तक खोजते रहोगे तब तक भटकते रहोगे। क्योंकि तुम जब तक खोजते रहोगे तुम तुम ही बने रहोगे।

कल एक युवक इंगलैंड से आया और मुझसे कहने लगा कि मैं आपके पास आया हूं। मेरी जीसस में बड़ी आस्था है; बड़ा विश्वास है मुझे जीसस में—उसने कहा—क्या आप मेरे विश्वास को दृढ़ बना सकेंगे? क्या आप मेरे विश्वास को और मजबूत बना सकेंगे? तो मैं संन्यस्त होने को तैयार हूं।

मैंने उससे कहा: फिर हमें बातचीत साफ कर लेनी चाहिए, क्योंकि तुम्हारे विश्वास को मजबूत बनाने का अर्थ तो तुम्हीं को मजबूत बनाना होगा। तुम सोचते हो तुम जीसस पर विश्वास करते हो? तुम्हें जीसस से कोई भी प्रयोजन है? तुम्हारा विश्वास मजबूत होना चाहिए! और जब तक तुम्हारा सब भाव न मिट जाए, 'मैं' होने का, तब तक जीसस से तुम्हारा कोई संबंध नहीं हो सकता। अगर तुम मुझ पर छोड़ते हो, तो मेरी पूरी चेष्टा यह होगी कि तुम्हारे विश्वासों को बिलकुल मिटा डालूं, क्योंकि उन्हीं विश्वासों के सहारे तुम खड़े हो। जब सब सहारे गिर जाएंगे तो तुम भी गिर जाओगे। और जहां तुम गिरोगे वहीं सूली लगी! जहां तुम गिरे, वहीं तुम्हारा संबंध क्राइस्ट से हुआ।

उससे मैंने कहा, जब तक तुम क्रिश्चियन हो, तब तक क्राइस्ट से कोई संबंध न हो सकेगा। तो अगर तुम मुझ पर छोड़ते हो, तो मैं तुम्हारे क्राइस्ट...तुम्हारे क्राइस्ट को तो बिलकुल मिटा दूंगा, क्योंकि तुम्हारा क्राइस्ट तो तुम्हीं को भरता है। जब तुम समाप्त हो जाओगे, तुम्हारा क्राइस्ट, तुम्हारी क्रिश्चिएनिटी, तुम्हारा चर्च, तुम्हारा शास्त्र सब खो जाएगा, और तुम्हीं खो जाओगे सबके आधार!—तब जिसका प्रादुर्भाव होगा, उसे फिर तुम चाहे क्राइस्ट कहना, चाहे बुद्ध कहना, चाहे

जिन कहना, तुम्हें जो मर्जी हो कहना। उससे फिर मुझे कोई प्रयोजन नहीं, वह नाम की ही बात है।

न तो जीसस का नाम क्राइस्ट था, न बुद्ध का नाम बुद्ध था, न महावीर का नाम जिन था, वे तो चैतन्य की अवस्था के नाम हैं—आखिरी अवस्था के नाम हैं। जिन का अर्थ: जिसने जीत लिया। बुद्ध का अर्थ: जो जाग गया। क्राइस्ट का अर्थ भी है: जो सूली से गुजर गया और फिर भी न मरा। जो मृत्यु से गुजर गया और महाजीवन को उपलब्ध हो गया—क्राइस्ट का अर्थ है। सूली गुजर गई और फिर भी कुछ न मिटा। जो शाश्वत था वह बना रहा, जो व्यर्थ था वही छूट गया। सूली पर जो मरा, वे जीसस थे—सूली से जो बच रहा, वे क्राइस्ट! वही पुनरुज्जीवन की कथा का अर्थ है।

हंता का अर्थ है: जिसने अपने को पोंछ डाला, मिटा डाला; जिसने अपने हाथ से अपने अहंकार को घोंट दिया, गला घोंट दिया। फिर बचते हैं हम—असीम की भांति, अनंत की भांति, शाश्वत-सनातन की भांति।

ठीक किया जनक ने; उत्तर देने में जो पहला शब्द उपयोग किया, उसमें सब कह दिया। उसमें सब कह दिया कि आप मुझे धोखा न दे पाएंगे। आप मुझे नाराज न कर पाएंगे। कितनी ही परीक्षा लो मेरी, क्षण भर को भी मैं नहीं भूलूंगा कि तुम पहुंच गए हो। तुम्हारी कठोरता के कारण मैं ऐसा सोच भी नहीं सकता हूं कि तुम्हारे मन में ईर्ष्या होगी। तुम तो हो ही नहीं, तो ईर्ष्या कैसी? तुम तो हो ही नहीं, तो अहंकार कैसा? तुम तो हो ही नहीं, तो कठोरता कैसी?

इसलिए पहला 'हंत' शब्द उपयोग किया। उस 'हंत' में सब कह दिया। बात तो वहीं खत्म हो गई, शेष सूत्र तो फिर व्याख्या हैं। शेष सूत्रों में तो इसी बात को फैला कर कहा।

हंतात्मज्ञस्य धीरस्य खेलतो भोगलीलया।
न हि संसारवाहीकैर्मूढैः सह समानता।।

'हे हंत, भोगलीला के साथ खेलते हुए आत्मज्ञानी धीरपुरुष की बराबरी संसार को सिर पर ढोनेवाले मूढ़ पुरुषों के साथ कदापि नहीं हो सकती।'

और परीक्षा को व्यक्तिगत रूप से न लिया। उत्तर देखते हैं! उत्तर में यह नहीं कहा कि आप मेरी बराबरी अज्ञानियों से कर रहे हैं! 'मुझको' तो बीच में लाए ही नहीं। 'मैं' को तो उठाया ही नहीं। मैं का कोई संबंध न बांधा। उत्तर बिलकुल निर्वैयक्तिक है।

कहा कि 'भोगलीला के साथ खेलते हुए आत्मज्ञानी धीरपुरुष की बराबरी संसार को सिर पर ढोनेवाले मूढ़ पुरुषों के साथ कदापि नहीं हो सकती।'

दोनों संसार में खड़े हैं। अज्ञानी भी खड़ा है, ज्ञानी भी खड़ा है। दोनों बाजार में खड़े हैं। लेकिन दोनों के खड़े होने के ढंग में फर्क है। दोनों का स्थान भला एक हो, दोनों की स्थिति अलग है। अज्ञानी तो सिर पर ढो रहा है, ज्ञानी ने पोटली रथ पर उतार कर रख दी। फिर से तुम्हें वह कहानी कह दूं। बार-बार कहता हूं, क्योंकि बड़ी महत्वपूर्ण है।

सम्राट चला आ रहा है शिकार खेल कर अपने रथ में बैठा हुआ; देखता है एक भिखारी को पोटली लिए हुए रास्ते पर। बिठा लेता है रथ में कि छोड़ दूंगा जहां तुझे उतरना हो; कहां तुझे उतरना है? भिखारी बड़ा सकपकाता है। बैठ तो जाता है रथ में—डरा-डरा! कहना तो चाहता है कि नहीं महाराज, मैं और रथ में बैठूं, नहीं, नहीं! मगर इतनी भी हिम्मत नहीं, 'नहीं' कहने से कहीं सम्राट नाराज न हो जाए! उस स्वर्ण-सिंहासन पर सिकुड़ा-सिकुड़ा बैठा है; घबड़ाया हुआ बैठा है कि कहीं मेरे कारण सब गंदा न हो जाए। मैं दीन-हीन, इस राजरथ पर बैठूं! लेकिन पोटली उसने अपने सिर पर उठा रखी है।

सम्राट थोड़ी देर बाद कहता है : अरे पागल, पोटली नीचे रख! अब पोटली सिर पर क्यों रखे है? वह कहता है : नहीं महाराज, इतनी ही दया क्या कम है कि आपने मुझे बैठा लिया! और अपनी पोटली का वजन भी आपके रथ पर रखूं? नहीं-नहीं, यह ज्यादती हो जाएगी। यह तो अशिष्टाचार हो जाएगा। माना कि मैं दीन-हीन गरीब आदमी हूं, इतनी तो बुद्धि मुझे भी है। पोटली तो मैं सिर पर ही रखूंगा, आप कुछ भी कहो। मैं बैठ गया, यही बहुत—बैठना भी नहीं था मुझे। डर के मारे बैठ गया हूं कि कहीं आप नाराज न हो जाएं। मेरे पैर तो चलने के लिए ही बने हैं। मैं तो गरीब आदमी हूं, यह रथ मेरे लिए नहीं है। मुझे बड़ी दिक्कत हो रही है। तो कम से कम पोटली तो मुझे सिर पर रखे रहने दें। इतना बोझ आपके रथ पर और डालूं—नहीं, यह मुझसे न हो सकेगा।

अब तुम रथ में बैठे हो, पोटली सिर पर रखो कि नीचे—बराबर है।

जनक कहते हैं: ज्ञानीपुरुष भी रथ में बैठता, अज्ञानी भी रथ में बैठता। अज्ञानी पोटली सिर पर रखे रहता है, ज्ञानी पोटली नीचे उतार कर रख देता है।

'संसार को सिर पर ढोने वाले मूढ़ पुरुषों के साथ ज्ञानी पुरुष की समानता कदापि नहीं की जा सकती।'

क्यों? भोगलीला के साथ खेलते हुए...। वह जो ज्ञानी पुरुष है उसके लिए तो सब लीला हो गया, सब खेल हो गया। वह तो इस जगत में खेल की तरह सम्मिलित है। इस जगत में उसे कोई रस नहीं है। इस जगत में पक्ष-विपक्ष नहीं रहा उसके मन में, इच्छा-अनिच्छा नहीं रही। वह तो सम्मिलित होता है—प्रभु-मर्जी से।

वे सूत्र आगे आएंगे। लेकिन जगत उसे खेल हो गया।

तुम दुकान पर दो ढंग से बैठ सकते हो। एक ढंग है अज्ञानी का कि तुम सोचते होः दुकान ही जीवन। एक ढंग है ज्ञानी का कि तुम जानते होः एक खेल है—जरूरी; खेलना आवश्यक; जीवन का हिस्सा, लेकिन खेल-मात्र! दोनों दुकान पर बैठे हैं; दोनों एक जगह बैठे हैं—लेकिन दोनों की चित्त-दशा बड़ी भिन्न है। एक साक्षी-मात्र है, क्योंकि सब खेल है। दूसरा भोक्ता हो गया; कर्ता हो गया, क्योंकि सब बड़ा गंभीर है।

अज्ञानी जगत को गंभीरता से लेता है, ज्ञानी हंस कर लेता। बस, उतनी मुस्कुराहट का फासला है। पत्नी मर जाती है तो अज्ञानी भी उसे मरघट तक छोड़ आता है; लेकिन रोता, चीखता, चिल्लाता। ज्ञानी भी मरघट तक छोड़ आता।...एक खेल पूरा हुआ। एक नाटक समाप्त हुआ, पर्दा गिरा। रोने, चीखने, चिल्लाने जैसा कुछ भी नहीं है। भीतर वह साक्षी ही बना रहता है। द्रष्टा-भाव उसका क्षण भर को नहीं खोता। इतना ही भेद है।

ज्ञानी संसार को छोड़ कर भागे, तब ज्ञानी—तब तो इसका अर्थ हुआ कि अभी भी संसार को गंभीरता से ले रहा है; छोड़ कर भाग रहा है। अभी संसार को देख नहीं पाया। अभी आंख गहरी नहीं हुई। अभी उतरा नहीं जीवन के अंतरतम में। अभी पहचाना नहीं कि भोक्ता और कर्ता मैं दोनों नहीं हूं, सिर्फ साक्षी-मात्र हूं।

अमेरिका में लिंकन की पहली शती मनाई गई। तो एक आदमी ने लिंकन का पार्ट किया, पार्ट किया एक वर्ष तक सारे अमेरिका में। उसका चेहरा लिंकन से मिलता-जुलता था। तो उसे नाटक का काम दिया गया कि वह लिंकन का अभिनय करे। और वह नाटक की मंडली सारे अमेरिका में घूमी, हर बड़े नगर में गई, गांव-गांव गई, साल भर उसने यात्रा की। वह आदमी साल भर तक लिंकन का अभिनय करता रहा।

लेकिन धीरे-धीरे, धीरे-धीरे लोगों को थोड़ा शक हुआ कि उस आदमी में गड़बड़ होनी शुरू हो गई। वह लिंकन के कपड़े पहनता, नाटक में तो पहनता ही, धीरे-धीरे वह बाहर भी पहनने लगा। मंच के बाहर भी चलने लगा वैसे ही जैसे लिंकन चलता था। थोड़ा लंगड़ाता था लिंकन, तो वह ऐसे ही लंगड़ा कर बाहर भी चलने लगा। लिंकन थोड़ा हकलाता था, तो वैसे ही हकला कर वह बाहर भी बोलने लगा। लोगों ने कहा कि यह क्या मजाक है?

पहले तो लोगों ने समझा, मजाक कर रहा है। लेकिन फिर धीरे-धीरे लोग गंभीर हो गए, क्योंकि वह तो बिलकुल ही मान बैठा कि लिंकन हो गया है।

जब साल भर बाद वह घर आया तो वह तो बिलकुल लिंकन होकर आ गया था। साल भर अभिनय करते-करते वह यह भूल ही गया कि मैं अभिनेता हूं। उसने तो मान ही लिया कि मैं अब्राहम लिंकन हूं। उसके संबंध में तो यह लोकोक्ति प्रचलित हो गई कि जब तक इसको गोली न मारी जाएगी तब तक यह न मानेगा। जैसे लिंकन को गोली मारी गई और लिंकन की हत्या हुई—जब तक इसकी हत्या न होगी, यह मानने वाला नहीं है।

सब तरह के इलाज किए गए, चिकित्सा की गई; डाक्टरों को दिखाया गया, मनोवैज्ञानिकों को दिखाया गया। सब थक गए समझा-समझा कर। वे उसको समझाएं, वह मुस्कुरा कर बैठा रहे। वह कहे कि आप बड़े मजे की बात कह रहे हैं। हद हो गई, आप मुझको समझा रहे हैं कि मैं अब्राहम लिंकन नहीं हूं! आपका दिमाग ठीक है? मुझमें क्या कमी देखते हैं?

कमी उसमें कुछ भी न थी, अभिनय वह बिलकुल पूरा कर रहा था। वैसा चलता, वैसा बोलता, वैसा उठता-बैठता, वैसी उसने दाढ़ी-मूछें बढ़ा ली थीं—सब बिलकुल वैसा था।

आखिर चिकित्सक भी उससे थक गए। और उन्होंने कहा कि यह आदमी तो हद है! इसको भरोसा इतना गहरा आ गया है!

तभी अमेरिका में एक मशीन ईजाद की गई थी, जिसको अदालतों में उपयोग करते हैं, झूठ पकड़ने के लिए—लाइ-डिटेक्टर। आदमी को मशीन के ऊपर खड़ा कर देते हैं, उससे प्रश्न पूछते हैं—ऐसे प्रश्न जिनके उत्तर वह झूठे तो कभी दे ही नहीं सकता। जैसे, उससे पूछते हैं घड़ी दिखा कर कि कितना बजा है? अब घड़ी में अगर साढ़े आठ बजा है तो वह कहता है, साढ़े आठ बजा है। इसमें क्या झूठ बोलेगा, घड़ी सामने है। झूठ बोलेगा कैसे? उससे पूछते हैं, यह रंग कैसा है, गेरुआ है कि हरा है? तो वह कहता है, गेरुआ है। इसमें झूठ क्या बोलेगा? उसके सामने किताब रख कर कहते हैं, यह किताब कुरान है कि बाइबिल है? वह कहता है, बाइबिल है। इसमें झूठ क्या बोलेगा? ऐसे पांच-सात प्रश्न पूछते हैं, जिनमें सच बोलना अनिवार्य ही है। उनमें झूठ बोलने की कोई जगह नहीं है। नीचे मशीन ग्राफ बनाती है। जैसा तुमने कार्डियोग्राम देखा हो, वैसा ही ग्राफ बनता है नीचे। उसके हृदय की धड़कनें बताती हैं कि बिलकुल ठीक चल रही हैं।

तभी अचानक उससे पूछते हैं कि तुमने चोरी की? उसके हृदय में तो आवाज आती है कि की, क्योंकि उसने की है। लेकिन वह उसे गटक जाता है और कहता है, नहीं! नीचे कार्डियोग्राम जो बन रहा है, ग्राफ जो बन रहा है, वह झटका खा जाता है। क्योंकि अब पहली दफा कुछ कहना चाहता था और कुछ कहा, तो एक

झटका लगा। हृदय की धड़कन पर, श्वास पर एक विरोध पैदा हुआ, एक द्वंद्व हुआ; द्वंद्व पकड़ जाता है। बस, वहीं उसे पकड़ लेते हैं।

तो किसी ने सुझाव दिया कि इस आदमी को लाइ-डिटेक्टर पर खड़ा कर के देखो। तो उसे खड़ा किया गया। तो उसके सब चिकित्सक इकट्ठे हुए, परिवार के लोग इकट्ठे हुए। वह आदमी भी थक गया था; रोज-रोज, रोज-रोज सभी समझाते थे। उसने उस दिन कहा कि अच्छा चलो, झंझट खत्म करो। हूं तो मैं अब्राहम लिंकन, लेकिन क्या करूं! अब दुनिया ही मानने को राजी नहीं है तो जाने दो दुनिया को, कह देंगे कि नहीं हैं। इस किस्से को अब खत्म किया जाए।

लाइ-डिटेक्टर पर खड़ा किया; पांच-सात ऐसे प्रश्न पूछे जो ठीक उत्तर दिए जा सकते थे। तब उससे पूछा कि क्या तुम अब्राहम लिंकन हो? उसने कहा कि नहीं! और नीचे लाइ-डिटेक्टर ने कहा कि यह झूठ बोल रहा है। इतना गहरा भरोसा! ऊपर से कह रहा है, नहीं! लाइ-डिटेक्टर भी कहता है कि है तो यह अब्राहम लिंकन!

हमारी भी ऐसी दशा है। जन्मों-जन्मों...। उसने तो एक ही साल काम किया था अब्राहम लिंकन का, हम जन्मों-जन्मों से कर्ता और भोक्ता बने हैं। कोई लाइ-डिटेक्टर हमें पकड़ नहीं सकता। अगर हम कहें भी लाइ-डिटेक्टर पर खड़े होकर कि हम साक्षी हैं, लाइ-डिटेक्टर कहेगा, यह आदमी झूठ बोल रहा है—कर्ता-भोक्ता है। साक्षी-बिलकुल नहीं!

हमारी आदत लंबी और प्राचीन हो गई है—पुरातन है! सदियों से चली आती है।

जब कोई व्यक्ति जागता है, तो भागता थोड़े ही है कहीं, भागेगा कहां? जाग कर इतना ही अंतर पड़ता है। यह अंतर बहुत छोटा और बहुत बड़ा—दोनों एक साथ। यह किसी को पता भी नहीं चलेगा, ऐसा अंतर है। यह तो तुम गुरु के सामने खड़े होओगे, उसके दर्पण में ही झलकेगा, और किसी को पता भी नहीं चलेगा। शायद तुम्हारी पत्नी भी न पहचान पाए कि कब तुम कर्ता से साक्षी हो गए। कब, किस घड़ी में, किस क्षण में क्रांति घटी—शायद तुम्हारा पति भी न पहचान पाए; तुम्हारे बच्चे भी न जान पाएं। जो तुम्हारे हृदय के बहुत करीब हैं, वे भी न जान पाएंगे। क्योंकि यह क्रांति बड़ी सूक्ष्म है—सूक्ष्म, अति-सूक्ष्म है यह। इतनी बारीक क्रांति है कि या तो तुम जानोगे या गुरु जानेगा। इसके अतिरिक्त कोई भी नहीं पहचान सकेगा।

क्योंकि रहोगे तो तुम वैसे के वैसे ही। दुकान करते थे तो उस दिन क्रांति के बाद भी तुम दुकान पर जा कर बैठोगे, तराजू से सामान तौलोगे, बेचोगे, ग्राहकों

से मोल-तोल करोगे—सब करोगे। घर आओगे; बच्चों के सिर थपथपाओगे; पत्नी के लिए फूल या आइस्क्रीम खरीद लाओगे—वह सब करोगे। सब वैसा ही चलता रहेगा। शायद पहले से भी अच्छा चल पड़ेगा। क्योंकि अब एक गहन समझ का जन्म हुआ है। अब तुम किसी को व्यर्थ कष्ट न देना चाहोगे।

लेकिन भीतर एक क्रांति घटित हो गई। अब तुम दूर-दूर हो। अब तुम बहुत दूर हो। अब तुम कर रहे हो, लेकिन करने में अब कोई गंभीरता नहीं है। अब नाटक है। अब तुम जाग गए कि यह सब रामलीला है। अब तुम्हें होश आ गया।

इस होश को तो कोई होश वाला ही पहचानेगा और परखेगा। इसलिए गुरु की बड़ी जरूरत है, क्योंकि गुरु ही साक्षी हो सकता है।

जनक ने कहा: 'भोगलीला के साथ खेलते हुए आत्मज्ञानी धीरपुरुष की बराबरी संसार को सिर पर ढोने वाले मूढ़ पुरुषों के साथ कदापि नहीं की जा सकती।'

देखना, उत्तर में ये 'मैं' को बीच में नहीं लाए। अगर थोड़ा भी अज्ञान बचा होता तो वे कहते, 'क्या आप कहते हैं? मेरी बराबरी, और संसार के मूढ़ पुरुषों से करते हैं?'—ऐसा उत्तर होता। उत्तर बिलकुल ऐसा ही होता, लेकिन जरा सा फर्क होता कि 'आप मेरी तुलना मूढ़ों से करते हैं! मैं ज्ञानी, मुझे ज्ञान का उदय हो गया!' नहीं, वह तो बात ही नहीं उठाई। जिसे ज्ञान का उदय हो गया, उसका 'मैं' तो अस्त हो गया। अब मैं की बात उठाने का कोई कारण न रहा। अब तो सीधी बात की—सिद्धांत की। सीधी बात की—सत्य की, सूत्र की।

हंतात्मज्ञस्य धीरस्य खेलतो भोगलीलया।

'हे हंत, हे अरिहंत! खेलता है ज्ञानी तो भोगमयी लीला के साथ, ढोता नहीं। क्रीड़ा है जगत, कृत्य नहीं।'

अज्ञानी तो खेल भी खेलता है तो भी उलझ जाता है, गंभीर हो जाता है। ज्ञानी कृत्य भी करता है, तो भी उलझता नहीं, जागा रहता है। जानता रहता है कि मेरा स्वभाव तो सिर्फ साक्षी है। ऐसी अहर्निश धुन बजती रहती है कि मैं साक्षी हूं। यह 'मैं साक्षी' का भाव पृष्ठभूमि में खड़ा रहता है। सब होता रहता है। जन्म होता, मृत्यु होती; हार होती, जीत होती, सम्मान-अपमान होता, सब होता रहता है। कभी महल, कभी झोपड़े, सब होता रहता। लेकिन भीतर बैठा ज्ञानी जानता रहता है कि लीला है, खेल है, क्रीड़ा है।

तुमने देखा, तुम उसी रास्ते पर सुबह घूमने जाते हो और उसी रास्ते पर दोपहर दफ्तर के लिए जाते हो; रास्ता वही, तुम वही, रास्ते के किनारे खड़े दरख्त वही; सूरज, आकाश सब वही, पड़ोस के लोग वही, सब कुछ वही—लेकिन जब

तुम दफ्तर जाते हो तो तुम्हारी चाल में तनाव होता है। तब तुम्हारे मन में चिंता होती है। सुबह उसी रास्ते पर तुम घूमने जाते हो, तब न कोई चिंता होती, न कोई तनाव होता। क्योंकि तुम कहीं जा ही नहीं रहे हो—खेल है। घूमने निकले हो; हवा खाने निकले हो। कहीं से भी लौट सकते हो, कोई मंजिल नहीं है। कहीं पहुंचने का कोई स्थिर स्थान नहीं है। कहीं पहुंचने को निकले ही नहीं हो, सिर्फ घूमने निकले हो। घूमने निकले हो, तो एक मौज होती है। काम से जा रहे हो, सब मौज खो जाती है।

ज्ञानी अपने समस्त कामों को खेल बना लेता है और अज्ञानी खेल को भी काम बना लेता है। बस, इतना ही फर्क है। ज्ञानी को कर्म भी अभिनय हो जाते हैं। अज्ञानी को अभिनय भी कर्म हो जाता है। वह अभिनय को भी गंभीरता से पकड़ लेता है। ज्ञानी जीवन में से कुछ भी नहीं पकड़ता, कुछ भी नहीं छोड़ता। पकड़ने-छोड़ने का कोई सवाल नहीं। जो आ जाए, जो होता है—होने देता है। सिर्फ देखता रहता है।

'जिस पद की इच्छा करते हुए शक्र और दूसरे देवता दीन हो रहे हैं, उस पद पर स्थित हुआ भी योगी हर्ष को नहीं प्राप्त होता—यही आश्चर्य है।'

वक्तव्य निर्वैयक्तिक है।

यत्पदं प्रेप्सवो दीनाः शक्राद्याः सर्वदेवताः।

इंद्र इत्यादि देवता भी दीन होकर मांग रहे हैं : और मिल जाए, और मिल जाए, और मिल जाए। जिनके पास सब मिला हुआ मालूम पड़ता है, वे भी मांग रहे हैं। मांग बंद होती नहीं, दीनता जाती नहीं, हीनता मिटती नहीं। कितने ही बड़े पद पर रहो, हीन बने ही रहते हो : 'और बड़ा पद मिल जाए! और थोड़ी शक्ति बढ़ जाए! और थोड़ा साम्राज्य विस्तीर्ण हो जाए! तिजोरी थोड़ी और बड़ी हो जाए!' इसका कहीं कोई अंत नहीं आता। दीन दीन ही बना रहता है।

'जिस पद की इच्छा करते हुए शक्र और दूसरे देवता दीन हो रहे हैं...।'

अहो तत्र स्थितो योगी न हर्षमुपगच्छति।

आश्चर्य है हंत, कि योगी वहां बैठा है—उस परम अवस्था में जिसके लिए देवता भी दीन हो रहे हैं—और फिर भी हर्ष को प्राप्त नहीं होता। उसकी सारी दीनता खो गई है।

इसे समझना।

जब तक तुम सुखी हो सकते हो तब तक तुम दुखी भी हो सकते हो। सुख-दुख साथ-साथ हैं—रात-दिन की भांति। तुम एक को न बचा सकोगे। तुम यह न कर सकोगे कि हर्ष तो बच जाए, दुख खो जाए। तुम यह न कर सकोगे : दिन ही

दिन बचें और रातें समाप्त हो जाएं। दिन बचाओगे, रातें भी रहेंगी। सुख बचाओगे, दुख भी रहेगा। जन्म बचाओगे, मौत भी रहेगी। मित्र बचाओगे, शत्रु भी रहेंगे। द्वंद्व से तुम बाहर जा न सकोगे। जिस दिन तुम देखोगे कि ये तो दोनों जुड़े हैं: एक ही सिक्के के दो पहलू हैं, उस दिन पूरा सिक्का हाथ से गिर जाता है। योगी उस पद पर बैठा है जिसकी बड़े-बड़े देवता भी आकांक्षा कर रहे हैं। लेकिन फिर भी हर्ष को उपलब्ध नहीं होता है।

'वह उस पद पर स्थित हुआ भी, जरा भी हर्ष को उत्पन्न नहीं होता।'

क्यों? क्योंकि जो उस पद पर मिला है, वह तो स्वभाव है। उसके लिए हर्ष क्या? जो मिलना ही चाहिए वही मिला है। जो मिला ही हुआ था, वही मिला है। जिसको भूल से समझा था कि खो गया, वही मिला। खोया तो कभी भी न था। हर्ष क्या है? अपनी स्वयं की संपत्ति पाकर हर्ष कैसा?

जनक कहते हैं: आश्चर्य यही है कि सब पाकर भी हर्ष नहीं होता योगी को। हर्ष होता ही नहीं योगी को।

तुम आनंद का अर्थ हर्ष मत समझना। हर्ष तो एक ज्वरग्रस्त दशा है। हर्ष भी थकाता है। तुम ज्यादा देर हर्ष में न रह सकोगे। हर्ष में भी तरंगें उठती हैं। जैसे चिंता की तरंगें हैं वैसे हर्ष की तरंगें हैं। जैसे दुख की तरंगें हैं, वैसे हर्ष की तरंगें हैं। फर्क इतना ही है कि दुख की तरंगों को तुम पसंद नहीं करते, सुख की तरंगों को तुम पसंद करते हो—बस। मगर दोनों तरंगें हैं। दोनों में चित्त तो विक्षुब्ध होता है। दोनों में चित्त तो टूट-टूट जाता, खंड-खंड हो जाता है। तुम्हारी अखंडता तो बिखर जाती है। तुम्हारी शांत झील तो खो जाती है। तुम्हारा दर्पण तो ढंक जाता है।

तत्र स्थितो योगी न हर्षम् उपगच्छति अहो!

आश्चर्य प्रभु! जनक कहने लगे अष्टावक्र से कि जिसे पाने के लिए सारा संसार दौड़ा जा रहा है; जन्मों-जन्मों की यात्रा चल रही है, अनंत की खोज चल रही है, अनंत से चल रही है—उसे पाकर भी, उस सिंहासन पर विराजमान होकर भी योगी में हर्ष का भी पता नहीं होता। वह वहां भी साक्षी बना रहता है। उसका साक्षी-भाव वहां भी नहीं खोता। जरा भी तरंग उठती नहीं। आकाश उसका कोरा का कोरा रहता है। न दुख के बादल, न सुख के बादल-बादल घिरते ही नहीं।

'उस पद को जानने वाले के अंतःकरण का स्पर्श वैसे ही पुण्य और पाप के साथ नहीं होता है, जैसे आकाश का संबंध भासता हुआ भी धुएं के साथ नहीं होता।'

तुमने देखा, चूल्हा जलाते हो, धुआं उठता है। धुआं आकाश में फैलता है, लेकिन आकाश को गंदा नहीं कर पाता, न छूता। इतने बादल उठते हैं, सब धुआं

हैं; फिर-फिर खो जाते हैं। कितनी बार बादल उठे हैं और कितनी बार खो गए हैं—आकाश तो जरा भी मलिन नहीं हुआ। न तो शुभ्र बादलों से स्वच्छ होता है, न काले बादलों से मलिन होता है।

जनक कहते हैं: 'उस पद को जानने वाले का अंतःकरण ऐसे ही हो जाता है जैसे आकाश।'

तज्ज्ञस्य पुण्यपापाभ्यां स्पर्शो ह्यन्तर्न जायते।

न ह्यकाशस्य धूमेन दृश्यमानोऽपि संगतिः।।

जैसे धुएं के संग से आकाश अछूता, कुआंरा बना रहता—अस्पर्शित—वैसे ही ज्ञानी के साक्षी-भाव का आकाश किसी भी चीज से धूमिल नहीं होता। उसकी प्रभा, वह भीतर की ज्योति धूम-रहित जलती है। न महल उसे अमीर करते और न झोपड़े उसे गरीब करते। न सिंहासनों पर बैठ कर स्वर्ण उसे छूता; न मार्गों पर भिखारी की तरह भटक कर दीनता उसे छूती।

'जिस महात्मा ने इस संपूर्ण जगत को आत्मा की तरह जान लिया है, उस वर्तमान ज्ञानी को अपनी स्फुरणा के अनुसार कार्य करने से कौन रोक सकता है?'

बड़ा अनूठा सूत्र है अब।

हि आकाशस्य संगतिः दृश्यमाना अपि धूमेन न।

'आकाश जैसा हो गया जो, धुआं जिसे अब छूता नहीं...।'

'जिस महात्मा ने इस संपूर्ण जगत को आत्मा की तरह जान लिया है...।'

'मैं' मिटा कि फिर भेद न रहा। जैसे मकान के आसपास तुम बागुड़ लगा लेते हो, तो पड़ोसी से भिन्न हो गए। फिर बागुड़ हटा दी, बागुड़ जला दी—जमीन तो सदा एक ही थी, बीच की बागुड़ लगा रखी थी, वह हटा दी, तो तत्क्षण तुम सारी पृथ्वी के साथ एक हो गए।

'मैं' की बागुड़ है। 'मैं' की हमने एक सीमा खींच रखी है अपने चारों तरफ; एक लक्ष्मण-रेखा खींच रखी है, जिसके बाहर हम नहीं जाते और न हम किसी को भीतर घुसने देते हैं। जिस दिन तुम इस लक्ष्मण-रेखा को मिटा देते हो—न फिर कुछ बाहर है, न कुछ फिर भीतर है; बाहर और भीतर एक हुए। बाहर भीतर हुआ, भीतर बाहर हुआ। तुमने मकान बना लिया है; ईंट की दीवालें उठा लीं, तो आकाश बाहर रह गया, कुछ आकाश भीतर रह गया। किसी दिन दीवालें तुमने गिरा दीं, तो फिर जो भीतर का आकाश है, भीतर न कह सकोगे उसे; जो बाहर का है, उसे बाहर न कह सकोगे। बाहर और भीतर तो दीवाल के संदर्भ में सार्थक थे। अब दीवाल ही गिर गई तो बाहर क्या? भीतर क्या? कैसे कहो बाहर? कैसे कहो भीतर? दीवाल के गिरते ही बाहर-भीतर भी गिर गया। एक ही बचा।

'जिस महात्मा ने इस संपूर्ण जगत को आत्मा की तरह जान लिया है, उस वर्तमान ज्ञानी को अपनी स्फुरणा के अनुसार कार्य करने से कौन रोक सकता है?'

आत्मवेदं जगत्सर्वं ज्ञातं येन महात्मना।
यदृच्छया वर्तमानं तं निषेद्धुं क्षमेत कः।।

किसकी क्षमता है? कैसे कोई रोकेगा?

जनक के इस सूत्र को बहुत गहराई में समझना। जनक का यही उत्तर है। जनक कह रहे हैं: अब कौन रोके? जब मैं एक हो गया तो अब कौन रोके? जो हो रहा है, हो रहा है। जो होगा, होगा। अब रोकने वाला न रहा। अब तो 'यदृच्छया'। अब तो भाग्य! अब तो विधि। अब तो परमात्मा या जो भी नाम दो। अब तो 'वह' जो कराए, होगा। अब तो अपने किए कुछ न होगा। हम तो रहे नहीं। हम तो गए। तब तो जो होगा, उसे देखेंगे। महल में रखवाएगा तो महल में रहेंगे। महल छीन लेगा, तो महल को छीनता हुआ देखेंगे।

ऐसी जनक के जीवन में कथा है कि एक गुरु ने अपने शिष्य को बहुत वर्षों तक मेहनत करने के बाद भी जब देखा कि कोई गति नहीं हो रही है समाधि में, तो कहा कि तू जनक के पास चला जा। अब जिसकी गति समाधि में नहीं हो रही थी, जाहिर है कि बड़ा अहंकारी रहा होगा। उसने कहा: मैं, और जनक के पास जाऊं? और जनक मुझे क्या सिखाएंगे? खुद ही तो पहले सीखें, पहले त्याग तो करें! महलों में रहते हैं; राग-रंग में जीते हैं—मुझे क्या खाक सिखाएंगे? मगर आप कहते हैं तो चला जाता हूं। गुरु-आज्ञा है, इसलिए चला जाता हूं।

गया तो, लेकिन गया नहीं। मजबूरी जैसा गया। विवशता में गया। माननी है आज्ञा, सो पूरी कर देनी है। गुरु ने कहा तो जाओ। गया, लेकिन अकड़ थी।

जब पहुंचा जनक के दरबार में तो वहां तो राग-रंग चल रहा था, संगीत उठ रहा था। नर्तकियां नाच रही थीं। शराब के प्याले ढाले जा रहे थे, दरबारी मस्त हो रहे थे। बीच में बैठे थे जनक। वह हंसा। अपने मन में उसने कहा कि मैं पहले ही जानता था। अभी इसको खुद ही बोध नहीं है। अब यह बैठा यहां क्या कर रहा है? और अगर यह ज्ञानी है, तो फिर अज्ञानी कौन है? और अगर इससे मुझे सीखना है...हालत तो उलटी मालूम होती है: इसको तो मैं ही सिखा सकता हूं कुछ।

जनक उठा। ब्राह्मण देवता आए थे तो उन्होंने उसके पैर पड़े और कहा कि आप विश्राम करें; सुबह विश्राम के बाद अपनी जिज्ञासा प्रकट करना।

उसने कहा, खाक जिज्ञासा! तुमने अपने को समझा क्या है? कैसी जिज्ञासा? तुमसे जिज्ञासा करूंगा?

उसने कहा कि नहीं, आपकी मर्जी, करना हो करें न करें; लेकिन अभी तो विश्राम कर लें, भोजन करें।

भोजन और विश्राम की व्यवस्था करवा दी। जनक को दिखाई तो पड़ गया सीधा-सीधा कि इस आदमी की अड़चन क्या है; इसके गुरु ने क्यों इसे भेजा है? यह भोग से तो छूट गया था, यह त्यागी हो गया था। और भोगी को तो ध्यान में ले जाना कठिन है ही, त्यागी को महा कठिन है। ध्यान में ले जाने में जो अहंकार बाधा है, वह त्यागी के पास तो और भी मजबूत हो जाता है— ठीक इस्पात का हो जाता है। त्यागी का अहंकार तो स्टैलिन हो जाता है। स्टैलिन का नाम स्टील से बना है। तो वह तो बिलकुल स्टैलिन हो जाता है। उसको तो झुकाना मुश्किल!

देख तो लिया जनक ने। पैर धोए त्यागी के। त्यागी तो और भी अकड़ा। उसने कहा, 'मैं पहले ही जानता था कि यह मूढ़ मुझे क्या समझाएगा! मेरे पैर धो रहा है! यह खुद ही मुझसे सीखने को उत्सुक हो रहा है। सुबह यही जिज्ञासा करेगा।' तो वह शान से सोया। वह थोड़ी सी चिंता थी मन में, वह भी गई कि किसी से कुछ सीखना पड़ेगा। सिखाने का मजा अहंकार को बहुत है। सीखने के लिए अहंकार बिलकुल राजी नहीं है। गुरु होने का मौका मिले तो अहंकार तत्क्षण होने को तैयार है। शिष्य बनने में बड़ी अड़चन है, बड़ी कठिनाई है।

सुबह हुई। जनक ने उसे द्वार पर आकर जगाया और कहा कि चलें स्नान को। पीछे बहती है नदी, वहां हम स्नान कर लें।

वे दोनों स्नान को गए। त्यागी के पास तो सिवाय लंगोटी के कुछ भी न था। दो लंगोटियां थीं। तो एक लंगोटी तो वह किनारे पर रख गया और एक लंगोटी वह पहने था, तो नदी में गया। जनक भी उसके साथ-साथ गए। जब वे दोनों नदी में स्नान कर रहे थे, तभी वह त्यागी चिल्लाया : अरे जनक, तेरे महल में आग लगी! सारा महल धू-धू कर जल रहा है।

जनक ने कहा : मेरा महल क्या? महल में आग लगी है, इतना ही कहो। अपना क्या! न लेकर आए थे, न लेकर जाएंगे।

उसने कहा : तू जान, तेरा महल, मेरी लंगोटी...! वह भागा, क्योंकि वह महल की दीवाल के पास ही लंगोटी रखी है।

बाद में जनक ने उसे कहा : सोच, यह महल धू-धू कर जल रहा है और मैं कहता हूं कि मैं बिना महल के आया था, बिना महल के जाऊंगा। इसलिए अब महल रहे कि जले, क्या फर्क पड़ता है? देखता हूं! लेकिन तू अपनी छोटी सी लंगोटी का भी द्रष्टा न हो सका। तो सवाल यह नहीं है कि कितनी बड़ी संपदा

तुम्हारे पास है, करोड़ की है या एक कौड़ी की है—सवाल यह है कि उस संपदा के प्रति तुम्हारा भाव क्या है, भोक्ता का है कि साक्षी का है?

यह आग, कहते हैं, जनक ने लगवाई थी। यह उपदेश था जनक का उस नासमझ त्यागी को।

'जिस महात्मा ने इस संपूर्ण जगत को आत्मा की तरह जान लिया है, उस वर्तमान ज्ञानी को अपनी स्फुरणा के अनुसार कार्य करने से कौन रोक सकता है?'

कौन रोकेगा? कोई बचा नहीं! जनक यह कह रहे हैं कि मैं तो अब हूं नहीं। परीक्षा गुरुदेव आप किसकी लेते हैं? जिसकी परीक्षा ली जा सकती थी, वह जा चुका। आप मुझे यह भी नहीं कह सकते कि तू ऐसा क्यों करता है, वैसा क्यों नहीं करता? क्योंकि अब नियंत्रण कौन करे? मैं तो रहा नहीं—अब तो जो होता है, होता है।

यह परम अवस्था की बात है।

तुमने देखा, छोटे बच्चों को पाप नहीं लगता, अदालत में जुर्म नहीं लगता, अपराध नहीं लगता; क्योंकि उन्हें बोध नहीं है। पागलों को भी अपराध नहीं लगता, क्योंकि उन्हें बोध नहीं है। बुद्धों को भी अपराध नहीं लगता, क्योंकि वे बोध के पार चले गए। उलझन बीच में खड़े आदमी की है। न तो नीचे पाप है, न ऊपर पाप है। जानवरों को तो तुम पापी नहीं कह सकते, क्योंकि पापी होने के लिए बोध तो चाहिए। लेकिन बुद्ध को भी तुम पापी नहीं कह सकते; क्योंकि बोध इतना है कि साक्षी हो गए, कर्ता का भाव ही न रहा।

मैंने सुना, मुल्ला नसरुद्दीन—सर्दी के दिन थे—अपने घर के बाहर बैठा धूप ले रहा है। उसका बेटा होमवर्क कर रहा है; वह उसके कान मरोड़ रहा है, उसे गालियां दे रहा है। वह उससे कह रहा है: हरामजादे! किस नालायक ने तुझे पैदा किया? अरे उल्लू के पट्ठे!

पड़ोस में पंडित रहते हैं एक, उन्होंने सुना। यह हद हो गई। यह गालियां अपने को ही दे रहा है! उल्लू के पट्ठे का मतलब हुआ कि तुम खुद ही उल्लू हो। तब तो उल्लू का पट्ठा!

'किस नालायक ने तुझे पैदा किया! हरामजादे!'

उसने सोचा, पंडित ने, वह भी बैठा धूप ले रहा है। उससे न रहा गया। उसने कहा कि मुल्ला, तुम यह सोचो तो, ये गालियां किसको लगती हैं? मुल्ला ने कहा: जो साला गालियों को समझता है, उसी को लगती हैं! मैं तो समझता नहीं और यह तो उल्लू का पट्ठा है, यह क्या खाक समझेगा! आप ही समझो! जो समझता है, उसी को लगती हैं।

कहते हैं, पंडित जल्दी से उठ कर घर के अंदर चला गया। उसने कहा कि झंझट...हम इस झंझट में क्यों पड़ें?

एक तो बच्चे हैं, पागल हैं; पशु-पक्षी हैं, पौधे हैं—वहां कुछ पाप नहीं है क्योंकि वहां कोई समझ नहीं है। फिर बुद्धपुरुष हैं, अष्टावक्र हैं, जीसस हैं, महावीर हैं—वहां बोध इतना सघन हुआ है कि कर्ता का भाव नहीं रहा। इन दोनों को कोई पाप नहीं है। पाप तो बीच में पंडितों को है, जो समझते हैं। तुम समझते हो कि तुमने किया, इसलिए तुम पापी हो जाते हो। तुम समझते हो कि तुमने किया, इसलिए तुम पुण्यात्मा हो जाते हो। तुम समझते हो तुमने किया—इसलिए भोगी। तुम समझते हो तुमने किया—इसलिए त्यागी। जिस दिन तुम समझोगे तुमने कुछ किया ही नहीं—जो हो रहा है, हो रहा है; तुम सिर्फ देखने वाले हो—उस दिन न पाप है न पुण्य है; न योग है न भोग है।

इसलिए अष्टावक्र परम योग की बात कह रहे हैं। यह योग के भी पार जाने वाली बात है। ऐसी अवस्था में न तो कोई विधि रह जाती है, न कोई निषेध रह जाता है।

जनक कहने लगे:

आत्मवेदं जगत्सर्वं ज्ञातं येन महात्मना।

'जिन महात्माओं ने अपने को जगत के साथ एक समझ लिया, जान लिया...।'

यदृच्छया वर्तमानं तं निषेद्धुं क्षमेत कः।

'...अब वे कैसे रोकें, क्या रोकें, क्या बदलें?'

बदलाहट की आकांक्षा भी अहंकार की ही आकांक्षा है। साधना भी अहंकार का ही आयोजन है। अनुष्ठान भी अहंकार की ही प्रक्रिया है। इसलिए तो जनक ने कहा कि आप ही तो कहे कि अधिष्ठान, अनुष्ठान, आधार, आश्रय सब बाधाएं हैं। करने को कुछ बचा नहीं, क्योंकि कर्ता नहीं बचा। इसका यह अर्थ नहीं कि कर्म नहीं बचा। कर्म तो चलेगा। कर्म की तो अपनी धारा है। शरीर को भूख लगेगी, शरीर भोजन मांगेगा। इतना ही फर्क होगा अब कि तुम जाग कर देखते रहोगे कि शरीर को भूख लगी है, शरीर को भोजन दे दो। मगर भूख भी शरीर की है, भोजन से आने वाली तृप्ति भी शरीर की है। तुम भूख के भी द्रष्टा हो, तुम तृप्ति के भी द्रष्टा हो, तुम हर हालत में द्रष्टा हो। कर्म तो जारी रहेगा। कर्म तो विधि है, भाग्य है। कर्म तो समस्त का है, व्यक्ति का नहीं है—समष्टि का है। वह परमात्मा चल रहा है। हजार-हजार कृत्य चल रहे हैं। वह तुमसे जो भी काम लेना चाहता है, लेता रहेगा। लेकिन अब तुम जानते हो कि तुम कर्ता नहीं हो। तुम निमित्त मात्र हो। इस

स्थिति में जनक कहते हैं: कौन रोके, कैसे रोके, रोकने वाला कौन है, कौन नियंत्रण करे, कौन साधना करे, कौन अनुशासन दे?

'जिस महात्मा ने संपूर्ण जगत को आत्मा की तरह जान लिया, उस वर्तमान ज्ञानी को...।'

यह शब्द भी खयाल करना—कहते हैं, 'वर्तमान ज्ञानी' को। ज्ञानी अतीत में नहीं होता है और न ज्ञानी भविष्य में होता है। ज्ञान की घटना तो वर्तमान की घटना है। या तो अभी या कभी नहीं। ज्ञान जब भी घटता है 'अभी' घटता है। क्योंकि अभी ही अस्तित्व है। जो जा चुका, जा चुका। जो आया नहीं आया नहीं। इन दोनों के मध्य में जो पतली सी धार है, बड़ी महीन धार है—जीवन-चेतना की, अस्तित्व की—वहीं ज्ञान घटता है। वर्तमान ज्ञानी को अपनी स्फुरणा से जीना होता है—स्वतः स्फुरणा। वह 'सर्व' से आती है स्फुरणा। उसके लिए हम पैदा नहीं करते; न हम नियंत्रण करते हैं। न हम उसके जन्मदाता हैं, न हम उसके नियंत्रक हैं। वह स्फुरणा आती है।

पक्षी गीत गा रहे हैं। वृक्षों में फूल लग रहे हैं। यह सब स्वतः हो रहा है। यह स्फुरणा जागतिक है। वृक्षों को कोई अहंकार नहीं है। वृक्ष ऐसा नहीं कहते कि हम फूल खिला रहे हैं। ऐसी ही अवस्था फिर आ जाती है जब वर्तुल पूरा होता है और व्यक्ति बुद्धत्व को, अरिहंतत्व को उपलब्ध होता है, तब फिर ऐसी दशा आ जाती है।

तुम बुद्ध से पूछो कि आप चल रहे हैं? बुद्ध कहेंगे कि नहीं, मैं तो हूं ही नहीं, चलूंगा कैसे? वही चल रहा है, जो सब में चल रहा है। जो फूल की तरह खिल रहा है; जो नदी की धार की तरह बह रहा है; जो पक्षी की तरह आकाश में उड़ रहा है, जो आकाश की तरह फैलता चला गया है अनंत तक—वही चल रहा है।

पूछो बुद्ध से, आप बोल रहे हैं? वे कहेंगे कि नहीं, वही बोल रहा है।

हम तो बांस की पोंगरी—कबीर ने कहा। वह जो गाता है, उसे हम प्रकट कर देते हैं; मार्ग दे देते हैं; रुकावट नहीं डालते। हम तो निमित्त मात्र हैं।

वर्तमान ज्ञानी: वर्तमान के क्षण में जिसका साक्षी जागा हुआ है।

तुम देखो, चाहो तो इसे अभी देख सकते हो; कोई रुकावट नहीं है। तुम साक्षी होकर अभी देख सकते हो। चीजें तो चलती रहेंगी। शरीर है तो भूख लगेगी। शरीर है तो प्यास लगेगी। धूप पड़ेगी तो गर्मी लगेगी। शीत बढ़ जाएगी तो सर्दी लगेगी। भोजन डाल दोगे शरीर में तो तृप्ति हो जाएगी। गर्म कपड़े पहन लोगे, शीत मिट जाएगी। धूप से हट कर छाया में बैठ जाओगे, धूप मिट जाएगी। कर्म तो जारी रहेगा, सिर्फ कर्ता नहीं रह जाएगा भीतर। तुम ऐसा न कहोगे कि मैं परेशान हो रहा,

कि मैं पीड़ित हो रहा, कि मुझे भूख लगी। तुम इतना ही कहोगे, अब शरीर को भूख लगी; अब चलो इसे कुछ दें।

और शरीर को भूख लगी है, इसमें तुम्हारा कुछ भी हाथ नहीं है। प्रकृति ही शरीर में भूखी हो रही है। और अगर धूप में बैठ कर शरीर को धूप लग रही है तो परमात्मा ही तप रहा है—तुम्हारा इसमें क्या है? अब अगर तुम जबरदस्ती बिठा कर इसको धूप में तपाओ तो यह अहंकार का लौटना हो गया। तुम कहो कि हम तो तपाएंगे, क्योंकि हम त्यागी हैं; तपाएंगे नहीं तो तपश्चर्या कैसे होगी; तो हम तो बैठ कर तपाएंगे—तो तुम नियंत्रण की तरह बीच में आ गए। तब जो हो रहा था, तुमने उसे होने न दिया। अगर तुम स्वभावतः होने देते, तो शरीर खुद ही उठता।

तुम इसे करके देखो। तुम इसमें जरा बह कर देखो। तुम चकित हो जाओगे। तुम धूप में बैठे हो, धूप लग रही है—तुम सिर्फ देखते रहो। तुम अचानक देखोगे, शरीर उठ कर खड़ा हो गया। शरीर चला छाया की तरफ। तुम कहोगे कि हम न चलाएंगे तो कैसे चलेगा? तुम फिर गलत बात कह रहे हो। तुम्हें पता ही नहीं। तुमने कभी प्रयोग नहीं किया। भूख लगी, शरीर चला रेफ्रिजरेटर की तरफ। तुम सिर्फ देख रहे हो। तुम न रोकना, न चलाना। यह परम सूत्र है: स्फुरणा से जीना। जो हो उसे होने देना। न शुभ-अशुभ का निर्णय करना।...तुम हो कौन? न पाप-पुण्य का हिसाब रखना। जो होता रहे, जो होता जाए—उसके साथ बहते चले जाना।

'ब्रह्मा से चींटी पर्यंत चार प्रकार के जीवों के समूह में ज्ञानी को ही इच्छा और अनिच्छा को रोकने में निश्चित सामर्थ्य है।'

इच्छा और अनिच्छा दोनों ही ज्ञानी की रुक जाती हैं; भोग-त्याग, दोनों। इच्छा यानी भोग, अनिच्छा यानी त्याग। पसंद-नापसंद दोनों रुक जाती हैं। क्योंकि ज्ञानी कहता, हमारा चुनाव ही कुछ नहीं है। जो होगा, जो स्वभावतः होगा, हम उसे देखते रहेंगे। हम उसे होने देंगे। हम न उसे झुकाएंगे इस तरफ, न उस तरफ। जो स्वभावतः होगा, हम उसे होने देंगे।

यह बात तो सुनो। यह बात तो गुनो। इस बात को जरा तुम्हारे हृदय पर तो फैलने दो। जरा प्राणों में इस बात का प्रकाश तो पहुंचने दो। तुम पाओगे यह बड़ी मुक्तिदायी बात है। जो होगा होने देंगे। हम कुछ भी ना-नुच न करेंगे।

भोगी कहता है: और भोग चाहिए। भूख खत्म हो गई तो भी खाए चला जाता है। शरीर तो कहता है: रुको अब! शरीर की स्फुरणा कहती है: बस हो गया, अब मत खाओ। लेकिन भोगी और खाए चला जाता है।

भोजन में भोग नहीं है; जब शरीर कहता है नहीं और तुम खाए चले जाते हो, तब भोग है। फिर त्यागी है; शरीर तो कहता है भूख लगी है; और त्यागी कहता है, हमने उपवास किया है। ये पर्युषण चल रहे हैं। हम उपवासी हैं, हम नहीं खा सकते! मांगते रहो, चिल्लाते रहो।

शरीर को जब भूख लगी, वह तो नैसर्गिक है। अब तुम जो जबरदस्ती कर रहे हो, वही अहंकार आ रहा है। जबरदस्ती में अहंकार है। हिंसा में अहंकार है।

हिंसा दो तरह की है : भोगी की और त्यागी की। लोग मुझसे आकर पूछते हैं : आप अपने संन्यासियों को त्याग क्यों नहीं सिखाते?...बड़ा मुश्किल है! मैं अपने संन्यासियों को सहजता सिखाता हूं : न भोग न त्याग। उतना खाओ जितना सहज शरीर की स्फुरणा मांगती है। उतना सोओ जितनी सहज शरीर की स्फुरणा कहती है। उतना श्रम करो, उतना बोलो, उतना चुप रहो—जितना सहज होता है। असहज मत होने दो। जहां असहज हुए, वहीं संतुलन खोया, संन्यास गंवाया।

दो तरह से संन्यास गंवा सकते हो। संन्यास का अर्थ ही संतुलन है; सम्यक न्यास; ठीक-ठीक बीच में ठहर जाना; न इस तरफ न उस तरफ। त्यागी संन्यासी है ही नहीं—हो ही नहीं सकता; उसी तरह नहीं हो सकता जैसे भोगी संन्यासी नहीं हो सकता। दोनों झुक गए हैं। संन्यासी तो बीच में खड़ा है। सहजता उसका अनुशासन है। परमात्म-स्फूर्ति एकमात्र उसके जीवन की व्यवस्था है। वही उसकी विधि है।

इसलिए झेन फकीर बोकोजू ने कहा—जब किसी ने पूछा, आप करते क्या हो? तुम्हारी साधना क्या है?—कहा कि जब भूख लगती, भोजन कर लेता; जब नींद आती तो सो जाता। पूछने वाला चौंका होगा। पूछने वाले ने कहा : यह भी कोई बात हुई? यह तो हम सभी करते हैं। यह तो कोई भी करता है। यह कौन सी बड़ी बात हुई।

बोकोजू हंसने लगा। उसने कहा कि मैंने तो अभी तक मुश्किल स इने-गिने लोग देखे हैं जो यह करते हैं। जब भूख लगती तब तुम खाते नहीं या ज्यादा खा लेते हो। जब नींद आती है, तब तुम सोते नहीं या ज्यादा सो जाते हो। या तो कम या ज्यादा। कम यानी त्याग, ज्यादा यानी भोग। ठीक-ठीक सम्यक—यानी संन्यास; उतना ही जितना सहज हो पाता है।

सहज के सूत्र को पकड़ कर चलते रहो, मोक्ष दूर नहीं है। सहज के सूत्र को पकड़ कर चलते रहो, समाधि दूर नहीं है। साधो, सहज समाधि भली!

वह जो कबीर ने सहज समाधि कही है, उसकी ही बात जनक कह रहे हैं; अपने गुरु के सामने निवेदन कर रहे हैं। वे कह रहे हैं कि समझ गया। आप मुझे उकसाओ, उकसा न सकोगे। क्योंकि बात सच्ची घट गई है, मुझे दिखाई ही पड़

गया। अब आप लाख इधर-उधर से घुमाओ, आप मुझे धोखे में न डाल सकोगे। अब तो मुझे दिख गया कि मैं साक्षी हूं और जो स्फुरणा से होता है, होता है। न तो मैं उसे रोकने वाला, न मैं उसे लाने वाला। मेरा कुछ लेना-देना नहीं है। मैं दूर खड़ा हो गया हूं। भूख लगती है, खा लूंगा। नींद आ जाएगी, सो जाऊंगा।

बोकोजू से किसी ने और एक बार पूछा कि जब तुम ज्ञान को उपलब्ध न हुए थे, तब तुम्हारी जीवन-चर्या क्या थी? तो उसने कहा कि तब मैं गुरु के आश्रम में रहता था; जंगल से लकड़ियां काटता था और कुएं से पानी भर कर लाता था। फिर उसने पूछा: अब? अब जब कि तुम स्वयं गुरु हो गए और तुम ज्ञान को उपलब्ध हो गए—तुम्हारी जीवन-चर्या क्या है?

बोकोजू ने कहा: वही, जंगल से लकड़ी काट कर लाता हूं; कुएं से पानी भर कर लाता हूं।

उस आदमी ने कहा: हद हो गई! फिर फर्क क्या हुआ? बोकोजू ने कहा: फर्क भीतर हुआ है, बाहर नहीं हुआ। फर्क मुझे पता है या मेरे गुरु को पता है। काम में फर्क नहीं हुआ है। ध्यान में फर्क हुआ है। कृत्य तो वैसा का वैसा ही है। लकड़ी अब भी काट कर लाता हूं, लेकिन अब मैं कर्ता नहीं हूं। पानी अब भी भर कर लाता हूं, लेकिन अब मैं कर्ता नहीं हूं। मैं साक्षी ही बना रहता हूं। कृत्य चलते चले जाते हैं। कृत्यों के पार एक नये भाव और एक नये बोध का उदय हुआ है। एक नया सूरज चमका है!

विज्ञस्य एव इच्छानिच्छा विवर्जने हि सामर्थ्यम्!

कहते हैं: ज्ञानी की बस एक ही सामर्थ्य है कि वह इच्छा और अनिच्छा दोनों से मुक्त हो जाता है। वह न तो कहता, ऐसा हो; और न कहता है, ऐसा नहीं हो। वह कहता है, जैसा हो मैं राजी। जैसा भी हो, मैं देखता रहूंगा। मैं तो द्रष्टा हूं—तो कैसा भी हो, फर्क क्या पड़ता है? हार हो तो ठीक; जीत हो तो ठीक। हार, तो तेरी; जीत, तो तेरी। सफलता, तो तेरी; असफलता, तो तेरी। अब मैं देखता रहूंगा। जीवन को देखूंगा, मृत्यु को भी देखूंगा।

एक बार साक्षी उठ जाए, तो सारा जीवन रूपांतरित हो जाता है। प्रभु-मर्जी!

जीसस सूली पर लटके हैं; आखिरी क्षण कहने लगे: 'हे प्रभु, यह तू मुझे क्या दिखा रहा है? क्या तूने मेरा साथ छोड़ दिया?' लेकिन चौंके; खुद को ही बात समझ में आई कि यह मैंने क्या कह दिया, शिकायत हो गई! यह तो यह हो गया कहने का मतलब कि मेरी मर्जी तू पूरी नहीं कर रहा है। यह तो मेरी मर्जी को मैंने ऊपर रख दिया और प्रभु की मर्जी को नीचे रख दिया। यह तो मैंने उसे सलाह दे दी। यह तो मैंने 'सर्व' को नियंत्रण करने की चेष्टा कर ली।

तो कहा कि नहीं-नहीं, क्षमा कर! क्षमा कर दे, भूल हो गई। तेरी मर्जी पूरी

हो! मुझे तो भूल ही जा। मेरी बात को ध्यान में मत रखना। बस तेरी मर्जी पूरी हो! प्रभु-मर्जी!

प्रभु-मर्जी—अगर प्रभु शब्द का उपयोग तुम्हें रुचिकर लगता हो। अरुचिकर लगता हो—कोई जरूरत नहीं है, शब्द ही है। सर्वेच्छा—कहो 'सर्व की इच्छा'। समग्र-इच्छा—समग्र की इच्छा। अस्तित्व की मर्जी। जो तुम्हें कहना हो। इतनी ही बात खयाल रखो कि व्यक्ति की मर्जी नहीं, समष्टि की। जब तक व्यक्ति की मर्जी से जीते हो—संसार। जब समष्टि की मर्जी से जीने लगे तो मोक्ष। मोक्ष यानी स्वयं से मोक्ष। जो है, है। जो हो, हो। इसमें मैं बीच में न आऊं। जो दृश्य देखने को मिले, देख लेंगे—मरुस्थल तो मरुस्थल, मरूद्यान तो मरूद्यान। इसमें मैं बीच में न आऊंगा। जो हो, हो; जो है, है। अन्यथा की चाह नहीं। इच्छा-अनिच्छा के विवर्जन का यही अर्थ है: न विधि न निषेध। विधि-निषेध का कंकर नहीं है ज्ञानी; गुलाम नहीं है। ज्ञानी किसी अनुशासन को नहीं जानता—सर्वानुशासन में लीन हो जाता है।

'कोई ही आत्मा को अद्वय और जगदीश्वर-रूप में जानता है...।'

'कोई ही कभी विरला, आत्मा को अद्वय और जगदीश्वर-रूप में जानता है। वह जिसे करने योग्य मानता है, उसे करता है। उसे कहीं भी भय नहीं है।'

आत्मानमद्वयं कश्चिज्जानाति जगदीश्वरम्।
यद्वेति तत्स कुरुते न भयं तस्य कुत्रचित्।।

समझो, कभी कोई विरला ऐसी महत घड़ी को उपलब्ध होता है जहां बूंद को सागर में लीन कर देता है; जहां अहं को शून्य में डुबा देता है; जहां सीमा को असीम में डुबा देता है! कोई विरला, कभी! धन्यभागी है वैसा विरला पुरुष! होना तो सभी को चाहिए, लेकिन हम होने नहीं देते। हम अड़ंगे डालते रहते हैं। होना तो सभी को चाहिए। सभी का स्वभाव-सिद्ध अधिकार है। लेकिन हम हजार अड़चनें खड़ी करते हैं, हम होने नहीं देते।

यह बड़े मजे की बात है, तुम चकित होओगे सुन कर कि तुम जो चाहते हो, वही तुम होने नहीं देते। तुम्हारे अतिरिक्त और कोई तुम्हारा दुश्मन नहीं है। तुम आनंद चाहते हो और आनंद होने नहीं देते! क्योंकि आनंद हो सकता है सहजता में। तुम स्वतंत्रता चाहते हो, स्वतंत्रता होने नहीं देते। क्योंकि स्वतंत्रता हो सकती है केवल सर्व की स्फुरणा के साथ एक हो जाने में। तुम चिंता नहीं चाहते, दुख नहीं चाहते; लेकिन तुम बनाए चले जाते हो। क्योंकि चिंता और दुख है संघर्ष में।

समर्पण में फिर कोई चिंता और दुख नहीं है। बहो धार के साथ। यह गंगा जाती है सागर को—तुम इसी के साथ बह चलो! इसमें पतवार भी चलाने की कोई जरूरत नहीं है—छोड़ दो नाव को! तोड़ दो पतवार को! यह गंगा जा ही रही है

सागर। धार के विपरीत मत बहो। गंगोत्री जाने की चेष्टा मत करो। अन्यथा तुम टूटोगे; दुखी और परेशान हो जाओगे।

जो भी प्रकृति से प्रतिकूल जाता है वही टूटता है; नहीं कि प्रकृति उसे तोड़ती—अपने प्रतिकूल जाने से ही टूटता है। जो प्रकृति के अनुकूल जाता है, उसके टूटने का कोई उपाय नहीं।

जो संघर्ष ही नहीं करता, वह हारेगा कैसे? जो विजय की आकांक्षा ही नहीं करता, उसकी कोई पराजय नहीं। छोड़ो अपने को; जाती यह गंगा—चलो, बह चलो इस पर।

हिंदुओं ने अपने सारे तीर्थ नदियों के किनारे बनाए; बहुत कारणों में एक कारण यह भी है—ताकि नदी सामने रहे! बहती, सागर की तरफ जाती नदी का स्मरण रहे। और यह भाव कभी न भूले कि हमें अपने को छोड़ देना है—नदी की भांति।

नदी कुछ भी तो नहीं करती, सिर्फ बही चली जाती है। बहने में कोई प्रयास भी नहीं है, चेष्टा भी नहीं है। कोई नक्शा भी लेकर नदी नहीं चलती। गंगा जब निकलती है गंगोत्री से, कोई नक्शा पास नहीं होता कि सागर कहां है। बिना नक्शे के सागर पहुंच जाती है। सभी नदियां पहुंच जाती हैं! नदियां तो छोड़ो, छोटे-छोटे झरने, नदी-नाले, वे भी सब पहुंच जाते हैं। खोज लेते हैं मार्ग—बिना किसी शास्त्र के। एक तरकीब वे जानते हैं कि उलटे मत बहो, ऊंचाई की तरफ मत बहो। बहते रहो, जहां गड्ढा मिल जाए, वहीं समाते जाओ।

स्वभाव पानी का नीचे की तरफ बहना है। बस इतने स्वभाव की बात नदी जानती है। नदी के किनारे बैठ कर हिंदू तपस्वियों ने, संन्यासियों ने, मनीषियों ने—कुछ भी नाम दो—एक ही सत्य जाना कि नदी जैसे बहने वाले हो जाओ, पहुंच ही जाओगे सागर। बहने वाले सदा पहुंच जाते हैं।

'कोई कभी अद्वय और जगदीश्वर-रूप को जानता है...।'

जगदीश्वर-रूप को जानने के लिए तुम्हें अपना रूप खोना पड़े—उतनी शर्त पूरी करनी पड़े, उतना सौदा है! तुम अगर चाहो कि अपने को भी बचा लूं और प्रभु को भी जान लूं, तो यह असंभव है, यह नहीं हो सकता। या तो अपने को बचा लो तो प्रभु खो जाएगा। या अपने को खो दो तो प्रभु बच जाऐगा। अब तुम्हारी मर्जी! और जो अपने को खोकर प्रभु को बचा लेते हैं, तुम यह मत सोचना कि महंगा सौदा करते हैं। महंगा सौदा तो तुम कर रहे हो : अपने को बचा कर प्रभु को खो रहे हो। कंकड़ बचा लिया, हीरा खो दिया।

जिनको तुम ज्ञानी कहते हो, उन्होंने महंगा सौदा नहीं किया। वे बड़े होशियार हैं। उन्होंने कंकड़ छोड़ा और हीरा बचा लिया। तुम्हारे साथ सिवाय दुख और नरक

के है ही क्या? तुम हो, तो सिवाय पीड़ा और चिंता के है ही क्या? तुम तो कांटे हो छाती में चुभे अपनी ही। इसे बचा-बचा कर क्या करोगे? इसको जो समर्पण कर देता है, वही कोई विरला...!

आत्मानमद्वयं कश्चिज्जानति जगदीश्वरम्।

वही कभी, क्वचित, कोई जान पाता प्रभु को। और जो उसे जान लेता...

यद्वेति तत्स कुरुते।

फिर वह कुछ नहीं करता। फिर तो वह जिसे करने योग्य मानता है—वह, जिसमें तुमने अपने को समर्पित कर दिया—वह जिसे करने योग्य मानता है, वही करता है। फिर उसकी अपनी कोई मर्जी नहीं रह जाती।

यत् वेति तत् स कुरुते।

—वह तो वही करता है जो प्रभु करवाता है।

खूब जवाब दिया जनक ने। ठीक-ठीक जवाब दिया। अष्टावक्र नाचे होंगे हृदय में, प्रफुल्लित हुए होंगे! इसी जवाब की तलाश थी। इसी उत्तर की खोज थी।

तस्य भयम् कुत्रचित् न।

—और फिर ऐसे व्यक्ति को कहां भय है!

जिसने परमात्मा में अपने को छोड़ दिया, उसे कहां भय है! भय तो तभी तक है जब तक तुम लड़ रहे हो सर्व से। और भय स्वाभाविक है, क्योंकि सर्व के साथ तुम जीत सकते ही नहीं। तो भय बिलकुल स्वाभाविक है। मौत घटने ही वाली है। हार होने ही वाली है। तुम्हारी यात्रा पहले से ही पराजित है।

सर्व से लड़ कर कौन कब जीतेगा? अंश अंशी से लड़ कर कैसे जीतेगा? तो भयभीत है, कंप रहा है। जैसे छोटा सा बच्चा अपने बाप से लड़ रहा है—कैसे जीतेगा? फिर वही छोटा बच्चा अपने बाप का हाथ पकड़ लिया और बाप के साथ चल पड़ा—अब कैसे हारेगा?

परमात्मा के साथ अपने को एकस्वर, एकलीन, एक तान में बांध देने पर—फिर कैसा भय?

तस्य भयम् कुत्रचित् न!

शास्त्र कहते हैं: 'ब्रह्मवित् ब्रह्मेव भवति—जो ब्रह्म को जानता, वह स्वयं ब्रह्म हो जाता है।'

फिर कैसा भय है? जानते ही वही हो जाता है जो हम जानते हैं।

तुमने क्षुद्र को जाना तो क्षुद्र हो गए; विराट को जाना तो विराट हो जाओगे। तुम्हारा जानना ही तुम्हारा होना हो जाता है। ब्रह्मवित् ब्रह्मेव भवति! और शास्त्र यह भी कहते: 'तरति शोकमात्मवित्।' और जिसने स्वयं को जान लिया, वह समस्त शोकों के पार हो जाता है। फिर उसे कोई भय नहीं, दुख नहीं, पीड़ा नहीं।

सब दुख, सब पीड़ा, सब भय, सब नरक अहंकार-केंद्रित हैं। अहंकार के बिना यह सब ऐसे ही बिखर जाता, जैसे ताश के पत्ते हवा के एक झोंके में गिर जाते हैं। ज्ञान का जरा सा झोंका, साक्षी-भाव की जरा सी हवा—और सब पत्ते बिखर जाते हैं।

जनक ने सीधा-सीधा उत्तर नहीं दिया। सीधा-सीधा उत्तर चाहा भी न गया था। जनक ने तो उत्तर भी बड़ा निर्वैयक्तिक दिया और दूर खड़े होकर दिया; जैसे कुछ परीक्षा उनकी नहीं हो रही है। क्योंकि जब तुम्हें खयाल हो जाए कि तुम्हारी परीक्षा हो रही है तो तनाव हो जाता है। तनाव हो जाता तो जनक परीक्षा में असफल हो जाते। बेचैन हो जाते बचाने को, सिद्ध करने को, तो गड़बड़ हो जाती। वे जरा भी बेचैन नहीं हैं, जरा भी चिंता नहीं है। वे दूर खड़े होकर ऐसे देख लिए जैसे परीक्षा किसी और की हो रही है। जैसे जनक को कुछ लेना-देना नहीं है।

अनेक मित्रों ने प्रश्न पूछे हैं कि गुरु परीक्षा क्यों लेता है? क्या गुरु को इतनी सामर्थ्य नहीं है कि वह देख ले कि वस्तुतः शिष्य को हुआ या नहीं? गुरु तो सब जानता है, फिर परीक्षा क्यों लेता है?

परीक्षा सिर्फ परीक्षा ही नहीं है—परीक्षा आगे की प्रगति का उपाय भी है। ये जो प्रश्न पूछे अष्टावक्र ने, यह सिर्फ परीक्षा ही नहीं है। परीक्षा का तो मतलब होता है: अब तक जो जाना उसको कसना है। अगर ये सिर्फ परीक्षा ही होती तो व्यर्थ थे। अब तक जो जाना वह तो अष्टावक्र को भी दिखाई पड़ रहा है। उसकी कोई परीक्षा नहीं है। लेकिन अब तक जो जाना उसके संबंध में प्रश्न उठा कर अब जो प्रतिक्रिया भविष्य में यह जनक करेगा, वह आगे की प्रगति बनेगी। तो परीक्षा दोहरी है—अतीत के संबंध में, मगर वह गौण है। उसका कोई बहुत मूल्य नहीं है। यह तो अष्टावक्र भी जान सकते हैं; सीधा ही जान रहे हैं कि क्या हुआ है—लेकिन जो हुआ है उसके संबंध में पूछ कर जनक जो प्रतिक्रिया करेगा, जो उत्तर देगा, उससे आगे के द्वार खुलेंगे।

दोनों संभावनाएं हैं। अगर जनक गलत उत्तर दें तो पीछे के द्वार बंद हो सकते हैं; जो खुलते-खुलते थे, वे फिर बंद हो सकते हैं। और अगर ठीक-ठीक उत्तर दे, तो जो द्वार खुले थे वे तो खुले ही रहेंगे—और भी द्वार हैं, वे भी खुल जाएंगे। सब निर्भर करेगा जनक के उत्तर पर।

गुरु के सामने जनक को अब तक जो घटा है, वह तो साफ है; लेकिन जो घटेगा, वह तो किसी के लिए भी साफ नहीं है। जो घटेगा, वह तो अभी घटा नहीं है। भविष्य तो अभी शून्य में है, निराकार में है; अभी उसने आकार नहीं लिया। अतीत का तो सब पता है। अतीत का तो सब पता अष्टावक्र को जनक

से भी ज्यादा है। जनक जितना अपने संबंध में बता सकेगा, अष्टावक्र उससे ज्यादा देख सकते हैं।

अष्टावक्र की दृष्टि निश्चित ही ज्यादा थिर और ज्यादा गहरी है। वे तो भीतर तक झांक कर देख लेंगे। उसका कोई सवाल भी नहीं है। अतीत से कुछ बड़ा सवाल नहीं है—सवाल है भविष्य से। भविष्य का कुछ पता नहीं है। एक क्षण बाद क्या होगा, कुछ नहीं कहा जा सकता। क्योंकि जीवन यंत्रवत नहीं है; जीवन परम स्वतंत्रता है। होते-होते बात रुक सकती है; घटते-घटते रुक सकती है। आदमी आखिरी क्षण से पहुंच कर लौट सकता है।

एक आदमी छलांग लगाने जा रहा था। मुझे बचपन में बहुत शौक था नदी पर ऊंचाई से कूदने का। जितनी ऊंचाई हो, उतना मुझे रस था। अब मेरे साथ जो मेरे मित्र थे, वे बड़े परेशान रहते थे। क्योंकि अगर मैं कूद जाऊं और वे न कूदें तो उनके अहंकार को चोट लगे। मगर कूदें तो उनके प्राण संकट में! तो कभी-कभी मैं देखता कि कोई हिम्मत करके दौड़ता है, मेरे साथ दौड़ रहा है कूदने के लिए—चालीस फीट या तीस फीट की ऊंचाई या पचास फीट की ऊंचाई। फिर धीरे-धीरे तो मुझे रस इतना आने लगा कि वह जो नदी के ऊपर रेलवे का पुल था, उससे जाकर मैं कूदने लगा। वह तो बहुत ही खतरनाक था। उस पर कोई मेरे साथ दौड़ कर आता-आता, आता-आता बिलकुल आखिर में; मैं तो कूद जाता, वे खड़े ही रह गए! अब बिलकुल आखिर पर आ गया था। कोई शक-शुबा न थी। मेरे साथ दौड़ा, किनारे पर आ गया था...।

एक बार तो ऐसा हुआ कि पंचमढ़ी में—मेरे गांव से थोड़े फासले पर पहाड़ी स्थान है—वहां के एक जलप्रपात में हम कूदने गए। तो मेरे एक मित्र थे, जो मेरे साथ बहुत जगह कूदे थे; काफी ऊंचाई थी, घबड़ा गए! कूद भी गए, लेकिन बीच में एक जड़ को पकड़ कर लटक गए। क्या करोगे? कूद भी गए! ऐसा भी नहीं कि न कूदे हों—कूद भी गए, लेकिन बीच में एक जड़ को पकड़ लिया। मैं जब पानी में नीचे पहुंच गया, डुबकी खाकर ऊपर आया तो मैंने कहा कि...अब यह बड़ा मुश्किल हो गया। उनको उतारना बड़ा मुश्किल हो गया।

जो हो गया है, वह तो अष्टावक्र देख सकते हैं; लेकिन जो अभी होने को है, उसका कोई उपाय नहीं है। भविष्य बिलकुल निराकार है! हो भी सकता है, न भी हो! तो इसको तुम परीक्षा ही मत समझना; यह परीक्षा से भी ज्यादा...। परीक्षा तो है ही—परीक्षा से भी ज्यादा, भविष्य की तरफ इंगित है। परीक्षा से भी ज्यादा, भविष्य को एक दिशा में लाने का उपाय है; भविष्य को एक रूप देने का उपाय है; भविष्य को जन्म देने का उपाय है।

और जनक ने जो उत्तर दिए हैं, वे निश्चित ही, साफ कहते हैं कि छलांग हो

गई—और होती रहेगी। जनक के उत्तर ने साफ कर दिया कि परीक्षा में तो वे पूरे उतरे, भविष्य की तरफ भी यात्रा साफ हो गई है, नये द्वार खुल गए हैं।

गुरु जो भी करता है, ठीक ही करता है। तुम्हारे मन में ऐसे प्रश्न उठे कि क्या गुरु में इतनी सामर्थ्य नहीं कि वह जान ले। ऐसा प्रश्न अगर जनक के मन में भी उठता तो जनक चूक जाते। वे यह खुद भी कह सकते थे कि गुरुदेव, आप तो सर्वज्ञाता हैं; आप, और मेरी परीक्षा लेते हैं! अरे आप तो आंख खोल कर देख लो मुझमें! तो आप...खुद ही पता चल जाएगा।

नहीं, जनक ने वह भी न कहा। क्योंकि अगर गुरु परीक्षा लेते हैं तो परीक्षा में भी कोई राज होगा। कोई राज होगा, जिसका जनक को अभी पता ही नहीं। जनक ने चुपचाप परीक्षा स्वीकार कर ली।

गुरु जितनी परीक्षाएं खड़ी करे, स्वीकार कर लेने में ही सार है। क्योंकि तुम जितना समझ सकते हो उतना ही तुम्हें समझाया जा सकता है। कुछ है, जो तुम्हें कराया जाएगा। यह परीक्षा तो एक सिचुएशन, एक स्थिति थी। गुरु ने तो एक स्थिति पैदा की। इस स्थिति में कैसा जनक प्रत्युत्तर लाते हैं, क्या प्रतिध्वनि होती है उनके भीतर—उस प्रतिध्वनि का एक मौका दिया। इससे अतीत का तो पता चल ही जाएगा, वह तो बिना इसके भी पता चल जाता—लेकिन इससे भविष्य भी सुनिश्चित होगा। एक रेखा निर्मित होगी, आयाम साफ होगा।

ऐसे प्रश्न एकाध मित्र ने नहीं, अनेकों ने पूछे हैं। मैंने उनके उत्तर अब तक नहीं दिए थे, क्योंकि मैं चाहता था जनक का उत्तर पहले तुम सुन लो।

जैसे मैंने 'स्वभाव' की पीछे चर्चा की। एक मित्र ने आकर कहा कि आपने ऐसी बात की कि कहीं स्वभाव दुखी न हो जाए। मैंने कहा, दुखी हो जाए तो हुए अनुत्तीर्ण। 'कि कहीं स्वभाव समझे न और नाराज न हो जाए; क्रुद्ध न हो जाए।' क्रुद्ध हुए, तो फिर मैंने जो कहा कि हाथी तो निकल गया, पूंछ रह गई—पूरा सिर तो उन्होंने घुटा लिया, चोटी रह गई; तो हाथी तो निकल गया, पूंछ अटक गई—तो फिर पूंछ के द्वारा पूरे स्वभाव अटक गए!

नहीं, लेकिन स्वभाव ने बुरा नहीं माना, न दुख लिया। समझने की चेष्टा की। ऐसी चेष्टा जारी रहे, तो हाथी तो निकल ही गया है, किसी दिन पूंछ भी निकल जाएगी। स्वभाव ने ठीक किया है।

हरि ॐ तत्सत्!

* * *

प्रवचन : 20

क्रांति : निजी और वैयक्तिक

पहला प्रश्न : आप आज मौजूद हैं, तो भी मनुष्य नीचे और नीचे की ओर जा रहा है; जबकि बुद्धों के आगमन पर मनुष्यता कोई शिखर छूने लगती है। हजारों आंखें आपकी ओर लगी हैं कि शायद आपके द्वारा फिर नवजागरण होगा और धर्म का जगत निर्मित होगा। कृपया बताएं कि यह विस्फोट कब और कैसे होगा? क्योंकि बदलना तो दूर, उलटे लोग आपका ही विरोध कर रहे हैं।

पहली बात, मनुष्यता सदा ऐसी की ऐसी ही रही है। कुछ विरले मनुष्य बदलते हैं, मनुष्यता जरा भी नहीं बदलती बाहर की स्थितियां बदलती हैं, व्यवस्थाएं बदलती हैं, भीतर मनुष्य वैसा का ही वैसा रहता है! तो पहले तो इस भ्रांति को छोड़ दो कि आज का मनुष्य पतित हो गया है।

सदा का मनुष्य ऐसा ही था। बुद्ध के समय में भी लोग ऐसे ही प्रश्न पूछते हैं बुद्ध से, कि आज का मनुष्य पतित हो गया है, आप कुछ करें। लाओत्सु से भी ऐसे ही प्रश्न, कन्फ्यूशियस से भी ऐसे ही प्रश्न। पुराने से पुराना शास्त्र खोज लें, पुराने से पुराना शास्त्र यही रोना रोता है कि मनुष्य पतित हो गया है।

बेबिलोन में छह हजार वर्ष पुरानी एक ईंट मिली है जिस पर शिलालेख है। उस शिलालेख में यही लिखा है कि आज के मनुष्य को क्या हो गया, पतित हो गया!

छह हजार साल पहले भी यही बात है। हर समय के आदमी ने ऐसा सोचा है कि आज का मनुष्य पतित हो गया है। इसके पीछे कुछ मनोवैज्ञानिक कारण हैं। अतीत के मनुष्यों का तो तुम्हें पता नहीं। उनके संबंध में तो तुम कुछ भी नहीं जानते।

बुद्ध के संबंध में तो तुम कुछ जानते हो, लेकिन बुद्ध किन मनुष्यों के बीच जी रहे थे, उनके संबंध में तुम कुछ भी नहीं जानते हो। बुद्ध के संबंध में तो शास्त्र हैं, उनकी महिमा के गीत हैं, उनकी महिमा के गीत को तुम उस समय की मनुष्यता की महिमा मत समझ लेना। अगर सच में ही बुद्ध के समय के लोग ऊंचे होते तो बुद्ध की कौन फिकर करता? अंधेरे काले बादलों में ही बिजली चमकती है। बुद्ध इतने बड़े होकर दिखाई पड़े, यह छोटे मनुष्यों के कारण ही संभव था। अगर बुद्ध जैसे ही मनुष्य होते बड़ी संख्या में तो बुद्ध को कौन पूछता? कौन खयाल करता?

सोचो, कोहिनूर हीरा कीमती है, क्योंकि अकेला है। अगर गांव, गली-कूचे, राह के किनारे, नदी के तटों पर कोहिनूरों के ढेर लगे होते तो कोहिनूर को कौन पूछता?

राम की हम याद करते हैं, क्योंकि जमाना राम जैसा नहीं था। कृष्ण की हम याद करते हैं, क्योंकि जमाना कृष्ण जैसा नहीं था। जमाना तो रावण जैसा रहा होगा और जमाना तो कंस जैसा रहा होगा।

आदमी सदा से ऐसा ही है। लेकिन अतीत के संबंध में एक धारणा बन जाती है कि अतीत सुंदर था, क्योंकि अतीत के सुंदरतम लोगों की खबरें तुम तक आती हैं, अतीत के सुंदरतम गीत गूंजते हुए सदियों में तुम्हारे पास आते हैं। बाजार की भीड़-भाड़, छीना-झपटी तो भूल जाती है, सुंदरतम बचता है; फूल बचते हैं, कांटे तो भूल जाते हैं।

और आज, जो तुम्हारे निकट लोग हैं उनमें तुम्हें कांटे दिखाई पड़ते हैं; कांटे ही कांटे सब तरफ दिखाई पड़ते हैं। समसामयिक बुद्धपुरुष दिखाई भी नहीं पड़ता, क्योंकि इतने कांटों की भीड़ में भरोसा भी करना मुश्किल है कि गुलाब का फूल खिल सकता है।

तो जब कोई बुद्धपुरुष मौजूद होता है, उस पर भरोसा नहीं आता; क्योंकि बुद्धपुरुष तो एक होता है और अबुद्धपुरुष अरबों-खरबों होते हैं। भरोसा आए भी कैसे? लेकिन जब समय बीत जाता है तो उस एक की तो याद गूंजती रहती है और उन अनेकों का विस्मरण हो जाता है। तब तुम्हारे सब मूल्यांकन अस्तव्यस्त हो जाते हैं।

आदमी सदा से ऐसा ही रहा है। न तो अतीत के समय का आदमी श्रेष्ठ था, न तुम निकृष्ट हो। न अतीत के समय का आदमी निकृष्ट था, न तुम श्रेष्ठ हो। आदमी आदमी जैसा है, चीजों में फर्क पड़ गए हैं। यह बात निश्चित है कि अतीत का आदमी फिएट कार की आकांक्षा नहीं करता था, क्योंकि फिएट कार नहीं थी। इससे तुम यह मत सोच लेना कि आज आदमी बड़ा पतित हो

गया है, देखो फिएट कार की आकांक्षा करता है। अतीत का आदमी एक शानदार घोड़े की आकांक्षा करता था, एक अच्छी बग्घी की आकांक्षा करता था, रथ की आकांक्षा करता था। आकांक्षा वही है। बग्घी की जगह फिएट आ गई, आकांक्षा में कोई फर्क नहीं पड़ा है।

अतीत का आदमी ऐसा ही लोभी था, ऐसा ही कामी था, ऐसा ही क्रोधी था; नहीं तो बुद्धपुरुष पागल हैं जो समझाएं कि क्रोध मत करो, वासना में मत पड़ो; जो लोगों को समझाएं, लोभ छोड़ो।

तुम्हारे सारे शास्त्र शिक्षा क्या देते हैं? शिक्षा किसको दी जाती है? अगर लोग अलोभी थे तो बुद्ध पागल थे जो लोगों को कहते कि लोभ छोड़ो। लोग तो लोभ छोड़े ही हुए थे—वे कहते, आप भी बातें क्या कर रहे हैं? लोभी यहां है कौन? चालीस साल निरंतर बुद्ध गांव-गांव घूम कर लोगों को समझाते रहे: लोभ छोड़ो, ईर्ष्या छोड़ो, महत्वाकांक्षा छोड़ो, अहंकार छोड़ो! निश्चित ही ये बातें लोगों में रही होंगी, अन्यथा ये औषधियां किसको बांटी जा रही थीं? लोग बीमार रहे होंगे।

तुम्हारे शास्त्र गवाह हैं कि किस तरह के लोगों के बीच में लिखे गए होंगे। जो बीमारी होती है उसकी चिकित्सा का आयोजन करना होता है। लोग कामी रहे होंगे इसलिए तो ब्रह्मचर्य की इतनी प्रशंसा है। अगर लोग ब्रह्मचारी ही थे तो ब्रह्मचर्य की प्रशंसा का क्या प्रयोजन था?

लाओत्सु ने कहा है: अगर लोग धार्मिक हों तो धर्म-शास्त्र व्यर्थ। ठीक कहा है। अगर लोग सचमुच धार्मिक हों तो धर्म-शास्त्र की क्या जरूरत?

या दूसरी तरफ से देखें। कृष्ण ने कहा है कि जब-जब धर्म की हानि होगी मैं आऊंगा। तो उस वक्त क्यों आए थे? धर्म की हानि हो गई होगी। सीधी सी बात है: जब-जब अंधेरा घिरेगा, साधु-संत सताए जाएंगे, तब-तब आऊंगा। तो उस समय यह घड़ी घट गई होगी।

अगर तर्क को ठीक से समझें, तो जब तुम्हारे घर में कोई बीमार होता है तभी वैद्य को बुलाते हैं। जब कोई समाज पतित होता है तो उसे उठाने की चेष्टा होती है।

इतने अवतार, इतने तीर्थंकर किसलिए पैदा होते हैं? कहीं न कहीं आदमी गलत रहा होगा।

तो, पहली तो बात यह समझ लेना कि आदमी सदा से ऐसा ही है।

यह जो हमें भ्रांति पैदा होती है, इसके पीछे और भी कारण हैं। सभी को ऐसा खयाल है कि बचपन बड़ा सुंदर था, स्वर्णिम! सभी को! हालांकि बच्चों से पूछो, कोई बच्चा इस बात के लिए राजी नहीं कहने को कि स्वर्णिम काल बचपन है।

बच्चे जल्दी से जल्दी बड़े होना चाहते हैं। बच्चा बाप के बगल में कुर्सी पर खड़ा हो जाता है और कहता है, देखो तुमसे बड़े। वह उसकी आकांक्षा का सबूत है; वह चाहता है, तुमसे बड़ा हो जाए।

एक छोटे बच्चे को स्कूल में एक शिक्षक ने मारा। उसने कुछ भूल-चूक की थी। मारने के बाद उसे फुसलाया, समझाया और कहा, 'बेटा देख, यह मैं मारता हूं, इसीलिए कि तुझे मैं प्रेम करता हूं।' उस बेटे ने आंख से आंसू पोंछते हुए कहा कि प्रेम तो मैं भी आपको बहुत करता हूं, लेकिन प्रमाण अभी दे नहीं सकता।

छोटे बच्चों से पूछो, वे जल्दी से जल्दी बड़े हो जाना चाहते हैं। लेकिन बाद में याद रह जाती है सिर्फ कि बचपन बड़ा सुंदर था। कैसे हो सकता है बचपन सुंदर? क्योंकि तुम बचपन में बिलकुल ही परतंत्र थे, हर बात के लिए असहाय थे, दीन थे और हर बात के लिए तुम्हें किसी का मुंह तकना पड़ता था। ऐसी परतंत्र अवस्था, ऐसी स्वतंत्रता-हीन अवस्था कैसे सुंदर हो सकती है? लेकिन बाद में यही याद रह जाती है कि बचपन बड़ा सुंदर था।

मनोवैज्ञानिक कहते हैं, इसके पीछे एक कारण है। आदमी का मन, जो दुखपूर्ण है उसे भुला देता है, क्योंकि दुख को याद रखना कठिन है। दुख इतना ज्यादा है कि अगर हम दुख को याद रखें तो हम जी न सकेंगे। तो जो दुखपूर्ण है उसे हम हटा देते हैं, उसे हम अचेतन में, गर्त में डाल देते हैं। और जो सुखद-सुखद है उसकी फूलमाला बना लेते हैं, जैसे-जैसे हम आगे बढ़ते जाते हैं जो सुखद है, उसको इकट्ठा करते जाते हैं। जो सुखद नहीं हैं उसे छोड़ते चले जाते हैं। तो पीछे के संबंध में हम जो भी वक्तव्य देते हैं, वे सब गलत होते हैं।

और यही स्थिति बड़े पैमाने पर समाज के संबंध में सही है। हम सोचते हैं कि अतीत में सब सुंदर था; सब स्वर्णयुग अतीत में हो चुके। यह बात हर हाल में गलत है, क्योंकि अगर अतीत इतना सुंदर था तो यह वर्तमान उसी अतीत से पैदा हुआ है, यह और भी सुंदर होना चाहिए। अगर बचपन इतना सुंदर था तो जवानी उसी बचपन से आई है, यह बचपन से ज्यादा सुंदर होनी चाहिए। अगर जवानी सुंदर थी तो बुढ़ापा जवानी से आया है, बुढ़ापा जवानी से भी ज्यादा सुंदर होना चाहिए। और अगर जीवन तुम्हारा सचमुच आह्लाद था तो मृत्यु भी नृत्य होगी, उत्सव होगी, क्योंकि मृत्यु उसी जीवन का सार-निचोड़ है।

लेकिन तुम तो देखते हो कि बचपन सुंदर था जवानी से, जवानी सुंदर बुढ़ापे से; जीवन सुंदर, मृत्यु सुंदर कभी नहीं! यह तो तुम दुख-दुख को छोड़ते जाते हो, सुख-सुख को चुनते जाते हो। सुख तुम्हें मिलता तो नहीं, लेकिन जो कुछ भी क्षणभंगुर स्मृतियां रह जाती हैं, उन्हीं को तुम सजा-संवार कर रख लेते हो।

तुम आए हो उन्हीं समाजों से जिनको लोग स्वर्णयुग कहते हैं, सतयुग कहते हैं। यह कलियुग सतयुग से पैदा हुआ है। अगर यह कलियुग बुरा है तो कहावत है कि फल से वृक्ष का पता चलता है। अगर फल गलत है तो वृक्ष सड़ा हुआ रहा होगा, बीज से ही सड़ा हुआ रहा होगा। तुम सबूत हो इस बात के कि सारा मनुष्य-जाति का अतीत तुमसे बेहतर तो नहीं रहा, किसी हालत में नहीं रहा। तुमसे शायद बुरा भले रहा हो, तुमसे बेहतर तो नहीं हो सकता, क्योंकि तुम उसके फल हो।

तो पहली तो मैं यह भ्रांति तुम्हारे मन से हटा देना चाहता हूं। मैं तुमसे यह भी नहीं कहना चाहता कि तुम श्रेष्ठ हो। तुमसे यह भी नहीं कहना चाहता कि तुम निकृष्ट हो। तुमसे मैं एक बहुत सीधा-सादा प्रस्ताव करता हूं कि तुम वैसे ही हो जैसे सदा से मनुष्य रहा है। इसलिए यह चिंता, विचार छोड़ कर इस बात पर ध्यान दो कि कुछ मनुष्यों ने कभी-कभी जीवन में क्रांति की है। तुम सबकी चिंता भी भूल जाओ। तुम तो इतनी ही फिकर कर लो कि तुम्हारे जीवन में प्रकाश उतर आए, तुम्हारा दीया जल जाए तो बस काफी है।

'आप मौजूद हैं तो भी मनुष्य नीचे की ओर, नीचे की ओर जा रहा है।'

मैं किसी को नीचे की ओर जाते नहीं देखता और न किसी को ऊंचे जाते देखता। लोग कोल्हू के बैल की तरह घूम रहे हैं, वहीं के वहीं घूम रहे हैं। आंख पर पट्टियां बंधी हैं, सोचते हैं कहीं जा रहे हैं। कोई कहीं नहीं जा रहा है। कभी-कभी कोई एकाध व्यक्ति आंख से पट्टियां हटा देता है—धारणाओं की, सिद्धांतों की, धर्मों की, राजनीतियों की; खोल कर देखता है, देखता है : अरे, मैं एक वर्तुल में घूम रहा हूं, कोल्हू का बैल! वह निकल पड़ता है वर्तुल के बाहर। उस वर्तुल के बाहर छलांग लगा लेना ही संन्यास है।

इस समाज में कभी धर्म आने वाला नहीं है; कुछ संन्यासियों के जीवन में धर्म आने वाला है। धर्म तो महाक्रांति है—और क्रांति व्यक्ति में ही घट सकती है। समाज में तो ज्यादा से ज्यादा सुधार घटते हैं, लीपा-पोती चलती है। मकान वही का वही रहता है; कहीं पलस्तर गिर गया तो चढ़ा दिया; कहीं रंग खराब हो गया तो रंग कर दिया; कहीं छप्पर खराब हो गया तो कुछ खपरे बदल दिये; कहीं दीवाल गिरने लगी तो सहारे और टेक लगा दी—मगर मकान वही का वही रहता है। क्रांति तो व्यक्ति में घटती है। नितांत रूप से वैयक्तिक है क्रांति।

तो मैं तो किसी को नीचे-ऊंचे जाते नहीं देखता। समाज तो वहीं का वहीं है।

पूछा है : '...जब कि बुद्धपुरुषों के आगमन पर मनुष्यता कोई शिखर छूने लगती है।'

मनुष्यता नहीं, कुछ मनुष्य! कुछ मनुष्यों में छिपी मनुष्यता जरूर छूने लगती

है। लेकिन उस शिखर को न छूने वाले लोगों की संख्या सदा बड़ी होती है। कभी करोड़ में एक आदमी बुद्धों के साथ उस अनंत की यात्रा पर निकलता है। आज तुम्हें लगता है कि बुद्ध के समय में बड़ी क्रांति हुई होगी, या महावीर के समय में बड़ी क्रांति हुई होगी; लेकिन अगर तुम अनुपात देखो तो तुम चकित हो जाओगे। बुद्ध जिस गांव से गुजरते हैं अगर उसमें दस हजार आदमी हैं तो दस भी सुनने को आ जाएं तो बस पर्याप्त है। और उन दस में भी जो सुनने आ गए हैं, उनमें से एक भी सुन ले तो बहुत। सुनने आ जाने से ही थोड़े ही कोई सुन लेता है। आज तुम्हें लगता है कि बहुत लोग...।

अभी जो मुझे सुन रहे हैं, उनकी संख्या नगण्य है। जो मुझे समझ रहे हैं उनकी और भी नगण्य है। जो मुझे समझ कर अपने जीवन को बदल रहे हैं उनकी और भी नगण्य है। समय बीत जाने पर यही संख्या बड़ी दिखाई पड़ने लगेगी।

आज जैनों की संख्या तीस लाख से ज्यादा नहीं है। अगर महावीर ने तीस आदमियों को बदला हो तो दो हजार साल में उनसे तीस लाख की संख्या पैदा हो सकती है। बहुत ज्यादा लोगों को नहीं बदला होगा। ढाई हजार साल में जैनियों की संख्या तीस लाख है। तीस जोड़े इतनी बड़ी संख्या पैदा कर सकते हैं ढाई हजार साल में। बहुत थोड़े से लोग बदले होंगे।

बदलाहट सदा थोड़े से लोगों में आती है। हां, उन थोड़े से लोगों में मनुष्यता जो छिपी है वह बड़े ऊंचे शिखर छूने लगती है। मगर तुम इसकी चिंता न करके, इसकी ही चिंता करो कि तुम्हारे भीतर वह शिखर छुआ जा रहा है या नहीं? कहीं ऐसा न हो कि तुम सबकी चिंता में खुद को बिसार बैठो। और वहीं घटना घट सकती है। सबकी चिंता में तुम तो चूक ही जाओगे और सब को कोई लाभ न होगा।

'...हजारों आंखें आपकी ओर लगी हैं कि शायद आपके द्वारा फिर नवजागरण होगा।'

ये भ्रांतियां छोड़ो। किसी के द्वारा कभी कोई नवजागरण न हुआ है, न होने वाला है। कितने सत्पुरुष हुए! तुम ये भ्रांतियां कब तक बांधे रहोगे? ये भ्रांतियां तुम्हें भटकाती हैं। इनके कारण तुम जो क्रांति कर सकते थे, वह नहीं करते; तुम बैठ कर प्रतीक्षा करते हो, होगा। जैसे किसी और का काम है! जैसे यह मेरी जिम्मेवारी है। जैसे नहीं होगा तो मैं दोषी! तब तो तुम सभी बुद्धपुरुषों को दोषी पाओगे, क्योंकि वह नवजागरण अब तक नहीं आया।

मैं तुमसे यह कहना चाहता हूं : वह कभी नहीं आएगा।

अंग्रेजी में उस नवजागरण के लिए जो शब्द है, उटोपिया, वह बहुत अच्छा है। उटोपिया शब्द का ही अर्थ होता है, जो न कभी आया, न कभी आएगा। वह

सिर्फ तुम्हारी आकांक्षा है—और नपुंसक आकांक्षा है। दूसरे के लिए प्रतीक्षा क्यों कर रहे हो?

मेरे पास लोग आते हैं और कहते हैं: 'अब अवतार का जन्म कब होगा?' तुम क्या कर रहे हो? जन्माओ अवतार को अपने भीतर! तुम यह उत्तरदायित्व क्यों टालते हो? किस पर टाल रहे हो? मेरे पास लोग आते हैं, वे कहते हैं: 'भगवान सुनता नहीं। इतनी आहें उठ रही हैं, भगवान कहां है? आता क्यों नहीं?' ये मनुष्य की जालसाजियां, ये धारणाएं! इनसे एक तरकीब तुम अपने भीतर बना लेते हो कि हमें तो कुछ करना नहीं, बैठकर राह देखनी है, जब आएगा तब होगा। कोई मसीहा आएगा, कोई पैगंबर आएगा, कोई अवतार आएगा।

आ चुके पैगंबर, आ चुके मसीहा, आ चुके अवतार—और नवजागरण नहीं आया। तुम कब जागोगे? कितने अवतार, कितने तीर्थंकर आ चुके! कहां नवजागरण आया? कहां हुई क्रांति?

नहीं, तुम्हारी भ्रांति है। किसी दूसरे से होने वाली नहीं है। तुममें घटना घटेगी। समूह में कभी घटना नहीं घटेगी। समूह में जो घटती है वह राजनीति है; व्यक्ति में जो घटता है, वह धर्म। तुम राजनीति को धर्म पर आरोपित मत करो। अगर लोग सोना चाहते हैं तो कौन जगाएगा, कैसे जगाएगा? अगर ज्यादा जगाने वाला गड़बड़ करेगा, सोने वाले उसकी हत्या कर देंगे। वही तो हुआ। जीसस को सूली पर लटका दिया, सुकरात को जहर पिला दिया। ये लोग जरा ज्यादा शोरगुल मचाने लगे।

अब जिसको सोना है, तुम उठ कर और घंटा बजाने लगे सुबह से और कहने लगे प्रभात-वेला आ गई, जागो! पर जिसको सोना है, वह कहता है: सोना और जागना तो कम से कम मेरी स्वतंत्रता होनी चाहिए। दूसरा आदमी आकर घंटा बजाने लगे कि जागो तो उसे गुस्सा आए, बिलकुल स्वाभाविक है। और सोने वाले लोग ज्यादा हैं। सोए ही हैं। घंटे बजाने वाले आते हैं और चले जाते हैं और सोने वाले करवट भी नहीं बदलते। या बहुत से बहुत करवट बदल लेते हैं, फिर सो जाते हैं। थोड़े नाराज हो जाते हैं। अगर भले हुए तो कहते हैं, 'महाराज, नमस्कार! आप बड़े महात्मा हैं! मगर अभी मुझ दीन को छोड़ो, अभी मेरी सुविधा नहीं जागने की। जागूंगा जरूर। आपकी बात बिलकुल ठीक है।'

लोग कहते हैं कि आपकी बात बिलकुल ठीक है, कि छोड़ो, मेरा पिंड छोड़ो।

अब कौन विवाद करे? सोने वाला विवाद कैसे करे? सोने वाला कहता है, मुझे सोने दो। माना कि ब्रह्ममुहूर्त है और उठना चाहिए ब्रह्ममुहूर्त में, और कभी हम जरूर उठेंगे, और याद रखेंगे तुम्हारी बात और तुम्हारा नाम स्मरण करेंगे, तुम्हारी पूजा भी करेंगे, फोटो लटका लेंगे, मूर्ति लगा देंगे, सदा-सदा तुम्हें पूजेंगे—मगर

अभी छोड़ो! अभी मुझे नींद आ रही है। अभी मैं इस योग्य नहीं, अभी मैं पात्र नहीं। अभी घर है, गृहस्थी है, बच्चे हैं, पत्नी है—अभी इनको सम्हालने दो; एक दिन तो मोक्ष की तरफ जाना है, आप बिलकुल ठीक कहते हैं।

इसीलिए तुम पूजा करते हो, मंदिर बनाते हो। तुम्हारे मंदिर और तुम्हारी पूजाएं तुम्हारे बचने की विधियों का अंग हैं। जो दुष्ट हैं, वे झगड़ने को खड़े हो जाते हैं; जो सज्जन हैं, वे पूजा करने को। मगर जगने को कोई राजी नहीं।

हमने भारत में सूली नहीं दी—सज्जनों का देश है! मारपीट, झगड़ा-झांसे में हम भरोसा नहीं करते—अहिंसकों का देश है! शाकाहारियों का देश है! बड़ी पुरानी हमारी परंपरा है। हम कहते हैं, जिसको हाथ जोड़ कर, पैर छू कर छुटकारा पाया जा सकता है, उसको सूली पर क्यों लटकाना?

और सूली पर लटकाने से झंझट ही बढ़ती है; आखिर सोने वाले आदमी को सूली बनाना पड़े, ले जाओ, सूली पर लटकाओ...। पैर छू लिए कि महाराज साष्टांग दंडवत है, आप जाएं! हमने समझ ली तरकीब।

तो जो जीसस के साथ यहूदियों ने किया, वह हमने बुद्ध के साथ नहीं किया। कभी इक्के-दुक्के किसी पागल ने पत्थर फेंक दिया, लेकिन आमतौर से समाज ने कहा कि आप ईश्वर के अवतार हैं। महावीर को हमने थोड़ी-बहुत गाली-गलौज दी, लेकिन कोई जहर नहीं पिला दिया; जैसा सुकारात को यूनान में पिला दिया। हमने कबीर को कोई मंसूर की तरह काट नहीं डाला है, जैसा मुसलमानों ने मंसूर को काट दिया। सज्जनों का देश है! हम तरकीब ज्यादा बेहतर जान गए। हम समझ गए कि जहां सुई से काम हो जाता है, वहां तलवार की क्या जरूरत? मंदिर में बिठा देते हैं, मूर्ति बना देते हैं, फूल चढ़ा देंगे, शास्त्र बना देते हैं—और क्या चाहिए? मगर जगाने की कोशिश मत करो!

समाज कभी भी नहीं जागेगा। समाज तो सोई हुई भीड़ है। इस भीड़ में से कभी-कभी कोई विरला पुरुष जागता है।

तो तुम यह तो पूछो ही मत, यह तो बात ही मत करो। मैं तुम्हारी किसी भ्रांति में किसी तरह का सहारा देने को तैयार नहीं हूं। मैं नहीं तुमसे कहता कि मेरे द्वारा नवजागरण आएगा, सारी दुनिया में क्रांति हो जाएगी, राम-राज्य स्थापित हो जाएगा।...हो चुकीं ये पागलपन की बातें बहुत। राम से नहीं हुआ रामराज्य स्थापित, तो किसी दूसरे से कैसे हो जाएगा? कृष्ण से नहीं हुआ, हार गए सिर पटक-पटक कर! बुद्ध से नहीं हुआ, तो मुझसे कैसे हो जाएगा?

नहीं, बुद्ध और कृष्ण और राम ने वैसी भ्रांति पाली ही नहीं; वह भ्रांति तुम पाले हुए हो। बुद्ध तो बार-बार कहते हैं कि अपने दीये बनो; मेरे द्वारा कुछ

भी न होगा। महावीर बार-बार कहते हैं: अपनी शरण जाओ, मेरी शरण आने से क्या होगा?

महावीर ने तो बहुत साफ कहा है कि मैं स्वयं जागा हूं, मैं तुम्हारे कल्याण के लिए नहीं आया हूं; यद्यपि जैन अभी भी कहे जाते हैं कि जगत के कल्याण के लिए उनका जन्म हुआ। महावीर कहते हैं, मैं तुम्हारे कल्याण के लिए नहीं आया, क्योंकि कोई दूसरा तुम्हारा कल्याण कैसे करेगा? और अगर दूसरा तुम्हारा कल्याण कर सके तो वह कल्याण भी दो कौड़ी का होगा। उसमें तुम्हारा विकास फलित नहीं होगा, तुम्हारी आंतरिक उत्क्रांति घटित नहीं होगी। वह उधार होगा, बासा होगा। तो महावीर कहते हैं: अपनी शरण जाओ, समझो, अपने को जगाओ!

'...धर्म का जगत कब निर्मित होगा?'

झूठे सपने मत देखो। जगत अधर्म का रहेगा। इसमें कभी-कभी धार्मिक व्यक्ति जगते रहेंगे। यह रात तो अंधेरी रहेगी। इसमें कभी-कभी कोई तारे जगमगाते रहेंगे। अब तुम यह प्रतीक्षा मत करो कि कब पूरी रात बदलेगी। तुम तो इसकी फिकर करो कि मैं जगमगाने लगा या नहीं? तुम जगमगा गए, तुम्हारे लिए रात समाप्त हो गई। तुम जिस दिन जगमगाए, तुम्हारी सुबह हो गई।

इसे मैं बार-बार दोहराना चाहता हूं कि यह क्रांति व्यक्ति के अंतस्तल में घटती है! यह बड़ी आंतरिक है, आत्यंतिक रूप से निजी है। समूह, भीड़ से इसका कुछ नाता नहीं।

पूछा है: 'क्योंकि बदलना तो दूर...कब होगा विस्फोट? कैसे होगा? बदलना तो दूर उल्टे लोग आपका विरोध कर रहे हैं।'

वे सदा से करते रहे हैं। कुछ नया नहीं इसमें। वे विरोध न करें तो आश्चर्य होगा। विरोध उन्हें करना ही चाहिए। वह उनकी पुरानी आदत है।

जैन शास्त्रों में उल्लेख है: एक मुनि नदी में स्नान करने उतरा। एक बिच्छु को उसने तैरते देखा, डुबकी खाते। कि मर न जाए, तो उसने हाथ पर चढ़ा कर उसे घाट पर रख देना चाहा; लेकिन जब तक उसने घाट पर रखा, उसने दो-तीन डंक मार दिए। और जैसा कि तुमने देखा होगा, चींटे को अगर हटाने की कोशिश करो तो जिस दिशा से हटाओ वह उसी दिशा की तरफ भागता है। बड़े जिद्दी होते हैं। जितनी नासमझी, उतनी ही जिद्द। तो बिच्छु तो बिच्छु! उसको छोड़ा तो वह फिर भागा पानी की तरफ। उस मुनि ने फिर उसे उठाया और फिर किनारे पर रखा। फिर उसने दो-तीन डंक मार दिए।

एक मछुआ राह के किनारे खड़ा है। वह कहने लगा कि महाराज वह आपको डंक मारे जा रहा है, अब छोड़ो भी, मरने भी दो! वह मुनि हंसने लगा। उसने कहा

कि वह अपनी आदत नहीं छोड़ता, मैं अपनी आदत छोड़ दूं? देखें कौन जीतता है? बिच्छु है तो यह मान कर ही चलना चाहिए कि वह डंक मारेगा; इसमें कुछ नया तो नहीं कर रहा है। न मारे डंक और अचानक कहे कि धन्यवाद, तो घबड़ाहट होगी, तो भरोसा न आएगा।

जब भी कोई सोए हुए लोगों को जगाने की कोशिश करेगा तो वे डंक मारेंगे, वे नाराज होंगे। उनकी बात मेरी समझ में आती है, मैं उसमें कुछ एतराज भी नहीं करता। मुझे बिलकुल समझ में आता है: सोए हुए को जगाओ तो नाराजगी होती है। यह भी हो सकता है कि तुम से कह कर सोया हो कि सुबह चार बजे उठा देना, मुझे ट्रेन पकड़नी है; लेकिन उसको भी चार बजे उठाओ तो वह भी गुस्सा दिखलाता है। वह भी तुम्हें दुश्मन की तरह देखता है: कि अरे, कहा था ठीक है, मगर इसका यह मतलब थोड़े ही है कि जगाने ही लगो। अब कह दिया, भूल हो गई; मगर अब पीछे तो न पड़ो।

रुग्ण आदमी को दवा दो तो भी वह पीने में आनाकानी करता है।

बच्चे जैसे हैं लोग, नासमझ हैं। उनकी तरफ से विरोध बिलकुल स्वाभाविक है। अगर इस विरोध का तुम मनोविज्ञान समझो तो बड़े चकित होओगे। वे विरोध इसीलिए कर रहे हैं कि उन्हें बात जंचने लगी है कि बात में कुछ सचाई है। नहीं तो वे विरोध भी नहीं करते। उन्हें डर लगने लगा है कि यह आदमी कहीं जगा ही न दे। उनके विरोध की केवल इतनी ही सार्थकता है कि वे शंकित हो गए हैं कि अगर इस आदमी को सुना, इसकी बात को जरा गौर से सुना, विरोध का धुआं खड़ा न किया, अपनी आंखें विरोध से न भर लीं तो कहीं यह बात समझ में न आ जाए; कहीं यह बात हृदय में न उतर जाए; कहीं यह बीज आत्मा में पड़ न जाए।

तो उनका विरोध सांकेतिक है। वे कह रहे हैं कि अब या तो हमें विरोध करना पड़ेगा या साथ चलना पड़ेगा—अब दो ही उपाय छोड़े हैं। इसलिए सदा उन्होंने विरोध किया है। उनके विरोध की मैं निंदा नहीं कर रहा हूं, मैं उसे स्वीकार करता हूं; वह बिलकुल स्वाभाविक है। वे जिस दिन विरोध न करेंगे उस दिन समझना कि उनका अब बुद्धत्व में कोई रस नहीं रहा। वे बड़े दुर्दिन होंगे, जब बुद्धपुरुष आएगा और लोग बिलकुल विरोध न करेंगे—लोग कहेंगे, मजे से आपको जो कहना है कहो, जो करना है करो; हमारा मनोरंजन होता है, आप बड़े मजे से कहो। लोग ताली बजाएंगे और अपने घर चले जाएंगे; कोई विरोध न करेगा। उस दिन कठिनाई होगी।

ध्यान रखना, विरोध का मतलब ही है, लगाव शुरू हो गया। घृणा प्रेम का रूप है। जो आदमी घृणा करने लगा, अब ज्यादा देर नहीं है, वह प्रेम भी कर सकेगा।

उपेक्षा खतरनाक है। बुद्धपुरुष आएं और लोग उनकी उपेक्षा कर दें; वे राह से निकलें, न कोई विरोध करे, न कोई प्रेम करे; लोग कहें कि ठीक आपकी मर्जी, आपका जैसा दिल आप कहें, जो आपको रहना है आप रहें, हमें कोई एतराज नहीं। जरा सोचो उस स्थिति की बात कि कोई विरोध न करे; कोई पक्ष में नहीं, कोई विपक्ष में नहीं; बुद्ध आएं, कहें और चले जाएं, कोई लकीर ही न छूटे किसी पर—तो दुर्दिन होगा। तो उसका अर्थ हुआ कि अब बुद्धत्व में इतना भी रस नहीं रहा लोगों का। अब कोई विरोध भी नहीं करता।

विरोध तो रागात्मक है।

एक यहूदी हसीद फकीर ने किताब लिखी थी। किताब बड़ी बगावती थी। हसीद बड़े बगावती फकीर हैं। और उसने अपने देश के सबसे बड़े यहूदी धर्मगुरु को वह किताब भेजी; खुद अपनी पत्नी के हाथ भेजी। और उसने कहा कि कुछ फिकर न करना। जो भी हो, तू उसमें उलझना मत, सिर्फ देखते रहना क्या हो रहा है; सब मुझे आकर वैसा का वैसा बता देना। वह गई। जैसे ही किताब उसने दी पंडित के हाथ में, उसने किताब उलट कर देखी; देखा कि हसीद फकीर की है। वह तो ऐसा तिलमिला गया कि जैसे हाथ में अंगारा रख दिया हो। उसने तो किताब उठा कर बाहर फेंक दी अपने मकान के। उसने कहा कि मेरे हाथ अपवित्र हो गए, मुझे स्नान करना पड़ेगा। वह तो आग-बबूला हो गया।

उसके पास ही एक दूसरा पुरोहित बैठा था, एक दूसरा धर्मगुरु। उसने कहा कि माना कि वह बगावती है; मगर उसने किताब भेंट भेजी, तुम थोड़ी देर बाद फेंक देते, यह पत्नी को तो चले जाने देते! उसने भेजी तो! उसने तो प्रेम से भेजी, उपहार दिया। इस पत्नी को चले जाने देते, फिर फेंक देते। इतनी जल्दी क्या थी? और तुम्हारे घर में इतनी किताबें हैं, इतनी बड़ी लायब्रेरी है; उसमें यह एक किताब पड़ी भी रहती तो क्या बिगाड़ देती?

पत्नी वापस लौटी। पति ने पूछा, क्या हुआ? उसने कहा कि प्रधान पुरोहित ने तो किताब एकदम बाहर फेंक दी; वे तो ऐसे नाराज हो गए कि मुझ पर हमला न कर दें। उन्होंने तो ऐसे किया कि जैसे मैंने हाथ में अंगारा रख दिया हो। मगर उनके पास ही एक दूसरे धर्मगुरु बैठे थे। उन्होंने कहा कि नहीं, यह करना उचित नहीं है; पत्नी को चले जाने देते, फिर फेंक देते; या फिर रखी रहती किताब, इतनी किताबें पड़ी हैं! तुम्हारे घर में विरोधियों की किताबें भी रखी हैं, तो यह तो यहूदी है, माना कि बगावती है। रख लेते, पड़ी रहती लायब्रेरी में, क्या बिगड़ता था?

पति ने कहा: जिसने किताब फेंकी, उसे तो हम किसी न किसी दिन बदल लेंगे, लेकिन दूसरे से हमारा कोई संबंध नहीं बन सकता।

समझे आप मतलब?

जिसने किताब फेंकी, उससे तो रागात्मक संबंध बन गया। वह कम से कम इतना तो राग है उसका, जोश तो आया! उसने कुछ किया तो, तरंग तो उठी। वह जो बैठ कर शांति से कह रहा है, रख लो, डाल दो, किनारे में पड़ी रहेगी लायब्रेरी में, वह उपेक्षा से भरा आदमी है, उससे हम कभी कोई संबंध न बना पाएंगे। इस धर्मगुरु को तो हम बदल लेंगे, लेकिन दूसरे धर्मगुरु से हमारा कोई संबंध न बन पाएगा। मैं दूसरे के लिए दुखी हूं।

पत्नी तो बहुत चौंकी। वह तो सोचती थी, दूसरा भला आदमी है; पहला आदमी बुरा है। लेकिन उसके पति ने कहा कि पहला आदमी तो हमारे चक्कर में आ ही चुका है, दूसरा खतरनाक है। मैं तुमसे कहता हूं कि पहला तो उठा कर किताब पढ़ेगा। जिसने इतने जोश से फेंकी है वह बिना पढ़े नहीं रह सकता, क्योंकि इस जोश को कैसे शांत करेगा? वह तो उत्सुक हो ही गया। मैं उसका पीछा करूंगा; रात सपने में दिखाई पड़ूंगा। मैं उसके सिर के आस-पास घूमूंगा। वह सोचेगा, कई बार कि फेंकना था कि नहीं फेंकना था; देख तो लूं, इसमें लिखा क्या है!

जो मेरा विरोध करते हैं, वे निश्चित रूप से मेरी किताब पढ़ते हैं—यह तुम खयाल रखना। उनसे मेरा संबंध बन चुका है। उनसे मेरे हृदय का नाता जुड़ गया है, धीरे-धीरे खींच लूंगा। लेकिन जो विरोध भी नहीं करते, विरोध तक नहीं करते, उनके साथ बड़ा मुश्किल है। उनके हृदय का दरवाजा पाना बहुत मुश्किल है। उनके दरवाजे सब बंद हैं।

और यह बिलकुल स्वाभाविक है। जितनी क्रांति की बात होगी, उतनी ही कठिनाई होती है। लोग परंपरा से जीते हैं। लोग परंपरा में सुविधा और सुरक्षा पाते हैं। बदलाहट साहसियों का काम है, दुस्साहसियों का काम है। उतना साहस जिसमें नहीं होता, वह विरोध न करे तो क्या करे? उसका विरोध तो समझो; वह यह कह रहा है कि इतना साहस मुझ में नहीं है, तो या तो मैं यह स्वीकार करूं कि मैं कायर और कमजोर हूं और या सिद्ध करूं कि यह बात गलत है। तो पहले वह कोशिश करता है सिद्ध करने की कि बात गलत है; जाने योग्य है ही नहीं, इसलिए हम नहीं जाते। नहीं तो उसे साफ हो जाएगा, अगर जाने योग्य है और नहीं जाते, तो फिर हम कायर हैं। अहंकार को फिर चोट लगती है। वह अहंकार की सुरक्षा है विरोध।

लेकिन जब कोई व्यक्ति मुझमें और उसके अहंकार में चुनाव करने लगा, तो एक न एक दिन उसे मुझे चुनना ही होगा, क्योंकि अहंकार सिवाए नरक के कुछ देता ही नहीं। उस चुनाव को तुम कब तक किए चले जाओगे?

दूसरा प्रश्न: आपने कहा कि उपदेश सबसे लेना चाहिए, लेकिन आदेश अपनी अंतरात्मा से, अपने विवेक से। प्रश्न है कि जब तक विवेक न हो तब तक कैसे पता चले कि जो आवाज अंदर से आ रही है, वह विवेक-जन्य है या मन का ही एक खेल है? कृपया प्रकाश डालें।

स्वाभाविक प्रश्न उठेगा। मैंने कहा, उपदेश सबसे ले लेना, आदेश अपने से लेना। तुम्हारा प्रश्न संगत है। तुम पूछते हो, तय कैसे होगा कि जो हम कर रहे हैं, जो हम मान कर चल रहे हैं, जिस दिशा को हमने चुना, वह हमारी अंतरात्मा का आदेश है या हमारे मन का ही खेल है?

चलो! चलने से ही पता चलेगा। मैं तुमसे यह नहीं कह रहा हूं कि तुम हमेशा सही चल पाओगे। यह मैंने कहा भी नहीं। तुम बहुत बार चूकोगे। लेकिन चूक-चूक कर ही तो पता चलता है कि गलत क्या है और सही क्या है। तुम बहुत बार गिरोगे; गिर-गिर कर ही तो पता चलता है कि कैसे चलना चाहिए ताकि न गिरें।

छोटा बच्चा चलना शुरू करता है। अगर वह कहे कि मुझे बिलकुल ऐसी तरकीब चाहिए, सौ प्रतिशत गारंटी की कि गिरूं न—तो वह कभी चलेगा नहीं, कभी चल ही न पाएगा। फिर वह किसी की गोदी में ही चढ़ा रहेगा। गिरना तो पड़ेगा। और जब मां कहती है, बेफिकर होकर तू चल, गिरेगा थोड़े ही—तो वह जानती है कि गिरेगा। लेकिन गिरने के सिवाए चलना सीखने का कोई उपाय नहीं।

तुम साइकिल चलाने के संबंध में किताब पढ़ लो, किताब में सब समझाया हो कि किस तरह संतुलन कायम करना चाहिए, किस तरह पैडल चलाने चाहिए, किस तरह हैंडल पकड़ना चाहिए—इससे कुछ न होगा। तुम लाख किताब को कंठस्थ करके साइकिल चलाने जाओ, दो-चार बार गिरोगे, हाथ-पैर पर पट्टी बंधेगी, चमड़ी दो-चार बार छिलेगी। मगर उसी गिरने से तुम्हें संतुलन की प्रतीति होगी, क्या है संतुलन। किताब में लिखने से थोड़े ही पता चलता है कि संतुलन क्या है, बैलेंस क्या है? वह तो साइकिल पर चढ़ने से पता चलता है।

अब दो चाक की साइकिल, और सधी रह जाती है, चमत्कार है। गिरना तो बिलकुल नियमानुसार है; नहीं गिरना, चमत्कार है। मगर दो-चार बार गिर कर तुमको खयाल आने लगता है। अब वह खयाल ऐसा है कि कोई दूसरा कितना ही जिंदगी से साइकिल चला रहा हो तो भी तुम्हें दे नहीं सकता। कोई तुम्हें दे नहीं सकता कि यह लो मैं तुम्हें अपनी समझ दिए देता हूं। वह कितना ही समझा दे, फिर भी तुम्हें गिरना पड़ेगा।

तो जब मैंने तुमसे कहा, उपदेश सबसे लेना, तो मैंने कहा जितने साइकिल

सवार हों, सबसे पूछ लेना। मगर इससे तुम यह मत समझ लेना कि तुम्हें साइकिल चलाना आ गया। चढ़ना तो तुम्हें ही पड़ेगा। और इससे मैं यह भी नहीं कह रहा हूं कि तुम्हें सौ प्रतिशत गारंटी है कि तुम न गिरोगे। ऐसी गारंटी मैं देता ही नहीं। गारंटी इतनी दे सकता हूं कि जरूर गिरोगे; मगर गिर-गिर कर सीखोगे। कई बार गलत रास्तों पर भटक जाओगे। लेकिन अगर अपने ही कारण भटके तो लौट आओगे, अगर दूसरे के कारण भटके तो कभी न लौट सकोगे। क्योंकि जो आदमी दूसरे के पीछे चल रहा है उसे कभी पता ही नहीं चलता है कि मैं ठीक जा रहा हूं कि गलत जा रहा हूं।

जैसे कि तुम किसी साइकिल सवार के पीछे कैरियर पर बैठे हुए हो, तुम्हें थोड़े ही बैलेंस आएगा! हालांकि तुम भी साइकिल पर सवार हो, लेकिन तुम्हें संतुलन नहीं आएगा। तुम जन्मों-जन्मों तक बैठे रहो दूसरे की साइकिल के पीछे, यात्रा भी होगी, मगर संतुलन नहीं आएगा।

और असली बात संतुलन है।

तो तुम किसी की पीठ के पीछे चल पड़ो...तुम जब किसी के पीछे चलते हो तो तुम इसी भय के कारण तो चलते हो, कहीं हम चलें तो भूल न हो जाए, तो हम जानकार के पीछे चलें! लेकिन हो सकता है कि जानकार भी तुम्हारी जैसी ही बुद्धि का हो, किसी और जानकार के पीछे चल रहा हो और वे भी इसी बुद्धि के हों—और अक्सर इसी बुद्धि के लोग हैं—तो तुम पाओगे कि एक आदमी दूसरे के पीछे चल रहा है, दूसरा तीसरे के पीछे चल रहा है; तीसरा किसी और के, जो कि मर चुके हैं; वे किसी और के पीछे चलते थे जो कि बहुत पहले मर चुके हैं; वे किसी और के पीछे चलते थे, जो कभी हुए ही नहीं। अब चले जा रहे हैं! अब इनको कभी पता नहीं चलेगा कि गलती हो रही है, क्योंकि गलती होने का उपाय नहीं है; यह तो क्यू है, और इसका छोर खोजना मुश्किल है। गलती तो तब पता चले जब क्यू का छोर पता चले।

अब अष्टावक्र की मान कर चलने लगें जनक, जनक की मान कर चलने लगें कोई और, कोई और, पांच हजार साल में अब तो तुम्हें पता लगाना मुश्किल हो जाएगा कि गलती कहां हो रही है। यह तो बड़ा क्यू है। इसमें तो अष्टावक्र गिरें तो भी तुम्हें पता न चलेगा कि वे गिर गए खड्ड में। काम नहीं आई उनकी गीता। वे तड़प रहे हैं पड़े हुए। उसका भी तुम्हें पता नहीं चलेगा। तुम तो भेड़-चाल से चलते चले जाओगे। जब दस-पांच हजार साल में तुम भी उनके ऊपर गिरोगे, उनकी हड्डियों पर, तब तुम्हें पता चलेगा कि यह तो भूल हो गई है। लेकिन तब बहुत देर हो चुकी होगी।

नहीं, भूल कर किसी के पीछे मत चलना। सुन लेना, जान लेना, समझ लेना; लेकिन उत्तरदायित्व सदा अपना अपने हाथ में रखना। तो उसका लाभ है; कम से कम क्यू तो नहीं है आगे। तुम गिरोगे तो पता तो चलेगा कि मैं गिरा। तुम गिरोगे तो गिरना क्यों हुआ, किस कारण से हुआ—इसका तो पता चलेगा! अगली बार उस तरह का कारण न दोहरे, इसकी समझ तो आएगी। दस-पांच बार गिर कर तुम्हें साइकिल चलाने की कला आ जाएगी। वह कला है, विज्ञान नहीं। विज्ञान होता तो दूसरा दे देता।

कला कोई दे नहीं सकता, कला सीखनी पड़ती है अनुभव से।

तो तुमने मुझसे पूछा है कि 'प्रश्न है जब तक विवेक न हो तब तक कैसे पता चले कि जो आवाज अंदर से आ रही है वह विवेक-जन्य है या मन का ही एक खेल है?'

कोई उपाय नहीं है जानने का। अनुभव से ही तुम्हें धीरे-धीरे पता चलेगा। कैसे पता चलेगा? जो मन का खेल है, उससे तुम हमेशा तकलीफ में पड़ोगे—हमेशा तकलीफ में पड़ोगे, दुख आएगा! और जो मन का खेल नहीं है, उससे हमेशा आनंद की स्फुरणा होगी। वही कसौटी है। जो भीतर से आ रही, अंतरात्मा से, उसका फल सदा ही आनंद है, सच्चिदानंद है। जो मन का है जाल, उससे तुम हमेशा दुख पाओगे। दुख से पता चलेगा। करके ही पता चलेगा किससे दुख मिला, किससे सुख मिला। जिससे सुख मिले, वह सत्य की तरफ जा रही है यात्रा; और जिससे दुख मिले, वह असत्य की तरफ जा रही है यात्रा।

तुमने सुना है, पढ़ा है कि नरक में दुख है। अच्छा हो इसे थोड़ा उलटा कर लोः दुख में नरक है। तो जहां-जहां दुख मिले, तुम समझ लेना कि नरक की तरफ चल रहे हो, गड्ढा में गिर रहे हो। जहां-जहां सुख मिले, तरंग आए समाधि की, लहर उठे, गीत फूटे, खिलें भीतर के इंद्रधनुष, सुवास उठे, संगीत जन्मे—समझना कि चल रहे स्वर्ग की तरफ।

चलते-चलते, गिरते-उठते आदमी सीखता है। एक भूल कभी मत करना—और वह भूल हैः बैठे मत रह जाना भूल के डर से। भूल करनी ही होगी। हां, एक ही भूल को दुबारा करने की कोई जरूरत नहीं। तो बोधपूर्वक भूल करना। और एक भूल जब हो जाए और पता चल जाए तो पछताते मत बैठे रहना कि भूल हो गई। उतना अनुभव हुआ। लाभ हुआ। अब आगे ऐसी भूल दुबारा न हो, इसकी गांठ बांध लेना। ऐसे धीरे-धीरे तुम पाओगे, भूल कम होती गईं, कम होती गईं, एक दिन भूल समाप्त हो गई और तुम्हारे जीवन में विवेक का उदय हो गया।

तुमसे मैं यह पूछता हूं—तुमने पूछा है कि 'अगर हम दूसरे से उपदेश न लें तो हमें कैसे पक्का पता चलेगा कि क्या ठीक और क्या गलत? क्या मन का खेल और क्या विवेक की आवाज?'—मैं तुमसे पूछता हूं, बिना विवेक के जगे तुम कैसे पक्का करोगे कि किसकी मानें और किसकी न मानें? प्रश्न तो वही का वही है। हजारों लोग हैं, हजारों शास्त्र हैं, हजारों शास्ता हैं, सबके मंतव्य अलग हैं, सबकी दृष्टि अलग है—इसमें तुम किसको चुनोगे? महावीर को चुनोगे कि कृष्ण को चुनोगे? कैसे चुनोगे? क्योंकि महावीर कहते हैं, चींटी भी न मरे, नहीं तो सड़ोगे नरकों में। कृष्ण कहते हैं: फिकर ही मत कर, सब उसकी लीला है! तू बेधड़क मार। तू मारने वाला कौन? और फिर कभी आत्मा मारी गई है? न हन्यते हन्यमाने शरीरे। यह तो शरीर ही गिरता-उठता है, आत्मा कभी मरती नहीं। तू तलवार से काटेगा, तब भी नहीं कटती। नैनं छिन्दन्ति शस्त्राणि। तू फिकर ही छोड़, यह तो खेल है!

किसकी मानोगे? कैसे तय करोगे? कौन ठीक इन दो गुरुओं में? तय करने का लोगों ने एक सस्ता रास्ता निकाल लिया है: जिस घर में पैदा हुए। अगर जैन घर में पैदा हुए तो महावीर को मानेंगे। यह भी कोई बात हुई? सिर्फ घर में पैदा हो जाने से! हिंदू घर में पैदा हुए तो कृष्ण को मान लेंगे! कैसे तय करोगे कौन ठीक है? अंततः तो तुम्हीं को तय करना है।

जब तुम गुरु भी चुनते हो, तब तुम कैसे तय करते हो यह अंतरात्मा से आवाज उठी कि मन की आवाज है? तुम बच नहीं सकते। यह निर्णय तो तुम्हारा ही होगा। तुम अगर मुझे गुरु चुन लो, तो तुम कैसे पक्का करोगे कि इस आदमी की बातचीत में उलझ गए, सम्मोहित हो गए, प्रीतिकर थी बातचीत, तर्कयुक्त थी—इसलिए उलझ गए या कि सच में यह आदमी जाग्रत पुरुष है? कैसे तय करोगे? क्या उपाय है? क्या कसौटी है? तुम्हीं तो तय करोगे न! तो वही प्रश्न वहीं का वहीं खड़ा है।

जब तय तुम्हीं को करना है तो एक बात साफ है कि परमात्मा ने निर्णय की शक्ति प्रत्येक व्यक्ति को दी हुई है और निर्णय किसी दूसरे पर नहीं छोड़ा जा सकता। तुम निर्णायक हो।

सुनो मेरी, समझो मेरी। हृदयपूर्वक समझने की कोशिश करो, समग्रता से समझने की कोशिश करो। लेकिन जब अंतिम निर्णय लोगे, तो निर्णय तो तुम्हीं लोगे कि यह आदमी ठीक कह रहा है कि गलत; इसकी मान कर चलें कि न चलें। तो तुम कुछ भी करो, चाहे किसी के पीछे चलो, चाहे न चलो, चाहे अपने पैर चलो, चाहे किसी के कंधे पर सवार होकर चलो—निर्णायक तुम ही हो, जिम्मेवारी तुम्हारी

है। तुम तो चाहते हो जिम्मेवारी टल जाए। तो कल अगर गड्ढा में गिरो तो तुम मेरी गर्दन पकड़ लो कि देखो, गिराया गड्ढा में, मैं तो आपके पीछे चल रहा था!

इसलिए मैं पहले ही कहे दे रहा हूं: मेरे पीछे चलने से कुछ मतलब नहीं है। गड्ढा में गिरोगे तो तुम गिरोगे। और गड्ढा में गिरोगे तो मैं गड्ढा के किनारे खड़े होकर हंसूंगा; मैं कहूंगा, मैंने पहले ही कह दिया था। तुम्हारी मर्जी थी, तुम मेरे पीछे चले, फिर भी सुन कर चले। मैंने पहले ही कह दिया था कि अगर गिरोगे तो तुम गिरोगे। तुम मुझसे यह न कह सकोगे कि हम तो आपके पीछे चल रहे थे। आपने ही चुना था। मेरे पीछे चलना भी आपने चुना था। मैंने जबरदस्ती थोप नहीं दिया था। जबरदस्ती कौन किस पर थोप देता है? कैसे थोपा जा सकता है?

लेकिन आदमी उत्तरदायित्व से बचता है। आदमी चाहता है, किसी के कंधे पर जिम्मेवारी हो जाए तो कल हम कह तो सकें; अगर अदालत हो कहीं परमात्मा की, तो हम कह सकें हम तो बिलकुल निर्दोष हैं; ये गेरुए वस्त्र इस आदमी ने पहना दिए थे। अब क्या पक्का है तुम्हें कि परमात्मा गेरुए वस्त्र के पक्ष में होगा? कुछ पक्का नहीं है। बुद्ध ने पीले वस्त्र चुन लिए थे; हो सकता है, परमात्मा पीले वस्त्र के पक्ष में हो। पार्श्वनाथ ने सफेद वस्त्र चुन लिए थे; हो सकता है परमात्मा सफेद वस्त्रों के पक्ष में हो। और महावीर नग्न खड़े हो गए थे; हो सकता है परमात्मा न्यूडिस्ट हो। करोगे क्या? यह तो परमात्मा जब आएगा, तभी। उस वक्त तुम यह न कह सकोगे कि हमें तो कुछ पता ही नहीं था; हमें तो इस आदमी ने कह दिया, गैरिक वस्त्र पहन लो, हमने गैरिक वस्त्र पहन लिए।

नहीं, तब तुम्हें जवाब स्वयं ही देना होगा। यह चुनाव भी तुम्हारा चुनाव है। अगर तुमने यह चुना कि मेरे प्रति समर्पित हो जाओ, यह भी तुम्हारा संकल्प है, यह भी तुमने ही चाहा है। इस तरह तुम इस बात को सदा ही याद रखना कि तुम्हीं निर्णायक हो, तुम्हीं उत्तरदायी हो और अंतिम रूप से जो भी फलित होगा, घटित होगा, उसका श्रेय भी तुम्हारा है।

ऐसा मान कर जो व्यक्ति चलता है—वही सत्य का शोधक, खोजी।

खतरे तो हैं ही। जीवन जोखिम है। और जो जितने ज्यादा खतरे उठाता है, उतना ही जानने में समर्थ हो पाता है। जो लोग खतरे नहीं उठाते, वे मिट्टी के लौंदे रह जाते हैं। उनके जीवन में कोई धार नहीं होती। उनके जीवन में कोई त्वरा नहीं होती। कोई चमक नहीं होती। उनके जीवन में प्रतिभा नहीं होती।

तुम जाकर देख सकते हो, ऐसे मिट्टी के लौंदे तुम्हें आश्रमों में बैठे मिलेंगे, मंदिरों में बैठे मिलेंगे—घंटियां बजा रहे, पूजा कर रहे, कोई उपवास कर रहा—मिट्टी के लौंदे हैं! उन आंखों में तुम बिजलियां न पाओगे, और उनके प्राणों

में तुम वह ऊर्जा न पाओगे, जो ऊर्जा सत्य को पाने के लिए अत्यंत अनिवार्य है। तुम उन्हें मुर्दा पाओगे। तुम उन्हें लाश की तरह पाओगे।

तो मैं तुमसे यह कहता हूं कि ऐसे तुम मत बन जाना। तुम अपनी निजता को बचाना और अपनी निजता को निखारना। और कितनी ही कठिनाई हो, कभी अपनी निजता को मत खोना। क्योंकि निजता ही तुम्हारी आत्मा है और उसी आत्मा में छिपा है सत्य।

बुद्ध ने अंतिम वचन कहा है आनंद को : 'अप्प दीवो भव!' अपना दीया स्वयं बन। आनंद रोने लगा था बुद्ध को जाता देख कर, बुद्ध चले। घबड़ा गया होगा। इन्हीं के पीछे चलता रहा चालीस—ब्यालीस साल। पूरा जीवन दांव पर लगा दिया। इन्हीं की पीठ के सिवाए कुछ देखा नहीं। इन्हीं के पीछे चलता रहा, उठता रहा, बैठता रहा; आज ये चले, तो रोने लगा! स्वाभाविक था रोना। उसने कहा कि मैं तो अभी तक पहुंचा नहीं और आपके जाने की घड़ी आ गई। तो बुद्ध ने कहा : मैंने तुझे कभी कहा ही नहीं कि मैं तुझे पहुंचा दूंगा। अपना दीया खुद बन! और आनंद, शायद मेरे कारण बाधा पड़ती रही हो, तो अब मैं जा रहा हूं; अब वह बाधा भी न रहेगी। अब तेरे सामने कोई पीठ न होगी; अब तेरे सामने खुला आकाश होगा।

और आश्चर्य की घटना है कि आनंद चौबीस घंटे बाद ही ज्ञान को उपलब्ध हुआ। ब्यालीस साल में जो न हो सका, वह चौबीस घंटे में हुआ। यह बात तीर की तरह चुभ गई। यह बात तो उसकी समझ में आ गई कि आज बुद्ध चले, अब मैं अकेला रह गया।

अकेले तो हम सदा से हैं। किसी के पीछे चलो तो भी तुम अकेले हो; भ्रांति भर पैदा होती है कोई साथ है। इस अकेलेपन को तुम पहले से ही याद रखो। बुद्ध ने आनंद से अंत में कहा था; मैं अपने 'आनंदों' से प्रथम से कह रहा हूं कि तुम अपने दीये स्वयं बनो। तब कोई जरूरत नहीं कि मेरे जाने के बाद चौबीस घंटे में तुम ज्ञान को उपलब्ध होओ; तुम मेरे रहते चौबीस क्षण में ज्ञान को उपलब्ध हो सकते हो। क्योंकि ज्ञान को उपलब्ध होने का कुल अर्थ इतना ही है कि यह जीवन मेरा है और मैं उत्तरदायी हूं। भूल होगी, चूक होगी तो मैं जिम्मेवार हूं। मैं उत्तरदायित्व पूरा अपने हाथ में लेता हूं। मैं अपनी मालकियत अपने ऊपर घोषणा करता हूं।

इसलिए तो तुम संन्यासियों को मैं स्वामी कहता हूं। स्वामी का अर्थ है : तुम्हारी मालकियत तुम्हारे हाथ में है। यह मैंने घोषणा कर दी कि अब तुम स्वामी हुए। अब तुम्हारा कोई भी स्वामी नहीं है। अब तुम अपने स्वामी हो। यह तुम्हारा स्वामित्व है।

इस घोषणा के साथ ही सत्य की यात्रा शुरू होती है। और इस घोषणा को जिस दिन तुम पूरा-पूरा अनुभव कर लोगे, उस दिन आ गई मंजिल, उस दिन आ गया अपना घर।

सिखलाएगा वह ऋत् एक ही अनल है,
जिंदगी नहीं वहां, जहां नहीं हलचल है।
जिनमें दाहकता नहीं, न तो गर्जन है,
सुख की तरंग का जहां अंध वर्जन है।
जो सत्य राख में सने रुक्ष रूठे हैं,
छोड़ो उनको, वे सही नहीं, झूठे हैं।
जो सत्य राख में सने रुक्ष रूठे हैं।
छोड़ो उनको,वे सही नहीं,झूठे हैं।

जीवंत सत्य तो तुम्हारे भीतर पैदा होगा। बाहर से तुम जो भी ले आए हो, सब कूड़ा-कर्कट है; किसी और से इकट्ठा कर लिया है, सब उधार और बासा और व्यर्थ है। आग लगा दो उस सब में। वे सब सत्य राख में सने हैं।

तुम्हारा सत्य तुम्हारे भीतर पैदा होगा। तुम्हारे सत्य के लिए तुम्हें ही प्रसव-पीड़ा से गुजरना होगा। तुम्हारा सत्य तुम्हारे भीतर जन्मेगा। तुम्हें उस सत्य के लिए गर्भ बनना होगा, और प्रसव-पीड़ा से गुजरना होगा।

खयाल किया तुमने? कोई स्त्री को बच्चा पैदा नहीं होता, वह किसी के बच्चे को गोद ले लेती है। ऐसे मन समझाना हो जाता है।

मैं तुमसे कहता हूं: सत्यों को गोद मत लेना। यह तो बड़ी झूठ हो जाएगी। और हम सबने सत्य गोद ले लिए हैं। कोई हिंदू बना बैठा है, कोई ईसाई, कोई मुसलमान, कोई जैन। हमने सब सत्य उधार ले लिए हैं।

नानक का सत्य है; तुम सिक्ख बने बैठे हो, यह सत्य तुम्हारा नहीं है। नानक ने इसके लिए पीड़ा सही, नानक ने गर्भ धारण किया—इस सत्य को जन्म दिया। तुम मुफ्त लिए बैठे हो। तुमने इसके लिए कुछ भी नहीं किया। न तुम आग में गए, न तुम जले, न तुम भटके, न तुम गिरे—तुम्हें यह मुफ्त मिला।

पीड़ा निखारती है। मुफ्त मिलने से कुछ भी निखार नहीं आता।

गोद मत लेना सत्यों को—जन्माना। और जब तुम जन्माने में समर्थ हो पाओगे, तभी तुम्हारे भीतर वह तरंग उठेगी निजता की, व्यक्तिगत की। तुम अद्वितीय बनोगे। अद्वितीयता धर्म का आखिरी फल है।

और यह भी मैं जानता हूं कि अचानक आज तुम पूरे सत्य को न पा सकोगे। इंच-इंच चलना होगा, घिसटना होगा—और चढ़ाई बड़ी है और पहाड़ ऊंचा है,

और सांस घुटेगी, और सब बोझ छोड़ देना होगा; क्योंकि जरा भी बोझ नहीं ले जाया जा सकता। जैसे-जैसे पहाड़ पर कोई चढ़ने लगता है, वैसे-वैसे बोझ कम करना पड़ता है। जब हिलेरी एवरेस्ट पर पहुंचा, उसके पास कुछ भी नहीं था। पानी की बोतल भी थोड़े पीछे उसे छोड़ देनी पड़ी, क्योंकि उतना बोझ ढोना भी मुश्किल हो गया। जितनी ऊंचाई होती है उतना बोझ मुश्किल हो जाता है। सब सामान लेकर आया था, वे धीरे-धीरे सब छूट गए; धीरे-धीरे सब डालता गया, राह के किनारे रखता गया, क्योंकि उनका खींचना मुश्किल होने लगा था। जब पहुंचा तो अकेला था, खाली था।

और जिस गौरीशंकर की चढ़ाई की मैं तुमसे बात कर रहा हूं, वह तो आखिरी ऊंचाई है अस्तित्व की। वह आज न घट जाएगी। इंच-इंच जलना और तपना होगा। धीरे-धीरे तुम छोड़ पाओगे। मगर छोड़ने का खयाल रहे।

बांसों-बांस उछलती लहरें।

देख लिया है चांद सलोना,
लेकिन हाथ रह गया बौना।
रह-रहकर कर मलती लहरें,
बांसों-बांस उछलती लहरें।

शीतलता कैसी बिखरा दी,
पानी में ही आग लगा दी।
बुझती और सुलगती लहरें,
बांसों-बांस उछलती लहरें।

स्वप्न-लोक के यात्रा-पथ पर,
भावुकता ने रचा स्वयंवर,
असफल हो सिर धुनती लहरें,
बांसों-बांस उछलती लहरें।

चांद तो दिखाई पड़ने लगता है उपदेश से, तुम बांसों-बांस उछलने लगते हो मगर इतने से चांद मिल न जाएगा। उपदेश से चांद नहीं मिलेगा, उपदेश से चांद दिखेगा। मिलेगा तो तुम्हारे अपने जीवन को एक अनुशासन और आदेश देने से।

वह जो मैंने कहा कि तुम उपदेश सब से ले लेना, आदेश स्वयं देना—उसका इतना ही अर्थ है। महावीर, बुद्ध, कृष्ण, क्राइस्ट, नानक, कबीर, उनके पास तुम्हें

पहली दफे चांद की स्मृति आएगी कि चांद है। पहली दफे तुम्हारी जमीन में गड़ी आंखें ऊपर उठेंगी और आकाश को देखेंगी। तुम उछलोगे खूब। जीवन बड़ी प्रफुल्लता से भर जाएगा।

सदगुरु के पास होना एक अपूर्व अनुभव है। तो फिर सत्य को पहुंच जाना तो कैसा अपूर्व होगा, सोच लो! सदगुरु के पास होना भी अपूर्व अनुभव है। जिसे सत्य मिला है, उसके पास होना भी अपूर्व अनुभव है।

बांसों-बांस उछलती लहरें,
देख लिया है चांद सलोना,
लेकिन हाथ रह गया बौना।
रह-रह कर कर मलती लहरें,
बांसों-बांस उछलती लहरें!

तुम्हारा हृदय उछलने लगेगा, तरंगें लेने लगेगाः चांद दिखाई पड़ने लगा!

लेकिन उपदेश को ही तुम सब मत समझ लेना—शुरुआत है, प्रारंभ है। चांद तक चलना है, चांद तक पहुंचना है। और तुम अपने ही पैरों से पहुंच पाओगे। कोई किसी और के पैरों से कभी नहीं पहुंचा है। अप्प दीपो भव! अपने दीये बनो!

तीसरा प्रश्नः मैं आंसू का एक झरना हूं,
लेकिन हूं रुंधा हुआ अरसे से।
कैसे चट्टान हटे बुद्धि की,
कैसे मैं फूट कर बह निकलूं?

पूछा है 'योग प्रीतम' ने। प्रीतम कवि हैं। और कवि के लिए सदा एक कठिनाई है। और कठिनाई यह है कि कवि का अस्तित्व तो होता है हृदय का, अभिव्यक्ति होती है बुद्धि की। तो कवि के भीतर एक द्वंद्व होता है, एक सतत द्वंद्व है। जो उसे कहना है, वह शब्दों के पार है। और जो उसे कहने का माध्यम है, वे शब्द हैं। जो वह उंडेलना चाहता है, वह हृदय है—और उंडेलना पड़ता है बुद्धि की भाषा में। सब कट-पिट जाता है, सब खंड-खंड हो जाता है, छितर जाता है।

इसलिए कवि सदा पीड़ा में रहता है। कवि कभी तृप्त नहीं हो पाता। और जो कवि तृप्त हो जाए वह बहुत छोटा कवि है; तुकबंद कहना चाहिए, कवि नहीं। जितना बड़ा कवि हो उतनी अतृप्ति होती है। तड़फता है कुछ प्रकट होने को। और जब उसे प्रकट करना चाहो तब मिलते हैं छोटे-छोटे शब्द, जिनमें वह समाता नहीं। बड़ा आकाश है हृदय का और शब्दों के भीतर जगह नहीं है, स्थान नहीं, अवकाश नहीं।

तो कह-कह कर भी कवि कह नहीं पाता। जीवन भर गा-गा कर भी गा नहीं पाता। जिसे गाने आया था वह तो अनगाया ही रह जाता है। जिसके लिए जीवन भर चाहा था कि प्रकट कर दे, वह अप्रकट ही रह जाता है।

तो कवि की दुविधा है। वह दुविधा यह है कि भाव तो प्रकट करना है और बुद्धि से प्रकट करना है। अगर कवि इसमें ही उलझा रहे तो सदा बेचैन और असंतुष्ट रहेगा।

कवि एक साथ दो संसारों में जीता है, तो बड़ा तनाव होता है। पश्चिम में बहुत से कवि आत्महत्या कर लिए। और बहुत से कवि पागल हो जाते हैं। और अक्सर कवि शराब पीने लगते हैं। और उसका कुल कारण इतना है कि उनके भीतर इतनी बेचैनी होती है कि उस बेचैनी को ढालने के लिए सिवाय शराब के, बेचैनी को ढांकने के लिए सिवाय शराब के और कुछ मिलता नहीं। किसी तरह अपने को विस्मरण करना चाहते हैं; वह तनाव भारी है।

कवि तब तक खिंचा रहता है जब तक कि संत न बन जाए। कवि तब तक असंतुष्ट रहता है जब तक संत न बन जाए। संत बनने का अर्थ है कि अब बुद्धि से प्रकट करने की चेष्टा छूटती है; अब प्रकट करने की चेष्टा विचार से छूटती है; और नये ढंग पकड़ता है कवि। जैसे मीरा नाचने लगी, बजाने लगी अपना सितार; कि बाऊल ले लेते इकतारा, ले लेते एक डुग्गी, बजाने लगते डुग्गी और बजाने लगते इकतारा और नाचने लगते। जो बड़े-बड़े कवि नहीं कह पाते, वे बाऊल कह पाते हैं। कि चैतन्य महाप्रभु नाचने लगे। वे जो कहना चाहते थे, वह नाच से ज्यादा आसानी से कहा जा सकता है। शब्द उसके लिए ठीक माध्यम नहीं हैं। तो जब तक कवि रहस्य को अपने समग्र व्यक्तित्व से प्रकट न करने लगे, तब तक अड़चन होती है।

'मैं आंसू का इक झरना हूं'—पूछा है : 'लेकिन हूं रुंधा हुआ अरसे से!'

रुंधे हुए हो, इसीलिए आंसू के झरने हो, ऐसा प्रतीत होता है। जैसे ही आंसू प्रकट हुआ, मुस्कान बन जाता है। मुस्कान रुंधी रह जाए, आंसू हो जाती है। रुंधी मुस्कान का नाम ही आंसू है।

इसलिए तो तुम जब कभी रो लेते हो तो हलके हो जाते हो। और अगर तुम दिल भर कर रो लो तो तुम्हारे चेहरे पर एक स्मित आ जाता है, एक प्रसाद आ जाता है, एक आशीष की वर्षा हो जाती है तुम्हारे ऊपर। इसलिए तो रोने में इतना प्रसाद है।

पुरुषों ने खो दिया प्रसाद। स्त्रियों के चेहरे पर थोड़ा प्रसाद शेष रहा है, क्योंकि उन्होंने रोने की क्षमता कभी नहीं खोई। स्त्रियों ने बहुत कुछ खोया, लेकिन एक

बहुत बहुमूल्य चीज बचा ली, वह रोने की क्षमता। पुरुषों ने बहुत कुछ बचाया, शक्ति, पद, प्रतिष्ठा। लेकिन कुछ बहुत बहुमूल्य खो दिया, वह रोने की क्षमता खो दी। उनकी आंखें गीली नहीं हो पातीं। और जिसकी आंखें गीली नहीं हो पातीं उसका हृदय धीरे-धीरे पथरीला हो जाता है।

तो मैं तुमसे कहूंगाः प्रीतम, अगर तुम्हें लगता है आंसू का झरना भीतर पड़ा है—

'...रुंधा हुआ अरसे से
कैसे चट्टान हटे बुद्धि की?
कैसे मैं फूट कर बह निकलूं?'

और तुम जो प्रश्न पूछ रहे हो, वह फिर बुद्धि का है—'कैसे?' तुम बुद्धि से ही बुद्धि को न हटा सकोगे। रोओ, दिल भर कर रोओ। कौन रोकता है? पहले संकोच लगेगा, तो एकांत में चले गए, वृक्षों के पास बैठ लिए। वृक्ष तुम्हारा बिलकुल भी अपमान न करेंगे कि रो रहे, अरे स्त्रैण मालूम होते! वृक्ष तुमसे बिलकुल न कहेंगे कि प्रीतम रोओ मत, यह पुरुष जैसा नहीं मालूम पड़ता; अरे बहादुर आदमी, तुम रो रहे? चले जाओ पहाड़ियों में, चले जाओ नदी के तट पर। रोओ! वृक्ष तुम्हें स्वीकार करेंगे। नदियां तुम्हें स्वीकार कर लेंगी! पहाड़ तुम्हें स्वीकार कर लेंगे। दिल भर कर रोओ। रोने के लिए 'कैसे' क्या पूछना? रोना शुरू करो।

रोना तो एक कृत्य है। कैसे का कोई सवाल नहीं है। कैसे का तो मतलब यह है कि अब तुम पहले इंतजाम करोगे, विधि-विधान करोगे, अनुष्ठान करोगे, आयोजन करोगे कि कैसे रोएं। तो क्या करोगे? मिर्ची पीस कर आंखों में डालोगे? तो रोना झूठा हो जाएगा।

अभिनेता वैसा करते हैं। अब रामलीला में राम को रोना पड़ रहा है और सीता का उन्हें कोई दर्द है नहीं। सीता है भी नहीं सीता, गांव का कोई लड़का ही बना हुआ है। हो सकता है राम और सीता में झगड़ा भी हो। तो अब क्या करना? तो मिर्च का थोड़ा सा मसाला बना लेते हैं। उसको हाथ में लगाए रखते हैं। जब रोना पड़ता है राम को तो वे अपनी आंख में लगा लेते, आंसू बहने लगते हैं।

आयोजन करके जो रोना आएगा, वह झूठा हो जाएगा। चेष्टा से जो आंसू आएंगे, वे आंसू न रहे, उनका प्रसाद-गुण खो गया। इतना कुछ है चारों तरफ...इतना दुख है, उसे देखकर रोओ! इतनी पीड़ा है, उसे देख कर रोओ! इतना आनंद है, उसे देख कर रोओ! इतने फूल खिले हैं, उन्हें देख

कर रोओ! इतने चांद-तारे हैं, उन्हें देखकर रोओ! रोने के लिए क्या कमी है? पूरा आयोजन है। और रोओ—ध्यानपूर्वक! डोलो रोने में! नाचो रोने में! बहने दो आंसुओं की धार!

शुरू-शुरू में कठिनाई होगी, क्योंकि बहुत दिन का अवरुद्ध है तो शायद तुम भूल गए होओ। एकांत में जाकर बैठ जाओ और प्रतीक्षा करो। किसी न किसी दिन तुम अचानक पाओगे, आंखों से आंसू बहने लगे अकारण।

लोग सोचते हैं, कारण चाहिए। घर में कोई मरेगा तो रोएंगे। मृत्यु रोज घट रही है; तुम्हारे घर में घटेगी, इसके लिए क्या प्रतीक्षा करते हो? जीवन मृत्यु से घिरा है। चले जाओ मरघट पर।

बुद्ध भेज देते थे अपने भिक्षुओं को मरघट पर कि तीन महीने वहीं ध्यान कर लो। कोई लाश आएगी, जलेगी, तुम बैठ कर देखते रहो।

रोना है तो हर जगह सुविधा है। कारण खोजने की कोई विशेष जरूरत ही नहीं; सब जगह कारण मौजूद है। देखते हो, वृक्ष पर पत्ता था, कल तक हरा था, आज पीला हो गया! देखते रहो उस पीले होते पत्ते को—और तुम पाओगे तुम्हारी आंखें डबडबा आईं। और तुम पाओगे वह पत्ता पीला होकर गिरने लगा, वह टूट गया, अब जमीन पर पड़ा है। ऐसे ही सब गिर जाएगा। ऐसे ही तुम गिर जाओगे। ऐसा गिरना ही होने वाला है।

जो फला, सो झरा। यहां जो जन्मा, सो मरा। यहां सब तरफ इन हरे से हरे वृक्षों को भी मृत्यु की काली छाया घेर कर खड़ी है।

फिर कोई दुख ही जरूरी नहीं है रोने के लिए; सुख भी! इतनी मृत्यु के घिराव में भी जीवन नष्ट नहीं होता—देखो तो इस अपूर्व चमत्कार को! इतने कांटे हैं, फिर भी फूल खिले चले जाते हैं। मौत रोज-रोज आती है, फिर भी बच्चे जन्मे जाते हैं। परमात्मा थकता नहीं। मौत जीत नहीं पाती। जीवन हारता नहीं, जीवन बढ़ता ही चला जाता है। आये मौत कितनी, जीवन फिर नई तरंगें लेकर उठ आता है। मौत आती रहती है और जीवन बढ़ता जाता है।

इस अहोभाव को देखो, इस आनंद भाव को देखो! इस अपने होने को सोचो। यह होना इतना आश्चर्यजनक है—तुम देख पाते हो, सोच पाते हो, अनुभव कर पाते हो। तुम हो, इतना ही काफी है। यह भाव ही तुम्हें डोला जाएगा।

तो एकांत में बैठो, शिथिल हो जाओ, धारणाएं छोड़ो। देखो आकाश के तारों को, कि बहती नदी की धार को, कि आकाश में उठे हुए वृक्षों को, कि घूमते-भटकते बादलों को। इस जीवन-प्रकृति के चमत्कार से घिर जाओ। और तुम पाओगे आंखों से आंसू बहने लगे।

विधि की नहीं बात करूंगा, क्योंकि तुम पूछते हो 'कैसे?' कैसे में तो अड़चन हो जाएगी। कैसे ही से तो रुकावट पड़ गई है।

फूट कर बह निकलने में बुद्धि बाधा नहीं दे रही है। तुम बुद्धि को पकड़े हो, इसलिए बाधा है। इसे भी खयाल में ले लेना। लोग सोचते हैं, बुद्धि बाधा दे रही है। बुद्धि बाधा नहीं दे रही।

चैतन्य महाप्रभु के पास कुछ कम बुद्धि न थी। लेकिन फर्क इतना ही है कि उन्होंने बुद्धि को पकड़ा नहीं। बुद्धि अपनी जगह है, हृदय उसे डुबाता हुआ, सरोबोर करता हुआ बहता रहता है। बुद्धि बाधा नहीं डालती। सच तो यह है, जहां चट्टानें होती हैं। वहां नदी में संगीत आ जाता है।

तुमने देखा, झरना जब चट्टानों से बह कर निकलता है तो झरने में संगीत आ जाता है! चट्टानें न हों तो संगीत खो जाता है। झरना कुछ रिक्त हो जाता है बिना चट्टानों के। झरने में शोर नहीं रह जाता, स्वर नहीं रह जाता। झरना नीरव हो जाता है। झरने की वाणी खो जाती है।

तो मैं तो तुमसे कहता हूं, बुद्धि की फिकर ही मत करो। बुद्धि को रहने दो पत्थर की तरह, चट्टानों की तरह; बहो बुद्धि के ऊपर से, बहो बुद्धि को घेर कर। और तुम पाओगे कि तुम्हारे हृदय के बहते झरने पर जब बुद्धि की चट्टानों की टक्कर होती है तो उठेगा एक संगीत, उठेगा एक निनाद, एक मरमर! वही काव्य है। वही असली कविता है।

एक तो ऐसी कविता है जो भाव उठता है और उसको तुम चेष्टा करके बुद्धि के शब्दों में ढालते हो—वही तुम्हारी अड़चन है अभी। एक और भी कविता है, जो बहती अनायास, बुद्धि की चट्टानों से टकराती। उस टकराहट से जो रव पैदा होता है, जो लय पैदा होती है, वह जो गुनगुनाहट पैदा हो जाती है—वह एक कविता है। उस कविता में अर्थ कम होगा, लय ज्यादा होगी। उस कविता में व्याकरण कम होगा, संगीत ज्यादा होगा। उस कविता को शायद बुद्धि के ढांचे में समझा ही न जा सके, लेकिन फिर भी हृदय उससे आंदोलित होगा।

आधुनिक काव्य की यही खूबी है। उसने व्याकरण छोड़ी, लयबद्धता पुराने ढंग की, मात्रा, छंद का आयोजन छोड़ा। नई कविता शुद्ध कविता है। पुरानी कविता से उसने बड़ी ऊंचाई ली है। यह बहुत लोगों की समझ में नहीं आती, क्योंकि बहुत लोग सीमा के बाहर को नहीं समझ पाते। बहुत लोग व्याकरण के बाहर को नहीं समझ पाते। बहुत से लोग परिभाषा के बाहर को नहीं समझ पाते।

ऐसा नये चित्रों में भी हुआ है, नई मूर्तियों में भी हुआ है, नई कविता में भी हुआ है। सारे जगत में एक विस्फोट हुआ है—वह विस्फोट हृदय को बहाने से है।

बुद्धि के पत्थर पड़े रहने दो। इससे हानि नहीं है। इससे बुद्धि के इन पत्थरों से थोड़ी समृद्धि ही बढ़ेगी।

और कवि को चाहिए प्रेम, चाहिए प्रार्थना, चाहिए परमात्मा; अन्यथा अड़चन रहेगी। जब तक कविता भजन न बने, तब तक दुविधा रहेगी। और जब तक कविता प्रार्थनापूर्ण न हो जाए, अर्चना न बने, नैवेद्य न बने, तब तक अड़चन रहेगी।

कौन है अंकुश
इसे मैं भी नहीं पहचानता हूं।
पर सरोवर के किनारे
कंठ में जो जल रही है,
उस तृषा, उस वेदना को जानता हूं।
आग है कोई नहीं जो शांत होती
और खुल कर खेलने से निरंतर भागती है।
टूट गिरती हैं उमंगें
बाहुओं का पाश हो जाता शिथिल है,
अप्रतिभ में, फिर उसी दुर्गम जलधि में डूब जाता
फिर वही उद्विग्न चिंतन
फिर वही पृच्छा चिरंतन
रूप की आराधना का मार्ग
आलिंगन नहीं तो और क्या है?
स्नेह का सौंदर्य को उपहार
रस चुंबन नहीं तो और क्या है?
रक्त की उत्तप्त लहरों की परिधि के पार
कोई सत्य हो तो,
चाहता हूं भेद उसका जान लूं
पंथ औ' सौंदर्य की आराधना का
व्योम में यदि,
शून्य की उस रेख को पहचान लूं।
पर जहां तक भी उड़ूं
इस प्रश्न का उत्तर नहीं है।
मृत्तिमहद् आकाश में ठहरें कहां पर
शून्य है सब

और नीचे भी नहीं संतोष।
मिट्टी के हृदय से
दूर होता ही कभी अंबर नहीं है।
इस व्यथा को झेलता
आकाश की निस्सीमता में
घूमता, फिरता, विकल, विभ्रांत
पर कुछ भी न पाता
प्रश्न जो गढ़ता
गगन की शून्यता में गूंज कर सब ओर
मेरे ही श्रवण में लौट आता।
मैं न रुक पाता कहीं
फिर लौट आता हूं पिपासित
शून्य से साकार सुषमा के भुवन में
युद्ध से भागे हुए
उस वेदना-विल युवक-सा
जो कहीं रुकता नहीं
बेचैन जा गिरता अकुंठित
तीर-सा सीधे प्रिया की गोद में।
नींद जल का स्रोत है
छाया सघन है
नींद श्यामल मेघ है
शीतल पवन है।
किंतु जग कर देखता हूं
कामनाएं वर्तिका-सी बल रही हैं
जिस तरह पहले पिपासा से विकल थीं
प्यास से आकुल अभी भी जल रही हैं।
प्राण की चिरसंगिनी यह वों
इसको साथ लेकर
भूमि से आकाश तक चलते रहो
मर्त्य नर का भाग्य
जब तक प्रेम की धारा न मिलती
आप अपनी आग में जलते रहो।

मर्त्य नर का भाग्य
जब तक प्रेम की धारा न मिलती
आप अपनी आग में जलते रहो!

काव्य एक यात्रा का प्रारंभ है, अंत नहीं। काव्य की अंतिम पूर्णाहुति तो प्रेम में है।

कवि का हृदय तो केवल इस बात की सूचना दे रहा है कि प्रेम की बड़ी गहरी संभावना है, जो नहीं घट रहा है। करो प्रेम!

तुम पूछोगे 'कैसे' फिर। प्रेम के लिए 'कैसे' की कोई भी जरूरत नहीं। शुरू करो; ऐसे ही जैसे कोई तैरना शुरू करता है, अनगढ़ हाथ फेंकता है। कोई भी तो यहां जन्म से ही सीखा हुआ नहीं आता। सभी को हाथ इरछे-तिरछे फेंकने पड़ते हैं। फिर धीरे-धीरे तैरने की कुशलता आ जाती है।

करो प्रेम! वृक्षों से करो, पशु-पक्षियों से करो, मित्रों से करो, प्रियजनों से करो। जहां मौका मिले प्रेम का, चूको मत।

हम बड़े अजीब हैं! हम प्रेम के संबंध में बड़े कृपण हैं। प्रेम में हम ऐसे कंजूस हैं कि जिनसे हम कहते हैं, हमारा प्रेम है, उनसे भी हम बामुश्किल से प्रेम का संबंध बनाते हैं; जैसे कि कुछ लुटा जा रहा है; जैसे कि प्रेम क्या कर लेंगे, तो कुछ खो जाएगा; जैसे कि प्रेम क्या दे देंगे किसी को तो कुछ मिट जाएगा भीतर; जैसे कि कुछ कम हो जाएगा। प्रेम ऐसी संपदा नहीं है। यह तिजोड़ी नहीं है आदमियों की, कि तुमने अगर दस रुपये किसी को दे दिए तो दस रुपये कम हो गए। यह कुछ मामला ही और है। यह तो ऐसे है जैसे कुएं से कोई पानी भर ले। तुम भर लो पुराना पानी, नया ताजा झरना कुएं में फूटा चला आ रहा है। पुराने को हटाओ, नया मिलता है। सड़े को हटाओ, गले को हटाओ—ताजा मिलता है। जैसे कुएं से पानी को भरते रहो तो कुआं जीवंत रहता है, झरने जागे रहते हैं, नई-नई धारें फूटती रहती हैं; सागर, दूर का सागर, कुएं को भरता रहता, भरता रहता। बीच की मिट्टी छानती है। सागर के पानी को सीधे नहीं पीया जा सकता। पीयोगे तो मर जाओगे। लेकिन बीच की मिट्टी सागर के पानी को छान लेती है, छान देती है। और कुएं में पानी भागा चला आ रहा है। अगर तुम भरोगे न पानी, बांटोगे नहीं पानी, तुम कहोगे मेरा कुआं खाली हो जाएगा—तो तुम्हारा कुआं सड़ेगा, मरेगा। धीरे-धीरे झरने बहेंगे नहीं, तो सूख जाएंगे।

अब तुम पूछते हो कि झरनों को कैसे खोलें, मैं अवरुद्ध पड़ा हूं एक अरसे से, रुंधा पड़ा हूं, कैसे खोलूं इस झरने को? मैं कहता हूं: बांटो प्रेम! निमंत्रण दो लोगों को! जहां मौका मिल जाए—परिचित से, अपरिचित से; अपने से, पराए

से; पहचान वाले से, अजनबी से! प्रेम में कुछ भी तो तुम्हारा खर्च नहीं होता है। दो! जरूरी नहीं कि तुम कुछ दो ही...।

टाल्सटाय ने अपने संस्मरणों में लिखा है कि मैं एक दिन जा रहा था एक राह के किनारे से, एक भिखमंगे ने हाथ फैला दिया। सुबह थी, अभी सूरज ऊगा था और टाल्सटाय बड़ी प्रसन्न मुद्रा में था, इनकार न कर सका। अभी-अभी चर्च से प्रार्थना करके भी लौट रहा था, तो वह हाथ उसे परमात्मा का ही हाथ मालूम पड़ा। उसने अपने खीसे टटोले, कुछ भी नहीं था। दूसरे खीसे में देखा, वहां भी कुछ नहीं था। वह जरा बेचैन होने लगा। उस भिखारी ने कहा कि नहीं, बेचैन न हों; आपने देना चाहा, इतना ही क्या कम है! टाल्सटाय ने उसका हाथ अपने हाथ में ले लिया। और टाल्सटाय कहता है, मेरी आंखें आंसुओं से भर गईं। मैंने उसे कुछ भी न दिया, उसने मुझे इतना दे दिया। उसने कहा कि आप बेचैन न हों! आपने टटोला, देना चाहा—इतना क्या कम है? बहुत दे दिया!

न दे कर भी देना हो सकता है। और कभी-कभी देकर भी देना नहीं होता। अगर बेमन से दिया तो देना नहीं हो पाता। अगर मन से देना चाहा, न भी दे पाए, तो भी देना घट जाता है—ऐसा जीवन का रहस्य है।

बांटते चलो! धीरे-धीरे तुम पाओगे, जैसे-जैसे तुम बांटने लगे ऊर्जा, वैसे-वैसे तुम्हारे भीतर से कहीं परमात्मा का सागर तुम्हें भरता जाता। नई-नई ऊर्जा आती, नई तरंगें आतीं। और एक दफा यह तुम्हें गणित समझ में आ जाए...यह जीवन का अर्थशास्त्र नहीं है, यह परमात्मा का अर्थशास्त्र है, यह बिलकुल अलग है। जीवन का अर्थशास्त्र तो यह है कि जो है, अगर नहीं बचाया तो लुटे। इसको तो बचाना, नहीं तो भीख मांगोगे!

मैंने सुना, एक भिखमंगा मुल्ला नसरुद्दीन के द्वार पर भीख मांग रहा था। मुल्ला ने उसे खूब दिल खोल कर दिया। खिलाया, पिलाया, वस्त्र पहनाए, जाने लगा तो दस का नोट भी दिया। फिर मुल्ला ने उससे पूछा कि तुम आदमी तो भले मालूम पड़ते हो, तुम्हारे चेहरे से संस्कार मालूम पड़ता है। तुम्हारे वस्त्र भी यद्यपि दीन, मलिन हैं, फटे-पुराने हैं, लेकिन कीमती मालूम होते हैं। यह दशा तुम्हारी कैसे हुई?

वह कहने लगा, जैसे आप कर रहे हैं, ऐसे ही मैं करता था। जल्दी आपकी भी यही दशा हो जाएगी। दे-दे कर यह दशा हुई। बांटता रहा, उसी में लुट गया।

तो एक तो इस बाहर के जगत का अर्थशास्त्र है: यहां छीनो तो मिलेगा; यहां दो तो खो जाएगा। एक भीतर का अर्थशास्त्र है, कबीर ने कहा: दोनों हाथ उलीचिए! उलीचते रहो तो नया आता रहेगा। बांटते रहो तो मिलता रहेगा। जो

बचाया वह गया; जो दिया वह बचा। जो तुमने बांट दिया और दे दिया, वही तुम्हारा है अंतर के जगत में।

तो दो काम करो : प्रेम बांटो और आंसुओं को आने दो।

और दोनों साथ-साथ हो जाएंगे, क्योंकि दोनों एक ही घटना के हिस्से हैं। जितना हृदय में प्रेम बंटने लगता है, उतनी आंखें गीली होने लगती हैं, नम होने लगती हैं।

प्राण की चिरसंगिनी यह वह्निनी
इसको साथ ले कर,
भूमि से आकाश तक चलते रहो
मर्त्य नर का भाग्य
जब तक प्रेम की धारा न मिलती
आप अपनी आग में जलते रहो।

यह जो आज जलन है, यही कल फूल की तरह खिलेगी। यह आज जो अग्नि है, यही कल तुम्हारे भीतर कमल बनेगी। मगर बांटो! प्रेम सूत्र है। और प्रेम के जगत में 'कैसे' का कोई संबंध नहीं! बेशर्त बांटो। यह भी मत कहना 'किसको'! यह तो कंजूस पूछता है। पात्र-अपात्र, यह भी कंजूस पूछता है। हम कौन हैं तय करें—कौन पात्र, कौन अपात्र? जो मिल जाए, दे दो।

और जो तुमसे तुम्हारे प्रेम को ले ले, उसका धन्यवाद मानना, आभार मानना; इनकार भी कर सकता था। उसने इनकार न किया, तुम धन्यभागी हो। उसने तुम्हें अपने को लुटाने का थोड़ा मौका दिया, क्योंकि उस लुटाने से ही तुम और भरोगे, उसे धन्यवाद देना!

प्रेम जीवन में आए तो धीरे-धीरे प्रार्थना भी आ जाती है। और जब तक काव्य की क्षमता भजन न बने, जब तक काव्य प्रार्थना न बने, तब तक कवि को बड़ी बेचैनी रहेगी।

तुम्हारा काव्य जब उपनिषद बन जाए, तो कवि मर जाता है और ऋषि का जन्म होता है। ऋषि और कवि दोनों शब्दों का एक ही अर्थ है। फर्क इतना ही है कि कवि चेष्टा करके हृदय के भावों को शब्दों में ढालता है; और ऋषि निश्चेष्टा से, सहजता से, सहज स्फुरणा से, भाव को बहने देता है मस्तिष्क की चट्टानों पर से। उससे जो रव पैदा होता है, जो संगीत पैदा होता है—वही उसका काव्य है। और वही उसका नैवेद्य है प्रभु के चरणों में।

आखिरी प्रश्न : मेरे माजी के तल्ख अंधेरों में,
बता 'रजनीश' क्या देखा तूने?
गर्दिश-ए-अय्याम में था उलझा,
या बाहर उलझनों से आते देखा?
(मेरे अतीत के गहरे अंधेरे में क्या देखा? क्या मैं भाग्य-चक्र में उलझा था या भाग्य-चक्र के बाहर आ रहा था।)

उलझे तो अभी भी हो। और भाग्य-चक्र में आदमी उलझा ही रहता है जब तक पूरा न जाग जाए। भाग्य-चक्र का अर्थ ही इतना होता है कि हम बेहोशी से चले जा रहे हैं। भाग्य होता ही बेहोश आदमी का है। होश से भरे आदमी का कोई भाग्य नहीं होता। बेहोश आदमी के संबंध में ज्योतिषी भविष्यवाणी कर सकते हैं। होश वाले आदमी के संबंध में कोई ज्योतिषी कोई भविष्यवाणी नहीं कर सकता। क्योंकि होश से भरा हुआ आदमी क्या करेगा? इसका कोई निर्णय अतीत के हाथों में नहीं है। बेहोश आदमी क्या करेगा, यह सब अतीत पर निर्भर है।

अगर तुम्हारा अतीत बता दिया जाए, पता हो, तो तुम्हारे भविष्य की भी घोषणा की जा सकती है। तुमने कल भी क्रोध किया था, परसों भी क्रोध किया था, और भी पीछे क्रोध किया था—तुम कल भी क्रोध करोगे, इसमें कुछ अड़चन नहीं है। क्योंकि तुम वही करोगे जो तुम करते रहे हो। तुम आदत से चलते हो, यंत्रवत हो। भाग्य यानी यंत्रवत जीवन।

जैसे-जैसे होश जगता है, ध्यान जगता है, आदमी भाग्य के बाहर होने लगता है। फिर तुम अतीत से संचालित नहीं होते। फिर प्रतिक्षण जो घटता है, उसके साथ तुम्हारा संवाद होता है। वह संवाद सीधा है। वह पुरानी आदत के कारण नहीं। उसका कोई निर्धारण तुम्हारे पीछे के अनुभवों से नहीं होता। इस क्षण की मौजूदगी और इस क्षण की उपस्थिति और इस क्षण का बोध ही उसका निर्णायक होता है।

लेकिन 'दिनेश' के जीवन में चेष्टा तो है बाहर आने की—और वही शुभ है। चेष्टा है तो बाहर आना भी हो जाएगा।

मुझे इसकी चिंता नहीं है कि तुमने क्या किया। तुमने पाप किए, तुमने बुरे कर्म किए—मुझे उसकी कोई चिंता नहीं, या कि तुमने पुण्य किए। न तो मेरे लिए पुण्य का कोई मूल्य है और न पाप का कोई मूल्य है; क्योंकि पुण्य भी तुमने सोए-सोए किए, पाप भी तुमने सोए-सोए किए। तुम चोर थे तो सोए थे, तुम संत थे तो सोए

थे। मेरे लिए तो एक ही बात का मूल्य है कि अब तुम्हारे मन में जागने की आकांक्षा पैदा हुई। उस आकांक्षा पर सब निर्भर है। वही आकांक्षा जीवन की सबसे बड़ी घटना है।

मैं कि बरबादे-निगाराने-दिलाआरा ही सही,
मैं कि रुसवा-ए-मय-ओ-सागरो-मीना ही सही,
मैं कि मक्तूले-गुलो-नरगिसे-सहला ही सही,
फिर भी मैं खाके-रहे-साहिदे-नजरा हूं दोस्त।
मैं कि बरबादे-निगाराने-दिलाआरा ही सही।

—हृदय आकर्षक सुंदरियों द्वारा बरबाद, मान लिया यही सही है।

मैं कि रुसवा-ए-मय-ओ-सागरो-मीना ही सही

—या कि शराब के प्याले और सुराही के द्वारा अपमानित, मान लिया, तो वह भी ठीक।

मैं कि मक्तूले-गुलो-नरगिसे-सहला ही सही

—और या कि फूलों, नरगिस के फूल, ऐसी आंखों वाली सुंदरियों द्वारा मारा हुआ! ठीक, वह भी ठीक, वह भी स्वीकार कर लिया।

फिर भी मैं खाके-रहे-साहिदे-नजरा हूं दोस्त।

—फिर भी मैं पारखियों के मार्ग की धूल हूं। बस, वही बात मूल्यवान है।

'दिनेश' के भीतर पारखी का जन्म हो रहा है। आकांक्षा पैदा हो रही है—आकांक्षा के पार जाने की। पूरब के क्षितिज पर सूरज की पहली किरणों की लाली प्रकट होने लगी।

नहीं, तुम्हारे अतीत से, तुम्हारे माजी से मुझे कुछ लेना-देना नहीं।

तुमने सपने देखे हैं अब तक, अब जागने की पहली झलक आ रही है। नींद टूटने के करीब है—वही मूल्यवान है। तुम सम्राट थे कि दरिद्र, तुम साधु थे कि असाधु, कि तुमने अब तक पुण्यों का अंबार लगा लिया था कि पापों के संग्रह कर लिए थे—सब बात व्यर्थ है। वह सब तुमने नींद-नींद में किया था, वे सब सपने थे। अब सपना टूटने की घड़ी करीब आ रही है। ध्यान के प्रति प्रेम पैदा हुआ है, वही बात महत्वपूर्ण है।

और 'दिनेश' की तैयारी है मिटने की—वही बात महत्वपूर्ण है। जो मिटने को तैयार है, वह अतीत से मुक्त हो जाएगा। क्योंकि तुम हो ही अतीत का संग्रह।

हम जो निरंतर कहते हैं यहां कि अहंकार छोड़ दो, तो उसका मतलब सिर्फ इतना ही होता है कि तुम अब तक जो अतीत ने तुम्हें बनाया है उसे विस्मृत करो, उससे अपने को विच्छिन्न कर लो, ताकि ताजे के लिए घटने के लिए जगह बन सके।

बावरे, अहेरी रे! कुछ भी अवध्य नहीं तुझे,
सब आखेट है।
एक बस मेरे मन-विवर में, दुबकी कलोंच को,
दुबकी ही छोड़ कर, क्या तू चला जाएगा?
ले मैं खोल देता हूं कपाट सारे
मेरे इस खंडहर की,
शिरा-शिरा छेद दे
आलोक की अनि से अपनी।
गढ़ सारा ढाह कर ढूह भर कर दे,
विफल दिनों की तू, कलोंच पर मान जा
मेरी आंखें आंज जा
कि तुझे देखूं
देखूं और मन में, कृतज्ञता उमड़ आए
पहनूं सिरोपे से, ये कनक तार तेरे
बावरे, अहेरी!

'दिनेश' की प्रार्थना मुझे सुनाई पड़ रही है:

ले मैं खोल देता हूं कपाट सारे,
मेरे इस खंडहर की
शिरा-शिरा छेद दे
आलोक की अनि से अपनी!

और वही शुभ घड़ी है, वही भाग्योदय है, जब तुम किसी के पास जाकर कह सको, मिटा दो मुझे।

गढ़ सारा ढाह कर, ढूह भर कर दे
विफल दिनों की तू, कलोंच पर मान जा
मेरी आंखें आंज जा!

ध्यान यानी आंखों का आंजना है। ध्यान यानी आंखों को ताजा करना है, नया करना है, अतीत की धूल झाड़ना है!

'मेरे माजी के तल्ख अंधेरों में
बता 'रजनीश' क्या देखा तूने?'

नहीं, तुम्हारे अतीत की मैं चिंता ही नहीं करता। जो गया, गया। जो बीता सो बीता।

'गर्दिश-ए-अय्याम में था उलझा
या बाहर उलझनों से आते देखा?'

नहीं, अभी आए नहीं बाहर। लेकिन बाहर आने की पहली आकांक्षा उठी। और पहली आकांक्षा का उठ आना आधी यात्रा का पूरा हो जाना है।

ले मैं खोल देता हूं कपाट सारे,
मेरे इस खंडहर की,
शिरा-शिरा छेद दे
आलोक की अनि से अपनी।

इधर मैं प्रकाश लिए बैठा हूं, तुम अगर तैयार हो हृदय को खोल देने को, तो मृत्यु घटेगी और तुम्हारा नया जन्म भी होगा। सूली भी लगेगी और तुम्हारा पुनर्जन्म भी होगा।

पर मिटने की तैयारी चाहिए, पूरी-पूरी मिटने की तैयारी चाहिए! वही संन्यास है: अतीत से अपने को विच्छिन्न कर लेना; अतीत की भूमि से अपनी जड़ों को बिलकुल उखाड़ लेना। नई भूमि की तलाश है संन्यास। जैसे अब तक जो था व्यर्थ था; जो हुआ हुआ; नहीं हुआ नहीं हुआ; अब हम उससे सब संबंध छोड़ लेते हैं; अब आगे उसका कोई हिसाब न रखेंगे; और अब पीछे लौट-लौट कर न देखेंगे।

गढ़ सारा ढाह कर, ढूह भर कर दे
विफल दिनों की तू, कलोंच पर मान जा
मेरी आंखें आंज जा।

मैं तैयार हूं! अगर तुम तैयार हो, तो मैं तैयार हूं तुम्हारी आंखें आंजने को। थोड़ी तकलीफ भी होती है जब आंखें आंजी जाती हैं। आंसू भी बहते हैं, आंख बंद कर लेने का भी मन होता है। वह सब स्वाभाविक है। लेकिन अगर साहस हो तो परमात्मा सुनिश्चित घट सकता है।

मेरी तैयारी है; अगर तुम भी तैयार हो तो कोई रुकावट रुकावट नहीं बन सकती। छोड़ो पीछे को, आगे की सुधि लो।

हरि ॐ तत्सत्!

* * *

ओशो—एक परिचय

सत्य की व्यक्तिगत खोज से लेकर ज्वलंत सामाजिक व राजनैतिक प्रश्नों पर ओशो की दृष्टि उनको हर श्रेणी से अलग अपनी कोटि आप बना देती है। वे आंतरिक रूपांतरण के विज्ञान में क्रांतिकारी देशना के पर्याय हैं और ध्यान की ऐसी विधियों के प्रस्तोता हैं जो आज के गतिशील जीवन को ध्यान में रख कर बनाई गई हैं।

अनूठे ओशो सक्रिय ध्यान इस तरह बनाए गए हैं कि शरीर और मन में इकट्ठे तनावों का रेचन हो सके, जिससे सहज स्थिरता आए व ध्यान की विचार रहित दशा का अनुभव हो।

ओशो की देशना एक नये मनुष्य के जन्म के लिए है, जिसे उन्होंने 'ज़ोरबा दि बुद्धा' कहा है—जिसके पैर जमीन पर हों, मगर जिसके हाथ सितारों को छू सकें। ओशो के हर आयाम में एक धारा की तरह बहता हुआ वह जीवन-दर्शन है जो पूर्व की समयातीत प्रज्ञा और पश्चिम के विज्ञान और तकनीक की उच्चतम संभावनाओं को समाहित करता है। ओशो के दर्शन को यदि समझा जाए और अपने जीवन में उतारा जाए तो मनुष्य-जाति में एक क्रांति की संभावना है।

ओशो की पुस्तकें लिखी हुई नहीं हैं बल्कि पैंतीस साल से भी अधिक समय तक उनके द्वारा दिए गए तात्कालिक प्रवचनों की रिकार्डिंग से अभिलिखित हैं।

लंदन के 'संडे टाइम्स' ने ओशो को 'बीसवीं सदी के एक हजार निर्माताओं' में से एक बताया है और भारत के 'संडे मिड-डे' ने उन्हें गांधी, नेहरू और बुद्ध के साथ उन दस लोगों में रखा है, जिन्होंने भारत का भाग्य बदल दिया।

ओशो इंटरनेशनल मेडिटेशन रिज़ॉर्ट

ओशो मेडिटेशन रिज़ॉर्ट का निर्माण इसलिए किया गया ताकि लोग जीने की नई कला का सीधा अनुभव ले सकें—अधिक होशपूर्वक होकर, हास्य और आराम के साथ। यह भारत के मुंबई शहर से सौ मील दक्षिण पूर्व में पूना के कोरेगांव पार्क में वृक्षों से परिपूर्ण चालीस एकड़ आवासीय क्षेत्र में स्थित है। रिज़ॉर्ट सौ से अधिक देशों से हर साल आने वाले हजारों लोगों के लिए अलग-अलग तरह के कार्यक्रम प्रस्तुत करता है। नवनिर्मित ओशो गेस्ट हाउस परिसर में लोगों के लिए आवास की सुविधा उपलब्ध है।

मेडिटेशन रिज़ॉर्ट में मल्टीवर्सिटी कार्यक्रम प्रसिद्ध झेन उद्यान, ओशो तीर्थ से सटे पिरामिड परिसर में संचालित होते हैं। ये कार्यक्रम व्यक्तिगत रूपांतरण के लिए व लोगों को जीने की एक नई कला सिखाने के उद्देश्य से तैयार किए गए हैं—एक जाग्रत अवस्था जिसे वे दैनिक जीवन में उतार सकते हैं। आत्म-खोज सत्र, सैशन, कोर्स और अन्य ध्यान प्रक्रियाएं पूरे साल चलती हैं। शरीर को स्वस्थ रखने के लिए एक खूबसूरत व्यवस्था का प्रावधान है जिसमें झेन प्रक्रिया के साथ खेल और मनोरंजन का अनुभव लिया जा सकता है।

मुख्य ध्यान सभागार में सुबह छह बजे से रात ग्यारह बजे तक प्रतिदिन सक्रिय व अक्रिय ध्यान विधियां होती हैं, जिसमें रोज संध्या-सभा ध्यान भी शामिल है। रात को रिज़ॉर्ट का बहुसांस्कृतिक जीवन खिल उठता है-मित्रों के संग खुले आकाश के नीचे भोजन-स्थल और अक्सर संगीत व नृत्य के साथ। रिज़ॉर्ट की साफ व शुद्ध पीने के पानी की अपनी व्यवस्था है और यहां परोसे गए भोजन में रिज़ॉर्ट के अपने फार्म हाउस में उगाई गई सब्जियों का प्रयोग होता है।

मेडिटेशन रिजॉर्ट का ऑन लाइन टूर, साथ ही यात्रा और कार्यक्रमों की जानकारी www.osho.com से प्राप्त की जा सकती है। यह अलग-अलग भाषाओं में विस्तार में दी गई वेबसाइट है, जिसमें हैं—ऑन लाइन ओशो टाइम्स पत्रिका, ऑडियो व वीडियो वेबकास्टिंग, ऑडियो बुक क्लब, ओशो प्रवचनों के संपूर्ण अंग्रेजी व हिंदी अभिलेख और ओशो के वीडियो, ऑडियो व पुस्तकों की संपूर्ण सूची। साथ ही हैं ओशो द्वारा विकसित किए गए सक्रिय ध्यानों की जानकारी जो ज्यादातर वीडियो प्रदर्शन के साथ हैं।

मेडिटेशन रिजॉर्ट में सहभागी होने व अधिक विस्तृत जानकारी के लिए संपर्क करें :

ओशो इंटरनेशनल मेडिटेशन रिजॉर्ट

17 कोरेगांव पार्क, पुणे-411001, महाराष्ट्र

फोन : 020-56019999 फैक्स : 020-56019990

e-mail - resortinfo@osho.net

Website - www.osho.com

ओशो का हिंदी साहित्य

उपनिषद
सर्वसार उपनिषद
कैवल्य उपनिषद
अध्यात्म उपनिषद
कठोपनिषद
ईशावास्य उपनिषद
निर्वाण उपनिषद
आत्म-पूजा उपनिषद
केनोपनिषद
मेरा स्वर्णिम भारत (विविध उपनिषद-सूत्र)

कृष्ण
गीता-दर्शन (आठ भागों में अठारह अध्याय)
कृष्ण-स्मृति

महावीर
महावीर-वाणी (दो भागों में)
जिन-सूत्र (दो भागों में)
महावीर या महाविनाश
महावीर : मेरी दृष्टि में
ज्यों की त्यों धरि दीन्हीं चदरिया

बुद्ध
एस धम्मो सनतनो (बारह भागों में)

अष्टावक्र
अष्टावक्र महागीता (नौ भागों में)

लाओत्से
ताओ उपनिषद (छह भागों में)

कबीर
सुनो भई साधो
कहै कबीर दीवाना
कहै कबीर मैं पूरा पाया
न कानों सुना न आंखों देखा
(कबीर व फरीद)

शांडिल्य
अथातो भक्ति जिज्ञासा (दो भागों में)

अन्य रहस्यदर्शी
नाम सुमिर मन बावरे (जगजीवन)
अरी, मैं तो नाम के रंग छकी (जगजीवन)
कानों सुनी सो झूठ सब (दरिया)
अमी झरत बिगसत कंवल (दरिया)
हरि बोलौ हरि बोल (सुंदरदास)
ज्योति से ज्योति जले (सुंदरदास)
अजहूं चेत गंवार (पलटू)
सपना यह संसार (पलटू)
काहे होत अधीर (पलटू)
जस पनिहार धरे सिर गागर (धरमदास)
का सोवै दिन रैन (धरमदास)
सबै सयाने एक मत (दादू)
पिव पिव लागी प्यास (दादू)
कन थोरे कांकर घने (मलूकदास)
रामदुवारे जो मरे (मलूकदास)
भक्ति-सूत्र (नारद)
शिव-सूत्र (शिव)
भजगोविन्दम् मूढ़मते (आदिशंकराचार्य)
एक ओंकार सतनाम (नानक)
जगत तरैया भोर की (दयाबाई)
बिन घन परत फुहार (सहजोबाई)
पद घुंघरू बांध (मीरा)
नहीं सांझ नहीं भोर (चरणदास)
संतो, मगन भया मन मेरा (रज्जब)
कहै वाजिद पुकार (वाजिद)
मरौ हे जोगी मरौ (गोरख)
सहज-योग (सरहपा-तिलोपा)
बिरहिनी मंदिर दियना बार (यारी)

समाधि के सप्त द्वार (ब्लावट्स्की)
साधना-सूत्र (मेबिल कॉलिन्स)
ध्यान-सूत्र
जीवन ही है प्रभु
रोम-रोम रस पीजिए

राष्ट्रीय और सामाजिक समस्याएं

देख कबीरा रोया
स्वर्ण पाखी था जो कभी और
अब है भिखारी जगत का
शिक्षा में क्रांति
नये समाज की खोज
नये भारत की खोज
नारी और क्रांति
शिक्षा और धर्म
भारत का भविष्य

विविध

अमृत-कण
मैं कहता आंखन देखी
एक एक कदम
जीवन क्रांति के सूत्र
जीवन रहस्य
करुणा और क्रांति
विज्ञान, धर्म और कला
शून्य के पार
प्रभु मंदिर के द्वार पर
तमसो मा ज्योतिर्गमय
प्रेम है द्वार प्रभु का
अंतर की खोज
अमृत की दिशा
अमृत वर्षा
अमृत द्वार
चित चकमक लागे नाहिं
एक नया द्वार
प्रेम गंगा
समुंद समाना बूंद में
सत्य की प्यास
शून्य समाधि
व्यस्त जीवन में ईश्वर की खोज
अज्ञात की ओर
धर्म और आनंद
जीवन-दर्शन
जीवन की खोज
क्या ईश्वर मर गया है
नये मनुष्य का धर्म
धर्म की यात्रा
स्वयं की सत्ता
सुख और शांति
अनंत की पुकार

ओशो के ऑडियो-वीडियो, प्रवचन एवं साहित्य के संबंध में समस्त जानकारी हेतु संपर्क सूत्रः

साधना फाउंडेशन

17, कोरेगांव पार्क, पुणे-411001
फोन : 020-6136655, फैक्स : 020-6139955
E-mail: distrib@osho.net, Website: www.osho.com

डायमंड पॉकेट बुक्स में
ओशो का हिंदी साहित्य

गीता का मनोविज्ञान
युद्ध और शांति *(भाग-1)*
न जन्म न मृत्यु *(भाग-2)*
कर्मयोग *(भाग-3)*
सनातन सत्य *(भाग-4)*
अंतर अग्नि *(भाग-5)*
जल में कमल *(भाग-6)*

अष्टावक्र महागीता
मुक्ति की आकांक्षा
दुख का मूल
जो है सो है
सहजता में तृप्ति
न संसार न मुक्ति
समर्पित स्वतंत्रता
सुख स्वभाव
सन्नाटे की साधना
अनुमान नहीं, अनुभव

डिमाई संस्करण
जनसंख्या विस्फोट
संभोग से समाधि की ओर
(सम्पूर्ण संस्करण)
मैं मृत्यु सिखाता हूं

एक ओंकार सतनाम
ओशो ध्यान योग
ध्यान क्या है
भारत एक सनातन यात्रा

कृष्ण वाणी
साक्षी कृष्ण और रासलीला
कृष्ण : जिज्ञासा, खोज, उपलब्धि
कृष्ण साधना रहित सिद्धि
कृष्ण और हंसता हुआ धर्म
कृष्ण गुरु भी सखा भी

शिव वाणी
शिव साधना
शिव दर्शन

कबीर वाणी
होनी होय सो होय
भगति-भजन हरिनाम
बूझे बिरला कोई
निरगुन का बिसराम
गुरु गोविन्द दोऊ खड़े
लिखा लिखी की है नहीं
मन लागो यार फकीरी में

बोले शेख फरीद
क्या मेरा क्या तेरा
हीरा पायो गांठ गठियाओ
तेरा साईं तुझ में
नहीं जोग नहीं जाप

रैदास वाणी
सत भाषै रैदास
ऐसी भक्ति करे रैदासा

मीरा वाणी
मीरा के प्रभु गिरधर नागर
राम नाम रस पीजे
मेरे तो गिरधर गोपाल

गोरख वाणी
हंसे खेलें न करे मन भंग
जीवन संगीत

दरिया वाणी
दरिया झूठ सो झूठ हैं
जित देखूं तित तू

बाबा मलूकदास की वाणी
राम दुवारे जो मरे

जगजीवन साहब की वाणी
नाम सुमिर मन बावरे
अरी, मैं तो नाम के रंग छकी

संत सुंदरदास की वाणी
ज्योति से ज्योति जले
समाधि के नृत्य गीत

भीखा वाणी
गुरु परताप साध की संगति

संत पलटूदास की वाणी
अजहूं चेत गंवार

दादू वाणी
दादू सहजै देखिए
राम नाम निज औषधि

महावीर वाणी
धर्म का परम विज्ञान
आत्मशुद्धि का सूत्र
संकल्प साधना
सत्य और साहस

धनी धरमदास की वाणी
जस पनिहार धरे सिर गागर
का सोवे दिन रैन

संत रज्जब की वाणी
सन्तो मगन भया मन मेरा
समाधि की सुराही

संत गुलाल की वाणी
झरत दसहूं दिस मोती
मन मधुकर खेलत वसंत

प्रश्नोत्तर
सुमिरन मेरा हरि करे
उड़ियो पंख पसार
मैं धार्मिकता सिखाता हूं, धर्म नहीं
चल हंसा उस देश
कहा कहूँ उस देश की
बहुतेरे हैं घाट

पत्र संकलन
पाथेय

शांडिल्य सूत्र
अथातो भक्ति जिज्ञासा
भक्ति विराट से मैत्री
भक्ति परम क्रान्ति
भक्ति ध्यान की मधुशाला

पंच महाव्रत
ज्यों की त्यों धरि दीन्हीं चदरिया
साधना पथ
शून्यता है महामुक्ति
प्रेम है द्वार सत्य का
भारत एक अनूठी संपदा
एक मात्र उपाय जागो
नव संन्यास क्या

ध्यान की कला
ध्यान और प्रेम
मुक्त गगन के पंछी
सत्य की पहली किरण
दुख के पार
मौलिक क्रान्ति
जीवन अमृत
मौन संगीत

उपनिषद्

आत्मपूजा उपनिषद्-भाग-1
आत्मपूजा उपनिषद्-भाग-2
प्रेम-रंग, रस ओढ़ चदरिया
अवसर बीता जाए
सद्गुरु समर्पण
क्रान्ति सूत्र
प्रभु की पगडंडिया

क्राउन संस्करण

संभोग से समाधि की ओर-1
संभोग से समाधि की ओर-2
संभोग से समाधि की ओर-3
संभोग से समाधि की ओर-4
मिट्टी के दीये (बोध कथा)
कुंडलिनी यात्रा
कुंडलिनी और तंत्र
कुंडलिनी जागरण और शक्तिपात
कुंडलिनी और सात शरीर
गीता : विज्ञान, कला, अध्यात्म
गीता : समस्त योगों का सार
गीता : मनोविज्ञान का परम शास्त्र
गीता : कृष्ण योग विज्ञान
सम्बोधि के क्षण
राम खुमारी
अभिनव धर्म
करुणा और क्रान्ति
मुक्ति बोध

साधना सूत्र

साधना सूत्र : आत्मा का कमल
साधना सूत्र : हेरत हेरत हे सखी
साधना सूत्र : हृदय संगीत

योग सूत्र

योग सूत्र : एक वैज्ञानिक दृष्टि
योग सूत्र : आन्तरिक अनुशासन
योग सूत्र : सतगुरु को समर्पण
योग सूत्र : प्रज्ञा और समाधि
योग सूत्र : नींद, स्वप्न और बोध
योग सूत्र : अहंकार और समर्पण
योग सूत्र : बुद्धों का मनोविज्ञान
योग सूत्र : समाधि के दो रूप

सहज योग

सहज योग : साक्षी और प्रेम
सहज योग : ध्यान और प्रेम
सहज योग : प्रार्थना और आनंद
सहज योग : महाक्रान्ति
सहज योग : अभी और यहीं

नारद भक्ति सूत्र

भक्ति : विराट का अनुभव
भक्ति : निराकार से एकाकार
भक्ति : जीवन रूपांतरण की कला
भक्ति : शून्य की झील में प्रेम का कमल
अमृत की दिशा
सम्भावनाओं की आहट
शून्य का दर्शन
प्रार्थना के बीज
नये समाज की खोज
शून्य समाधि
सहैजे रहिबा
एक एक कदम
शिक्षा और विद्रोह
शिक्षा में क्रांति
शिक्षा और जागरण

शिक्षा : नये प्रयोग
ध्यान : एक शून्य गगन
भीतर का दीया
उपनिषद शून्य संवाद
परम प्रेम रूपा भक्ति
साधना के आयाम
भारत के जलते प्रश्न
स्वर्णिम भारत
धर्म और राजनीति
अस्वीकृति में उठा हाथ
नयी क्रान्ति की रूपरेखा
विचार क्रान्ति
गांधी पर पुनर्विचार
हरि ओऽम् तत्सत्
ओऽम् शांतिः शांतिः शांतिः
ओऽम् मणि पद्म हूं
एक महान चुनौतीः
मनुष्य का स्वर्णिम भविष्य
ध्यान दर्शन
झुक आई बदरिया सावन की
पिया मिलन की आस
मेरा मुझमें कुछ नहीं
लाली मेरे लाल की
जीवित क्रांति
जीवन मन्दिर
सहज जीवन के स्वर
सहज जीवन के सूत्र
इक साधे सब सधे
क्रांति सूत्र-साक्षी भाव
सतगुरु मिलें त ऊबरे
हसिबा, खेलिबा, धरिबा, ध्यानम्
गहरे पानी पैठ
मैं कहता आंखन देखी
ध्यान सूत्र : अन्तिम यात्रा
ध्यान सूत्र : एक अपूर्व अभियान
चेति सकै तो चेति
दिया बले अगम का
नये भारत की खोज

डायमंड पॉकेट बुक्स (प्रा.) लि.

X-30, ओखला इंडस्ट्रियल एरिया, फेज-2, नई दिल्ली-20, फोनः 011-41611861
फैक्सः 011-41611866, E-mail : sales@diamondpublication.com,
Website : www.diamondpublication.com